高等职业教育安全类专业系列教材

安全生产法律法规

主　编　曾德明　王文甫　徐　阳

副主编　唐绍其　罗如强　曾俊豪

参　编　袁莹华　刘立中　王希贤　唐艺珂
梁露予　王文锋　韦武双　马　旭
刘文思　汤秀杰　张书敏　钟有信
刑国伟　李晖宁　黄海南

西南交通大学出版社
·成　都·

图书在版编目（CIP）数据

安全生产法律法规 / 曾德明，王文甫，徐阳主编. 成都 ：西南交通大学出版社，2024. 8. -- ISBN 978-7-5643-9982-5

Ⅰ. D922.54

中国国家版本馆 CIP 数据核字第 2024GK3166 号

高等职业教育安全类专业系列教材

Anquan Shengchan Falü Fagui

安全生产法律法规

主编 / 曾德明　王文甫　徐　阳

策划编辑 / 吴　迪　黄庆斌　郑丽娟　周　杨　韩　林

责任编辑 / 赵永铭

封面设计 / 吴　兵

西南交通大学出版社出版发行

（四川省成都市金牛区二环路北一段 111 号西南交通大学创新大厦 21 楼　610031）

营销部电话：028-87600564　　028-87600533

网址：http://www.xnjdcbs.com

印刷：成都市新都华兴印务有限公司

成品尺寸　185 mm × 260 mm

印张　21.5　　字数　482 千

版次　2024 年 8 月第 1 版　　印次　2024 年 8 月第 1 次

书号　ISBN 978-7-5643-9982-5

定价　56.00 元

课件咨询电话：028-81435775

前言

PREFACE

安全生产是国家治理体系和治理能力现代化的重要组成部分，也是社会稳定的基石。习近平总书记在二十大报告中强调，推进国家安全体系和能力现代化，坚决维护国家安全和社会稳定。《“十四五”国家安全生产规划》以习近平新时代中国特色社会主义思想为指导，坚持人民至上、生命至上的原则，坚守安全发展理念，强调从根本上消除事故隐患、解决问题，实施安全生产精准治理，全力防范化解系统性重大安全风险。

随着我国安全生产法律法规体系的不断完善，以及国家对于安全应急产业发展的新要求，迫切需要将最新的法律知识、政策导向以及先进的教学方法融入安全专业教育中，以培养适应新时代要求的高素质安全类专业人才。本教材对现行有效的安全生产相关法律、行政法规、国务院文件、部门规章、规范性文件、司法解释及相关示范文本进行汇编，通过模块化、项目式及任务驱动与案例法的教学改革，帮助学生们深入理解法律条文的精神，提高运用法律解决实际问题的能力，旨在为安全类专业学生提供全面、系统、实用的学习用书，为安全管理的从业者提供一个权威的法律信息资源库。

本教材的编写严格遵循国家关于安全发展的最新要求，特别是在防范灾害风险、助力高质量发展方面，编者注重将理论与实践相结合，强化学生的风险意识和应急处理能力。同时，本教材也积极响应国家职业教育改革实施方案的号召，推动构建“大安全，大应急”框架，加快发展安全应急产业新质生产力，为中国式现代化安全应急能力的提升贡献力量。

为了适应新时代教育的发展趋势，本教材在内容和形式上都进行了创新。每个模块都由学习目标、任务、案例分析、课后练习和参考答案及解析组成，这样的结构设计旨在引导学生们主动学习，通过完成具体的学习任务来掌握知识点。

在编写本教材的过程中，编者始终坚持以学生为中心，以就业为导向，以能力为本位的原则，力求使教材内容贴近实际、贴近生产、贴近学生。希望本教材能够帮助学生们建立起正确的安全生产观念，掌握安全生产的基本知识和技能，提高分析和解决安全生产问题的能力，为未来的职业生涯打下坚实的基础。

为保证编写质量，本教材由主编总体协调，组织专业精干人员，集体论证，分工执笔，统一定稿而成。主要包括安全生产法律法规基础、《中华人民共和国安全生产法》、安全生产单行法律、安全生产相关法律、安全生产行政法规、安全生产部门规章及重要文件 6 大模块。

本教材的编写得到了广西安全生产科学研究院有关专家的大力支持；西南交通大学出版社有关领导和编辑也为本书的出版给予了极大帮助；本书在撰写中吸收了许多专家、学者及应急管理部门的相关成果，在此表示衷心的感谢。

由于编者水平有限，不足之处，敬请读者批评指正。

编 者

2024 年 5 月

目录
CONTENTS

模块一　安全生产法律法规基础

本模块主要介绍我国安全生产法律体系及中共中央办公厅、国务院等印发的有关安全生产的重要文件，为安全生产工作指明方向，提供根本遵循，如《关于全面加强危险化学品安全生产工作的意见》《关于推进安全生产领域改革发展的意见》。

学习目标

知识目标

（1）了解我国安全生产法律体系的基础知识；

（2）中共中央办公厅、国务院等印发的有关安全生产的重要文件。

能力目标

能够将安全生产重要文件中的最新内容贯彻实施，运用到实际的安全管理工作中。

素质目标

（1）培养并强化以人为本，生命至上，坚守红线的思维；

（2）培养自觉遵守法律法规，贯彻安全第一，预防为主，综合治理的方针。

任务一　我国安全生产法律体系基础知识

一、安全生产法律体系的框架和内容

全面依法治国是中国特色社会主义的本质要求和重要保障。必须把党的领导贯彻落实到依法治国全过程和各方面，坚定不移走中国特色社会主义法治道路，完善以宪法为核心的中国特色社会主义法律体系，建设中国特色社会主义法治体系，建设社会主义法治国家，发展中国特色社会主义法治理论，坚持依法治国、依法执政、依法行政共同推进，坚持法治国家、法治政府、法治社会一体建设，坚持依法治国和以德治国相结合，依法治国和依规治党有机统一，深化司法体制改革，提高全民族法治素养和道德素质。

全面依法治国是国家治理的一场深刻革命，必须坚持厉行法治，推进科学立法、

严格执法、公正司法、全民守法。成立中央全面依法治国领导小组，加强对法治中国建设的统一领导。加强宪法实施和监督，推进合宪性审查工作，维护宪法权威。推进科学立法、民主立法、依法立法，以良法促进发展、保障善治。建设法治政府，推进依法行政，严格规范公正文明执法。深化司法体制综合配套改革，全面落实司法责任制，努力让人民群众在每一个司法案件中感受到公平正义。加大全民普法力度，建设社会主义法治文化，树立宪法法律至上、法律面前人人平等的法治理念。各级党组织和全体党员要带头尊法学法守法用法，任何组织和个人都不得有超越宪法法律的特权，绝不允许以言代法、以权压法、逐利违法、徇私枉法。

以《中华人民共和国宪法》为龙头，以与安全生产相关的法律、行政法规、行政规章、地方性法规、地方行政规章和其他规范性文件以及安全生产国家标准、行业标准为主体的安全生产法律法规构成了安全生产法律体系框架。

目前，全国人大、国务院和相关主管部门已经颁布实施并仍然有效的有关安全生产主要法律法规约有160多件。其中，包括全国人大常委会通过的《中华人民共和国安全生产法》《中华人民共和国消防法》《中华人民共和国建筑法》等10多部法律；国务院制定的《国务院关于特大安全生产事故行政责任追究的规定》等50多部行政法规；国务院行政机关制定的《安全生产违法行为行政处罚办法》等100多部部门规章，各地人大和政府也陆续出台了不少地方性法规和地方政府规章。到目前为止，各省（区、市）都基本上制定出台了安全生产条例。

二、安全生产相关法律、行政法规、规章和标准的地位和效力

1. 从法的不同层级和效力位阶分类

法的层级不同，其法律地位和效力也不同。上位法是指法律地位、法律效力高于其他相关法的立法。下位法相对于上位法而言，是指法律地位、法律效力低于相关上位法的立法。不同的安全生产立法对同一类或者同一个安全生产行为做出不同法律规定的，以上位法的规定为准，适用上位法的规定。上位法没有规定的，可以适用下位法。下位法的数量一般多于上位法。

（1）法律

法律是安全生产法律体系中的上位法，居于整个体系的最高层级，其法律地位和效力高于行政法规、地方性法规、部门规章、地方政府规章等下位法。国家现行的有关安全生产的专门法律有《中华人民共和国安全生产法》《中华人民共和国消防法》《中华人民共和国道路交通安全法》《中华人民共和国海上交通安全法》《中华人民共和国矿山安全法》；与安全生产相关的法律主要有《中华人民共和国劳动法》《中华人民共和国职业病防治法》《中华人民共和国工会法》《中华人民共和国矿产资源法》《中华人民共和国铁路法》《中华人民共和国公路法》《中华人民共和国民用航空法》《中华人民共和国港口法》《中华人民共和国建筑法》《中华人民共和国煤炭法》《中华人民共和国电力法》等。

（2）法规

安全生产法规分为行政法规和地方性法规。

行政法规：安全生产行政法规的法律地位和法律效力低于有关安全生产的法律，高于地方性安全生产法规、地方政府安全生产规章等下位法。

地方性法规：地方性安全生产法规的法律地位和法律效力低于有关安全生产的法律、行政法规，高于地方政府安全生产规章。

（3）规章

安全生产行政规章分为部门规章和地方政府规章。

部门规章：国务院有关部门依照安全生产法律、行政法规的规定或者国务院的授权制定发布的安全生产规章与地方政府规章之间具有同等效力，在各自的权限范围内施行。

地方政府规章：地方政府安全生产规章是最低层级的安全生产立法，其法律地位和法律效力低于其他上位法，不得与上位法相抵触。

2. 法定安全生产标准

国家标准：安全生产国家标准是指国家标准化行政主管部门依照《中华人民共和国标准化法》制定的在全国范围内适用的安全生产技术规范。

行业标准：安全生产行业标准是指国务院有关部门和直属机构依照《中华人民共和国标准化法》制定的在安全生产领域内适用的安全生产技术规范。行业安全生产标准对同一安全生产事项的技术要求，可以高于国家安全生产标准但不得与其相抵触。

3. 从同一层级的法的适用范围划分

在安全生产法律体系同一层级的安全生产立法中，安全生产法律规范有一般法与特别法之分。一般法是适用于安全生产领域中普遍存在的基本问题、共性问题的法律规范，它们不解决某一领域存在的特殊性、专业性的法律问题。特别法是适用于某些安全生产领域独立存在的特殊性、专业性问题的法律规范，它们往往比一般法更专业、更具体、更有可操作性。一般法与特殊法是相对而言的。据此，在同一层级的安全生产立法对同一类问题的法律适用上，应当适用特别法优于一般法的原则。

4. 从法的内容、适用范围和具体规范划分

安全生产立法分为综合性法与单行法。综合性法不受法律规范层级的限制，而是将各个层级的综合性法律规范作为整体来看待，适用于安全生产的主要领域或者某一领域的主要方面。单行法的内容只涉及某一领域或者某一方面的安全生产问题。

任务二　中共中央、国务院印发的有关安全生产的重要文件

一、《地方党政领导干部安全生产责任制规定》

中共中央办公厅、国务院办公厅印发《地方党政领导干部安全生产责任制规定》

（简称《规定》），对县级以上地方各级党委和政府领导班子成员的安全生产职责、考核考察、表彰奖励、责任追究进行明确规定。这是我国安全生产领域第一部党内法规，是习近平总书记关于安全生产重要思想的具体化、制度化。《规定》自 2018 年 4 月 8 日起施行，由应急管理部商中共中央组织部解释。各省、自治区、直辖市党委和政府要制定相关实施细则。

（一）总体要求

为了加强地方各级党委和政府对安全生产工作的领导，健全落实安全生产责任制，树立安全发展理念，根据《中华人民共和国安全生产法》、《中华人民共和国公务员法》等法律规定和《中共中央、国务院关于推进安全生产领域改革发展的意见》、《中国共产党地方委员会工作条例》、《中国共产党问责条例》等中央有关规定，制定本规定。本规定适用于县级以上地方各级党委和政府领导班子成员。县级以上地方各级党委工作机关、政府工作部门及相关机构领导干部，乡镇（街道）党政领导干部，各类开发区管理机构党政领导干部，参照本规定执行。

实行地方党政领导干部安全生产责任制，必须以习近平新时代中国特色社会主义思想为指导，切实增强政治意识、大局意识、核心意识、看齐意识，牢固树立发展决不能以牺牲安全为代价的红线意识，按照高质量发展要求，坚持安全发展、依法治理，综合运用巡查督查、考核考察、激励惩戒等措施，加强组织领导，强化属地管理，完善体制机制，有效防范安全生产风险，坚决遏制重特大生产安全事故，促使地方各级党政领导干部切实承担起“促一方发展、保一方平安”的政治责任，为统筹推进“五位一体”总体布局和协调推进“四个全面”战略布局营造良好稳定的安全生产环境。

实行地方党政领导干部安全生产责任制，应当坚持党政同责、一岗双责、齐抓共管、失职追责，坚持管行业必须管安全、管业务必须管安全、管生产经营必须管安全。地方各级党委和政府主要负责人是本地区安全生产第一责任人，班子其他成员对分管范围内的安全生产工作负领导责任。

（二）职　责

1. 地方各级党委主要负责人安全生产职责

认真贯彻执行党中央以及上级党委关于安全生产的决策部署和指示精神，安全生产方针政策、法律法规；把安全生产纳入党委议事日程和向全会报告工作的内容，及时组织研究解决安全生产重大问题；把安全生产纳入党委常委会及其成员职责清单，督促落实安全生产“一岗双责”制度；加强安全生产监管部门领导班子建设、干部队伍建设和机构建设，支持人大、政协监督安全生产工作，统筹协调各方面重视支持安全生产工作；推动将安全生产纳入经济社会发展全局，纳入国民经济和社会发展考核评价体系，作为衡量经济发展、社会治安综合治理、精神文明建设成效的重要指标和领导干部政绩考核的重要内容；大力弘扬生命至上、安全第一的思想，强化安全生产宣传教育和舆论引导，将安全生产方针政策和法律法规纳入党委理论学习中心组学习内容和干部培训内容。

2. 县级以上地方各级政府主要负责人安全生产职责

认真贯彻落实党中央、国务院以及上级党委和政府、本级党委关于安全生产的决策部署和指示精神，安全生产方针政策、法律法规；把安全生产纳入政府重点工作和政府工作报告的重要内容，组织制定安全生产规划并纳入国民经济和社会发展规划，及时组织研究解决安全生产突出问题；组织制定政府领导干部年度安全生产重点工作责任清单并定期检查考核，在政府有关工作部门“三定”规定中明确安全生产职责；组织设立安全生产专项资金并列入本级财政预算、与财政收入保持同步增长，加强安全生产基础建设和监管能力建设，保障监管执法必需的人员、经费和车辆等装备；严格安全准入标准，推动构建安全风险分级管控和隐患排查治理预防工作机制，按照分级属地管理原则明确本地区各类生产经营单位的安全生产监管部门，依法领导和组织生产安全事故应急救援、调查处理及信息公开工作；领导本地区安全生产委员会工作，统筹协调安全生产工作，推动构建安全生产责任体系，组织开展安全生产巡查、考核等工作，推动加强高素质专业化安全监管执法队伍建设。

3. 地方各级党委常委会其他成员职责

按照职责分工，协调纪检监察机关和组织、宣传、政法、机构编制等单位支持保障安全生产工作，动员社会各界力量积极参与、支持、监督安全生产工作，抓好分管行业（领域）、部门（单位）的安全生产工作。

4. 县级以上地方各级政府分管安全生产工作领导职责

县级以上地方各级政府原则上由担任本级党委常委的政府领导干部分管安全生产工作，其安全生产职责主要包括：组织制定贯彻落实党中央、国务院以及上级及本级党委和政府关于安全生产决策部署，安全生产方针政策、法律法规的具体措施；协助党委主要负责人落实党委对安全生产的领导职责，督促落实本级党委关于安全生产的决策部署；协助政府主要负责人统筹推进本地区安全生产工作，负责领导安全生产委员会日常工作，组织实施安全生产监督检查、巡查、考核等工作，协调解决重点难点问题；组织实施安全风险分级管控和隐患排查治理预防工作机制建设，指导安全生产专项整治和联合执法行动，组织查处各类违法违规行为；加强安全生产应急救援体系建设，依法组织或者参与生产安全事故抢险救援和调查处理，组织开展生产安全事故责任追究和整改措施落实情况评估；统筹推进安全生产社会化服务体系建设、信息化建设、诚信体系建设和教育培训、科技支撑等工作。

5. 县级以上地方各级政府其他领导干部安全生产职责

组织分管行业（领域）、部门（单位）贯彻执行党中央、国务院以及上级及本级党委和政府关于安全生产的决策部署，安全生产方针政策、法律法规；组织分管行业（领域）、部门（单位）健全和落实安全生产责任制，将安全生产工作与业务工作同时安排部署、同时组织实施、同时监督检查；指导分管行业（领域）、部门（单位）把安全生产工作纳入相关发展规划和年度工作计划，从行业规划、科技创新、产业政策、法规标准、行政许可、资产管理等方面加强和支持安全生产工作；统筹推进分管行业（领域）、部门（单位）安全生产工作，每年定期组织分析安全生产形势，及时研究解决安全生产问题，支持有关部门依法履行安全生产工作职责；组织开展分管行业（领域）、部门（单位）安全生产专项整治、目标管理、应急管理、查处违法违规生产经营行为等工作，推动构建安全风险分级管控和隐患排查治理预防工作机制。

（三）考核考察

地方党政领导干部的安全生产责任落实情况将接受五种形式的考核考察，并作为履职评定、干部任用、奖惩的重要参考：

（1）纳入党委和政府督察督办内容，进行督促检查。

（2）持续开展安全生产巡查。

（3）建立干部安全生产责任考核制度。

（4）纳入地方党政领导班子及其成员的年度考核、目标责任考核、绩效考核以及其他考核中。

（5）党委组织部门在考察拟任人选时，考察其履行安全生产工作职责情况。考核结果要定期采取适当方式公布或通报。

（四）责任追究

《规定》明确，履职不到位、阻挠干涉监管执法或事故调查处理等五种情形将受到问责，涉嫌职务违法犯罪的，由监察机关依法调查处置。要严格落实安全生产“一票否决”制，对因发生生产安全事故被追究领导责任的地方党政领导干部，在相关时限内，取消考核评优和评选先进资格，不得晋升职务、级别或者重用任职。对工作不力导致生产安全事故人员伤亡和经济损失扩大，或者造成严重社会影响负有主要领导责任的地方党政领导干部，应当从重追究责任。地方党政领导干部对发生生产安全事故负有领导责任且失职失责性质恶劣、后果严重的，不论是否已调离转岗、提拔或者退休，都应当严格追究责任。对主动采取补救措施，减少生产安全事故损失或挽回社会不良影响的地方党政领导干部，可以从轻、减轻追究责任。对职责范围内发生生产安全事故，经查实已经全面履行有关职责，并全面落实了党委和政府有关工作部署的，不予追究地方有关党政领导干部的领导责任。

（五）表彰奖励

对在加强安全生产工作、承担安全生产专项重要工作、参加抢险救护等方面做出显著成绩和重要贡献的地方党政领导干部，由上级党委和政府及时按照有关规定给予表彰奖励。对在安全生产工作考核中成绩优秀的地方党政领导干部，上级党委和政府按照有关规定给予记功或嘉奖。

二、《中共中央 国务院关于推进安全生产领域改革发展的意见》

2016 年 12 月 9 日，《中共中央、国务院关于推进安全生产领域改革发展的意见》

（以下简称《意见》）印发实施，标志着我国安全生产领域改革发展迎来了一个新的春天。《意见》以习近平总书记系列重要讲话特别是关于安全生产重要论述为指导，顺应全面建成小康社会发展大势，总结实践经验，吸收创新成果，坚持目标和问题导向，科学谋划安全生产领域改革发展蓝图，是今后一个时期全国安全生产工作的行动纲领。

（一）总体要求

1. 指导思想

全面贯彻党的十八大和十八届三中、四中、五中、六中全会精神，以邓小平理论、“三个代表”重要思想、科学发展观为指导，深入贯彻习近平总书记系列重要讲话精神和治国理政新理念新思想新战略，进一步增强“四个意识”，紧紧围绕统筹推进“五位一体”总体布局和协调推进“四个全面”战略布局，牢固树立新发展理念，坚持安全发展，坚守发展决不能以牺牲安全为代价这条不可逾越的红线，以防范遏制重特大生产安全事故为重点，坚持安全第一，预防为主、综合治理的方针，加强领导、改革创新，协调联动、齐抓共管，着力强化企业安全生产主体责任，着力堵塞监督管理漏洞，着力解决不遵守法律法规的问题，依靠严密的责任体系、严格的法治措施、有效的体制机制、有力的基础保障和完善的系统治理，切实增强安全防范治理能力，大力提升我国安全生产整体水平，确保人民群众安康幸福、共享改革发展和社会文明进步成果。

2. 基本原则

《意见》提出了五项基本原则。一是坚持安全发展。贯彻以人民为中心的发展思想，始终把人民的生命安全放在首位，正确处理安全与发展的关系，大力实施安全发展战略，为经济社会发展提供强有力的安全保障。二是坚持改革创新。不断推进安全生产理论创新、制度创新、体制机制创新、科技创新和文化创新，增强企业内生动力，激发全社会创新活力，破解安全生产难题，推动安全生产与经济社会协调发展。三是坚持依法监管。大力弘扬社会主义法治精神，运用法治思维和法治方式，深化安全生产监管执法体制改革，完善安全生产法律法规和标准体系，严格规范公正文明执法，增强监管执法效能，提高安全生产法治化水平。四是坚持源头防范。严格安全生产市场准入，经济社会发展要以安全为前提，把安全生产贯穿城乡规划布局、设计、建设、管理和企业生产经营活动全过程。构建风险分级管控和隐患排查治理双重预防工作机制，严防风险演变、隐患升级导致生产安全事故发生。五是坚持系统治理。严密层级治理和行业治理、政府治理、社会治理相结合的安全生产治理体系，组织动员各方面力量实施社会共治。综合运用法律、行政、经济、市场等手段，落实人防、技防、物防措施，提升全社会安全生产治理能力。

3. 目标任务

到 2020 年，安全生产监管体制机制基本成熟，法律制度基本完善，全国生产安全事故总量明显减少，职业病危害防治取得积极进展，重特大生产安全事故频发势头得到有效遏制，安全生产整体水平与全面建成小康社会目标相适应。到 2030 年，实现安全生产治理体系和治理能力现代化，全民安全文明素质全面提升，安全生产保障能力显著增强，为实现中华民族伟大复兴的中国梦奠定稳固可靠的安全生产基础。

（二）五项制度性改革

《意见》以问题为导向，立足当前、着眼长远，提出了五方面制度性改革举措和工作要求，为新形势下全面推进安全生产工作提供了方向性、制度化的顶层设计。

1. 加快落实安全生产责任制

坚持党政同责、一岗双责、齐抓共管、失职追责，健全安全生产责任体系。强化地方党委和政府的领导责任，明确党政主要负责人是本地区安全生产第一责任人，班子其他成员对分管范围内的安全生产工作负领导责任。地方各级安全生产委员会主任由政府主要负责人担任，成员由同级党委和政府及相关部门负责人组成。地方各级党委要认真贯彻执行党的安全生产方针，在统揽本地区经济社会发展全局中同步推进安全生产工作，定期研究决定安全生产重大问题。加强安全生产监管机构领导班子、干部队伍建设。严格安全生产履职绩效考核和失职责任追究。强化安全生产宣传教育和舆论引导。发挥人大对安全生产工作的监督促进作用、政协对安全生产工作的民主监督作用。推动组织、宣传、政法、机构编制等单位支持保障安全生产工作。动员社会各界积极参与、支持、监督安全生产工作。地方各级政府要把安全生产纳入经济社会发展总体规划，制定实施安全生产专项规划，健全安全投入保障制度。及时研究部署安全生产工作，严格落实属地监管责任。充分发挥安全生产委员会作用，实施安全生产责任目标管理。建立安全生产巡查制度，督促各部门和下级政府履职尽责。加强安全生产监管执法能力建设，推进安全科技创新，提升信息化管理水平。严格安全准入标准，指导管控安全风险，督促整治重大隐患，强化源头治理。加强应急管理，完善安全生产应急救援体系。依法依规开展事故调查处理，督促落实问题整改。

强化部门监管责任。按照管行业必须管安全、管业务必须管安全、管生产经营必须管安全和谁主管谁负责的原则，厘清安全生产综合监管与行业监管的关系，明确各有关部门安全生产和职业健康工作职责，并落实到部门工作职责规定中。安全生产监督管理部门负责安全生产法规标准和政策规划制定修订、执法监督、事故调查处理、应急救援管理、统计分析、宣传教育培训等综合性工作，承担职责范围内行业领域安全生产和职业健康监管执法职责。负有安全生产监督管理职责的有关部门依法依规履行相关行业领域安全生产和职业健康监管职责，强化监管执法，严厉查处违法违规行为。其他行业领域主管部门负有安全生产管理责任，要将安全生产工作作为行业领域管理的重要内容，从行业规划、产业政策、法规标准、行政许可等方面加强行业安全生产工作，指导督促企事业单位加强安全管理。党委和政府其他有关部门要在职责范围内为安全生产工作提供支持保障，共同推进安全发展。

强化企业主体责任。明确企业对本单位安全生产和职业健康工作负全面责任，建立健全自我约束、持续改进的内生机制，做到安全责任、管理、投入、培训和应急救援“五到位”，并对生产经营全过程实行安全责任追溯。对被追究刑事责任的生产经营者依法实施相应的职业禁入，对事故发生负有重大责任的社会服务机构和人员依法严肃追究法律责任，并依法实施相应的行业禁入。企业要定期开展风险评估和危害辨识。针对高危工艺、设备、物品、场所和岗位，建立分级管控制度，制定落实安全操作规程。树立隐患就是事故的观念，建立健全隐患排查治理制度、重大隐患治理情况向负有安全生产监督管理职责的部门和企业职代会“双报告”制度，实行自查自改自报闭环管理。严格执行安全生产和职业健康“三同时”制度。

2. 着力完善安全生产监管监察体制

坚持管安全生产必须管职业健康，建立安全生产和职业健康一体化监管执法体制。依托国家煤矿安全监察体制，强化非煤矿山安全生产监管监察。着重加强危险化学品安全监管体制改革和力量建设，明确和落实危险化学品建设项目立项、规划、设计、施工及生产、储存、使用、销售、运输、废弃处置等环节的法定安全监管责任，建立有力的协调联动机制。完善海洋石油安全生产监督管理体制机制，理顺民航、铁路、电力等行业跨区域监管体制。将地方安全生产监督管理部门作为行政执法机构，完善开发区、工业园区、港区、风景区等各类功能区的安全生产监管体制，强化安全生产行政执法职能，切实消除监管盲区。按照政事分开的原则，推进安全生产应急救援管理体制改革，提高组织协调能力和现场救援时效。

3. 大力推进安全生产依法治理

借鉴“醉驾入刑”的法治思路，研究修改刑法有关条款，将生产经营过程中极易导致重大生产安全事故的违法行为列入刑法调整范围，提高涉事企业和人员的违法成本。加强安全生产地方性法规建设，解决区域性安全生产突出问题。完善安全生产和职业危害预防治理国家标准的发布机制，强化标准的规范约束效力。建立行政执法和刑事司法衔接制度，完善司法机关参与事故调查机制，健全事故调查分析技术支撑体系。建立事故暴露问题整改督办制度，事故结案后一年内要组织开展评估，并向社会公开。完善安全生产监管执法人员依法履行法定职责制度，激励并保证监管执法人员忠于职守、履职尽责。严格高危行业领域安全准入条件。完善安全生产监管执法制度，明确每个生产经营单位安全生产监督和管理主体，制定实施执法计划，完善执法程序规定，依法严格查处各类违法违规行为。对违法行为当事人拒不执行安全生产行政执法决定的，负有安全生产监督管理职责的部门应依法申请司法机关强制执行。建立执法行为审议制度和重大行政执法决策机制，评估执法效果，防止滥用职权。健全领导干部非法干预安全生产监管执法的记录、通报和责任追究制度。完善安全生产执法纠错和执法信息公开制度，加强社会监督和舆论监督，保证执法严明、有错必纠。

4. 建立安全生产预防控制体系

加强安全风险管控，高危项目审批必须把安全生产作为前置条件，城乡规划布局、设计、建设、管理等各项工作必须以安全为前提，实行重大安全风险“一票否决”。强化企业预防措施。大力推进企业安全生产标准化建设，实现安全管理、操作行为、设备设施和作业环境的标准化。开展经常性的应急演练和人员避险自救培训，着力提升现场应急处置能力。强化城市运行安全保障，提高基础设施安全配置标准，构建现代化城市安全保障体系，推进安全发展示范城市建设。强化安全防范工程建设，重点推进对煤矿瓦斯等重大灾害及矿山采空区、尾矿库的治理，加快实施人口密集区危险化学品和化工企业生产、仓储场所安全搬迁工程。完善职业病防治体系，实施职业健康促进计划，加强企业职业健康监管执法。

5. 加强安全生产基础保障能力建设

强化安全生产预防及应急相关资金使用管理，完善安全生产专用设备企业所得税优惠目录，落实企业安全生产费用提取管理使用制度。强化安全生产科技支撑，加快安全关键技术装备研发，推动工业机器人、智能装备在危险工序和环节广泛应用。健全投融资服务体系，引导企业集聚发展灾害防治、预测预警、检测监控、个体防护、应急处置、安全文化等技术、装备和服务产业。继续加强安全生产信息化建设，提升现代信息技术与安全生产融合度，构建安全生产与职业健康信息化全国“一张网”。将安全生产专业技术服务纳入现代服务业发展规划，培育多元化服务主体。建立政府购买安全生产服务制度。支持发展安全生产专业化行业组织，强化自治自律。切实改进注册安全工程师制度。鼓励中小微企业订单式、协作式购买运用安全生产管理和技术服务。建立安全生产和职业健康技术服务机构公示制度和由第三方实施的信用评定制度，严肃查处租借资质、违法挂靠、弄虚作假、垄断收费等各类违法违规行为。建立安全生产不良记录“黑名单”制度，健全安全生产责任保险制度，切实发挥保险机构参与风险评估管控和事故预防功能。将安全生产监督管理纳入各级党政领导干部培训内容。把安全知识普及纳入国民教育，建立完善中小学安全教育和高危行业职业安全教育体系。把安全生产纳入农民工技能培训内容。严格落实企业安全教育培训制度，切实做到先培训、后上岗。推进安全文化建设，加强警示教育，强化全民安全意识和法治意识。

三、《“十四五”国家安全生产规划》

（一）指导思想

以习近平新时代中国特色社会主义思想为指导，全面贯彻落实党的十九大和十九届历次全会精神，增强“四个意识”、坚定“四个自信”、做到“两个维护”，紧紧围绕统筹推进“五位一体”总体布局和协调推进“四个全面”战略布局，坚持人民至上、生命至上，坚守安全发展理念，从根本上消除事故隐患，从根本上解决问题，实施安全生产精准治理，着力破解瓶颈性、根源性、本质性问题，全力防范化解系统性重大安全风险，坚决遏制重特大事故，有效降低事故总量，推进安全生产治理体系和治理能力现代化，以高水平安全保障高质量发展，不断增强人民群众的获得感、幸福感、安全感。

（二）基本原则

系统谋划，标本兼治。坚持总体国家安全观，树立系统观念，统筹发展和安全，将安全发展贯穿于经济社会发展各领域和全过程，努力塑造与安全发展相适应的生产生活方式，筑牢本质安全防线，构建新安全格局，更好地实现发展质量、结构、规模、速度、效益、安全相统一。

源头防控，精准施治。坚持目标导向、问题导向和结果导向，科学把握安全风险演化规律，坚持底线思维，在补短板、堵漏洞、强弱项上精准发力，加快实施一批重大政策和重大工程，从源头上防范化解风险，做到风险管控精准、预警发布精准、抢险救援精准、监管执法精准。

深化改革，强化法治。坚持运用法治思维和法治方式提高安全生产法治化、规范化水平，深化安全生产体制机制改革，加快形成系统完整、责权清晰、监管高效的安全生产治理制度体系；深入推进科学立法、严格执法、公正司法、全民守法，依靠法治筑牢安全生产屏障。

广泛参与，社会共治。坚持群众观点和群众路线，充分发挥社会力量的作用，动员全社会积极参与安全生产工作，积极推进安全风险网格化管理，进一步压实企业安全生产主体责任，构建企业负责、职工参与、政府监管、行业自律、社会监督的安全生产治理格局。

（三）规划目标

到 2025 年，防范化解重大安全风险体制机制不断健全，重大安全风险防控能力大幅提升，安全生产形势趋稳向好，生产安全事故总量持续下降，危险化学品、矿山、消防、交通运输、建筑施工等重点领域重特大事故得到有效遏制，经济社会发展安全保障更加有力，人民群众安全感明显增强。到 2035 年，安全生产治理体系和治理能力现代化基本实现，安全生产保障能力显著增强，全民安全文明素质全面提升，人民群众安全感更加充实、更有保障、更可持续。

（四）织密风险防控责任网络

1. 深化监管体制改革

充分发挥国务院安全生产委员会统筹协调作用，压实成员单位工作责任，健全运行机制，形成工作合力。建立消防执法跨部门协作机制。加强国家矿山安全监察机构力量建设，优化各级机构设置和布局，充实专业人才，完善国家监察、地方监管、企业负责的矿山安全监管监察体制。推动负有安全生产监管职责的重点部门加强监管力量建设，确保有效履行职责。鼓励各地根据实际情况探索创新安全生产监管体制，指导乡镇、街道、功能区建立健全安全生产预防控制体系。优化安全生产监管力量配置，实施基层安全生产网格化监管，推动安全生产监管服务向小微企业和农村地区延伸。落实应急管理综合行政执法改革，整合行政执法职责，强化执法队伍建设，健全综合行政执法协调联动机制。

2. 压实党政领导责任

深入学习贯彻习近平总书记关于安全生产的重要论述，强化地方党委、政府领导干部安全生产红线意识。将安全生产纳入领导干部教育培训、日常谈话和提醒内容。推动落实地方党政领导干部安全生产责任制,制定安全生产职责清单和工作任务清单。严格落实地方党政领导安全生产履责述职和“第一责任人”职责落实报告制度。健全党政领导干部带队督查检查安全生产机制,开展重要节日和重大活动针对性督查检查。聚焦重特大事故多发地区，完善安全生产警示、督办、约谈等制度。完善安全生产考核巡查制度，规范考核巡查内容、程序和标准，强化考核巡查结果的运用。

3. 夯实部门监管责任

进一步落实县级以上地方各级人民政府有关部门安全生产工作职责，依法依规编制完善负有安全生产监管职责的部门权力和责任清单，优化行业监管部门任务分工。合理区分综合监管和行业监管部门之间的责任边界，扫清监管盲区。完善危险化学品安全监管机制，厘清监管职责，加强政策协同。理顺农业农村、新型燃料、综合管廊等领域安全生产监管职责。及时消除基建矿、技改矿、停产矿、关闭矿等安全生产监管漏洞。强化对客运索道、大型游乐设施等特种设备的安全生产监管。建立新产业、新业态监管职责动态调整和联合执法机制，填补行业领域安全生产监管职责空白。

4. 强化企业主体责任

严格落实生产经营单位主要负责人安全生产第一责任人的法定责任。推动生产经营单位建立从法定代表人、实际控制人等到一线岗位员工的全员安全生产责任制，健全生产经营全过程安全生产责任追溯制度。引导企业完善安全生产管理体系，健全安全风险分级管控和隐患排查治理双重预防工作机制，构建自我约束、持续改进的安全生产内生机制。推动重点行业领域规模以上企业组建安全生产管理和技术团队。监督企业按规定提取使用安全生产费用,用好用足支持安全技术设备设施改造等有关财税政策。实施工伤预防行动计划，充分发挥工伤保险基金的事故预防作用。建立事故损失的评估和认定机制。强化守信激励和失信惩戒，依法建立健全安全生产严重违法失信名单管理制度并依法实施联合惩戒，加大对安全生产严重违法失信主体的责任追究。

5. 严肃目标责任考核

将安全生产纳入各地高质量发展评价体系。严格实施安全生产工作责任考核，实行过程性考核和结果性考核相结合，强化考核结果运用及向社会公开。建立地方各级安全生产委员会成员单位主要负责人安全生产述职评议制度，强化地方各级安委会对各部门、各地区安全生产工作落实情况的监督。建立安全生产绩效与履职评定、职务晋升、奖励惩处挂钩制度，落实向纪检监察机关移交安全生产领域违法违纪、职务违法犯罪问题线索工作机制。严格落实安全生产“一票否决”和约谈、问责等制度。完善事故调查机制，建立事故暴露问题整改督办制度，加强对事故查处和责任追究落实情况的跟踪评估。

（五）优化安全生产法治秩序

1. 健全法规规章体系

构建以《安全生产法》为核心的安全生产法律法规体系，加快统筹推进《危险化学品安全法》、《煤矿安全条例》等立法进程，统筹推动《生产安全事故报告和调查处理条例》等相关法律法规修订。完善安全生产法律法规规章“立改废释”工作协调机制。加强对安全生产执法检查、事故调查处理、行政执法案卷评查、典型执法案例等结果的运用，建立执法信息反馈、立法后评估与立法清理相结合的长效机制。推动安全生产地方立法，解决区域安全生产突出问题。

2. 加强标准体系建设

加强全国安全生产有关专业标准化技术委员会建设，健全以强制性标准为主体、推荐性标准为补充的安全生产标准体系，构建“排查有标可量、执法有标可依、救援有标可循”的安全生产标准化工作格局。加快推进安全生产强制性国家标准和行业标准精简整合，有效提高强制性国家标准的通用性和覆盖面。强化安全生产基础通用标准制定，加快急需短缺标准制修订，增加标准有效供给。加快电化学储能、氢能、煤化工、分布式光伏发电等新兴领域安全生产标准制修订。积极培育发展安全生产团体标准、企业标准，推动建立政府主导和社会各方参与制定安全生产标准的新模式。加强安全生产标准信息服务，便于生产经营单位和社会公众查阅下载安全生产国家、行业和地方标准文本。强化安全生产领域强制性国家标准宣贯培训和实施效果评估，建立安全生产标准“微课云平台”。

3. 创新监管执法机制

科学划分企业安全生产风险等级，开展分类分级监管执法，强化对高风险企业的监督检查。统筹编制省、市、县级年度安全生产执法计划，将安全生产强制性标准实施情况列入执法检查内容，确定检查项目和频次。依托数字化转型赋能，试点探索安全生产风险动态感知新模式，实施差异化、针对性的精准监管执法。实行执法事项清单制度，编制统一执法目录。全面推行行政执法公示、执法全过程记录、重大执法决定法制审核制度。推进联合执法、区域执法、交叉执法，形成监管执法合力。利用信息化平台和智能化装备等先进技术手段，创新监管监察执法方式，有效开展非现场监管监察。加强执法监督，完善内外部监督机制。建立政府购买服务和实施第三方协助检查机制，推行执法效果评估制度。完善安全生产政府法律顾问、执法行为审议制度及重大行政执法决策机制。健全安全生产行政执法与刑事司法衔接工作常态化协作机制，畅通案件移送流程，提高安全生产类案件与刑事打击的衔接准度和处置精度。推动出台刑法修正案（十一）涉及安全生产条款的司法解释，加大对安全生产犯罪的预防惩治力度。

4. 提升行政执法能力

健全应急管理综合行政执法人员的资格准入、教育培训、考核奖惩、容错纠错、准军事化管理等制度，推动建立专业化、职业化安全生产行政执法队伍。配齐配强行政执法专业人员力量。完善执法人员实操实训条件，定期开展专业培训。强化执法保障，将执法工作经费纳入本级财政预算，加强执法人员职业保障，按规定参加工伤保险，完善工资待遇、人身意外险等保障机制。制定实施安全生产监管监察能力建设规划。加强各级应急管理综合行政执法机构标准化建设和负有安全生产监管职责的部门监管能力建设，完善执法装备配备标准，强化执法工作条件保障。

（六）筑牢安全风险防控屏障

1. 优化城市安全格局

完善规划安全风险评估会商机制，有效衔接国土空间规划，推动形成有效防控重大安全风险的城市空间安全发展格局。完善城市建设与运行安全的全生命周期管理，强化韧性城市建设。深化城市安全风险评估，健全城市安全风险管控体系。加强超大特大城市安全风险演化规律研究，健全重大安全风险全过程管控机制，强化特大城市重大安全风险综合管控。强化与市政设施配套的安全设施建设，推动将公共安全设施、消防训练、安全科普教育基地等纳入控制性详细规划和国土空间规划"一张图"。加强城市高层建筑、大型综合体、综合交通枢纽、隧道桥梁、管线管廊、道路交通、轨道交通、燃气、排水防涝、垃圾填埋场、渣土受纳场、电力设施、公园等的安全风险管控。推动有条件的地方制定危险化学品、烟花爆竹、矿山、工贸等"禁限控"目录。加强城市棚户区、城中村、城镇老旧小区与危房改造的安全监管，实施城市塌（沉）陷区安全专项治理。

2. 严格安全生产准入

持续推进企业安全生产标准化建设，推进重点行业领域企业安全生产标准化达标升级，推动安全生产基础薄弱、保障能力低下且整改后仍不达标的企业退出市场。建立落后产能化解机制，加快淘汰矿山、危险化学品、烟花爆竹等生产企业落后产能，防范产业升级过程中的系统风险。深化产业园区安全风险评估与规划布局，推进产业园区安全入园的清单管理。严格高危行业领域建设项目安全审查，完善建设项目安全设施同时设计、同时施工、同时投入生产和使用制度。加快淘汰不符合安全生产强制性标准的工艺技术和装备设施。实施高危行业领域企业主要负责人、安全生产管理人员和特种作业人员等从业人员安全素质提升行动。

3. 强化安全风险管控

推动安全生产深度融入"平安中国""智慧城市""城市更新"建设，强化安全风险动态监测、预警、识别、评估和处置。建立大客流监测预警和应急管控处置机制。加强国际性重大活动安全风险评估。严密防控电化学储能站等新技术新产业新业态安全风险。加快推进各行业领域安全生产风险监测预警系统建设，推进城市电力、燃气、供水、排水管网和桥梁等城市生命线及重大危险源安全风险监测预警网络建设，构建重大安全风险防控的全生命周期管理模式。开展智能化作业和危险岗位的机器人替代，实施安全风险综合防范工程，有序推进智能化试点，在关键风险位置实施机器人替代示范。推动第五代移动通信（5G）、物联网、大数据、人工智能等技术与安全生产风险防控的深度融合，实施智能化工厂、数字化车间、网络化平台项目试点。加强化工、桥梁、隧道、电力、油气、水利、核电等重大工程和设施安全风险防控。强化能源结构改革新形势下的电网安全保障，提升大面积停电等事故的防范和应急处置能力。

4. 精准排查治理隐患

深入推进全国安全生产专项整治三年行动，建立专项整治成果评估推广应用机制，总结推广专项整治在责任体系、工作机制、制度规范和技术标准等方面的典型经验做法。强化危险化学品、矿山等重点行业领域企业“一企一策”指导服务，加大仓储物流、储能设施、农村道路、防疫物资生产企业的隐患排查治理力度。制定完善有关行业领域重大事故隐患判定标准，严格落实重大事故隐患“双报告”制度，健全重大事故隐患治

（六）防范遏制重特大事故

1. 危险化学品

严密防范已淘汰的落后产能异地落户、办厂进园。健全城区危险化学品生产企业关停并转、退城入园等支持政策措施。全面排查和管控危险化学品生产储存企业外部安全防护距离。强化高危化学品和高危工艺风险管控，升级重大危险源风险监测预警系统。实施“工业互联网+危化安全生产”工程，建设一批本质安全型化工园区和大型油气储存基地，推动危险化学品安全数字化智能化转型。深化精细化工企业反应、大型油气储存场所安全风险评估。严格落实危险化学品登记鉴定制度。强化托运、承运、装卸、车辆运行等危险化学品运输全链条安全生产监管，统筹推进危险化学品运输车辆专用停车场建设。加强使用危险化学品从事生产的企业及医院、学校、科研机构等单位的危险化学品使用安全管理。完善油气输送管道、储运设施安全风险监测预警系统，强化海洋石油安全生产监管。完善油气输送管道地理信息系统，强化油气输送管道高后果区管控。推动实施全球化学品统一分类和标签制度。加快建设统一的危险化学品产供储销全链条监管与服务平台，实现来源可循、去向可溯、状态可控。力争实现化工事故总量、较大及以上事故总量比“十三五”期间下降15%以上。

2. 煤　矿

实施冲击地压、煤与瓦斯突出和水害等煤矿重大灾害超前精准治理，推进实施煤矿重大灾害治理示范工程。严格落实煤矿“一优三减”措施。全面推进智能化煤矿建设。持续推进冲击地压、煤与瓦斯突出、水文地质类型极复杂等灾害严重且在现有技术条件下难以有效防治的煤矿淘汰退出。规范小煤矿技改扩能，科学确定生产能力，合理划定开采范围，推进机械化开采。加强整合技改扩能煤矿安全监管，严厉打击煤矿非法生产。推进煤炭清洁利用和重点地区减量替代，优化煤制油气战略基地、长输管道规划布局和管控方案。

3. 非煤矿山

提高非煤矿山主要矿种最低开采规模和最低服务年限标准，实行尾矿库总量控制。深化金属非金属地下矿山采空区隐患治理、尾矿库“头顶库”综合治理和无生产经营主体尾矿库、停用3年以上尾矿库闭库治理。严格非煤矿山建设项目安全设施设计审查和企业安全生产许可管理，加大对安全设施竣工验收活动和验收结果的监督核查。强化非煤矿山建设项目基建过程安全监管。推进小型金属非金属地下矿山机械化建设。建立完善非煤矿山安全风险监测预警机制和监测监控系统，研发应用非煤矿山智能感知装备及综合监控装备。推广使用非煤矿山在线监测监控预警、无人机巡查监察系统、采空区及井下冲击地压监测监控、尾矿充填、井下老空水监测监控、井下近矿体帷幕注浆等先进适用技术和装备。定期对入井人数超过30人、井深超过800米、水文地质条件复杂的金属非金属地下矿山，以及现状边坡超过200米的高陡边坡金属非金属露天矿山、现状堆置高度超过200米的金属非金属矿山排土场、头顶库和设计坝高超过200米的尾矿库进行专家会诊检查，推进停产和关闭矿山电子封条建设。

4. 消　防

实施打通消防“生命通道”工程，实行“一城一策、一区一策”消防车通道治理。集中开展超高层建筑、大型商业综合体、地下轨道交通、石油化工等四类重点场所消防安全治理。推动各地每年将隐患集中的老旧场所消防风险治理列入实事工程、民生工程，落实差异化风险管控措施。健全电动汽车、电动自行车储能等新材料新设备新业态火灾风险预估预判机制，优化落实本质安全措施。加强乡村火灾隐患整治，强化对乡镇工业园、特色小镇等乡村新兴产业消防安全管理，推进乡镇农村公共消防基础设施建设。推进学校及幼儿园、养老服务、娱乐场所、宾馆酒店、商场市场、旅游景区、医疗卫生、宗教场所、文物建筑和博物馆等行业单位消防安全标准化管理。加强传统村落、历史名镇、文物古建筑群等场所消防设施和用火用电管理。推动建立基层消防网格化信息管理平台，建设消防物联网监控系统和城市消防大数据库。统筹水上消防能力建设。推动消防装备设施更新升级。完善政府年度消防工作考核、消防安全重大问题问责、火灾事故调查评估制度。全面推行事故隐患自知自查自改和公示承诺、风险申报制度。

5. 道路运输

加强客货车产品生产准入、一致性监管。逐步提高客货车技术标准，督促生产企业改进车辆安全设计。淘汰隐患问题车辆。建立健全道路运输企业、道路运输车辆和驾驶员信息共享机制。严格落实典型和严重道路交通事故深度调查制度，倒查道路交通安全各相关环节存在的问题漏洞。加强交通运输新业态管理服务，加大对新能源公交车、新能源出租车运营安全性的监督管理力度，强化长途客运班车、省际包车、旅游客运车、危险货物运输和城市公共交通企业安全监管，综合应用各类监控数据，依法严厉查处超速、超员、超载、疲劳驾驶等违法行为。深化货车非法改装、车辆挂靠专项整治，健全货车非法改装联合监管工作机制，将车辆超限超载治理纳入地方政府安全生产考核，严厉打击“大吨小标”、“百吨王”、倒卖合格证等违法违规行为。构建适应新形势的农村出行运输服务体系，鼓励农村客运车辆安装使用卫星定位装置和视频监控装置。建立自动驾驶汽车运行数据监管平台，强化运行过程监管。加快高速公路护栏提质改造。

6. 其他交通运输（除道路运输外）

完善国家民航安全绩效指标体系，强化可控飞行撞地、跑道安全、空中相撞等重点风险治理，深化机场净空保护、鸟击防范等安全专项整治，加强无人机管控。全面划定铁路线路安全保护区，实施铁路沿线安全环境治理及道口“平改立”、危险货物铁路运输安全专项整治，强化公铁水并行交汇地段安全综合治理。严格执行客船恶劣天气条件下禁限航规定，推进巡航救助一体化船艇和海事监管、航海保障装备设施、船舶溢油应急设备库建设，强化“四类重点船舶”和“六区一线”重点水域安全监管。强化城市轨道交通全过程安全评估，健全城市轨道交通运营安全风险分级管控和隐患排查治理制度，强化运营安全风险管控。强化寄递企业安全生产基础能力建设，完善实名收寄、收寄验视、过机安检“三位一体”安全防控模式，推动邮件快件作业场所安全管理规范化。

7. 工　贸

以钢铁、粉尘涉爆、涉氨制冷、铝加工（深井铸造）、有限空间作业为重点，强化事故隐患排查治理，深化工贸行业安全专项整治。推广应用粉尘涉爆领域湿法除尘工艺、铝加工（深井铸造）自动化监测报警和联锁装置等先进技术装备。加快实施建材行业搬运码垛、投料装车、抛光施釉、喷漆打磨、高温窑炉、切割分拣、压力成型等安全风险较高的岗位“机器换人”。加强对商场、超市、批发市场、餐饮等人员和货物密集场所的事故隐患排查，严防群死群伤事故。

8. 烟花爆竹

推进全国烟花爆竹转型升级集中区建设，打造安全可控的现代化烟花爆竹产业，引导烟花爆竹生产企业向主产地区转移或有序退出。强化烟花爆竹机械质量监督检验和涉药机械常态化安全论证，加强对烟花爆竹新型安全材料的研发与推广应用。加强直接涉药生产工序的机械化改造，确保烟花爆竹生产重要涉药工序人机分离、人药分离。完善全国烟花爆竹生产经营企业安全监管信息系统，强化烟花爆竹重点地区安全监管，推进烟花爆竹安全监管信息协同共享。

9. 城市建设

改革建筑施工安全生产许可证制度，完善隧道工程事故预防机制，严格落实工程质量安全手册制度。完善建筑施工安全监管信息系统，健全建筑施工安全信用体系。深化公路、铁路、水利、电力、民航等建设工程的专项整治。强化施工现场安全管理和安全生产费用提取使用监管，推动施工现场安全管理标准化规范化。督促企业对临边、洞口、攀登、悬空和交叉作业部位等区域实施重点防护，加强劳动防护用品管理，严防高处坠落事故。推动智慧工地建设，实施建设施工全生命周期管理。规范建设工程用工管理及分包单位准入规定,培育高素质施工作业人员,稳定施工劳务用工队伍。严格依法查处转包、违法分包、挂靠、租借资质、超越资质承揽工程等行为，加大对重大工程、重点地区、高风险时段的监督检查力度。把老旧燃气管道更新改造纳入城市更新行动，推动燃气安全综合治理。强化旅游景区高风险项目安全监管，开展客运索道、观光车、大型游乐设施设备安全整治。加强农村住房建设和危房改造施工安全管理，强化农村住房安全监管。

10. 农林牧渔业

完善农业机械注册登记、安全检验和驾驶培训制度，深化“平安农机”创建活动，强化对重点机具、重要农时以及农机合作社和农机大户等重点主体的安全监管。加强林区、林场基础设施建设安全管理和安全风险防控。推进沿海渔港、避风锚地升级改造和整治维护，加快渔船安全、消防、救生及通信导航等安全应急设施设备升级改造。推进实施渔船更新和标准化改造，严格落实渔船初次检验、营运检验和船用产品检验制度。推动海洋渔船配备升级新型防碰撞自动识别系统、北斗终端等安全通信导航设备，建设渔船渔港动态监管和海洋渔业应急监测救助系统。建立以船长报告为主、船舶“监护人”和基层渔业组织报告为辅的进出港报告机制。强化隐患突出渔船和渔港水域安全监管，严厉打击渔船超员超载、超风级超航区冒险航行作业、涉渔“三无船舶”非法作业等行为。

11. 功能区

统筹工业园区、物流仓储园区等功能区安全布局，优化园区功能分区布局，严格控制高风险功能分区规模。实施园区安全生产一体化、封闭化管理。完善园区消防设施、消防车道等公用工程配套和安全保障设施。深化物流仓储园区事故隐患整治，加强物流仓储园区内危险货物运输车辆及装卸安全管理。加强水运口岸区域安全监督。推进智慧园区建设，建立园区集约化、智能化安全监管信息共享平台，实现园区内企业、重点场所、重大危险源、基础设施实时风险监控预警。

12. 危险废物

强化废弃危险化学品等危险废物全过程监管，建立废弃危险化学品等危险废物部门协作、联合执法、重大案件区域会商督办机制，形成覆盖危险废物产生、收集、贮存、转移、运输、利用、处置等全过程的监管体系。及时修订《国家危险废物名录》，修订危险废物鉴别、贮存以及水泥窑协同处置污染控制等标准。制定完善危险废物重点监管单位清单。加强危险废物监管能力与应急处置技术支撑能力建设。

（七）强化应急救援处置效能

1. 夯实企业应急基础

完善应急预案管理与演练制度，加大对企业应急预案监督管理力度，加强政企预案衔接与联动。强化重点岗位、重点部位现场应急处置方案实操性监督检查，强化制度化、全员化、多形式的应急救援演练。建立企业应急预案修订与备案制度。推动规模以上高危行业领域企业加强专兼职应急救援队伍建设与应急物资装备配备，建立内部监测预警、态势研判及与周边企业、属地政府的信息通报、资源互助机制。加强超大桥梁垮塌、超长隧道火灾、大型客船遇险、大型船舶原油溢油等巨灾情景构建，建设一批应急演练情景库。开展以基层为重点的实战化应急演练、救援技能竞赛等活动，提升自救互救技能。

2. 提升应急救援能力

合理规划安全生产应急救援基地和队伍布局，推动安全生产应急救援装备建设制度化、标准化。加快推进重点区域、重点行业领域国家级安全生产应急救援队伍建设，提升国家矿山、危险化学品、油气开采、水上搜救、核事故、铁路交通等事故应急处置能力。规范地方骨干、基层安全生产应急救援队伍职能定位、建设规模与装备配备。推动工业园区、开发区等产业聚集区内企业联合建立专职救援队伍。推进国家综合性环境应急、航空应急救援和事件调查、无人智能救援装备测试、航空器消防救援等实训设施建设。完善重点城市群跨区域联合救援机制，提高京津冀、长三角、粤港澳大湾区、长江经济带等跨地区应急救援资源共享与联合处置能力。健全安全生产应急救援社会化运行模式，培育专业化应急救援组织。引导社会力量有序参与安全生产应急救援。

3. 提高救援保障水平

完善国家、省、市、县等各级应急管理部门互联互通的安全生产应急救援指挥平台体系，提升应急救援机构与事故现场的远程通信指挥保障能力。加强应急救援基础数据库建设，完善应急救援装备技术参数信息库，建立应急救援基础数据普查与动态采集报送机制。加强救援实训基础设施建设，提升国家级安全生产应急救援队伍跨区域作战自我保障能力。健全道路交通事故多部门联动救援救治长效机制，完善事故救援救治网络。推进深远海油气勘探开发应急技术、国家大型原油储罐火灾抢险救援科技装备支撑体系建设。加强应急装备实物储备，建立实物储备、协议储备和生产能力储备相结合的储备机制，构建应急装备储备与调度管理平台。完善安全生产应急装备储备与调运制度，健全各地区应急救援资源共享、快速输送与联合处置机制。选择交通枢纽城市开展区域性安全生产应急物资供应链与集配中心建设试点。完善应急救援车辆优先通行机制和应急救援生态环境保护制度。制定应急救援社会化有偿服务、应急装备征用补偿、应急救援人员人身安全保险等政策。

（八）统筹安全生产支撑保障

1. 加快专业人才培养

实施高危行业领域从业人员安全技能提升专项行动，严格企业主要负责人、安全生产管理人员安全生产知识和管理能力考核，以及特种作业人员安全技能培训考核。

加快建设一批高水平的安全技能培训和特种作业人员实操考试基地，加强高危行业重点岗位系列安全生产培训教材开发。实现重点行业规模以上企业新增从业人员安全技能培训率达到100%。加强安全科学与工程及相关学科建设，创新卓越安全工程师培养模式，培育一批既懂技术又懂管理的安全生产复合型人才。按程序和标准筹建应急管理类大学。加强安全科学与工程专业技术领军人才和青年拔尖人才培养，建设一批创新人才培养基地，造就一批高端安全科技创新人才。完善与理论研究、技术创新、装备研发和应用研究等工作相适应的科技人才激励机制。加强注册安全工程师、注册消防工程师等职业资格管理，探索工程教育专业认证与国家职业资格证书衔接机制。加强注册消防工程师资格考试指导。培养安全生产管理、评价、认证认可和检验检测等专业人才。健全安全生产监管干部培养与使用体系，建立安全生产监管干部到基层锻炼的交流机制。

2. 强化科技创新引领

聚焦重特大事故形成机理和演化规律、复合灾害事故风险防范与应急救援等重大理论问题，实施重大事故防范、重大基础设施安全风险评估等国家科技计划项目，深化风险智能感知和监测预警理论与方法研究。优先发展信息化、智能化、无人化的安全生产风险监测预警装备，重点提升安全生产危险工艺设备的机械化自动化水平，着力破解重大安全风险的超前预测、动态监测、主动预警等关键技术瓶颈。健全与研发平台配套的安全生产科技支撑链条，培育和创建国家级安全生产科技创新平台。依托现有机构完善危险化学品安全研究支撑平台。加快推进安全生产国家级重点实验室、技术创新中心、协同创新中心、战略理论政策智库创建，推动安全生产科技创新资源开放共享，形成基础研究、技术创新和应用研究贯通发展的安全生产科技创新生态。建立安全生产装备与服务需求信息平台、技术创新转化交易平台，优化安全生产科技支撑服务市场化运行机制。推广安全风险分级管控和隐患排查治理技术装备，加强重点行业领域先进技术装备的推广应用。

3. 推进安全信息化建设

制定完善安全生产信息化标准规范，提高信息化系统的整体适配度，拓展和深化安全生产数字化应用场景。加强重点行业领域企业安全生产风险监测预警系统建设，实现分级分类、实时监测、动态评估和及时预警。汇聚消防安全、交通运输、城市生命线、大型综合体等城市风险感知数据，加快完善城市安全风险监测预警公共信息系统。建立全国统一的应急管理监管执法信息系统，加快推进"互联网+执法"信息系统应用，培育"工业互联网+安全生产"协同创新模式，以物联网、大数据为基础，加强重点行业领域安全生产监管，构建基于工业互联网的安全感知、评估、监测、预警与处置体系。引导高危行业领域企业开展基于信息化的安全风险分级管控和隐患排查治理双重预防机制建设。建立基于大数据的特种设备智慧监管体系。加快推进民航安全大数据平台建设。

（九）构建社会共治安全格局

1. 提高全民安全素质

鼓励和支持各类媒体开设不同形式的安全生产专题专栏，引导全社会关心关注安全发展。实施全民安全生产宣传教育行动计划，建设国家安全生产教育平台，引导公众践行安全的生产生活方式。将安全素质教育纳入国民教育体系。推动智能科普宣教和安全宣传体系建设，完善安全生产科普知识库，建立安全生产法规标准查询、解读、互动交流信息平台，推广“两微一端”新媒体平台。鼓励安全文化作品创作，丰富安全生产宣传产品，创新安全文化服务方式和手段，开展安全生产公益宣传活动，持续实施“安全生产月”“安全生产万里行”系列精品活动项目。建设安全科普宣传教育和安全体验基地，在有条件的社区公园、广场、乡村服务场所等设置专题展板，推动安全知识进企业、进农村、进社区、进学校、进家庭，积极开展群众性应急培训，普及安全常识和应急知识。推动建设具有城市特色的安全文化教育体验基地与场馆，加快推进企业安全文化建设。适时发布安全生产白皮书。

2. 推动社会协同治理

实行企业安全生产信用风险分类管理制度，将企业安全生产违法信息记入信用记录。探索建立上市公司安全生产信息强制性披露机制。探索实施安全绩效“领跑者”制度，采取荣誉表彰等激励措施推动企业实现更高标准的安全目标。引导社会资源投向先进、适用、可靠的安全应急产品和服务，鼓励有条件地区培育特色鲜明的国家安全应急产业基地。积极发展安全生产技术咨询、系统设计、设备制造、工程施工、运营管理等专业化服务，健全安全生产专业技术服务机构依法从业和健康发展机制。制定政府购买安全生产服务清单。鼓励协会、联合会、商会、慈善组织等社会组织参与安全生产工作。建立公众参与安全管理决策的有效渠道和合理机制，培养发展安全生产社会监督员，鼓励公众监督政府安全生产工作、企业违法违规行为。

3. 深化安全交流合作

健全京津冀、长三角、粤港澳大湾区、成渝城市群等区域安全生产协调联动机制，加强重大安全风险联防联控。搭建安全生产交流合作平台，促进安全发展理念、安全监管执法、法规政策标准、新兴产业安全技术、事故应急救援、企业安全管理能力提升等方面的国际交流合作。加强与东盟、上海合作组织、国际劳工组织、联合国开发计划署等合作，分享安全发展理念与实践经验。加强与安全生产国际标准的衔接，推动“一带一路”国家和地区安全生产标准互认。依托国际友好城市，开展城市安全国际合作，构建多方参与的城市安全互助网络。

（十）实施安全提升重大工程

1. 重大安全风险治理工程

实施化工园区和大型油气储存基地本质安全提升工程、危险化学品企业安全改造工程，推动安全管理数字化转型试点。推进城镇人口密集区中小型企业和危险化学品生产企业搬迁，持续实施工艺优化和技术更新改造，加强安全仪表系统管理，提升自动化控制水平。开展煤矿瓦斯综合治理和水害、火灾、冲击地压等重大灾害治理。全面完成尾矿“头顶库”治理。深化农村公路平交路口“一灯一带”工程和干线公路灾害防治工程，实施高速公路护栏提质升级工程。开展消防安全治理工程，推进行业消防安全标准化管理标杆建设、单位社区消防安全能力建设，实施企业专职消防队、乡镇政府专职消防队标准化建设。改造升级高层建筑、大型城市综合体、轨道交通、石油化工等重点场所消防系统，打通城镇消防“生命通道”。

2. 监管执法能力建设工程

根据各地区域特点和执法需求，合理确定各级负有安全生产监管监察职责的机构执法车辆配备类型和数量,补充更新执法车辆。补充更新各级安全生产监管监察机构、消防救援机构执法个体防护装备、执法制式服装和调查取证装备，建设完善执法装备库，重点增补执法过程管理、数据分析、5G多功能综合执法等智能化专业装备，在特殊领域优先配备无人机、机器人等高科技执法装备。建设完善基层安全生产监管监察机构业务保障用房和特殊业务用房，加强执法装备维护校验条件建设，完善计算存储网络、信息安全防护保障和智能运维等系统。全面汇聚行政许可、行政执法、监测预警、事故调查等数据资源，完善移动执法应用系统，实现执法大数据多维分析、自助式分析、可视化展示功能，提升安全生产执法信息化水平。

3. 安全风险监测预警工程

建成国家安全生产监管监察执法大数据系统，构建1个国家级和32个省级安全生产监管监察“互联网+执法”平台。建成危险化学品、矿山、烟花爆竹等高危行业企业以及油气管道等重点领域风险监测预警系统，构建全面覆盖的风险监测与感知数据“一张网”。建设国家矿用重要装备安全大数据赋能、全链条监管及智慧巡察服务平台。利用卫星监测技术对露天矿山、尾矿库等风险早期识别，建设矿山安全风险研判与智能分析预警系统、“智慧监察”平台。完善全国危险化学品登记系统，构建涵盖生产、使用、运输、贮存、经营、废弃处置环节的危险化学品全生命周期信息监管平台。建设国家安全发展示范城市创建支撑管理信息化平台。

4. 救援处置能力建设工程

建设空、天、地、海一体化应急通信网络，优化升级国家安全生产应急救援综合指挥平台和应急通信保障系统，完善重点行业领域和区域安全生产应急救援指挥决策调度平台。建强一批国家和区域矿山排水、海洋油气开采、水上搜救、隧道施工、电力等行业领域安全生产应急救援力量，推进救援队伍装备补充升级和更新换代，提升国家级安全生产应急救援队伍通信保障和远途作战后勤保障能力。完善国家危险化学品安全生产应急救援队伍布局。完善国家应急医学研究中心教、研设施，改造基础工作环境，配备先进科研设备。建设综合应急实训演练基地，完善安全生产工作实操实训条件。

5. 科技创新能力建设工程

建设国家安全生产综合集成创新中心，建成危险化学品、矿山、城市安全、金属冶炼、油气等重大事故防控技术支撑基地，重点建设重大事故情景还原与相似模拟、事故预防技术中试以上工程装置，完善复杂环境下耦合事故验证实验条件。推动有条件地区和企业建设安全生产科技创新资源开放共享和成果推广平台。建设安全生产监管监察执法装备验证测试实验室和智能化矿山安全生产监管监察技术支撑实验室。依托现有资源，建设完善省级安全生产技术支撑中心实验室和区域安全生产综合技术支撑中心实验室。

6. 安全生产教育实训工程

完善国家安全生产监管监察执法综合实训华北基地条件，增补石油天然气管道输送、烟花爆竹、地下空间等专业领域及矿山、冶金、商贸、机械等行业安全生产监管实训功能。建设安全生产监管监察人员执法资格考试平台，升级改造现有考试机构考场。完善应急管理和安全监管干部网络学院信息平台、网络培训资源库等，打造线上与线下相结合、虚拟与现实相融合、多终端、全覆盖、互联互通、共建共享的安全生产线上培训生态圈。实施危险化学品安全培训网络建设工程，建设一批区域性危险化学品企业安全生产实训基地。

（十一）健全规划实施保障机制

1. 明确任务分工

地方各级人民政府要根据规划确定的发展目标和主要任务，将安全生产工作纳入重要议事日程，制定并公布安全生产重点任务和年度目标。各地区、各有关部门要积极制定规划实施方案，细化落实规划的任务分工和进度安排，明确本地区、本部门相关责任。推动建立安全监管协作机制，定期研究解决重大问题。推动各地区安全生产规划实施情况信息公开，鼓励全社会参与和监督，确保各项任务全面完成。

2. 加大政策支持

按照中央与地方财政事权和支出责任划分，健全完善财政支持安全生产政策，强化中央和地方财政经费保障，优化安全生产支出结构；贯彻过“紧日子”要求，集中力量办大事，向监管监察能力建设、重点行业领域风险防控等工作倾斜。实行全面预算绩效管理，加强绩效评价，强化审计监督，把安全生产财政资金管好用好。完善企业安全生产费用提取和使用制度，健全监管与审计机制。鼓励创业投资企业、股权投资企业和社会捐赠资金增加安全生产公益性投入。鼓励企业投保安全生产责任保险，充分发挥保险的风险控制和事故预防作用，探索建立监管部门、行业组织、保险机构和企业多方参与的激励约束机制和风险防控机制。

3. 推进试点示范

以改善安全状况、推动安全发展为目标，以体制创新、制度供给、模式探索为重点，推进国家安全发展示范城市建设。积极推进安全社区、平安校园、安全生产标准化企业等建设。推进安全生产数字化改革试点，加快推进数字化技术在安全风险管控、应急处置等领域的应用。实施安全应急装备应用示范，加快先进安全应急装备科研成果工程化应用。强化城市安全风险综合监测预警工作体系建设试点，打造城市安全“智慧大脑”。推动国家安全发展示范城市率先建成较为完善的安全治理制度体系，形成若干可操作、有效管用、可在全国复制推广的安全生产重大制度成果。

4. 强化监督评估

健全各级安全生产委员会成员单位规划实施信息通报、研判会商、交流合作、协调联动等制度机制，统筹协调、监督指导各成员单位落实安全职责，加大督查考评力度，形成规划实施合力。国务院安全生产委员会将定期对各省级人民政府和新疆生产建设兵团规划目标指标、主要任务、重大工程等进展情况进行监测调度。在 2023 年、2025 年底，应急管理部要分别对本规划执行情况进行中期评估和总结评估。

四、《关于全面加强危险化学品安全生产工作的意见》

2020 年 2 月 20 日，中共中央办公厅、国务院办公厅印发《关于全面加强危险化学品安全生产工作的意见》旨在深刻吸取一些地区发生的重特大事故教训，举一反三，全面加强危险化学品安全生产工作，有力防范化解系统性安全风险，坚决遏制重特大事故发生，有效维护人民群众生命财产安全。

（一）总体要求

以习近平新时代中国特色社会主义思想为指导，全面贯彻党的十九大和十九届二中、三中、四中全会精神，紧紧围绕统筹推进“五位一体”总体布局和协调推进“四个全面”战略布局，坚持总体国家安全观，按照高质量发展要求，以防控系统性安全风险为重点，完善和落实安全生产责任和管理制度，建立安全隐患排查和安全预防控制体系，加强源头治理、综合治理、精准治理，着力解决基础性、源头性、瓶颈性问题，加快实现危险化学品安全生产治理体系和治理能力现代化，全面提升安全发展水平，推动安全生产形势持续稳定好转，为经济社会发展营造安全稳定环境。

（二）强化安全风险管控

1. 深入开展安全风险排查

按照《化工园区安全风险排查治理导则（试行）》和《危险化学品企业安全风险隐患排查治理导则》等相关制度规范，全面开展安全风险排查和隐患治理。严格落实地方党委和政府领导责任，结合实际细化排查标准，对危险化学品企业、化工园区或化工集中区（以下简称化工园区）组织实施精准化安全风险排查评估，分类建立完善安全风险数据库和信息管理系统，区分“红、橙、黄、蓝”四级安全风险，突出一、二级重大危险源和有毒有害、易燃易爆化工企业，按照“一企一策”“一园一策”原则，实施最严格的治理整顿。制定实施方案，深入组织开展危险化学品安全三年提升行动。

2. 推进产业结构调整

完善和推动落实化工产业转型升级的政策措施。严格落实国家产业结构调整指导目录，及时修订公布淘汰落后安全技术工艺、设备目录，各地区结合实际制定修订并严格落实危险化学品“禁限控”目录，结合深化供给侧结构性改革，依法淘汰不符合安全生产国家标准、行业标准条件的产能，有效防控风险。坚持全国“一盘棋”，严禁已淘汰落后产能异地落户、办厂进园，对违规批建、接收者依法依规追究责任。

3. 严格标准规范

制定化工园区建设标准、认定条件和管理办法。整合化工、石化和化学制药等安全生产标准，解决标准不一致问题，建立健全危险化学品安全生产标准体系。完善化工和涉及危险化学品的工程设计、施工和验收标准。提高化工和涉及危险化学品的生产装置设计、制造和维护标准。加快制定化工过程安全管理导则和精细化工反应安全风险评估标准等技术规范。鼓励先进化工企业对标国际标准和国外先进标准，制定严于国家标准或行业标准的企业标准。

（三）强化全链条安全管理

1. 严格安全准入

各地区要坚持有所为、有所不为，确定化工产业发展定位，建立发展改革、工业和信息化、自然资源、生态环境、住房和城乡建设、应急管理等部门参与的化工产业发展规划编制协调沟通机制。新建化工园区由省级政府组织开展安全风险评估、论证并完善和落实管控措施。涉及“两重点一重大”（重点监管的危险化工工艺、重点监管的危险化学品和危险化学品重大危险源）的危险化学品建设项目由设区的市级以上政府相关部门联合建立安全风险防控机制。建设内有化工园区的高新技术产业开发区、经济技术开发区或独立设置化工园区，有关部门应依据上下游产业链完备性、人才基础和管理能力等因素，完善落实安全防控措施。完善并严格落实化学品鉴定评估与登记有关规定，科学准确鉴定评估化学品的物理危险性、毒性，严禁未落实风险防控措施就投入生产。

2. 加强重点环节安全管控

对现有化工园区全面开展评估和达标认定。对新开发化工工艺进行安全性审查。2020 年年底前实现涉及“两重点一重大”的化工装置或储运设施自动化控制系统装备率、重大危险源在线监测监控率均达到 100%。加强全国油气管道发展规划与国土空间、交通运输等其他专项规划衔接。督促企业大力推进油气输送管道完整性管理，加快完善油气输送管道地理信息系统，强化油气输送管道高后果区管控。严格落实油气管道法定检验制度，提升油气管道法定检验覆盖率。加强涉及危险化学品的停车场安全管理，纳入信息化监管平台。强化托运、承运、装卸、车辆运行等危险货物运输全链条安全监管。提高危险化学品储罐等贮存设备设计标准。研究建立常压危险货物储罐强制监测制度。严格特大型公路桥梁、特长公路隧道、饮用水源地危险货物运输车辆通行管控。加强港口、机场、铁路站场等危险货物配套存储场所安全管理。加强相关企业及医院、学校、科研机构等单位危险化学品使用安全管理。

3. 强化废弃危险化学品等危险废物监管

全面开展废弃危险化学品等危险废物（以下简称危险废物）排查，对属性不明的固体废物进行鉴别鉴定，重点整治化工园区、化工企业、危险化学品单位等可能存在的违规堆存、随意倾倒、私自填埋危险废物等问题，确保危险废物贮存、运输、处置安全。加快制定危险废物贮存安全技术标准。建立完善危险废物由产生到处置各环节联单制度。建立部门联动、区域协作、重大案件会商督办制度，形成覆盖危险废物产生、收集、贮存、转移、运输、利用、处置等全过程的监管体系，加大打击故意隐瞒、偷放偷排或违法违规处置危险废物违法犯罪行为力度。加快危险废物综合处置技术装备研发，合理规划布点处置企业，加快处置设施建设，消除处置能力瓶颈。督促企业对重点环保设施和项目组织安全风险评估论证和隐患排查治理。

（四）强化企业主体责任落实

1. 强化法治措施

积极研究修改刑法相关条款，严格责任追究。推进制定危险化学品安全和危险货物运输相关法律，修改安全生产法、安全生产许可证条例等，强化法治力度。严格执行执法公示制度、执法全过程记录制度和重大执法决定法制审核制度，细化安全生产行政处罚自由裁量标准，强化精准严格执法。落实职工及家属和社会公众对企业安全生产隐患举报奖励制度，依法严格查处举报案件。

2. 加大失信约束力度

危险化学品生产贮存企业主要负责人（法定代表人）必须认真履责，并作出安全承诺；因未履行安全生产职责受刑事处罚或撤职处分的，依法对其实施职业禁入；企业管理和技术团队必须具备相应的履职能力，做到责任到人、工作到位，对安全隐患排查治理不力、风险防控措施不落实的，依法依规追究相关责任人责任。对存在以隐蔽、欺骗或阻碍等方式逃避、对抗安全生产监管和环境保护监管，违章指挥、违章作业产生重大安全隐患，违规更改工艺流程，破坏监测监控设施，夹带、谎报、瞒报、匿报危险物品等严重危害人民群众生命财产安全的主观故意行为的单位及主要责任人，依法依规将其纳入信用记录，加强失信惩戒，从严监管。

3. 强化激励措施

全面推进危险化学品企业安全生产标准化建设，对一、二级标准化企业扩产扩能、进区入园等，在同等条件下分别给予优先考虑并减少检查频次。对国家鼓励发展的危险化学品项目，在投资总额内进口的自用先进危险品检测检验设备按照现行政策规定免征进口关税。落实安全生产专用设备投资抵免企业所得税优惠。提高危险化学品生产贮存企业安全生产费用提取标准。推动危险化学品企业建立安全生产内审机制和承诺制度，完善风险分级管控和隐患排查治理预防机制，并纳入安全生产标准化等级评审条件。

（五）强化基础支撑保障

1. 提高科技与信息化水平

强化危险化学品安全研究支撑，加强危险化学品安全相关国家级科技创新平台建设，开展基础性、前瞻性研究。研究建立危险化学品全生命周期信息监管系统，综合利用电子标签、大数据、人工智能等高新技术，对生产、贮存、运输、使用、经营、废弃处置等各环节进行全过程信息化管理和监控，实现危险化学品来源可循、去向可溯、状态可控，做到企业、监管部门、执法部门及应急救援部门之间互联互通。将安全生产行政处罚信息统一纳入监管执法信息化系统，实现信息共享，取代层层备案。加强化工危险工艺本质安全、大型储罐安全保障、化工园区安全环保一体化风险防控等技术及装备研发。推进化工园区安全生产信息化智能化平台建设，实现对园区内企业、重点场所、重大危险源、基础设施实时风险监控预警。加快建成应急管理部门与辖区内化工园区和危险化学品企业联网的远程监控系统。

2. 加强专业人才培养

实施安全技能提升行动计划，将化工、危险化学品企业从业人员作为高危行业领域职业技能提升行动的重点群体。危险化学品生产企业主要负责人、分管安全生产负责人必须具有化工类专业大专及以上学历和一定实践经验，专职安全管理人员至少要具备中级及以上化工专业技术职称或化工安全类注册安全工程师资格，新招一线岗位从业人员必须具有化工职业教育背景或普通高中及以上学历并接受危险化学品安全培训，经考核合格后方能上岗。企业通过内部培养或外部聘用形式建立化工专业技术团队。化工重点地区扶持建设一批化工相关职业院校（含技工院校），依托重点化工企业、化工园区或第三方专业机构建立实习实训基地。把化工过程安全管理知识纳入相关高校化工与制药类专业核心课程体系。

3. 规范技术服务协作机制

加快培育一批专业能力强、社会信誉好的技术服务龙头企业，引入市场机制，为涉及危险化学品企业提供管理和技术服务。建立专家技术服务规范，分级分类开展精准指导帮扶。安全生产责任保险覆盖所有危险化学品企业。对安全评价、检测检验等中介机构和环境评价文件编制单位出具虚假报告和证明的，依法依规吊销其相关资质或资格；构成犯罪的，依法追究刑事责任。

4. 加强危险化学品救援队伍建设

统筹国家综合性消防救援力量、危险化学品专业救援力量，合理规划布局建设立足化工园区、辐射周边、覆盖主要贮存区域的危险化学品应急救援基地。强化长江干线危险化学品应急处置能力建设。加强应急救援装备配备，健全应急救援预案，开展实训演练，提高区域协同救援能力。推进实施危险化学品事故应急指南，指导企业提高应急处置能力。

（六）强化安全监管能力

1. 完善监管体制机制

将涉恐涉爆涉毒危险化学品重大风险纳入国家安全管控范围，健全监管制度，加强重点监督。进一步调整完善危险化学品安全生产监督管理体制。按照“管行业必须管安全、管业务必须管安全、管生产经营必须管安全”和“谁主管谁负责”原则，严格落实相关部门危险化学品各环节安全监管责任，实施全主体、全品种、全链条安全监管。应急管理部门负责危险化学品安全生产监管工作和危险化学品安全监管综合工作；按照《危险化学品安全管理条例》规定，应急管理、交通运输、公安、铁路、民航、生态环境等部门分别承担危险化学品生产、贮存、使用、经营、运输、处置等环节相关安全监管责任；在相关安全监管职责未明确部门的情况下，应急管理部门承担危险化学品安全综合监督管理兜底责任。生态环境部门依法对危险废物的收集、贮存、处置等进行监督管理。应急管理部门和生态环境部门以及其他有关部门建立监管协作和联合执法工作机制，密切协调配合，实现信息及时、充分、有效共享，形成工作合力，共同做好危险化学品安全监管各项工作。完善国务院安全生产委员会工作机制，及时研究解决危险化学品安全突出问题，加强对相关单位履职情况的监督检查和考核通报。

2. 健全执法体系

建立健全省、市、县三级安全生产执法体系。省级应急管理部门原则上不设执法队伍，由内设机构承担安全生产监管执法责任，市、县级应急管理部门。

一般实行“局队合一”体制。危险化学品重点县（市、区、旗）、危险化学品贮存量大的港区，以及各类开发区特别是内设化工园区的开发区，应强化危险化学品安全生产监管职责，落实落细监管执法责任，配齐配强专业执法力量。具体由地方党委和政府研究确定，按程序审批。

3. 提升监管效能

严把危险化学品监管执法人员进人关，进一步明确资格标准，严格考试考核，突出专业素质，择优录用；可通过公务员聘任制方式选聘专业人才，到2022年年底具有安全生产相关专业学历和实践经验的执法人员数量不低于在职人员的75%。完善监管执法人员培训制度，入职培训不少于3个月，每年参加为期不少于2周的复训。实行危险化学品重点县（市、区、旗）监管执法人员到国有大型化工企业进行岗位实训。深化“放管服”改革，加强和规范事中事后监管，在对涉及危险化学品企业进行全覆盖监管基础上，实施分级分类动态严格监管，运用“两随机一公开”进行重点抽查、突击检查。严厉打击非法建设生产经营行为。省、市、县级应急管理部门对同一企业确定一个执法主体，避免多层多头重复执法。加强执法监督，既严格执法，又避免简单化、“一刀切”。大力推行“互联网+监管”“执法+专家”模式，及时发现风险隐患，及早预警防范。各地区根据工作需要，面向社会招聘执法辅助人员并健全相关管理制度。

各地区各有关部门要加强组织领导，认真落实党政同责、一岗双责、齐抓共管、失职追责安全生产责任制，整合一切条件、尽最大努力，加快推进危险化学品安全生产各项工作措施落地见效，重要情况及时向党中央、国务院报告。

课后练习

一、单项选择题

1.（　　）习近平新时代中国特色社会主义思想载入宪法。

A. 2018 年 3 月 10 日　　B. 2018 年 3 月 11 日

C. 2017 年 3 月 12 日　　D. 2017 年 3 月 13 日

2. 习近平新时代中国特色社会主义思想的核心内容是（　　）。

A. “三个代表”　　B. “四个意识”

C. “一票否决”　　D. “八个明确”“十四个坚持”

3. 全面依法治国是中国特色社会主义的本质要求和（　　）。

A. 重点工程　　B. 基本原则

C. 主要任务　　D. 重要保障

4. 构建我国安全生产法律体系的基本框架，从法的不同层级和效力位阶，可分为（　　）；从同一层级的法的适用范围不同，可以分为（　　）；从法的内容、适用范围和具体规范，可以分为（　　）。

A. 上位法与下位法；综合性法与单行法；一般法与特别法

B. 上位法与下位法；一般法与特别法；综合性法与单行法

C. 一般法与特别法；上位法与下位法；综合性法与单行法

D. 综合性法与单行法；上位法与下位法；一般法与特别法

5. 一般法是适用于安全生产领域中普遍存在的基本问题、（　　）问题的法律规范。

A. 法律　　B. 共性　　C. 特殊性　　D. 专业性

6. 安全生产行政法规的法律地位和法律效力（　　）有关安全生产的法律，（　　）地方性安全生产法规、地方政府安全生产规章等下位法。

A. 低于、高于　　B. 高于，低于

C. 低于，等于　　D. 高于，等于

二、多项选择题

1.《中共中央 国务院关于推进安全生产领域改革发展的意见》中指出，推进安全生产领域改革发展，建立安全预防控制体系，具体包括（　　）。

A. 加强安全风险管控　　B. 强化个人执业预防措施

C. 建立隐患治理监督机制　　D. 强化城乡运行安全保障

E. 加强重点领域工程治理

2. 下列选项中，属于《中共中央 国务院关于推进安全生产领域改革发展的意见》的基本原则的有（　　）。

A. 坚持高速发展　　B. 坚持改革创新

C. 坚持依法监管　　D. 坚持全面防范

E. 坚持系统治理

3. 国务院有关部门依照（　　）制定发布的安全生产规章与地方政府规章之间具有同等效力、在各自的权限范围内施行。

A. 安全生产法律　　B. 行政法规的规定

C. 国务院的授权　　D. 国家标准

E. 直属机构

4. 中国特色社会主义法治的基本原则，正确的有（　　）。

A. 坚持中国共产党的领导　　B. 坚持法律面前人人平等

C. 持以科学发展观为指导　　D. 坚持依法治国和以德治国相结合

E. 坚持从中国实际出发

参考答案及解析

一、单项选择题

1. B【解析】2018 年 3 月 11 日，习近平新时代中国特色社会主义思想载入宪法。

2. D【解析】习近平新时代中国特色社会主义思想的核心内容是“八个明确”“十四个坚持”。

3. D【解析】全面依法治国是中国特色社会主义的本质要求和重要保障。

4. B【解析】安全生产法律体系的基本框架：（1）从法的不同层级和效力位阶，可以分为上位法与下位法；（2）从同一层级的法的适用范围不同，可以分为一般法与特别法；（3）从法的内容、适用范围和具体规范，可以分为综合性法与单行法。

5. B【解析】一般法是适用于安全生产领域中普遍存在的基本问题、共性问题的法律规范，它们不解决某一领域存在的特殊性、专业性的法律问题。

6. A【解析】安全生产行政法规的法律地位和法律效力低于有关安全生产的法律，高于地方性安全生产法规、地方政府安全生产规章等下位法。

二、多项选择题

1. ACE【解析】推进安全生产领域改革发展，建立安全预防控制体系，具体包括：① 加强安全风险管控；② 强化企业预防措施；③ 建立隐患治理监督机制；④ 强化城市运行安全保障；⑤ 加强重点领域工程治理；⑥ 建立完善职业病防治体系。

2. BCE【解析】《中共中央 国务院关于推进安全生产领域改革发展的意见》的基本原则是坚持安全发展、坚持改革创新、坚持依法监管、坚持源头防范、坚持系统治理。

3. ABC【解析】国务院有关部门依照安全生产法律、行政法规的规定或者国务院的授权制定发布的安全生产规章与地方政府规章之间具有同等效力，在各自的权限范围内施行。

4. ABDE【解析】中国特色社会主义法治的基本原则包括：(1)坚持中国共产党的领导；(2)坚持人民主体地位；(3)坚持法律面前人人平等；(4)坚持依法治国和以德治国相结合；(5)坚持从中国实际出发。

模块二 《中华人民共和国安全生产法》

《中华人民共和国安全生产法》(以下简称《安全生产法》)是对所有生产经营单位的安全生产普遍适用的基础性、综合性的法律，于2002年6月29第九届全国人大常委会第二十八次会议审议通过，自当年11月1日起施行。该法的实施，对加强安全生产监督管理，规范生产经营单位安全生产行为，防止和减少生产安全事故，实现全国安全生产状况持续好转，发挥了重要作用。自2002年11月1日实施《安全生产法》以来，根据经济社会形势和安全生产工作的发展需要，全国人民代表大会常务委员会对《安全生产法》共进行了三次修改，最新一次是2021年对《安全生产法》进行的修改。在我国领域内从事生产经营活动的单位的安全生产，适用于本法。法律规定的“生产经营单位”，指从事生产经营活动的基本单位，既包括企业法人，也包括不具有企业法人资格的单位、事业单位、个人合伙组织等其他生产经营主体。有关法律、行政法规对消防安全和道路交通安全、铁路交通安全、水上交通安全、民用航空安全以及核与辐射安全、特种设备安全另有规定的，适用其规定。本模块主要介绍《安全生产法》的具体内容，以便掌握其基本规定和生产经营单位安全生产保障的要求，熟悉从业人员安全生产权利和义务，了解安全生产的监督管理和事故的应急救援与调查处理的相关要求。

学习目标

知识目标

（1）理解《安全生产法》的基本概念、原则和内容，包括法律法规的体系结构和相关术语；

（2）掌握安全生产责任制度、事故调查处理程序和违法行为处罚等相关条款，并能正确运用。

能力目标

（1）能够运用学习到的安全生产法规知识，制定并推动企业或组织内部的安全管理制度，确保员工的安全与健康；

（2）初步具备辨识、预防和应对安全生产事故的能力，包括风险评估、安全检查、事故应急处置等；

（3）能够通过法律手段解决安全生产纠纷，包括分析案例、提出合理的法律观点和意见。

素质目标

（1）培养并强化安全意识，形成遵守安全规章制度的法制意识和预防事故发生的责任心；

（2）提升团队合作能力和沟通能力，在安全生产管理中与他人合作、交流并共同解决问题；

（3）培养自觉遵守法律法规，保持诚信、公正、负责任的职业道德，推动安全文化建设。

任务一 《安全生产法》的基本规定

一、安全生产管理方针

安全生产工作坚持中国共产党的领导。应当以人为本，坚持人民至上、生命至上，把保护人民生命安全摆在首位，树牢安全发展理念，坚持安全第一、预防为主、综合治理的方针，从源头上防范化解重大安全风险。

安全生产工作实行管行业必须管安全、管业务必须管安全、管生产经营必须管安全，强化和落实生产经营单位主体责任与政府监管责任，建立生产经营单位负责、职工参与、政府监管、行业自律和社会监督的机制。

二、生产经营单位安全生产责任制

《安全生产法》第四条规定，生产经营单位必须遵守本法和其他有关安全生产的法律法规，加强安全生产管理，建立健全全员安全生产责任制和安全生产规章制度，加大对安全生产资金、物资、技术、人员的投入保障力度，改善安全生产条件，加强安全生产标准化、信息化建设，构建安全风险分级管控和隐患排查治理双重预防机制，健全风险防范化解机制，提高安全生产水平，确保安全生产。

平台经济等新兴行业、领域的生产经营单位应当根据本行业、领域的特点，建立健全并落实全员安全生产责任制，加强从业人员安全生产教育和培训，履行本法和其他法律法规规定的有关安全生产义务。

该条规定强化了生产经营单位主体责任，确定了以全员安全生产责任制和安全生产规章制度为核心的安全生产管理制度。

三、生产经营单位主要负责人和其他负责人的安全责任

1. 生产经营单位主要负责人的定义

《安全生产法》第五条规定，生产经营单位的主要负责人是本单位安全生产第一责

任人，对本单位的安全生产工作全面负责。其他负责人对职责范围内的安全生产工作负责。

（1）生产经营单位主要负责人必须是生产经营单位生产经营活动的主要决策人。主要负责人必须享有本单位生产经营活动包括安全生产事项的最终决定权，全面领导生产经营活动，如厂长、经理等。不能独立行使决策权的，不是主要负责人。如生产经营单位的重大生产经营事项应由董事会决策的，那么董事长就是主要负责人。

（2）生产经营单位主要负责人必须是实际领导、指挥生产经营单位日常生产经营活动的决策人。在一般情况下，生产经营单位主要负责人是其法定代表人。但是某些公司制企业，特别是国内外一些特大集团公司的法定代表人，往往与其子公司的法定代表人（董事长）同为一人，他们不负责日常的生产经营活动和安全生产工作，通常是在异地或者国外。在这种情况下，那些真正全面组织、领导生产经营活动和安全生产工作的决策人就不一定是董事长，而是总经理（厂长）或者其他人。还有一些不具备企业法人资格的生产经营单位不需要并且也不设法定代表人，这些单位的主要负责人就是其资产所有人或者生产经营负责人。

（3）生产经营单位主要负责人必须是能够承担生产经营单位安全生产工作全面领导责任的决策者。当董事长或者总经理长期缺位（因生病、学习等情况不能主持全面领导工作）时，将由其授权或者委托的副职或者其他人主持生产经营单位的全面工作。如果在这种情况下发生安全生产违法行为或者生产安全事故需要追究责任时，将长期缺位的董事长或者总经理作为责任人既不合情理又难以执行，只能追究其授权或者委托主持全面工作的实际负责人的法律责任。

综上所述，法律所称的生产经营单位主要负责人应当是直接领导、指挥生产经营单位日常生产经营活动、能够承担生产经营单位安全生产工作主要领导责任的决策人。

2. 主要负责人和其他负责人的安全生产职责

安全生产工作是生产经营单位管理工作中的重要内容，涉及生产经营活动的各个方面，必须由“一把手”统一领导，统筹协调，负全面责任。2021 年修正的《安全生产法》进一步明确生产经营单位的主要负责人是本单位安全生产的第一责任人，就是要突出和强调主要负责人的责任。《安全生产法》第二十五条规定：生产经营单位可以设置专职安全生产分管负责人，协助本单位主要负责人履行安全生产管理职责。但不能因此减轻或免除主要负责人对本单位安全生产工作所负的全面责任。

除了主要负责人外，生产经营单位的其他负责人对职责范围内的安全生产工作负责。

四、工会在安全生产工作中的地位和权利

1. 工会在安全生产工作中的地位

《安全生产法》第七条规定：工会依法对安全生产工作进行监督。生产经营单位的工会依法组织职工参加本单位安全生产工作的民主管理和民主监督，维护职工在安全

生产方面的合法权益。生产经营单位制定或者修改有关安全生产的规章制度，应当听取工会的意见。

2. 工会对“三同时”的监督

《安全生产法》第六十条规定：工会有权对建设项目的安全设施与主体工程同时设计、同时施工、同时投入生产和使用进行监督，提出意见。

3. 工会参加安全管理和监督的权利

（1）工会对生产经营单位违反安全生产法律法规，侵犯从业人员合法权益的行为，有权要求纠正；

（2）发现生产经营单位违章指挥、强令冒险作业或者发现事故隐患时，有权提出解决的建议，生产经营单位应当及时研究答复；

（3）发现危及从业人员生命安全的情况时，有权向生产经营单位建议组织从业人员撤离危险场所，生产经营单位必须立即作出处理；

（4）工会有权依法参加事故调查，向有关部门提出处理意见，并要求追究有关人员的责任。

五、县级以上人民政府的安全生产职责

县级以上人民政府及其各有关部门是实施安全生产监督管理的主体，法律要明确县级以上人民政府的领导地位和各有关部门的监督管理职能，发挥其监督管理主体的作用，将县级以上人民政府在安全生产中的地位和基本职责法律化。

六、乡镇人民政府和街道办事处及相关功能区管理机构的安全生产职责

乡镇人民政府和街道办事处，以及开发区、工业园区、港区、风景区等应当明确负责安全生产监督管理的有关工作机构及其职责，加强安全生产监管力量建设，按照职责对本行政区域或者管理区域内生产经营单位安全生产状况进行监督检查，协助人民政府有关部门或者按照授权依法履行安全生产监督管理职责。

七、应急管理部门与专项监管部门的职责分工

《安全生产法》第十条规定：国务院应急管理部门依照本法，对全国安全生产工作实施综合监督管理；县级以上地方各级人民政府应急管理部门依照本法，对本行政区域内安全生产工作实施综合监督管理。

国务院交通运输、住房和城乡建设、水利、民航等有关部门依照本法和其他有关法律、行政法规的规定，在各自的职责范围内对有关行业、领域的安全生产工作实施监督管理；县级以上地方各级人民政府有关部门依照本法和其他有关法律法规的规定，

在各自的职责范围内对有关行业、领域的安全生产工作实施监督管理。对新兴行业、领域的安全生产监督管理职责不明确的，由县级以上地方各级人民政府按照业务相近的原则确定监督管理部门。

应急管理部门和对有关行业、领域的安全生产工作实施监督管理的部门，统称负有安全生产监督管理职责的部门。负有安全生产监督管理职责的部门应当相互配合、齐抓共管、信息共享、资源共用，依法加强安全生产监督管理工作。

八、安全生产专业机构的规定

1. 安全生产专业服务的性质及特征

安全生产专业服务具有下列特征：

（1）独立性，安全生产专业服务机构必须是依法设立的具有独立法人资格的社会组织；

（2）服务性，安全生产专业服务是一种服务性工作，它是受生产经营单位或者政府部门的委托、聘请承担某一项或者多项技术服务业务；

（3）客观性，从事安全生产专业服务工作的基本原则是尊重科学，实事求是，客观公正地完成服务工作；

（4）有偿性，从事有关安全生产的评价、认证、检测、检验和咨询服务要付出一定的成本，安全生产专业服务机构必然要收取合理的报酬和费用；

（5）专业性，安全生产涉及许多非常复杂的科学技术和专门业务领域，只能由具有相应资质、熟悉专业的专业机构及其专业人员提供专门的技术服务。

2. 安全生产专业服务机构的法律地位

《安全生产法》第十五条规定：依法设立的为安全生产提供技术、管理服务的机构，依照法律、行政法规和执业准则，接受生产经营单位的委托为其安全生产工作提供技术、管理服务。

九、生产安全事故责任追究

1. 生产安全事故的分类与事故责任主体

按照引发事故的直接原因进行分类，生产安全事故分为自然灾害事故和人为责任事故两大类。自然灾害事故是由于人类在生产经营过程中对自然灾害不能预见、不能避免和不能克服而发生的事故。人为责任事故是由于生产经营单位或者从业人员在生产经营过程中违反法律法规、国家标准或者行业标准和规章制度、操作规程所出现的失误和疏忽而导致的事故。

事故责任主体是指对发生生产安全事故负有责任的单位或者人员。

2. 法律责任追究

生产安全事故责任者所承担的法律责任的主要形式包括行政责任和刑事责任。

行政责任是指违反有关行政管理的法律法规的规定，但尚未构成犯罪的违法行为所应承担的法律责任。追究行政责任通常以行政处分和行政处罚两种方式来实施。行政处分是对国家工作人员及由国家机关派到企业事业单位任职的人员的违法行为给予的一种制裁性处理。行政处分包括警告、记过、记大过、降级、撤职、开除等。行政处罚主要是对国家机关和国家工作人员以外的生产经营单位及其有关人员的安全生产违法行为给予的行政制裁。

刑事责任是指责任主体实施刑事法律禁止的行为所应承担的法律后果。《安全生产法》规定应当追究刑事责任的责任主体包括县级以上人民政府负有安全生产监督管理职责的部门的工作人员、生产经营单位的主要负责人、其他从业人员和专业服务机构的有关人员。

十、安全生产标准

安全标准是一种安全技术规范，依其内容的不同可以分为基础标准、产品标准、方法标准和管理标准。生产经营单位必须执行安全生产方面的国家标准或者行业标准，特别是强制性国家标准和强制性行业标准。有国家标准的，必须执行国家标准；没有国家标准但有行业标准的，必须执行行业标准。

十一、安全生产教育和奖励

《安全生产法》第十三条规定：各级人民政府及其有关部门应当采取多种形式，加强对有关安全生产的法律法规和安全生产知识的宣传，增强全社会的安全生产意识。

《安全生产法》第十九条规定：国家对在改善安全生产条件、防止生产安全事故、参加抢险救护等方面取得显著成绩的单位和个人，给予奖励。

任务二 生产经营单位的安全生产保障

一、从事生产经营活动应当具备的安全生产条件

1. 生产经营单位的定义

生产经营单位，是指从事各类生产经营活动的基本单元，具体包括：各类生产经营企业、合伙企业、个体工商户和其他生产经营单位。

2. 法定安全生产基本条件

各类生产经营单位必须具备法定的安全生产条件，这是实现安全生产的基本条件。《安全生产法》第二十条规定：生产经营单位应当具备本法和有关法律、行政法规和国家标准或者行业标准规定的安全生产条件；不具备安全生产条件的，不得从事生产经营活动。

二、生产经营单位主要负责人的安全生产职责

生产经营单位的主要负责人对本单位安全生产工作负有下列职责：

（1）建立健全并落实本单位全员安全生产责任制，加强安全生产标准化建设；

（2）组织制定并实施本单位安全生产规章制度和操作规程；

（3）组织制定并实施本单位安全生产教育和培训计划；

（4）保证本单位安全生产投入的有效实施；

（5）组织建立并落实安全风险分级管控和隐患排查治理双重预防工作机制，督促、检查本单位的安全生产工作，及时消除生产安全事故隐患；

（6）组织制定并实施本单位的生产安全事故应急救援预案；

（7）及时、如实报告生产安全事故。

三、安全生产资金投入的规定

1. 安全投入的决策和保障

《安全生产法》第二十三条关于“生产经营单位应当具备的安全生产条件所必需的资金投入，由生产经营单位的决策机构、主要负责人或者个人经营的投资人予以保证，并对由于安全生产所必需的资金投入不足导致的后果承担责任”的规定，明确了生产经营单位必须进行安全投入及安全投入责任主体。

2. 生产经营单位安全投入的标准

《安全生产法》第二十三条规定：有关生产经营单位应当按照规定提取和使用安全生产费用，专门用于改善安全生产条件。安全生产费用在成本中据实列支。安全生产费用提取、使用和监督管理的具体办法由国务院财政部门会同国务院应急管理部门征求国务院有关部门意见后制定。该规定明确了生产经营单位安全生产费用提取、使用以及安全投入的标准。

3. 安全投入不足的法律责任

《安全生产法》第九十三条规定：生产经营单位的决策机构、主要负责人或者个人经营的投资人不依照本法规定保证安全生产所必需的资金投入，致使生产经营单位不具备安全生产条件的，责令限期改正，提供必需的资金；逾期未改正的，责令生产经营单位停产停业整顿。

有前款违法行为，导致发生生产安全事故的，对生产经营单位的主要负责人给予撤职处分，对个人经营的投资人处 2 万元以上 20 万元以下的罚款；构成犯罪的，依照刑法有关规定追究刑事责任。

四、安全生产管理机构和安全生产管理人员的配置

《安全生产法》第二十四条规定：矿山、金属冶炼、建筑施工、运输单位和危险物

品的生产、经营、储存、装卸单位，应当设置安全生产管理机构或者配备专职安全生产管理人员。

前款规定以外的其他生产经营单位，从业人员超过 100 人的，应当设置安全生产管理机构或者配备专职安全生产管理人员；从业人员在 100 人以下的，应当配备专职或者兼职的安全生产管理人员。

五、安全管理机构与安全生产管理人员的职责

1. 安全管理机构与安全生产管理人员的基本规定

《安全生产法》第二十六条规定：生产经营单位的安全生产管理机构以及安全生产管理人员应当恪尽职守，依法履行职责。生产经营单位作出涉及安全生产的经营决策，应当听取安全生产管理机构以及安全生产管理人员的意见。生产经营单位不得因安全生产管理人员依法履行职责而降低其工资、福利等待遇或者解除与其订立的劳动合同。

危险物品的生产、储存单位以及矿山、金属冶炼单位的安全生产管理人员的任免，应当告知主管的负有安全生产监督管理职责的部门。

2. 安全管理机构与安全生产管理人员的主要职责

《安全生产法》第二十五条规定：生产经营单位的安全生产管理机构以及安全生产管理人员履行下列职责：

（1）组织或者参与拟订本单位安全生产规章制度、操作规程和生产安全事故应急救援预案；

（2）组织或者参与本单位安全生产教育和培训，如实记录安全生产教育和培训情况；

（3）组织开展危险源辨识和评估，督促落实本单位重大危险源的安全管理措施；

（4）组织或者参与本单位应急救援演练；

（5）检查本单位的安全生产状况，及时排查生产安全事故隐患，提出改进安全生产管理的建议；

（6）制止和纠正违章指挥、强令冒险作业、违反操作规程的行为；

（7）督促落实本单位安全生产整改措施。

六、主要负责人和安全生产管理人员应具备的知识和能力要求

《安全生产法》第二十七条规定：生产经营单位的主要负责人和安全生产管理人员必须具备与本单位所从事的生产经营活动相应的安全生产知识和管理能力。

危险物品的生产、经营、储存、装卸单位以及矿山、金属冶炼、建筑施工、运输单位的主要负责人和安全生产管理人员，应当由主管的负有安全生产监督管理职责的部门对其安全生产知识和管理能力考核合格。考核不得收费。

七、从业人员安全生产教育和培训的规定

《安全生产法》第二十八条规定：生产经营单位应当对从业人员进行安全生产教育和培训，保证从业人员具备必要的安全生产知识，熟悉有关的安全生产规章制度和安全操作规程，掌握本岗位的安全操作技能，了解事故应急处理措施，知悉自身在安全生产方面的权利和义务。未经安全生产教育和培训合格的从业人员，不得上岗作业。

生产经营单位使用被派遣劳动者的，应当将被派遣劳动者纳入本单位从业人员统一管理，对被派遣劳动者进行岗位安全操作规程和安全操作技能的教育和培训。劳务派遣单位应当对被派遣劳动者进行必要的安全生产教育和培训。

生产经营单位接收中等职业学校、高等学校学生实习的，应当对实习学生进行相应的安全生产教育和培训，提供必要的劳动防护用品。学校应当协助生产经营单位对实习学生进行安全生产教育和培训。

生产经营单位应当建立安全生产教育和培训档案，如实记录安全生产教育和培训的时间、内容、参加人员以及考核结果等情况。

八、特种作业人员的资格和范围规定

《安全生产法》第三十条规定：生产经营单位的特种作业人员必须按照国家有关规定经专门的安全作业培训，取得相应资格，方可上岗作业。特种作业人员的范围由国务院应急管理部门会同国务院有关部门确定。

九、建设项目安全设施“三同时”的规定

《安全生产法》第三十一条规定：生产经营单位新建、改建、扩建工程项目（统称建设项目）的安全设施，必须与主体工程同时设计、同时施工、同时投入生产和使用。安全设施投资应当纳入建设项目概算。

十、建设项目的安全评价的规定

《安全生产法》第三十二条规定：矿山、金属冶炼建设项目和用于生产、储存、装卸危险物品的建设项目，应当按照国家有关规定进行安全评价。

十一、建设项目安全设施设计和审查的规定

《安全生产法》第三十三条规定：建设项目安全设施的设计人、设计单位应当对安全设施设计负责。矿山、金属冶炼建设项目和用于生产、储存、装卸危险物品的建设项目的安全设施设计应当按照国家有关规定报经有关部门审查，审查部门及其负责审查的人员对审查结果负责。

十二、建设项目安全设施的施工、竣工验收的规定

《安全生产法》第三十四条规定：矿山、金属冶炼建设项目和用于生产、储存、装卸危险物品的建设项目的施工单位必须按照批准的安全设施设计施工，并对安全设施的工程质量负责。

矿山、金属冶炼建设项目和用于生产、储存、装卸危险物品的建设项目竣工投入生产或者使用前，应当由建设单位负责组织对安全设施进行验收；验收合格后，方可投入生产和使用。负有安全生产监督管理职责的部门应当加强对建设单位验收活动和验收结果的监督核查。

十三、安全警示标志的规定

《安全生产法》第三十五条规定：生产经营单位应当在有较大危险因素的生产经营场所和有关设施、设备上，设置明显的安全警示标志。

十四、安全设备达标和管理的规定

《安全生产法》第三十六条规定：安全设备的设计、制造、安装、使用、检测、维修、改造和报废，应当符合国家标准或者行业标准。生产经营单位必须对安全设备进行经常性维护、保养，并定期检测，保证正常运转。维护、保养、检测应当做好记录，并由有关人员签字。生产经营单位不得关闭、破坏直接关系生产安全的监控、报警、防护、救生设备、设施，或者篡改、隐瞒、销毁其相关数据、信息。餐饮等行业的生产经营单位使用燃气的，应当安装可燃气体报警装置，并保障其正常使用。

十五、特种设备检测、检验的规定

《安全生产法》第三十七条规定：生产经营单位使用的危险物品的容器、运输工具，以及涉及人身安全、危险性较大的海洋石油开采特种设备和矿山井下特种设备，必须按照国家有关规定，由专业生产单位生产，并经具有专业资质的检测、检验机构检测、检验合格，取得安全使用证或者安全标志，方可投入使用。检测、检验机构对检测、检验结果负责。

十六、危及生产安全工艺、设备淘汰的规定

《安全生产法》第三十八条规定：国家对严重危及生产安全的工艺、设备实行淘汰制度，具体目录由国务院应急管理部门会同国务院有关部门制定并公布。法律、行政法规对目录的制定另有规定的，适用其规定。省、自治区、直辖市人民政府可以根据本地区实际情况制定并公布具体目录，对前款规定以外的危及生产安全的工艺、设备予以淘汰。生产经营单位不得使用应当淘汰的危及生产安全的工艺、设备。

十七、危险物品管理的规定

《安全生产法》第三十九条规定：生产、经营、运输、储存、使用危险物品或者处置废弃危险物品的，由有关主管部门依照有关法律法规的规定和国家标准或者行业标准审批并实施监督管理。生产经营单位生产、经营、运输、储存、使用危险物品或者处置废弃危险物品，必须执行有关法律法规和国家标准或者行业标准，建立专门的安全管理制度，采取可靠的安全措施，接受有关主管部门依法实施的监督管理。

十八、重大危险源管理和事故隐患排查治理的规定

1. 重大危险源管理的规定

《安全生产法》第四十条规定：生产经营单位对重大危险源应当登记建档，进行定期检测、评估、监控，并制定应急预案，告知从业人员和相关人员在紧急情况下应当采取的应急措施。生产经营单位应当按照国家有关规定将本单位重大危险源及有关安全措施、应急措施报有关地方人民政府应急管理部门和有关部门备案。有关地方人民政府应急管理部门和有关部门应当通过相关信息系统实现信息共享。

2. 事故隐患排查治理规定

《安全生产法》第四十一条规定：生产经营单位应当建立安全风险分级管控制度，按照安全风险分级采取相应的管控措施。生产经营单位应当建立健全并落实生产安全事故隐患排查治理制度，采取技术、管理措施，及时发现并消除事故隐患。事故隐患排查治理情况应当如实记录，并通过职工大会或者职工代表大会、信息公示栏等方式向从业人员通报。其中，重大事故隐患排查治理情况应当及时向负有安全生产监督管理职责的部门和职工大会或者职工代表大会报告。县级以上地方各级人民政府负有安全生产监督管理职责的部门应当将重大事故隐患纳入相关信息系统，建立健全重大事故隐患治理督办制度，督促生产经营单位消除重大事故隐患。

十九、生产设施、场所安全距离和紧急疏散的规定

《安全生产法》第四十二条规定：生产、经营、储存、使用危险物品的车间、商店、仓库不得与员工宿舍在同一座建筑物内，并应当与员工宿舍保持安全距离。生产经营场所和员工宿舍应当设有符合紧急疏散要求、标志明显、保持畅通的出口、疏散通道。禁止占用、锁闭、封堵生产经营场所或者员工宿舍的出口、疏散通道。

二十、危险作业现场安全管理的规定

《安全生产法》第四十三条规定：生产经营单位进行爆破、吊装、动火、临时用电以及国务院应急管理部门会同国务院有关部门规定的其他危险作业，应当安排专门人员进行现场安全管理，确保操作规程的遵守和安全措施的落实。

二十一、劳动防护用品的配备和使用规定

《安全生产法》第四十五条规定：生产经营单位必须为从业人员提供符合国家标准或者行业标准的劳动防护用品，并监督、教育从业人员按照使用规则佩戴、使用。

二十二、交叉作业的安全管理

《安全生产法》第四十八条规定：两个以上生产经营单位在同一作业区域内进行生产经营活动，可能危及对方生产安全的，应当签订安全生产管理协议，明确各自的安全生产管理职责和应当采取的安全措施，并指定专职安全生产管理人员进行安全检查与协调。

二十三、生产经营项目、场所、设备发包或者出租的安全管理

《安全生产法》第四十九条规定：生产经营单位不得将生产经营项目，场所、设备发包或者出租给不具备安全生产条件或者相应资质的单位或者个人。

生产经营项目、场所发包或者出租给其他单位的，生产经营单位应当与承包单位、承租单位签订专门的安全生产管理协议，或者在承包合同、租赁合同中约定各自的安全生产管理职责；生产经营单位对承包单位、承租单位的安全生产工作统一协调、管理，定期进行安全检查，发现安全问题的，应当及时督促整改。

矿山、金属冶炼建设项目和用于生产、储存、装卸危险物品的建设项目的施工单位应当加强对施工项目的安全管理，不得倒卖、出租、出借、挂靠或者以其他形式非法转让施工资质，不得将其承包的全部建设工程转包给第三人或者将其承包的全部建设工程支解以后以分包的名义分别转包给第三人，不得将工程分包给不具备相应资质条件的单位。

二十四、发生生产安全事故时生产经营单位主要负责人的职责

《安全生产法》第五十条规定：生产经营单位发生生产安全事故时，单位的主要负责人应当立即组织抢救，并不得在事故调查处理期间擅离职守。

二十五、工伤保险和安全生产责任保险的规定

《安全生产法》第五十一条规定：生产经营单位必须依法参加工伤保险，为从业人员缴纳保险费。

国家鼓励生产经营单位投保安全生产责任保险；属于国家规定的高危行业、领域的生产经营单位，应当投保安全生产责任保险。具体范围和实施办法由国务院应急管理部门会同国务院财政部门、国务院保险监督管理机构和相关行业主管部门制定。

任务三　从业人员的安全生产权利和义务

一、从业人员的安全生产权利

（1）获得安全保障、伤害救治、工伤保险和民事赔偿的权利；
（2）得知危险因素、防范措施和事故应急措施的权利；
（3）对本单位安全生产的批评、检举和控告的权利；
（4）拒绝违章指挥和强令冒险作业的权利；
（5）紧急情况下的停止作业和紧急撤离的权利。

二、从业人员的安全生产义务

（1）严格落实岗位安全责任，遵守本单位的安全生产规章制度和操作规程，服从管理，正确佩戴和使用劳动防护用品；

（2）接受安全生产教育和培训，掌握本职工作所需的安全生产知识；

（3）发现事故隐患或者其他不安全因素，应当立即向现场安全生产管理人员或者本单位负责人报告。

任务四　安全生产的监督管理

一、负有安全生产监督管理职责的部门的行政许可职责

1. 负有安全生产监督管理职责的部门

《安全生产法》第十条规定：国务院应急管理部门依照本法，对全国安全生产工作实施综合监督管理；县级以上地方各级人民政府应急管理部门依照本法，对本行政区域内安全生产工作实施综合监督管理。

国务院交通运输、住房和城乡建设、水利、民航等有关部门依照本法和其他有关法律、行政法规的规定，在各自的职责范围内对有关行业、领域的安全生产工作实施监督管理；县级以上地方各级人民政府有关部门依照本法和其他有关法律法规的规定，在各自的职责范围内对有关行业、领域的安全生产工作实施监督管理。对新兴行业、领域的安全生产监督管理职责不明确的，由县级以上地方各级人民政府按照业务相近的原则确定监督管理部门。

应急管理部门和对有关行业、领域的安全生产工作实施监督管理的部门，统称负有安全生产监督管理职责的部门。负有安全生产监督管理职责的部门应当相互配合、齐抓共管、信息共享、资源共用，依法加强安全生产监督管理工作。

2. 负有安全生产监督管理职责的部门的行政许可职责

《安全生产法》第六十三条规定：负有安全生产监督管理职责的部门依照有关法律法规的规定，对涉及安全生产的事项需要审查批准（包括批准、核准、许可、注册、认证、颁发证照等）或者验收的，必须严格依照有关法律法规和国家标准或者行业标准规定的安全生产条件和程序进行审查；不符合有关法律法规和国家标准或者行业标准规定的安全生产条件的，不得批准或者验收通过。对未依法取得批准或者验收合格的单位擅自从事有关活动的，负责行政审批的部门发现或者接到举报后应当立即予以取缔，并依法予以处理。对已经依法取得批准的单位，负责行政审批的部门发现其不再具备安全生产条件的，应当撤销原批准。

二、负有安全生产监督管理职责的部门依法监督检查时行使的职权

《安全生产法》第六十五条规定：应急管理部门和其他负有安全生产监督管理职责的部门依法开展安全生产行政执法工作，对生产经营单位执行有关安全生产的法律法规和国家标准或者行业标准的情况进行监督检查，行使以下职权：

（1）进入生产经营单位进行检查，调阅有关资料，向有关单位和人员了解情况；

（2）对检查中发现的安全生产违法行为，当场予以纠正或者要求限期改正；对依法应当给予行政处罚的行为，依照本法和其他有关法律、行政法规的规定作出行政处罚决定；

（3）对检查中发现的事故隐患，应当责令立即排除；重大事故隐患排除前或者排除过程中无法保证安全的，应当责令从危险区域内撤出作业人员，责令暂时停产停业或者停止使用相关设施、设备；重大事故隐患排除后，经审查同意，方可恢复生产经营和使用；

（4）对有根据认为不符合保障安全生产的国家标准或者行业标准的设施、设备、器材以及违法生产、储存、使用、经营、运输的危险物品予以查封或者扣押，对违法生产、储存、使用、经营危险物品的作业场所予以查封，并依法作出处理决定。

三、安全生产监督检查人员依法履行职责的要求

（1）坚持履行安全生产监督检查人员监管执法的行为准则，立党为公，执政为民，忠实于法律。不玩忽职守，不徇私情，不贪赃枉法；

（2）严格按照程序履行职责，规范执法，持证执法，保守秘密；

（3）监督检查不得影响被检查单位的正常生产经营活动；

（4）应当将检查的时间、地点、内容、发现的问题及其处理情况，作出书面记录，并由检查人员和被检查单位的负责人签字；被检查单位的负责人拒绝签字的，检查人员应当将情况记录在案，并向负有安全生产监督管理职责的部门报告。

四、配合安全生产监督管理部门和人员进行监督检查的规定

《安全生产法》第六十六条规定：生产经营单位对负有安全生产监督管理职责的部门的监督检查人员（统称安全生产监督检查人员）依法履行监督检查职责，应当予以配合，不得拒绝、阻挠。

五、对拒不执行执法决定实施停电停供民用爆炸物品措施的规定

《安全生产法》第七十条规定：负有安全生产监督管理职责的部门依法对存在重大事故隐患的生产经营单位作出停产停业、停止施工、停止使用相关设施或者设备的决定，生产经营单位应当依法执行，及时消除事故隐患。生产经营单位拒不执行，有发生生产安全事故的现实危险的，在保证安全的前提下，经本部门主要负责人批准，负有安全生产监督管理职责的部门可以采取通知有关单位停止供电、停止供应民用爆炸物品等措施，强制生产经营单位履行决定。通知应当采用书面形式，有关单位应当予以配合。

负有安全生产监督管理职责的部门依照前款规定采取停止供电措施，除有危及生产安全的紧急情形外，应当提前 24 小时通知生产经营单位。生产经营单位依法履行行政决定、采取相应措施消除事故隐患的，负有安全生产监督管理职责的部门应当及时解除前款规定的措施。

六、安全生产专业机构的监督管理

《安全生产法》第七十二条规定：承担安全评价、认证、检测、检验职责的机构应当具备国家规定的资质条件，并对其作出的安全评价、认证、检测、检验结果的合法性、真实性负责。资质条件由国务院应急管理部门会同国务院有关部门制定。承担安全评价、认证、检测、检验职责的机构应当建立并实施服务公开和报告公开制度，不得租借资质、挂靠、出具虚假报告。

七、安全生产违法行为的举报的规定

《安全生产法》第七十三条规定：负有安全生产监督管理职责的部门应当建立举报制度，公开举报电话、信箱或者电子邮件地址等网络举报平台，受理有关安全生产的举报；受理的举报事项经调查核实后，应当形成书面材料；需要落实整改措施的，报经有关负责人签字并督促落实。对不属于本部门职责，需要由其他有关部门进行调查处理的，转交其他有关部门处理。涉及人员死亡的举报事项，应当由县级以上人民政府组织核查处理。

第七十四条规定：任何单位或者个人对事故隐患或者安全生产违法行为，均有权向负有安全生产监督管理职责的部门报告或者举报。因安全生产违法行为造成重大事

故隐患或者导致重大事故，致使国家利益或者社会公共利益受到侵害的，人民检察院可以根据民事诉讼法、行政诉讼法的相关规定提起公益诉讼。

八、安全生产社会监督、舆论监督的规定

《安全生产法》第七十五条规定：居民委员会、村民委员会发现其所在区域内的生产经营单位存在事故隐患或者安全生产违法行为时，应当向当地人民政府或者有关部门报告。

《安全生产法》第七十七条规定：新闻、出版、广播、电影、电视等单位有进行安全生产公益宣传教育的义务，有对违反安全生产法律法规的行为进行舆论监督的权利。

任务五　生产安全事故的应急救援与调查处理

一、地方政府应急救援工作职责

《安全生产法》第八十条规定：县级以上地方各级人民政府应当组织有关部门制定本行政区域内生产安全事故应急救援预案，建立应急救援体系。乡镇人民政府和街道办事处，以及开发区、工业园区、港区、风景区等应当制定相应的生产安全事故应急救援预案，协助人民政府有关部门或者按照授权依法履行生产安全事故应急救援工作职责。

二、生产经营单位编制应急预案规定

《安全生产法》第八十一条规定：生产经营单位应当制定本单位生产安全事故应急救援预案，与所在地县级以上地方人民政府组织制定的生产安全事故应急救援预案相衔接，并定期组织演练。

三、高危生产经营单位的事故应急救援

《安全生产法》第八十二条规定：危险物品的生产、经营、储存单位以及矿山、金属冶炼、城市轨道交通运营、建筑施工单位应当建立应急救援组织；生产经营规模较小的，可以不建立应急救援组织，但应当指定兼职的应急救援人员。

危险物品的生产、经营、储存、运输单位以及矿山、金属冶炼、城市轨道交通运营、建筑施工单位应当配备必要的应急救援器材、设备和物资，并进行经常性维护、保养，保证正常运转。

四、生产安全事故报告和处置的规定

1. 政府及负有安全生产监督管理职责的部门事故报告和处置规定

《安全生产法》第八十四条规定：负有安全生产监督管理职责的部门接到事故报告后，应当立即按照国家有关规定上报事故情况。负有安全生产监督管理职责的部门和有关地方人民政府对事故情况不得隐瞒不报、谎报或者迟报。

《安全生产法》第八十五条规定：有关地方人民政府和负有安全生产监督管理职责的部门的负责人接到生产安全事故报告后，应当按照生产安全事故应急救援预案的要求立即赶到事故现场，组织事故抢救。参与事故抢救的部门和单位应当服从统一指挥，加强协同联动，采取有效的应急救援措施，并根据事故救援的需要采取警戒、疏散等措施，防止事故扩大和次生灾害的发生，减少人员伤亡和财产损失。事故抢救过程中应当采取必要措施，避免或者减少对环境造成的危害。任何单位和个人都应当支持、配合事故抢救，并提供一切便利条件。

2. 生产经营单位安全事故报告和处置规定

（1）生产经营单位发生生产安全事故后，事故现场有关人员应当立即报告本单位负责人；

（2）单位负责人接到事故报告后，应当迅速采取有效措施，组织抢救，防止事故扩大，减少人员伤亡和财产损失，并按照国家有关规定立即如实报告当地负有安全生产监督管理职责的部门，不得隐瞒不报、谎报或者迟报，不得故意破坏事故现场、毁灭有关证据。

五、生产安全事故调查处理规定

1. 事故调查处理的原则

《安全生产法》第八十六条规定：事故调查处理应当按照科学严谨、依法依规，实事求是、注重实效的原则，及时、准确地查清事故原因，查明事故性质和责任，评估应急处置工作，总结事故教训，提出整改措施，并对事故责任单位和人员提出处理建议。事故调查报告应当依法及时向社会公布。事故调查和处理的具体办法由国务院制定。

事故发生单位应当及时全面落实整改措施，负有安全生产监督管理职责的部门应当加强监督检查。

负责事故调查处理的国务院有关部门和地方人民政府应当在批复事故调查报告后一年内，组织有关部门对事故整改和防范措施落实情况进行评估，并及时向社会公开评估结果；对不履行职责导致事故整改和防范措施没有落实的有关单位和人员，应当按照有关规定追究责任。

《安全生产法》第八十八条规定：任何单位和个人不得阻挠和干涉对事故的依法调查处理。

2. 事故责任的追究

《安全生产法》第八十七条规定：生产经营单位发生生产安全事故，经调查确定为责任事故的，除了应当查明事故单位的责任并依法予以追究外，还应当查明对安全生产的有关事项负有审查批准和监督职责的行政部门的责任，对有失职、渎职行为的，依照本法第九十条的规定追究法律责任。

《安全生产法》第九十条规定：负有安全生产监督管理职责的部门的工作人员，有下列行为之一的，给予降级或者撤职的处分；构成犯罪的，依照刑法有关规定追究刑事责任：

（1）对不符合法定安全生产条件的涉及安全生产的事项予以批准或者验收通过的；

（2）发现未依法取得批准、验收的单位擅自从事有关活动或者接到举报后不予取缔或者不依法予以处理的；

（3）对已经依法取得批准的单位不履行监督管理职责，发现其不再具备安全生产条件而不撤销原批准或者发现安全生产违法行为不予查处的；

（4）在监督检查中发现重大事故隐患，不依法及时处理的。

负有安全生产监督管理职责的部门的工作人员有前款规定以外的滥用职权、玩忽职守、徇私舞弊行为的，依法给予处分；构成犯罪的，依照刑法有关规定追究刑事责任。

3. 事故统计和公布

《安全生产法》第八十九条规定：县级以上地方各级人民政府应急管理部门应当定期统计分析本行政区域内发生生产安全事故的情况，并定期向社会公布。

任务六 安全生产法律责任

一、安全生产法律责任的形式

追究安全生产违法行为法律责任的形式有三种，即行政责任、民事责任和刑事责任。

1. 行政责任

行政责任是指责任主体违反安全生产法律规定，由有关人民政府和负有安全生产监督管理职责的部门、公安机关依法对其实施行政处罚的一种法律责任。

《安全生产法》第一百一十五条规定：本法规定的行政处罚，由应急管理部门和其他负有安全生产监督管理职责的部门按照职责分工决定；其中，根据本法第九十五条、第一百一十条、第一百一十四条的规定应当给予民航、铁路、电力行业的生产经营单位及其主要负责人行政处罚的，也可以由主管的负有安全生产监督管理职责的部门进行处罚。予以关闭的行政处罚，由负有安全生产监督管理职责的部门报请县级以上人民政府按照国务院规定的权限决定；给予拘留的行政处罚，由公安机关依照治安管理处罚的规定决定。行政责任在追究安全生产违法行为的法律责任方式中运用最多。

《安全生产法》针对安全生产违法行为设定的行政处罚种类有：

（1）罚款；
（2）没收违法所得；
（3）吊销证照；
（4）行政拘留；
（5）责令停产停业整顿、责令停止建设、停止使用；
（6）关闭。

2. 民事责任

民事责任是指责任主体违反安全生产法律规定造成民事损害，由人民法院依照民事法律强制其进行民事赔偿的一种法律责任。

《安全生产法》第一百一十六条规定：生产经营单位发生生产安全事故造成人员伤亡、他人财产损失的，应当依法承担赔偿责任；拒不承担或者其负责人逃匿的，由人民法院依法强制执行。生产安全事故的责任人未依法承担赔偿责任，经人民法院依法采取执行措施后，仍不能对受害人给予足额赔偿的，应当继续履行赔偿义务；受害人发现责任人有其他财产的，可以随时请求人民法院执行。

3. 刑事责任

刑事责任是指责任主体违反安全生产法律规定构成犯罪，由司法机关依照刑事法律给予刑罚的一种法律责任。依法处以剥夺犯罪分子人身自由的刑罚，是3种法律责任中最严厉的。为了制裁那些严重的安全生产违法犯罪分子，《安全生产法》设定了刑事责任。

《中华人民共和国刑法》有关安全生产违法行为的罪名，主要有：
（1）重大责任事故罪；
（2）重大劳动安全事故罪；
（3）强令、组织他人违章冒险作业罪；
（4）危险作业罪；
（5）危险物品肇事罪；
（6）不报、谎报安全事故罪；
（7）提供虚假证明文件罪；
（8）国家工作人员职务犯罪等。

二、安全生产违法行为的责任主体

安全生产违法行为的责任主体，是指依照《安全生产法》的规定享有安全生产权利、负有安全生产义务和承担法律责任的社会组织和公民。责任主体主要包括四种：
（1）有关人民政府和负有安全生产监督管理职责的部门及其领导人、负责人；
（2）生产经营单位及其负责人、有关主管人员；
（3）生产经营单位的从业人员；
（4）安全生产专业服务机构和安全生产专业服务人员。

三、安全生产违法行为行政处罚的决定机关

安全生产违法行为行政处罚的决定机关亦称行政执法主体，是指法律法规授权履行法律实施职权和负责追究有关法律责任的国家行政机关。《安全生产法》规定的行政执法主体有四种：县级以上人民政府应急管理部门、县级以上人民政府其他负有安全生产监督管理职责的部门、县级以上人民政府、公安机关。

四、生产经营单位发生生产安全事故应负的法律责任

发生生产安全事故，对负有责任的生产经营单位除要求其依法承担相应的赔偿等责任外，由应急管理部门依照下列规定处以罚款：

（1）发生一般事故的，处三十万元以上一百万元以下的罚款；

（2）发生较大事故的，处一百万元以上二百万元以下的罚款；

（3）发生重大事故的，处二百万元以上一千万元以下的罚款；

（4）发生特别重大事故的，处一千万元以上二千万元以下的罚款。

发生生产安全事故，情节特别严重、影响特别恶劣的，应急管理部门可以按照前款罚款数额的二倍以上五倍以下对负有责任的生产经营单位处以罚款。

五、生产经营单位从业人员的安全生产违法行为及应负的法律责任

《安全生产法》第九十四条规定：生产经营单位的主要负责人未履行本法规定的安全生产管理职责的，责令限期改正，处二万元以上五万元以下的罚款；逾期未改正的，处五万元以上十万元以下的罚款，责令生产经营单位停产停业整顿。

生产经营单位的主要负责人有前款违法行为，导致发生生产安全事故的，给予撤职处分；构成犯罪的，依照刑法有关规定追究刑事责任。

生产经营单位的主要负责人依照前款规定受刑事处罚或者撤职处分的，自刑罚执行完毕或者受处分之日起，五年内不得担任任何生产经营单位的主要负责人；对重大、特别重大生产安全事故负有责任的，终身不得担任本行业生产经营单位的主要负责人。

《安全生产法》第九十五条规定：生产经营单位的主要负责人未履行本法规定的安全生产管理职责，导致发生生产安全事故的，由应急管理部门依照下列规定处以罚款：

（1）发生一般事故的，处上一年年收入 40%的罚款；

（2）发生较大事故的，处上一年年收入 60%的罚款；

（3）发生重大事故的，处上一年年收入 80%的罚款；

（4）发生特别重大事故的，处上一年年收入 100%的罚款。

第九十六条规定：生产经营单位的其他负责人和安全生产管理人员未履行本法规定的安全生产管理职责的，责令限期改正，处一万元以上三万元以下的罚款；导致发生生产安全事故的，暂停或者吊销其与安全生产有关的资格，并处上一年年收入 20%以上 50%以下的罚款；构成犯罪的，依照刑法有关规定追究刑事责任。

六、安全生产专业机构的违法行为及应负的法律责任

《安全生产法》第九十二条规定：承担安全评价、认证、检测、检验职责的机构出具失实报告的，责令停业整顿，并处 3 万元以上 10 万元以下的罚款；给他人造成损害的，依法承担赔偿责任。

承担安全评价、认证、检测、检验职责的机构租借资质、挂靠、出具虚假报告的，没收违法所得；违法所得在 10 万元以上的，并处违法所得 2 倍以上 5 倍以下的罚款，没有违法所得或者违法所得不足 10 万元的，单处或者并处 10 万元以上 20 万元以下的罚款；对其直接负责的主管人员和其他直接责任人员处 5 万元以上 10 万元以下的罚款；给他人造成损害的，与生产经营单位承担连带赔偿责任；构成犯罪的，依照刑法有关规定追究刑事责任。

对有前款违法行为的机构及其直接责任人员，吊销其相应资质和资格，5 年内不得从事安全评价、认证、检测、检验等工作；情节严重的，实行终身行业和职业禁入。

七、负有安全生产监督管理职责的部门工作人员的违法行为及应负的法律责任

负有安全生产监督管理职责的部门的工作人员，有下列行为之一的，给予降级或者撤职的处分；构成犯罪的，依照刑法有关规定追究刑事责任：

（1）对不符合法定安全生产条件的涉及安全生产的事项予以批准或者验收通过的；

（2）发现未依法取得批准、验收的单位擅自从事有关活动或者接到举报后不予取缔或者不依法予以处理的；

（3）对已经依法取得批准的单位不履行监督管理职责，发现其不再具备安全生产条件而不撤销原批准或者发现安全生产违法行为不予查处的；

（4）在监督检查中发现重大事故隐患，不依法及时处理的。

负有安全生产监督管理职责的部门的工作人员有前款规定以外的滥用职权、玩忽职守、徇私舞弊行为的，依法给予处分；构成犯罪的，依照刑法有关规定追究刑事责任。

八、民事赔偿

1. 连带赔偿

两个以上生产经营单位或者社会组织对他们的共同民事违法行为所应承担的共同赔偿责任。

2. 事故损害赔偿

事故损害赔偿专指因生产经营单位的过错，即安全生产违法行为而导致生产安全事故，造成人员伤亡、他人财产损失所应承担的赔偿责任。

案例分析

江苏响水天嘉宜化工有限公司“3·21”特别重大爆炸事故简介

2019 年 3 月 21 日 14 时 48 分许，位于江苏省盐城市响水县生态化工园区的天嘉宜化工有限公司（以下简称天嘉宜公司）发生特别重大爆炸事故，造成 78 人死亡、76 人重伤，640 人住院治疗，直接经济损失 198635.07 万元。事故调查组认定，江苏响水天嘉宜化工有限公司“3·21”特别重大爆炸事故是一起长期违法贮存危险废物导致自燃进而引发爆炸的特别重大生产安全责任事故。

一、事故经过

事故调查组经调阅现场视频记录等进行分析认定，2019 年 3 月 21 日 14 时 45 分 35 秒，天嘉宜公司旧固废库房顶中部冒出淡白烟，随即出现明火且火势迅速扩大，至 14 时 48 分 44 秒发生爆炸。

事故调查组调取了 2019 年 3 月 21 日现场有关视频，发现有 5 处视频记录了事故发生过程。从旧固废库房顶中部冒出淡白烟至发生爆炸历时 3 分 9 秒：6#罐区视频监控显示：14 时 45 分 35 秒，旧固废库房顶中部冒出淡白烟。新固废库外南视频监控显示：14 时 45 分 56 秒，有烟气从旧固废库南门内由东向西向外扩散，并逐渐蔓延扩大。新固废库南视频监控显示：14 时 46 分 57 秒，新固废库内作业人员发现火情，手提两个灭火器从仓库北门向南门跑去试图灭火。6#罐区视频监控显示：14 时 47 分 03 秒，旧固废库房顶南侧冒出较浓的黑烟。6#罐区视频监控显示：14 时 47 分 11 秒，旧固废库房顶中部被烧穿有明火出现，火势迅速扩大。14 时 48 分 44 秒视频中断，判断为发生爆炸。

二、事故原因

（一）直接原因

事故调查组通过深入调查和综合分析认定，事故直接原因是：天嘉宜公司旧固废库内长期违法贮存的硝化废料持续积热升温导致自燃，燃烧引发硝化废料爆炸。经对天嘉宜公司硝化废料取样进行燃烧实验，确认起火位置为天嘉宜公司旧固废库中部偏北堆放硝化废料部位。事故调查组认定贮存在旧固废库内的硝化废料属于固体废物，经委托专业机构鉴定属于危险废物。

起火原因：事故调查组通过调查逐一排除了其他起火原因，认定为硝化废料分解自燃起火。经对样品进行热安全性分析，硝化废料具有自分解特性，分解时释放热量，且分解速率随温度升高而加快。实验数据表明，绝热条件下，硝化废料的贮存时间越长，越容易发生自燃。天嘉宜公司旧固废库内贮存的硝化废料，最长贮存时间超过七年。在堆垛紧密、通风不良的情况下，长期堆积的硝化废料内部因热量累积，温度不断升高，当上升至自燃温度时发生自燃，火势迅速蔓延至整个堆垛，堆垛表面快速燃烧，内部温度快速升高，硝化废料剧烈分解发生爆炸，同时引爆库房内的所有硝化废料，共计约 600 吨袋。

（二）间接原因

天嘉宜公司无视国家环境保护和安全生产法律法规，长期违法违规贮存、处置硝化废料，企业管理混乱，是事故发生的主要原因。

1. 刻意瞒报硝化废料

擅自改变硝化车间废水处置工艺，未按规定重新报批环境影响评价文件，也未在项目验收时据实提供情况；通过在硝化废料吨袋上贴“硝化粗品”标签的方式刻意隐瞒公司产生的危险废物。

2. 长期违法贮存硝化废料

天嘉宜公司将大量的硝化废料长期存放于不具备贮存条件的煤棚、固废仓库等场所，超时贮存问题严重，最长贮存时间甚至超过 7 年。

3. 违法处置固体废物

多次违法掩埋、转移固体废物，偷排含硝化废料的废水。2014 年以来，8 次因违法处置固体废物被响水县环保局累计罚款 95 万元，曾因非法偷运、偷埋危险废物 124.18 吨，被追究刑事责任。

4. 固废和废液焚烧项目长期违法运行

2016 年 8 月，固废和废液焚烧项目建成投入使用，至事故发生时固废和废液焚烧项目仍未通过响水县环保局验收。

5. 安全生产严重违法违规

在实际控制人犯罪判刑不具备资质，让硝化车间主任挂名法定代表人；实际负责人未经考核合格，技术团队不具备相应管理能力；安全生产管理混乱。在 2017 年因安全生产违法违规，3 次受到响水县原安监局行政处罚。

6. 违法未批先建问题突出

2010 年至 2017 年，在未取得规划许可、施工许可的情况下，擅自在厂区内开工建设包括固废仓库在内的 6 批工程。

（三）重要原因

中介机构弄虚作假，出具虚假失实文件，导致事故企业硝化废料重大风险和事故隐患未能及时暴露，干扰误导了有关部门的监管工作，是事故发生的重要原因。

1. 环境影响评价机构

苏州科太环境技术有限公司编制的《建设项目变动环境影响分析报告》与天嘉宜

公司的实际情况不符；江苏省环境科学研究院将《固体废物污染防治专项论证报告》编制工作转包给盐城市海西环保科技有限公司，后者在编制报告时听从天嘉宜相关领导意见未将硝化废料问题写入论证报告；江苏省环科院环境科技有限责任公司编制《环保设施效能评估及复产整治报告》与事实严重不符；盐城市环境监测中心站 2015 年、2017 年两次为天嘉宜公司出具的建设项目竣工环境保护验收监测报告，均未对危险废物、硝化工段的工艺流程进行查验，未发现工艺流程的重大变更。

2. 安全评价机构

2018 年 9 月，江苏天工大成安全技术有限公司为天嘉宜公司进行复产综合性安全评价时，安全条件检查不全面、不深入，评价报告与实际情况严重不符，事故隐患整改确认表未签字确认。

3. 设计、施工、监理、设施检测维保等机构

江苏弘盛建设工程集团有限公司规划建筑设计研究院无设计资质却出具固废仓库设计图纸；江苏中建建设研究院绘制的固废和焚烧技改项目施工图、总体布置图与实际不符；盐城正鼎房屋安全鉴定有限公司在新固废库 D-H 轴梁、柱等结构布置与设计图纸不符的情况下，出具合格的鉴定报告；江苏巨安消防工程有限公司在未取得消防设施维护保养检测机构资质的情况下，违规开展消防技术服务活动；盐城大丰区建设工程施工图审查中心出具的固废和废液焚烧项目施工图总图、总平面布置图与现场不符，出图手续不齐。

（四）有关部门主要问题

1. 应急管理部门

响水县应急管理局日常监管执法不严不实，督促企业排查消除重大事故隐患不力，复产验收把关不严。盐城市应急管理局督促指导隐患整改不力，监管执法存在漏洞，2016 年至 2018 年连续三年未将构成一级重大危险源的天嘉宜公司列入年度执法检查计划。江苏省应急管理厅对地方的双重预防工作指导监督不力。

2. 生态环境部门

响水县环境保护局执法检查不认真不严格，对环评机构弄虚作假失察，复产验收把关不严。盐城市生态环境局未依法定期发布固体废物的种类、产生量、处置状况等信息，对县环保局履职不到位的问题失察。江苏省生态环境厅对市、县环保部门履职不到位的问题失察，对环评机构弄虚作假失管失察。

3. 工业和信息化部门

响水县工业和信息化局未按照江苏省和盐城市关于危险化学品安全综合治理有关要求，在 2018 年底前，完成化工园区和涉及危险化学品重大风险功能区建立安全、环保、应急救援一体化管理平台的试点工作。盐城市工业和信息化局对化工园区和化工企业的规范化管理指导不够，对化工园区产业规划管理不到位。江苏省工业和信息化

厅对化工园区入园项目的评估审查以及严格执行产业政策方面缺乏指导和针对性措施，对化工园区和化工企业的规范化管理未提出明确要求。

4. 市场监管部门

响水县市场监督管理局在对天嘉宜公司复产验收时，在400米苯管道和500米导热油管道未提交检验报告的情况下，同意天嘉宜公司复产。在天嘉宜公司复产后，未对存在的问题跟踪督促整改。

5. 规划部门

2010年至2017年，生态化工园区规划建设局为天嘉宜公司6批项目补办的规划许可证未经县规划和城市管理局审批，生态化工园区规划与上位规划不符，天嘉宜公司所在地范围不在响水县城市总体规划建设用地范围内。响水县规划和城市管理局对“未批先建”违法行为监督检查不力。

6. 住建部门

2010年至2017年，响水县住建局先后为天嘉宜公司补办了6批工程的7次施工许可手续，均是在开工建设后补办（含新旧固废库），且未对有关企业进行处罚。

（五）地方党委政府主要问题

1. 生态化工园区

招商引资安全环保把关不严，大量引进其他地区产业结构调整转移的高风险、高污染企业。没有认真开展风险隐患排查，未有效督促所属相关职能部门加强日常监管。内部管理混乱、内设机构职责不清、监管措施不落实、规划建设违规审批、危险废物处置能力不足等突出问题长期没有得到解决。停产整治工作严重不落实、对停产企业复产把关流于形式。

2. 响水县委、县政府

未认真落实地方党政领导干部安全生产责任制。县委常委会会议和县政府常务会议2018年未专题研究过安全生产工作，没有建立安全生产巡查工作制度，没有认真落实安全生产考核制度。违规将县级规划许可审批权下放给生态化工园区管委会，导致天嘉宜公司多个项目未批先建。

3. 盐城市

地方党政领导干部安全生产责任制落实不到位。在2018年盐城市委领导班子述职报告中未提及安全生产，市委常委会未定期听取安全生产工作情况汇报。盐城市政府未建立安全生产巡查工作制度，未认真执行安全生产考核制度；重大风险排查管控不力，盲目引进高污染、高风险的企业。盐城市政府对市、县生态环境部门未认真开展生态化工园区全面停产整治及复产验收工作失察。

4. 江苏省委、省政府

2018年度对各市县党委政府和部门工作综合考核中，没有设立安全生产工作指标和考核权重，对市县党政领导干部落实安全生产责任制推动不力。

三、事故责任追究

（一）司法机关处理的有关责任人

江苏天嘉宜化工有限公司实际控制人倪某良，江苏天嘉宜化工有限公司总经理张某岳，江苏天工大成安全技术有限公司董事长单某勋等 44 人涉嫌非法储存危险物质罪、重大劳动安全事故罪、污染环境罪、提供虚假文件罪，被公安机关立案侦查并采取刑事强制措施。时任环保局局长温某松等 15 名公职人员因涉嫌严重违纪违法被监察机关立案调查并采取留置措施。

（二）被采取留置措施的人员

响水生态化工园区党工委书记朱某国、响水县应急管理局局长孙某、响水县时任环保局局长温某松等 15 名公职人员因涉嫌严重违纪违法被监察机关立案调查并采取留置措施。

（三）建议给予党纪政务处分的人员

江苏省对该事故中存在失职失责问题的 46 名公职人员进行了严肃问责。其中，拟给予盐城市委书记戴某党内警告处分，按规定上报审批；给予盐城市委副书记、市长曹某宝政务记过处分；给予响水县委书记崔某国党内严重警告、免职处理；给予响水县委副书记、县长单某红撤销党内职务、政务撤职处分；给予省应急管理厅党组书记、厅长陈某伟政务记过处分。

（四）对相关责任人员和单位给予处理的其他建议

吊销天嘉宜公司安全生产许可证等有关证照，并处罚款；公司主要负责人受刑事处罚，自刑罚执行完毕起，五年内不得担任任何生产经营单位的主要负责人，终身不得担任化工行业生产经营单位的主要负责人。

苏州科太环境技术有限公司等环评机构，没收违法所得并处违法所得五倍的罚款；禁止从事环境影响报告书、环境影响报告表编制工作。

江苏天工大成安全技术有限公司，没收违法所得并处违法所得五倍的罚款，吊销安全评价机构资质，对其直接负责的主管人员和其他责任人员处五万元的罚款。

四、事故主要教训

（一）安全发展理念不牢，红线意识不强

江苏省、盐城市对发展化工产业的安全风险认识不足，对欠发达地区承接淘汰落后产能没有把好安全关。响水县本身不具备发展化工产业条件，盲目建设化工园区且未采取有效的安全保障措施，甚至为了招商引资，违法将县级规划许可审批权下放，导致高风险项目未批先建。

（二）地方党政领导干部安全生产责任制落实不到位

2018 年度，江苏省委省政府对各市党委政府和部门工作业绩综合考核中，安全生产工作权重为零。盐城市委常委会未按规定每半年听取一次安全生产工作情况汇报，在 2018 年度市委、市政府综合考核中，只是将重特大事故作为一票否决项，市委领导班子述职报告中没有提及安全生产，除分管安全生产工作的市领导外，市委书记、市长和其他领导班子成员对安全生产工作只字未提。2018 年响水县委常委会会议和政府常务会议都没有研究过安全生产工作。实行“党政同责、一岗双责、齐抓共管、失职追责”是中央提出的明确要求，健全和严格落实党政领导干部安全生产责任制是做好安全生产工作的关键和保障，如果这一制度形同虚设，重视安全生产也就成为一句空话。

（三）防范化解重大风险不深入不具体，抓落实有很大差距

江苏作为化工大省，在开展危险化学品安全综合治理和化工企业专项整治行动中，缺乏具体标准和政策措施，在产业布局、园区管理、企业准入、专业监管等方面下功夫不够，防范化解重大安全风险停留在层层开会发文件上，形式主义、官僚主义严重。

（四）有关部门落实安全生产职责不到位，造成监管脱节

江苏省、市、县政府已在有关部门安全生产职责中明确了危险废物监督管理职责，但应急管理、生态环境等部门仍按自己理解各管一段，没有主动向前延伸一步，不积极主动、不认真负责，存在监管漏洞。这次事故还反映出相关部门执法信息不共享，联合打击企业违法行为机制不健全，没有形成政府监管合力。

（五）对非法违法行为打击不力，监管执法宽松软

响水县环保部门曾对天嘉宜公司固体废物违法处置行为作出 8 次行政处罚，原安监部门也对该企业的其他违法行为处罚过多次，但都没有真正一查到底。这种以罚代改、一罚了之的做法，客观上纵容了企业违法行为。目前法律法规对企业严重不诚信、严重违法违规行为处罚偏轻，往往是事故发生后追责，且行政执法与刑事司法衔接不紧，造成守法成本高、违法成本低，一些企业对长期违法习以为常，对法律几乎没有敬畏。

（六）化工园区发展无序，安全管理问题突出

江苏省现有化工园区 54 家，但省市县三级政府均没有制定出台专门的化工园区规划建设安全标准规范，大部分化工园区是市县审批设立，企业入园大多以投资额和创税为条件。涉事化工园区名为生态化工园，实际上引进了大量其他地方淘汰的安全条件差、高毒高污染企业，导致重大安全风险聚集。目前全国共有 800 余家化工园区，规划布局不合理、配套设施不健全、入园门槛低、安全隐患多、专业监管能力不足等问题比较普遍，已经形成系统性风险。

（七）安全监管水平不适应化工行业快速发展需要

监管执法制度化、标准化、信息化建设进展慢，化工园区建设等国家标准缺失，危险化学品生产经营信息化监管严重滞后，缺少运用大数据智能化监控企业违法行为的手段。危险化学品安全监管体制不健全、人才保障不足，缺乏有力的专职监管机构和专业执法队伍，专业监管能力不足问题非常突出。

（八）企业主体责任不落实，诚信缺失和违法违规问题突出

天嘉宜公司主要负责人曾因污染环境罪被判刑，仍然实际操控企业。一些环评和安评中介机构利欲熏心，出具虚假报告，替企业掩盖问题，成为企业违法违规的“帮凶”。对涉及生命安全的重点行业企业和评价机构，不能简单依靠诚信管理，要严格准入标准，严格加强监管，推动主体责任落实。

五、专家点评

江苏响水“3·21”事故是继天津港“8·12”事故后又一起特别重大危化品事故，暴露出的问题触目惊心，教训极为深刻。为什么日益健全的安全生产工作体系防不住重特大事故？为什么事故企业连续被查处、老板被判刑了还敢要钱不要命？为什么被监管部门寄予厚望的中介机构不但没有发挥把关作用，反而与企业勾结起来弄虚作假？为什么地方发展完全忽视化工项目带来的安全风险？为什么看似严密的安全监管体系，监管执法过程中还有那么多的漏洞？

江苏省应急管理系统要认真回答好、真正解决好这些安全生产深层次问题，必须从人民安全、发展安全、国家安全考虑问题，切实发挥好应急管理部门的综合优势，以高度的政治自觉统筹抓好各行业领域安全生产工作；必须以强烈的政治担当、历史担当、责任担当，坚决扛起防范化解重大安全风险的政治责任；必须“钉钉子”“长牙齿”，让违法违规者有“切肤之痛”；必须刀刃向内、自我革命，不能自我封闭、就事论事、明哲保身；必须反对官僚主义、形式主义、好人主义，坚决与重大安全风险隐患作斗争，真正把隐患消除在事故发生之前，牢牢守住不发生重特大事故这条底线。

（应急管理部）

课后练习

一、单项选择题

1. 生产经营单位做出涉及安全生产的经营决策，应当听取（　　）的意见。
   A. 项目负责人
   B. 安全生产管理机构
   C. 安全生产管理人员
   D. 安全生产管理机构以及安全生产管理人员

2.《安全生产法》规定，生产经营单位（　　）是本单位安全生产工作的第一责任者。

A. 主要投资人　　B. 法人代表　　C. 主要负责人　　D. 安全负责人

3. 下列不属于安全生产专业服务特征的是（　　）。

A. 独立性　　B. 合法性　　C. 专业性　　D. 客观性

4.《安全生产法》确立的安全生产工作机制是（　　）。

A. 生产经营单位负责、行业自律、社会监督、国家监察

B. 生产经营单位负责、政府监管、国家监察、中介机构提供服务

C. 生产经营单位负责、职工参与、政府监管、行业自律、社会监督

D. 生产经营单位负责、职工参与、行业自律、中介机构提供服务

5. 某化工公司为某跨国集团公司的子公司，集团公司董事长李某为集团公司和化工公司的法定代表人，李某长期在海外总部工作不负责化工公司的日常工作，化工公司总经理张某自 2014 年 12 月起一直因病在医院接受治疗。张某生病期间由副总经理王某全面主持化工公司的工作，副总经理赵某具体负责安全生产管理工作。2016 年 5 月，该化工公司发生爆炸，造成 5 人死亡、12 人受伤。根据《安全生产法》，针对该起事故，应当以化工公司主要负责人被追究法律责任的是（　　）。

A. 李某　　B. 张某　　C. 王某　　D. 赵某

6. 甲、乙、丙、丁四个乡隶属于某县。根据《安全生产法》，关于四个乡人民政府履行安全生产管理职责的做法，正确的是（　　）。

A. 甲乡人民政府协助县应急管理部门开展安全生产监督检查，对轻微违法行为进行处罚

B. 乙乡人民政府协助县应急管理部门开展生产安全事故应急救援，调查处理轻伤事故

C. 丙乡人民政府监督检查辖区内生产经营单位的安全生产情况，发现重大违法行为，根据县人民政府的授权予以处罚

D. 丁乡人民政府监督检查辖区内生产经营单位的安全生产情况，督促事故隐患整改工作

7. 根据《安全生产法》，关于安全生产基本规定的说法，正确的是（　　）。

A. 安全生产工作应当建立生产经营单位负责、专业服务机构参与，监察部门监管，行业自律和社会监督的机制

B. 国务院和县级以上地方各级人民政府对安全生产工作实施综合监督管理

C. 工会对生产经营单位的安全生产工作实施监督管理，维护职工安全生产方面的合法权益

D. 生产经营单位委托专业服务机构提供安全生产技术、管理服务的，保证安全生产的责任仍由本单位负责

8. 下列有关于《安全生产法》适用范围的说法，正确的是（　　）。

A. 不具有企业法人资格的单位的安全生产经营活动，不适用《安全生产法》

B. 有关法律、行政法规对民用爆炸物品安全另有规定的，不适用《安全生产法》

C. 有关法律、行政法规对核与辐射安全已有规定的，适用《安全生产法》

D.《安全生产法》不适用香港特别行政区和澳门特别行政区

9. 根据《安全生产法》，关于安全生产条件的说法，正确的是（ ）。

A. 个体工商户从事生产经营活动应具备安全生产条件

B. 事业单位不适用《安全生产法》关于安全生产条件的规定

C. 各类生产经营单位应具备相同的安全生产条件

D. 生产经营单位应具备有关安全生产的法律法规、规章和标准规定的条件

10. 某矿山企业为改善矿井安全生产条件，制定了安全生产费用提取和使用管理制度。根据《安全生产法》，关于该企业安全生产费用提取和使用的说法，正确的是（ ）。

A. 该企业应当根据经营情况提取和使用安全生产费用

B. 该企业可使用安全生产费用提高安全管理人员待遇

C. 该企业应当在成本中据实列支安全生产费用

D. 该企业在发生亏损时可以停止提取安全生产费用

11. 甲国有企业收购乙民营生物质发电公司 45%的股份，完成收购后，乙公司总经理李某占股比 20%，其他小股东合计占股份 35%。为强化管理，甲企业派出副总经理王某任乙公司董事长，并组建乙公司董事会。依据《安全生产法》，乙公司的安全费用投入责任主体是（ ）。

A. 董事长王某　　B. 总经理李某

C. 乙公司董事会　　D. 甲企业董事会

二、多项选择题

1. 生产经营单位新建、改建、扩建工程项目的安全设施，必须与主体工程（ ）。

A. 同时设计　　B. 分开设计　　C. 同时施工

D. 分开施工　　E. 同时投入生产和使用

2.《安全生产法》明确赋予从业人员的权利有（ ）。

A. 紧急撤离权　　B. 损害求偿权　　C. 批评检举权

D. 安全保障权　　E. 指挥权

3. 根据《安全生产法》，关于生产经营单位主要负责人职责的说法，正确的有（ ）。

A. 组织制定本单位安全生产规章制度和操作规程

B. 组织建立并落实安全风险分级管控和隐患排查治理双重预防工作机制

C. 组织开展危险源辨识和评估，督促落实本单位重大危险源的安全管理措施

D. 及时、如实报告生产安全事故

E. 检查本单位的安全生产状况，及时排查生产安全事故隐患，提出改进安全生产管理的建议

4. 根据《安全生产法》，关于企业安全生产管理机构设置和安全生产管理人员配备的说法，正确的有（ ）。

A. 某食品加工厂共有职工 115 人，配备了 3 名专职安全生产管理人员

B. 某露天采石场共有职工 85 人，设置了安全生产管理机构，并配备 6 名专职安全生产管理人员

C. 某大型酒店共有职工 130 人，配备了 8 名兼职安全生产管理人员

D. 某贸易公司共有职工 45 人，未配备专兼职安全生产管理人员

E. 某仓储企业共有职工 105 人，配备了 5 名专职安全生产管理人员

5. 根据《安全生产法》，下列设备中必须取得安全使用证或者安全标志方可投入使用的有（　　）。

A. 海洋石油开采特种设备

B. 烟花企业特种生产设备

C. 煤矿井下专用防爆电气设备

D. 化工企业大型生产设备

E. 非煤矿井下特种设备

参考答案及解析

一、单项选择题

1. D【解析】生产经营单位做出涉及安全生产的经营决策，应当听取安全生产管理机构以及安全生产管理人员的意见。

2. C【解析】生产经营单位主要负责人是本单位安全生产工作的第一责任者。

3. B【解析】安全生产专业服务具有下列特征：（1）独立性；（2）服务性；（3）客观性；（4）有偿性；（5）专业性。

4. C【解析】《安全生产法》确立的安全生产工作机制为生产经营单位负责、职工参与、政府监管、行业自律、社会监督。

5. C【解析】《安全生产法》第五条规定，生产经营单位的主要负责人是本单位安全生产第一责任人，对本单位的安全生产工作全面负责。其他负责人对职责范围内的安全生产工作负责。生产经营单位主要负责人必须是实际领导、指挥生产经营单位日常生产经营活动的决策人。

6. D【解析】《安全生产法》第九条：国务院和县级以上地方各级人民政府应当加强对安全生产工作的领导，建立健全安全生产工作协调机制，支持、督促各有关部门依法履行安全生产监督管理职责，及时协调、解决安全生产监督管理中存在的重大问题。乡镇人民政府和街道办事处，以及开发区、工业园区、港区、风景区等应当明确负责安全生产监督管理的有关工作机构及其职责，加强安全生产监管力量建设，按照职责对本行政区域或者管理区域内生产经营单位安全生产状况进行监督检查，协助人民政府有关部门或者按照授权依法履行安全生产监督管理职责。第四十一条：县级以上地方各级人民政府负有安全生产监督管理职责的部门应当将重大事故隐患纳入相关信息系统，建立健全重大事故隐患治理督办制度，督促生产经营单位消除重大事故隐患。

7. D【解析】选项 A 错误，要建立生产经营单位负责、职工参与、政府监管、行业自律和社会监督的机制；选项 B 错误，国务院安全生产监督管理部门依照本法，对

全国安全生产工作实施综合监督管理；县级以上地方各级人民政府安全生产监督管理部门依照本法，对本行政区域内安全生产工作实施综合监督管理；选项 C 错误，工会依法对安全生产工作进行监督，依法组织职工参加本单位安全生产工作的民主管理和民主监督，维护职工在安全生产方面的合法权益；选项 D 正确，生产经营单位委托专业服务机构提供安全生产技术、管理服务的，保证安全生产的责任仍由本单位负责。

8. D【解析】选项 A 错误，一切从事生产经营活动的企业、事业单位、个体经济组织和其他组织，适用《安全生产法》，既包括企业法人，也包括不具有企业法人资格的单位、事业单位、个人合伙组织、个体工商户等其他生产经营主体。选项 B、C 错误，选项 D 正确。消防安全和道路交通安全、铁路交通安全、水上交通安全、民用航空安全以及核与辐射安全、特种设备安全，现行的有关法律、行政法规已有规定的，不适用《安全生产法》。

9. A【解析】生产经营单位应当具备本法和有关法律、行政法规和国家标准或者行业标准规定的安全生产条件；不具备安全生产条件的，不得从事生产经营活动。

10. C【解析】《企业安全生产费用提取和使用管理办法》安全生产费用在成本中据实列支。

11. C【解析】生产经营单位应当具备的安全生产条件所必需的资金投入，由生产经营单位的决策机构、主要负责人或者个人经营的投资人予以保证，并对由于安全生产所必需的资金投入不足导致的后果承担责任。

二、多项选择题

1. ACE【解析】《安全生产法》规定，生产经营单位新建、改建、扩建工程项目（以下统称建设项目）的安全设施，必须与主体工程同时设计、同时施工、同时投入生产和使用。安全设施投资应当纳入建设项目概算。

2. ABCD【解析】《安全生产法》明确赋予从业人员的权利有：（1）获得安全保障、工伤保险和民事赔偿的权利；（2）得知危险因素、防范措施和事故应急措施的权利；（3）对本单位安全生产的批评、检举和控告的权利；（4）拒绝违章指挥和强令冒险作业的权利；（5）紧急情况下的停止作业和紧急撤离的权利。

3. ABD【解析】生产经营单位的主要负责人对本单位安全生产工作负有下列职责：（1）建立健全并落实本单位全员安全生产责任制，加强安全生产标准化建设。（2）组织制定并实施本单位安全生产规章制度和操作规程。（3）组织制定并实施本单位安全生产教育和培训计划。（4）保证本单位安全生产投入的有效实施。（5）组织建立并落实安全风险分级管控和隐患排查治理双重预防工作机制，督促、检查本单位的安全生产工作，及时消除生产安全事故隐患。（6）组织制定并实施本单位的生产安全事故应急救援预案。（7）及时、如实报告生产安全事故。

4. ABE【解析】矿山、金属冶炼、建筑施工、运输单位和危险物品的生产、经营、储存、装卸单位，应当设置安全生产管理机构或者配备专职安全生产管理人员。前款规定以外的其他生产经营单位，从业人员超过一百人（含 100 人）的，应当设置安全生产管理机构或者配备专职安全生产管理人员；从业人员在一百人以下的，应当配备专职或者兼职的安全生产管理人员。

5. AE【解析】《安全生产法》第三十七条：生产经营单位使用的危险物品的容器、运输工具，以及涉及人身安全、危险性较大的海洋石油开采特种设备和矿山井下特种设备，必须按照国家有关规定，由专业生产单位生产，并经具有专业资质的检测、检验机构检测、检验合格，取得安全使用证或者安全标志，方可投入使用。

模块三 安全生产单行法律

安全生产单行法是针对某一特定安全生产领域，为保障防止安全生产事故，保护人身安全，促进行业的发展而制定的法律。本模块主要介绍《中华人民共和国矿山安全法》《中华人民共和国消防法》《中华人民共和国道路交通安全法》《中华人民共和国特种设备安全法》《中华人民共和国建筑法》的主要内容。

学习目标

知识目标

（1）熟悉我国安全生产单行法的主要内容和要求；

（2）掌握我国安全生产单行法中对企业、主要负责人和管理人员在安全生产方面的责任和义务。

能力目标

（1）能够准确识别和评估企业在安全生产方面可能面临的法律法规风险；

（2）能够根据企业实际情况，制定符合法律要求的安全生产管理文件，如制度、操作规程、应急预案等；

（3）具备分析解决与安全生产相关的问题的能力，能够根据法规提出解决方案。

素质目标

（1）具备独立学习和更新信息的主动性，保持对法律法规持续学习的态度；

（2）提升对企业安全生产的责任感，能够为团队和企业的安全负责；

（3）培养对安全生产法规的高度敏感性和持续关注。

任务一 《中华人民共和国矿山安全法》

一、矿山安全生产的基本规定

1. 适用范围

在中华人民共和国领域和中华人民共和国管辖的其他海域从事矿产资源开采活动必须遵守本法。

2. 监督管理部门

国务院劳动行政主管部门（现为国务院负责安全生产监督管理的部门）对全国矿山安全工作实施统一监督。县级以上地方各级人民政府负责安全生产监督管理的部门对本行政区域内的矿山安全工作实施统一监督。县级以上人民政府管理矿山企业的主管部门对矿山安全工作进行管理。

二、矿山建设安全保障的规定

1. 矿山建设工程安全设施“三同时”

矿山建设工程的安全设施必须和主体工程同时设计、同时施工、同时投入生产和使用。

2. 矿山建设工程安全设施的设计和竣工验收

矿山建设工程的设计文件，必须符合矿山安全规程和行业技术规范，并按照国家规定经管理矿山企业的主管部门批准；不符合矿山安全规程和行业技术规范的，不得批准。矿山建设工程安全设施的设计必须由负责安全生产监督管理的部门参加审查。矿山安全规程和行业技术规范，由国务院管理矿山企业的主管部门制定。

矿山设计下列项目必须符合矿山安全规程和行业技术规范：

（1）矿井的通风系统和供风量、风质、风速；

（2）露天矿的边坡角和台阶的宽度、高度；

（3）供电系统；

（4）提升、运输系统；

（5）防水、排水系统和防火、灭火系统；

（6）防瓦斯系统和防尘系统；

（7）有关矿山安全的其他项目。

矿山建设工程安全设施竣工后，由管理矿山企业的主管部门验收，并须有负责安全生产监督管理的部门参加；不符合矿山安全规程和行业技术规范的，不得验收，不得投入生产。

3. 安全出口

每个矿井必须有 2 个以上能行人的安全出口，出口之间的直线水平距离必须符合矿山安全规程和行业技术规范。

三、矿山开采安全保障的规定

1. 安全生产条件保障

矿山开采必须具备保障安全生产的条件，执行开采不同矿种的矿山安全规程和行业技术规范。

2. 设施安全标准与检修

矿山使用的有特殊安全要求的设备、器材、防护用品和安全检测仪器，必须符合国家安全标准或者行业安全标准；不符合国家安全标准或者行业安全标准的，不得使用。矿山企业必须对机电设备及其防护装置、安全检测仪器，定期检查、维修，保证使用安全。

3. 开采作业的安全保障

（1）矿山企业必须对作业场所中的有毒有害物质和井下空气含氧量进行检测，保证符合安全要求；

（2）矿山企业必须采取预防措施的事故隐患包括：

冒顶、片帮、边坡滑落和地表塌陷；

瓦斯爆炸、煤尘爆炸；

冲击地压、瓦斯突出、井喷；

地面和井下的火灾、水害；

爆破器材和爆破作业发生的危害；

粉尘、有毒有害气体、放射性物质和其他有害物质引起的危害；

其他危害；

（3）矿山企业对使用机械、电气设备，排土场、矸石山、尾矿库和矿山闭坑后可能引起的危害，应当采取预防措施。

四、矿山企业安全管理的规定

1. 安全生产责任制

矿山企业必须建立、健全安全生产责任制。矿长对本企业的安全生产工作负责。

2. 矿山安全的内部监督

（1）职工大会的监督

矿长应当定期向职工代表大会或者职工大会报告安全生产工作，发挥职工代表大会的监督作用。

（2）职工的监督

矿山企业职工必须遵守有关矿山安全的法律法规和企业规章制度。矿山企业职工有权对危害安全的行为，提出批评、检举和控告。

（3）工会的监督

矿山企业工会依法维护职工生产安全的合法权益，组织职工对矿山安全工作进行监督。矿山企业工会发现企业行政方面违章指挥、强令工人冒险作业或者生产过程中发现明显重大事故隐患和职业危害，有权提出解决的建议；发现危及职工生命安全的情况时，有权向矿山企业行政方面建议组织职工撤离危险现场，矿山企业行政方面必须及时作出处理决定。

3. 安全培训

（1）特种作业人员培训

矿山企业必须对职工进行安全教育、培训；未经安全教育、培训的，不得上岗作业。

矿山企业安全生产的特种作业人员必须接受专门培训，经考核合格取得操作资格证书的，方可上岗作业。

（2）矿长培训

矿长必须经过考核，具备安全专业知识，具有领导安全生产和处理矿山事故的能力。矿山企业安全工作人员必须具备必要的安全专业知识和矿山安全工作经验。

4. 未成年人和女工的保护规定

矿山企业不得录用未成年人从事矿山井下劳动。矿山企业对女职工按照国家规定实行特殊劳动保护，不得分配女职工从事矿山井下劳动。

五、矿山安全监督与管理的规定

1. 矿山安全的监督

县级以上人民政府负责安全生产监督管理的部门对矿山安全工作行使下列监督职责：

（1）检查矿山企业和管理矿山企业的主管部门贯彻执行矿山安全法律法规的情况；

（2）参加矿山建设工程安全设施的设计审查和竣工验收；

（3）检查矿山劳动条件和安全状况；

（4）检查矿山企业职工安全教育、培训工作；

（5）监督矿山企业提取和使用安全技术措施专项费用的情况；

（6）参加并监督矿山事故的调查和处理；

（7）法律、行政法规规定的其他监督职责。

2. 矿山安全的管理

县级以上人民政府管理矿山企业的主管部门对矿山安全工作行使下列管理职责：

（1）检查矿山企业贯彻执行矿山安全法律法规的情况；

（2）审查批准矿山建设工程安全设施的设计；

（3）负责矿山建设工程安全设施的竣工验收；

（4）组织矿长和矿山企业安全工作人员的培训工作；

（5）调查和处理重大矿山事故；

（6）法律、行政法规规定的其他管理职责。

六、矿山安全违法行为及应负的法律责任

1. 矿山安全管理违法行为的法律责任

有下列行为之一的，由劳动行政主管的部门（现为负责安全生产监督管理的部门）

责令改正，可以并处罚款；情节严重的，提请县级以上人民政府决定责令停产整顿；对主管人员和直接责任人员由其所在单位或者上级主管机关给予行政处分：

（1）未对职工进行安全教育、培训，分配职工上岗作业的；

（2）使用不符合国家安全标准或者行业安全标准的设备、器材、防护用品、安全检测仪器的；

（3）未按照规定提取或者使用安全技术措施专项费用的；

（4）拒绝矿山安全监督人员现场检查或者在被检查时隐瞒事故隐患、不如实反映情况的；

（5）未按照规定及时、如实报告矿山事故的。

2. 矿长、特种作业人员资格不合法的法律责任

矿长不具备安全专业知识，安全生产的特种作业人员未取得操作资格证书上岗作业的，由负责安全生产监督管理的部门责令限期改正；逾期不改正的，提请县级以上人民政府决定责令停产，调整配备合格人员后，方可恢复生产。

3. 矿山工程安全设施设计和验收违法行为的法律责任

矿山建设工程安全设施的设计未经批准擅自施工的，由管理矿山企业的主管部门责令停止施工；拒不执行的，由管理矿山企业的主管部门提请县级以上人民政府决定由有关主管部门吊销其采矿许可证和营业执照。

矿山建设工程的安全设施未经验收或者验收不合格擅自投入生产的，由负责安全生产监督管理的部门会同管理矿山企业的主管部门责令停止生产，并由负责安全生产监督管理的部门处以罚款；拒不停止生产的，由负责安全生产监督管理的部门提请县级以上人民政府决定由有关主管部门吊销其采矿许可证和营业执照。

4. 不具备安全生产条件的法律责任

已经投入生产的矿山企业，不具备安全生产条件而强行开采的，由负责安全生产监督管理的部门会同管理矿山企业的主管部门责令限期改正；逾期仍不具备安全生产条件的，由负责安全生产监督管理的部门提请县级以上人民政府决定责令停产整顿，或者由有关主管部门吊销其采矿许可证和营业执照

任务二 《中华人民共和国消防法》

一、消防工作的基本规定

1. 消防工作的方针与原则

消防工作贯彻预防为主、防消结合的方针，按照政府统一领导、部门依法监管、单位全面负责、公民积极参与的原则，实行消防安全责任制，建立健全社会化的消防工作网络。

2. 消防工作的监督管理部门

国务院应急管理部门对全国的消防工作实施监督管理。县级以上地方人民政府应急管理部门对本行政区域内的消防工作实施监督管理，并由本级人民政府消防救援机构负责实施。军事设施的消防工作，由其主管单位监督管理，消防救援机构协助；矿井地下部分、核电厂、海上石油天然气设施的消防工作，由其主管单位监督管理。县级以上人民政府其他有关部门在各自的职责范围内，依照本法和其他相关法律法规的规定做好消防工作。法律、行政法规对森林、草原的消防工作另有规定的，从其规定。

二、火灾预防的规定

1. 消防规划

地方各级人民政府应当将包括消防安全布局、消防站、消防供水、消防通信、消防车通道、消防装备等内容的消防规划纳入城乡规划，并负责组织实施。城乡消防安全布局不符合消防安全要求的，应当调整、完善；公共消防设施、消防装备不足或者不适应实际需要的，应当增建、改建、配置或者进行技术改造。

2. 安全位置

生产、储存、装卸易燃易爆危险品的工厂、仓库和专用车站、码头的设置，应当符合消防技术标准。易燃易爆气体和液体的充装站、供应站、调压站，应当设置在符合消防安全要求的位置，并符合防火防爆要求。

3. 建设工程的消防安全

（1）对按照国家工程建设消防技术标准需要进行消防设计的建设工程，实行建设工程消防设计审查验收制度；

（2）国务院住房和城乡建设主管部门规定的特殊建设工程，建设单位应当将消防设计文件报送住房和城乡建设主管部门审查，住房和城乡建设主管部门依法对审查的结果负责。前款规定以外的其他建设工程，建设单位申请领取施工许可证或者申请批准开工报告时应当提供满足施工需要的消防设计图纸及技术资料；

（3）特殊建设工程未经消防设计审查或者审查不合格的，建设单位、施工单位不得施工；其他建设工程，建设单位未提供满足施工需要的消防设计图纸及技术资料的，有关部门不得发放施工许可证或者批准开工报告；

（4）国务院住房和城乡建设主管部门规定应当申请消防验收的建设工程竣工，建设单位应当向住房和城乡建设主管部门申请消防验收。前款规定以外的其他建设工程，建设单位在验收后应当报住房和城乡建设主管部门备案，住房和城乡建设主管部门应当进行抽查。依法应当进行消防验收的建设工程，未经消防验收或者消防验收不合格的，禁止投入使用；其他建设工程经依法抽查不合格的，应当停止使用；

（5）建筑构件、建筑材料和室内装修、装饰材料的防火性能必须符合国家标准；没有国家标准的，必须符合行业标准。人员密集场所室内装修、装饰，应当按照消防技术标准的要求，使用不燃、难燃材料。

4. 公众聚集场所和大型群众性活动的消防安全

公众聚集场所投入使用、营业前消防安全检查实行告知承诺管理。公众聚集场所在投入使用、营业前，建设单位或者使用单位应当向场所所在地的县级以上地方人民政府消防救援机构申请消防安全检查，作出场所符合消防技术标准和管理规定的承诺，提交规定的材料，并对其承诺和材料的真实性负责。消防救援机构对申请人提交的材料进行审查；申请材料齐全、符合法定形式的，应当予以许可。消防救援机构应当根据消防技术标准和管理规定，及时对作出承诺的公众聚集场所进行核查。申请人选择不采用告知承诺方式办理的，消防救援机构应当自受理申请之日起 10 个工作日内，根据消防技术标准和管理规定，对该场所进行检查。经检查符合消防安全要求的，应当予以许可。公众聚集场所未经消防救援机构许可的，不得投入使用、营业。消防安全检查的具体办法，由国务院应急管理部门制定。

举办大型群众性活动，承办人应当依法向公安机关申请安全许可，制定灭火和应急疏散预案并组织演练，明确消防安全责任分工，确定消防安全管理人员，保持消防设施和消防器材配置齐全、完好有效，保证疏散通道、安全出口、疏散指示标志、应急照明和消防车通道符合消防技术标准和管理规定。

三、消防组织的规定

下列单位应当建立单位专职消防队，承担本单位的火灾扑救工作：

（1）大型核设施单位、大型发电厂、民用机场、主要港口；

（2）生产、储存易燃易爆危险品的大型企业；

（3）储备可燃的重要物资的大型仓库、基地；

（4）第（1）项、第（2）项、第（3）项规定以外的火灾危险性较大、距离国家综合性消防救援队较远的其他大型企业；

（5）距离国家综合性消防救援队较远、被列为全国重点文物保护单位的古建筑群的管理单位。

四、灭火救援的规定

县级以上地方人民政府应当组织有关部门针对本行政区域内的火灾特点制定应急预案，建立应急反应和处置机制，为火灾扑救和应急救援工作提供人员、装备等保障。任何人发现火灾都应当立即报警；任何单位、个人都应当无偿为报警提供便利，不得阻拦报警；严禁谎报火警。人员密集场所发生火灾，该场所的现场工作人员应当立即组织、引导在场人员疏散。任何单位发生火灾，必须立即组织力量扑救，邻近单位应当给予支援。消防队接到火警，必须立即赶赴火灾现场，救助遇险人员，排除险情，扑灭火灾。消防救援机构统一组织和指挥火灾现场扑救，应当优先保障遇险人员的生命安全。火灾现场总指挥根据扑救火灾的需要，有权决定下列事项：

（1）使用各种水源；

（2）截断电力、可燃气体和可燃液体的输送，限制用火用电；

（3）划定警戒区，实行局部交通管制；

（4）利用邻近建筑物和有关设施；

（5）为了抢救人员和重要物资，防止火势蔓延，拆除或者破损毗邻火灾现场的建筑物、构筑物或者设施等；

（6）调动供水、供电、供气、通信、医疗救护、交通运输、环境保护等有关单位协助灭火救援。

根据扑救火灾的紧急需要，有关地方人民政府应当组织人员、调集所需物资支援灭火。

五、消防监督检查的规定

地方各级人民政府应当落实消防工作责任制，对本级人民政府有关部门履行消防安全职责的情况进行监督检查。县级以上地方人民政府有关部门应当根据本系统的特点，有针对性地开展消防安全检查，及时督促整改火灾隐患。消防救援机构应当对机关、团体、企业、事业等单位遵守消防法律法规的情况依法进行监督检查。

六、消防工作违法行为及应负的法律责任

1. 建设工程和公共聚集场所违法行为的法律责任

有下列行为之一的，由住房和城乡建设主管部门、消防救援机构按照各自职权责令停止施工、停止使用或者停产停业，并处3万元以上30万元以下罚款：

（1）依法应当进行消防设计审查的建设工程，未经依法审查或者审查不合格，擅自施工的；

（2）依法应当进行消防验收的建设工程，未经消防验收或者消防验收不合格，擅自投入使用的；

（3）其他建设工程验收后经依法抽查不合格，不停止使用的；

（4）公众聚集场所未经消防救援机构许可，擅自投入使用、营业的，或者经核查发现场所使用、营业情况与承诺内容不符的。

核查发现公众聚集场所使用、营业情况与承诺内容不符，经责令限期改正，逾期不整改或者整改后仍达不到要求的，依法撤销相应许可建设单位未依照本法规定在验收后报住房和城乡建设主管部门备案的，由住房和城乡建设主管部门责令改正，处5000元以下罚款。

2. 消防设计与施工不符合标准的法律责任

有下列行为之一的，由住房和城乡建设主管部门责令改正或者停止施工，并处1万元以上10万元以下罚款：

（1）建设单位要求建筑设计单位或者建筑施工企业降低消防技术标准设计、施工的；

（2）建筑设计单位不按照消防技术标准强制性要求进行消防设计的；

（3）建筑施工企业不按照消防设计文件和消防技术标准施工，降低消防施工质量的；

（4）工程监理单位与建设单位或者建筑施工企业串通，弄虚作假，降低消防施工质量的。

3. 单位与个人消防安全违法行为的法律责任

单位违反本法规定，有下列行为之一的，责令改正，处5000元以上5万元以下罚款：

（1）消防设施、器材或者消防安全标志的配置、设置不符合国家标准、行业标准，或者未保持完好有效的；

（2）损坏、挪用或者擅自拆除、停用消防设施、器材的；

（3）占用、堵塞、封闭疏散通道、安全出口或者有其他妨碍安全疏散行为的；

（4）埋压、圈占、遮挡消火栓或者占用防火间距的；

（5）占用、堵塞、封闭消防车通道，妨碍消防车通行的；

（6）人员密集场所在门窗上设置影响逃生和灭火救援的障碍物的；

（7）对火灾隐患经消防救援机构通知后不及时采取措施消除的。

个人有以上第（2）项、第（3）项、第（4）项、第（5）项行为之一的，处警告或者500元以下罚款。有本条第一款第（3）项、第（4）项、第（5）项、第（6）项行为，经责令改正拒不改正的，强制执行，所需费用由违法行为人承担。

4. 住房和城乡建设主管部门、消防救援机构工作人员的法律责任单位与个人消防安全违法行为的法律责任

住房和城乡建设主管部门、消防救援机构的工作人员滥用职权、玩忽职守、徇私舞弊，有下列行为之一，尚不构成犯罪的，依法给予处分。

（1）对不符合消防安全要求的消防设计文件、建设工程、场所准予审查合格、消防验收合格、消防安全检查合格的；

（2）无故拖延消防设计审查、消防验收、消防安全检查，不在法定期限内履行职责的；

（3）发现火灾隐患不及时通知有关单位或者个人整改的；

（4）利用职务为用户、建设单位指定或者变相指定消防产品的品牌、销售单位或者消防技术服务机构，消防设施施工单位的；

（5）将消防车、消防艇以及消防器材、装备和设施用于与消防和应急救援无关的事项的；

（6）其他滥用职权、玩忽职守、徇私舞弊的行为。

产品质量监督、工商行政管理等其他有关行政主管部门的工作人员在消防工作中滥用职权、玩忽职守、徇私舞弊，尚不构成犯罪的，依法给予处分。

任务三 《中华人民共和国道路交通安全法》

一、道路交通安全的基本规定

1. 原　则

道路交通安全工作，应当遵循依法管理、方便群众的原则，保障道路交通有序、安全、畅通。

2. 安全管理部门

国务院公安部门负责全国道路交通安全管理工作。县级以上地方各级人民政府公安机关交通管理部门负责本行政区域内的道路交通安全管理工作。县级以上各级人民政府交通、建设管理部门依据各自职责，负责有关的道路交通工作。

3. 安全教育

（1）各级人民政府应当经常进行道路交通安全教育，增强公民的道路交通安全意识；

（2）公安机关交通管理部门及其交通警察执行职务时，应当加强道路交通安全法律，法规的宣传，并模范遵守道路交通安全法律法规；

（3）机关、部队、企业事业单位、社会团体以及其他组织，应当对本单位的人员进行道路交通安全教育；

（4）教育行政部门、学校应当将道路交通安全教育纳入法制教育的内容；

（5）新闻、出版、广播、电视等有关单位，有进行道路交通安全教育的义务。

二、道路交通事故处理的规定

1. 交通事故现场处理

在道路上发生交通事故，车辆驾驶人应当立即停车，保护现场；造成人身伤亡的，车辆驾驶人应当立即抢救受伤人员，并迅速报告执勤的交通警察或者公安机关交通管理部门。因抢救受伤人员变动现场的，应当标明位置。乘车人、过往车辆驾驶人、过往行人应当予以协助。在道路上发生交通事故，未造成人身伤亡，当事人对事实及成因无争议的，可以即行撤离现场，恢复交通，自行协商处理损害赔偿事宜；不即行撤离现场的，应当迅速报告执勤的交通警察或者公安机关交通管理部门。在道路上发生交通事故，仅造成轻微财产损失，并且基本事实清楚的，当事人应当先撤离现场再进行协商处理。车辆发生交通事故后肇事者逃逸的，事故现场目击人员和其他知情人员应当向公安机关交通管理部门或者交通警察举报。举报属实的，公安机关交通管理部门应当给予奖励。

2. 人身伤亡和财产损失的赔偿

机动车发生交通事故造成人身伤亡、财产损失的，由保险公司在机动车第三者责任强制保险责任限额范围内予以赔偿；不足的部分，按照下列规定承担赔偿责任：

（1）机动车之间发生交通事故的，由有过错的一方承担赔偿责任；双方都有过错的，按照各自过错的比例分担责任。

（2）机动车与非机动车驾驶人、行人之间发生交通事故，非机动车驾驶人、行人没有过错的，由机动车一方承担赔偿责任；有证据证明非机动车驾驶人、行人有过错的，根据过错程度适当减轻机动车一方的赔偿责任；机动车一方没有过错的，承担不超过10%的赔偿责任。

交通事故的损失是由非机动车驾驶人、行人故意碰撞机动车造成的，机动车一方不承担赔偿责任。

三、道路通行的规定

1. 一般规定

“道路”是指公路、城市道路和虽在单位管辖范围内但允许社会机动车通行的地方，包括广场、公共停车场等用于公众通行的场所。“车辆”是指机动车和非机动车。“机动车”是指以动力装置驱动或者牵引，上道路行驶的供人员乘用或者用于运送物品以及进行工程专项作业的轮式车辆。“非机动车”是指以人力或者畜力驱动，上道路行驶的交通工具，以及虽有动力装置驱动但设计最高时速、空车质量、外形尺寸符合有关国家标准的残疾人机动轮椅车、电动自行车等交通工具。

全国实行统一的道路交通信号，交通信号包括交通信号灯、交通标志、交通标线、交通警察的指挥、车道划分、交通管制的设定等。

2. 道路通行条件

因工程建设需要占用、挖掘道路，或者跨越、穿越道路架设、增设管线设施，应当事先征得道路主管部门的同意；影响交通安全的，还应当征得公安机关交通管理部门的同意施工作业完毕，应当迅速清除道路上的障碍物，消除安全隐患，经道路主管部门和公安机关交通管理部门验收合格，符合通行要求后，方可恢复通行。学校、幼儿园、医院、养老院门前的道路没有行人过街设施的，应当施划人行横道线，设置提示标志。

3. 机动车通行规定

（1）同车道行驶

同车道行驶的机动车，后车应当与前车保持足以采取紧急制动措施的安全距离。

（2）交叉路口行驶

机动车通过交叉路口，应当按照交通信号灯、交通标志、交通标线或者交通警察的指挥通过。

（3）机动车载物行驶

机动车载物应当符合核定的载质量，严禁超载；载物的长、宽、高不得违反装载要求，不得遗洒、飘散载运物。机动车运载超限的不可解体的物品，影响交通安全的，应当按照公安机关交通管理部门指定的时间、路线、速度行驶，悬挂明显标志。机动车载运爆炸物品、易燃易爆化学物品以及剧毒、放射性等危险物品，应当经公安机关批准后，按指定的时间、路线、速度行驶，悬挂警示标志并采取必要的安全措施。

4. 非机动车通行规定

非机动车应当在非机动车道内行驶；在没有非机动车道的道路上，应当靠车行道的右侧行驶。残疾人机动轮椅车、电动自行车在非机动车道内行驶时，最高时速不得超过 15 km。

5. 高速公路的特别规定

行人、非机动车、拖拉机、轮式专用机械车、铰接式客车、全挂拖斗车以及其他设计最高时速低于 70 km 的机动车，不得进入高速公路。高速公路限速标志标明的最高时速不得超过 120 km。任何单位、个人不得在高速公路上拦截检查行驶的车辆，公安机关的人民警察依法执行紧急公务除外。

6. 道路交通安全违法行为行政处罚的决定机关

依照《中华人民共和国道路交通安全法》的规定，公安机关交通管理部门是道路交通安全违法行为行政处罚的决定机关。

四、道路交通安全违法行为及应负的法律责任

1. 道路交通安全违法行为的处罚种类

道路交通安全违法行为的处罚种类包括：警告、罚款、暂扣或者吊销机动车驾驶证、执照。

2. 个人的违规处罚

行人、乘车人、非机动车驾驶人违反道路交通安全法律法规关于道路通行规定的，处警告或者 5 元以上 50 元以下罚款；非机动车驾驶人拒绝接受罚款处罚的，可以扣留其非机动车。

3. 饮酒后驾驶机动车行为的处罚

（1）饮酒后驾驶机动车的，处暂扣 6 个月机动车驾驶证，并处 1000 元以上 2000 元以下罚款。因饮酒后驾驶机动车被处罚，再次饮酒后驾驶机动车的，处 10 日以下拘留，并处 1000 元以上 2000 元以下罚款，吊销机动车驾驶证；

（2）醉酒驾驶机动车的，由公安机关交通管理部门约束至酒醒，吊销机动车驾驶证，依法追究刑事责任；5 年内不得重新取得机动车驾驶证；

（3）饮酒后驾驶营运机动车的，处 15 日拘留，并处 5000 元罚款，吊销机动车驾驶证，5 年内不得重新取得机动车驾驶证；

（4）醉酒驾驶营运机动车的，由公安机关交通管理部门约束至酒醒，吊销机动车驾驶证，依法追究刑事责任；10 年内不得重新取得机动车驾驶证，重新取得机动车驾驶证后，不得驾驶营运机动车；

（5）饮酒后或者醉酒驾驶机动车发生重大交通事故，构成犯罪的，依法追究刑事责任，并由公安机关交通管理部门吊销机动车驾驶证，终生不得重新取得机动车驾驶证。

4. 上道路行驶的机动车相关手续不全的处罚

上道路行驶的机动车未悬挂机动车号牌，未放置检验合格标志、保险标志，或者未随车携带行驶证、驾驶证的，公安机关交通管理部门应当扣留机动车，通知当事人提供相应的牌证、标志或者补办相应手续，并可以依照本法第九十条的规定予以处罚。当事人提供相应的牌证、标志或者补办相应手续的，应当及时退还机动车。故意遮挡、污损或者不按规定安装机动车号牌的，依照本法第九十条的规定予以处罚。

5. 伪造、变造或者使用伪造、变造的机动车登记证书、号牌、行驶证、驾驶证的处罚

（1）伪造、变造或者使用伪造、变造的机动车登记证书、号牌、行驶证、驾驶证的，由公安机关交通管理部门予以收缴，扣留该机动车，处 15 日以下拘留，并处 2000 元以上 5000 元以下罚款；构成犯罪的，依法追究刑事责任；

（2）伪造、变造或者使用伪造、变造的检验合格标志、保险标志的，由公安机关交通管理部门予以收缴，扣留该机动车，处 10 日以下拘留，并处 1000 元以上 3000 元以下罚款；构成犯罪的，依法追究刑事责任；

（3）使用其他车辆的机动车登记证书、号牌、行驶证、检验合格标志、保险标志的，由公安机关交通管理部门予以收缴，扣留该机动车，处 2000 元以上 5000 元以下罚款；

（4）当事人提供相应的合法证明或者补办相应手续的，应当及时退还机动车。

6. 公安机关交通管理部门对违法行为的处罚标准

有下列行为之一的，由公安机关交通管理部门处 200 元以上 2000 元以下罚款：

（1）未取得机动车驾驶证、机动车驾驶证被吊销或者机动车驾驶证被暂扣期间驾驶机动车的；

（2）将机动车交由未取得机动车驾驶证或者机动车驾驶证被吊销、暂扣的人驾驶的；

（3）造成交通事故后逃逸，尚不构成犯罪的；

（4）机动车行驶超过规定时速 50%的；

（5）强迫机动车驾驶人违反道路交通安全法律法规和机动车安全驾驶要求驾驶机动车，造成交通事故，尚不构成犯罪的；

（6）违反交通管制的规定强行通行，不听劝阻的；

（7）故意损毁、移动、涂改交通设施，造成危害后果，尚不构成犯罪的；

（8）非法拦截、扣留机动车辆，不听劝阻，造成交通严重阻塞或者较大财产损失的；

行为人有以上第（2）项、第（4）项情形之一的，可以并处吊销机动车驾驶证；

有第（1）项、第（3）项、第（5）项至第（8）项情形之一的，可以并处15日以下拘留。

7. 行政处罚的实施

（1）执行职务的交通警察认为应当对道路交通违法行为人给予暂扣或者吊销机动车驾驶证处罚的，可以先予扣留机动车驾驶证，并在24小时内将案件移交公安机关交通管理部门处理。道路交通违法行为人应当在15日内到公安机关交通管理部门接受处理。无正当理由逾期未接受处理的，吊销机动车驾驶证。公安机关交通管理部门暂扣或者吊销机动车驾驶证的，应当出具行政处罚决定书；

（2）对违反本法规定予以拘留的行政处罚，由县、市公安局、公安分局或者相当于县一级的公安机关裁决；

（3）公安机关交通管理部门扣留机动车、非机动车，应当当场出具凭证，并告知当事人在规定期限内到公安机关交通管理部门接受处理。公安机关交通管理部门对被扣留的车辆应当妥善保管，不得使用。逾期不来接受处理，并且经公告3个月仍不来接受处理的，对扣留的车辆依法处理；

（4）暂扣机动车驾驶证的期限从处罚决定生效之日起计算；处罚决定生效前先予扣留机动车驾驶证的，扣留1日折抵暂扣期限1日。吊销机动车驾驶证后重新申请领取机动车驾驶证的期限，按照机动车驾驶证管理规定办理；

（5）公安机关交通管理部门根据交通技术监控记录资料，可以对违法的机动车所有人或者管理人依法予以处罚。对能够确定驾驶人的，可以依照本法的规定依法予以处罚。

8. 交通警察的行政处分与实施

交通警察有下列行为之一的，依法给予行政处分：

（1）为不符合法定条件的机动车发放机动车登记证书、号牌、行驶证、检验合格标志的；

（2）批准不符合法定条件的机动车安装、使用警车、消防车、救护车、工程救险车的警报器、标志灯具，喷涂标志图案的；

（3）为不符合驾驶许可条件、未经考试或者考试不合格人员发放机动车驾驶证的；

（4）不执行罚款决定与罚款收缴分离制度或者不按规定将依法收取的费用、收缴的罚款及没收的违法所得全部上缴国库的；

（5）举办或者参与举办驾驶学校或者驾驶培训班、机动车修理厂或者收费停车场等经营活动的；

（6）利用职务上的便利收受他人财物或者谋取其他利益的；

（7）违法扣留车辆、机动车行驶证、驾驶证、车辆号牌的；

（8）使用依法扣留的车辆的；

（9）当场收取罚款不开具罚款收据或者不如实填写罚款额的；

（10）徇私舞弊，不公正处理交通事故的；

（11）故意刁难，拖延办理机动车牌证的；

（12）非执行紧急任务时使用警报器、标志灯具的；

（13）违反规定拦截、检查正常行驶的车辆的；

（14）非执行紧急公务时拦截搭乘机动车的；

（15）不履行法定职责的。

公安机关交通管理部门有以上所列行为之一的，对直接负责的主管人员和其他直接责任人员给予相应的行政处分。

依照本法第一百一十五条的规定，给予交通警察行政处分的，在作出行政处分决定前，可以停止其执行职务；必要时，可以予以禁闭。依照本法第一百一十五条的规定，交通警察受到降级或者撤职行政处分的，可以予以辞退。交通警察受到开除处分或者被辞退的，应当取消警衔；受到撤职以下行政处分的交通警察，应当降低警衔。

任务四 《中华人民共和国特种设备安全法》

一、特种设备安全的基本规定

1. 适用范围

特种设备的生产（包括设计、制造、安装、改造、修理）、经营、使用、检验、检测和特种设备安全的监督管理，适用本法。本法所称特种设备，是指对人身和财产安全有较大危险性的锅炉、压力容器（含瓶）、压力管道、电梯、起重机械、客运索道、大型游乐设施、场（厂）内专用机动车辆，以及法律、行政法规规定适用本法的其他特种设备。

2. 原 则

特种设备安全工作应当坚持安全第一、预防为主、节能环保、综合治理的原则。

3. 特种设备的安全监督管理部门及职责

国家对特种设备的生产、经营、使用，实施分类的、全过程的安全监督管理。国务院负责特种设备安全监督管理的部门对全国特种设备安全实施监督管理。县级以上地方各级人民政府负责特种设备安全监督管理的部门对本行政区域内特种设备安全实施监督管理。

国务院和地方各级人民政府应当加强对特种设备安全工作的领导，督促各有关部门依法履行监督管理职责。县级以上地方各级人民政府应当建立协调机制，及时协调解决特种设备安全监督管理中存在的问题。

4. 任何单位和个人的权利

任何单位和个人有权向负责特种设备安全监督管理的部门和有关部门举报涉及特种设备安全的违法行为，接到举报的部门应当及时处理。

二、特种设备生产、经营、使用的一般规定

1. 特种设备的安全检测

（1）特种设备生产、经营、使用单位及其主要负责人对其生产、经营、使用的特种设备安全负责。特种设备生产、经营、使用单位应当按照国家有关规定配备特种设备安全管理人员、检测人员和作业人员，并对其进行必要的安全教育和技能培训。

（2）特种设备安全管理人员、检测人员和作业人员应当按照国家有关规定取得相应资格，方可从事相关工作。特种设备安全管理人员、检测人员和作业人员应当严格执行安全技术规范和管理制度，保证特种设备安全。

（3）特种设备生产、经营、使用单位对其生产、经营、使用的特种设备应当进行自行检测和维护保养，对国家规定实行检验的特种设备应当及时申报并接受检验。

2. 特种设备采用新材料、新技术、新工艺的规定

特种设备采用新材料、新技术、新工艺，与安全技术规范的要求不一致，或者安全技术规范未作要求、可能对安全性能有重大影响的，应当向国务院负责特种设备安全监督管理的部门申报，由国务院负责特种设备安全监督管理的部门及时委托安全技术咨询机构或者相关专业机构进行技术评审，评审结果经国务院负责特种设备安全监督管理的部门批准，方可投入生产、使用。国务院负责特种设备安全监督管理的部门应当将允许使用的新材料、新技术、新工艺的有关技术要求，及时纳入安全技术规范。

三、特种设备生产的规定

1. 特种设备生产许可制度

国家按照分类监督管理的原则对特种设备生产实行许可制度。特种设备生产单位应当具备下列条件，并经负责特种设备安全监督管理的部门许可，方可从事生产活动：

（1）有与生产相适应的专业技术人员；

（2）有与生产相适应的设备、设施和工作场所；

（3）有健全的质量保证、安全管理和岗位责任等制度。

2. 特种设备监督检验

特种设备生产单位应当保证特种设备生产符合安全技术规范及相关标准的要求，对其生产的特种设备的安全性能负责。不得生产不符合安全性能要求和能效指标以及国家明令淘汰的特种设备。

锅炉、气瓶、氧舱、客运索道、大型游乐设施的设计文件，应当经负责特种设备安全监督管理的部门核准的检验机构鉴定，方可用于制造。

特种设备产品、部件或者试制的特种设备新产品、新部件以及特种设备采用的新材料，按照安全技术规范的要求需要通过型式试验进行安全性验证的，应当经负责特种设备安全监督管理的部门核准的检验机构进行型式试验。

3. 特种设备出厂随附的资料和文件

特种设备出厂时，应当随附安全技术规范要求的设计文件、产品质量合格证明、安装及使用维护保养说明、监督检验证明等相关技术资料和文件，并在特种设备显著位置设置产品铭牌、安全警示标志及其说明。

4. 缺陷特种设备召回制度

国家建立缺陷特种设备召回制度。因生产原因造成特种设备存在危及安全的同一性缺陷的，特种设备生产单位应当立即停止生产，主动召回。

国务院负责特种设备安全监督管理的部门发现特种设备存在应当召回而未召回的情形时，应当责令特种设备生产单位召回。

四、特种设备经营的规定

1. 特种设备销售制度

特种设备销售单位销售的特种设备，应当符合安全技术规范及相关标准的要求，其设计文件、产品质量合格证明、安装及使用维护保养说明、监督检验证明等相关技术资料和文件应当齐全。特种设备销售单位应当建立特种设备检查验收和销售记录制度。禁止销售未取得许可生产的特种设备，未经检验和检验不合格的特种设备，或者国家明令淘汰和已经报废的特种设备。

2. 特种设备出租制度

特种设备出租单位不得出租未取得许可生产的特种设备或者国家明令淘汰和已经报废的特种设备，以及未按照安全技术规范的要求进行维护保养和未经检验或者检验不合格的特种设备。特种设备在出租期间的使用管理和维护保养义务由特种设备出租单位承担，法律另有规定或者当事人另有约定的除外。

3. 特种设备进制度

进口的特种设备应当符合我国安全技术规范的要求，并经检验合格；需要取得我国特种设备生产许可的，应当取得许可。进口特种设备随附的技术资料和文件应当符合本法第二十一条的规定，其安装及使用维护保养说明、产品铭牌、安全警示标志及其说明应当采用中文。特种设备的进出口检验，应当遵守有关进出口商品检验的法律、行政法规。进口特种设备，应当向进口地负责特种设备安全监督管理的部门履行提前告知义务。

五、特种设备使用制度的规定

1. 使用原则

特种设备使用单位应当使用取得许可生产并经检验合格的特种设备。禁止使用国家明令淘汰和已经报废的特种设备。

2. 特种设备使用登记

特种设备使用单位应当在特种设备投入使用前或者投入使用后 30 日内，向负责特种设备安全监督管理的部门办理使用登记，取得使用登记证书。登记标志应当置于该特种设备的显著位置。

3. 特种设备安全管理制度

特种设备使用单位应当建立岗位责任、隐患治理、应急救援等安全管理制度，制定操作规程，保证特种设备安全运行。

4. 特种设备安全技术档案

特种设备使用单位应当建立特种设备安全技术档案。安全技术档案应当包括以下内容：

（1）特种设备的设计文件、产品质量合格证明、安装及使用维护保养说明、监督检验证明等相关技术资料和文件；

（2）特种设备的定期检验和定期自行检查记录；

（3）特种设备的日常使用状况记录；

（4）特种设备及其附属仪器仪表的维护保养记录；

（5）特种设备的运行故障和事故记录。

5. 特种设备安全管理防护

电梯、客运索道、大型游乐设施等为公众提供服务的特种设备的运营使用单位，应当对特种设备的使用安全负责，设置特种设备安全管理机构或者配备专职的特种设备安全管理人员；其他特种设备使用单位，应当根据情况设置特种设备安全管理机构或者配备专职、兼职的特种设备安全管理人员。

特种设备的使用应当具有规定的安全距离、安全防护措施。与特种设备安全相关的建筑物、附属设施，应当符合有关法律、行政法规的规定。

6. 特种设备检验与维护

特种设备使用单位应当对其使用的特种设备进行经常性维护保养和定期自行检查，并做出记录。特种设备使用单位应当对其使用的特种设备的安全附件、安全保护装置进行定期校验、检修，并做出记录。

特种设备使用单位应当按照安全技术规范的要求，在检验合格有效期届满前 1 个月向特种设备检验机构提出定期检验要求。特种设备检验机构接到定期检验要求后，应当按照安全技术规范的要求及时进行安全性能检验。特种设备使用单位应当将定期检验标志置于该特种设备的显著位置。未经定期检验或者检验不合格的特种设备，不得继续使用。

7. 特种设备出现问题的处理方案

特种设备安全管理人员应当对特种设备使用状况进行经常性检查，发现问题应当立即处理；情况紧急时，可以决定停止使用特种设备并及时报告本单位有关负责人。

特种设备作业人员在作业过程中发现事故隐患或者其他不安全因素，应当立即向特种设备安全管理人员和单位有关负责人报告；特种设备运行不正常时，特种设备作业人员应当按照操作规程采取有效措施保证安全。特种设备出现故障或者发生异常情况，特种设备使用单位应当对其进行全面检查，消除事故隐患，方可继续使用。

8. 特种设备的使用、改造、维修与报废的相关制度

电梯投入使用后，电梯制造单位应当对其制造的电梯的安全运行情况进行跟踪调查和了解，对电梯的维护保养单位或者使用单位在维护保养和安全运行方面存在的问题，提出改进建议，并提供必要的技术帮助；发现电梯存在严重事故隐患时，应当及时告知电梯使用单位，并向负责特种设备安全监督管理的部门报告。电梯制造单位对调查和了解的情况，应当做出记录。

特种设备进行改造、修理，按照规定需要变更使用登记的，应当办理变更登记，方可继续使用。

特种设备存在严重事故隐患，无改造、修理价值，或者达到安全技术规范规定的其他报废条件的，特种设备使用单位应当依法履行报废义务，采取必要措施消除该特种设备的使用功能，并向原登记的负责特种设备安全监督管理的部门办理使用登记证书注销手续。除了这些报废条件以外的特种设备，达到设计使用年限可以继续使用的，应当按照安全技术规范的要求通过检验或者安全评估，并办理使用登记证书变更，方可继续使用。允许继续使用的，应当采取加强检验、检测和维护保养等措施，确保使用安全。

六、特种设备检验、检测制度的规定

1. 特种设备检验机构应当具备的条件

从事本法规定的监督检验、定期检验的特种设备检验机构，以及为特种设备生产、经营、使用提供检测服务的特种设备检测机构，应当具备下列条件，并经负责特种设备安全监督管理的部门核准，方可从事检验、检测工作。

（1）有与检验、检测工作相适应的检验、检测人员；

（2）有与检验、检测工作相适应的检验、检测仪器和设备；

（3）有健全的检验、检测管理制度和责任制度。

2. 检验、检测人员从业资格

特种设备检验、检测机构的检验、检测人员应当经考核，取得检验、检测人员资格，方可从事检验、检测工作。

3. 检验、检测工作的职责

特种设备检验、检测机构的检验、检测人员不得同时在两个以上检验、检测机构中执业；变更执业机构的，应当依法办理变更手续。特种设备检验、检测工作应当遵守法律、行政法规的规定，并按照安全技术规范的要求进行。

特种设备检验、检测机构及其检验、检测人员应当依法为特种设备生产、经营、使用单位提供安全、可靠、便捷、诚信的检验、检测服务。特种设备检验、检测机构及其检验、检测人员应当客观、公正、及时地出具检验、检测报告，并对检验、检测结果和鉴定结论负责。

特种设备检验、检测机构及其检验、检测人员在检验、检测中发现特种设备存在严重事故隐患时，应当及时告知相关单位，并立即向负责特种设备安全监督管理的部门报告。

4. 特种设备检验、检测的监督管理与处理办法

负责特种设备安全监督管理的部门应当组织对特种设备检验、检测机构的检验、检测结果和鉴定结论进行监督抽查，但应当防止重复抽查。监督抽查结果应当向社会公布。特种设备检验机构及其检验人员利用检验工作故意刁难特种设备生产、经营、使用单位的，特种设备生产、经营、使用单位有权向负责特种设备安全监督管理的部门投诉，接到投诉的部门应当及时进行调查处理。

七、特种设备监督管理的规定

1. 安全监督管理部门的职权

负责特种设备安全监督管理的部门在依法履行监督检查职责时，可以行使下列职权：

（1）进入现场进行检查，向特种设备生产、经营、使用单位和检验、检测机构的主要负责人和其他有关人员调查、了解有关情况；

（2）根据举报或者取得的涉嫌违法证据，查阅、复制特种设备生产、经营、使用单位和检验、检测机构的有关合同、发票、账簿以及其他有关资料；

（3）对有证据表明不符合安全技术规范要求或者存在严重事故隐患的特种设备实施查封、扣押；

（4）对流入市场的达到报废条件或者已经报废的特种设备实施查封、扣押；

（5）对违反本法规定的行为作出行政处罚决定。

2. 安全监督管理部门的执法规定

负责特种设备安全监督管理的部门在办理本法规定的许可时，其受理、审查、许可的程序必须公开，并应当自受理申请之日起 30 日内，作出许可或者不予许可的决定；不予许可的，应当书面向申请人说明理由。

负责特种设备安全监督管理的部门在依法履行职责过程中，发现违反本法规定和安全技术规范要求的行为或者特种设备存在事故隐患时，应当以书面形式发出特种设备安全监察指令，责令有关单位及时采取措施予以改正或者消除事故隐患。紧急情况下要求有关单位采取紧急处置措施的，应当随后补发特种设备安全监察指令。

负责特种设备安全监督管理的部门在依法履行职责过程中，发现重大违法行为或

者特种设备存在严重事故隐患时，应当责令有关单位立即停止违法行为、采取措施消除事故隐患，并及时向上级负责特种设备安全监督管理的部门报告。接到报告的负责特种设备安全监督管理的部门应当采取必要措施，及时予以处理。对违法行为、严重事故隐患的处理需要当地人民政府和有关部门的支持、配合时，负责特种设备安全监督管理的部门应当报告当地人民政府，并通知其他有关部门。当地人民政府和其他有关部门应当采取必要措施，及时予以处理。

负责特种设备安全监督管理的部门对特种设备生产、经营、使用单位和检验、检测机构实施监督检查，应当对每次监督检查的内容、发现的问题及处理情况做出记录，并由参加监督检查的特种设备安全监察人员和被检查单位的有关负责人签字后归档。被检查单位的有关负责人拒绝签字的，特种设备安全监察人员应当将情况记录在案。

3. 安全监察人员的执法规定

负责特种设备安全监督管理的部门的安全监察人员应当熟悉相关法律法规，具有相应的专业知识和工作经验，取得特种设备安全行政执法证件。特种设备安全监察人员应当忠于职守、坚持原则、秉公执法。负责特种设备安全监督管理的部门实施安全监督检查时，应当有 2 名以上特种设备安全监察人员参加，并出示有效的特种设备安全行政执法证件。

4. 安全监督管理部门及其工作人员的义务

地方各级人民政府负责特种设备安全监督管理的部门不得要求已经依照本法规定在其他地方取得许可的特种设备生产单位重复取得许可，不得要求对已经依照本法规定在其他地方检验合格的特种设备重复进行检验。负责特种设备安全监督管理的部门及其工作人员不得推荐或者监制、监销特种设备；对履行职责过程中知悉的商业秘密负有保密义务。

八、特种设备事故应急救援与调查处理的规定

1. 事故应急预案

国务院负责特种设备安全监督管理的部门应当依法组织制定特种设备重特大事故应急预案，报国务院批准后纳入国家突发事件应急预案体系。县级以上地方各级人民政府及其负责特种设备安全监督管理的部门应当依法组织制定本行政区域内特种设备事故应急预案，建立或者纳入相应的应急处置与救援体系。特种设备使用单位应当制定特种设备事故应急专项预案，并定期进行应急演练。

2. 事故救援措施与事故报告

（1）事故救援措施

特种设备发生事故后，事故发生单位应当按照应急预案采取措施，组织抢救，防止事故扩大，减少人员伤亡和财产损失，保护事故现场和有关证据，并及时向事故发生地县级以上人民政府负责特种设备安全监督管理的部门和有关部门报告。县级以上

人民政府负责特种设备安全监督管理的部门接到事故报告，应当尽快核实情况，立即向本级人民政府报告，并按照规定逐级上报。必要时，负责特种设备安全监督管理的部门可以越级上报事故情况。对特别重大事故、重大事故，国务院负责特种设备安全监督管理的部门应当立即报告国务院并通报国务院安全生产监督管理部门等有关部门。与事故相关的单位和人员不得迟报、谎报或者瞒报事故情况，不得隐匿、毁灭有关证据或者故意破坏事故现场。

（2）事故报告

事故发生地人民政府接到事故报告，应当依法启动应急预案，采取应急处置措施，组织应急救援。

3. 事故调查

特种设备发生特别重大事故，由国务院或者国务院授权有关部门组织事故调查组进行调查。发生重大事故，由国务院负责特种设备安全监督管理的部门会同有关部门组织事故调查组进行调查。发生较大事故，由省、自治区、直辖市人民政府负责特种设备安全监督管理的部门会同有关部门组织事故调查组进行调查。发生一般事故，由设区的市级人民政府负责特种设备安全监督管理的部门会同有关部门组织事故调查组进行调查。事故调查组应当依法、独立、公正开展调查，提出事故调查报告。

4. 事故责任处理

组织事故调查的部门应当将事故调查报告报本级人民政府，并报上一级人民政府负责特种设备安全监督管理的部门备案。有关部门和单位应当依照法律、行政法规的规定，追究事故责任单位和人员的责任。事故责任单位应当依法落实整改措施，预防同类事故发生。事故造成损害的，事故责任单位应当依法承担赔偿责任。

九、特种设备违法行为及应负的法律责任

1. 电梯单位的违法行为及处罚

违反本法规定，电梯制造单位有下列情形之一的，责令限期改正；逾期未改正的，处 1 万元以上 10 万元以下罚款：

（1）未按照安全技术规范的要求对电梯进行校验、调试的；

（2）对电梯的安全运行情况进行跟踪调查和了解时，发现存在严重事故隐患，未及时告知电梯使用单位并向负责特种设备安全监督管理的部门报告的。

2. 特种设备生产单位的违法行为及处罚

违反本法规定，特种设备生产单位有下列行为之一的，责令限期改正；逾期未改正的，责令停止生产，处 5 万元以上 50 万元以下罚款；情节严重的，吊销生产许可证：

（1）不再具备生产条件、生产许可证已经过期或者超出许可范围生产的；

（2）明知特种设备存在同一性缺陷，未立即停止生产并召回的。

违反本法规定，特种设备生产单位生产、销售、交付国家明令淘汰的特种设备的，

责令停止生产、销售，没收违法生产、销售、交付的特种设备，处 3 万元以上 30 万元以下罚款；有违法所得的，没收违法所得。

特种设备生产单位涂改、倒卖、出租、出借生产许可证的，责令停止生产，处 5 万元以上 50 万元以下罚款；情节严重的，吊销生产许可证。

3. 特种设备经营单位的违法行为及处罚

违反本法规定，特种设备经营单位有下列行为之一的，责令停止经营，没收违法经营的特种设备，处 3 万元以上 30 万元以下罚款；有违法所得的，没收违法所得：

（1）销售、出租未取得许可生产，未经检验或者检验不合格的特种设备的；

（2）销售、出租国家明令淘汰，已经报废的特种设备，或者未按照安全技术规范的要求进行维护保养的特种设备的。

特种设备销售单位未建立检查验收和销售记录制度，或者进口特种设备未履行提前告知义务的，责令改正，处 1 万元以上 10 万元以下罚款。特种设备生产单位销售、交付未经检验或者检验不合格的特种设备的，依照以上规定处罚；情节严重的，吊销生产许可证。

4. 特种设备使用单位的违法行为及处罚

违反本法规定，特种设备使用单位有下列行为之一的，责令限期改正；逾期未改正的，责令停止使用有关特种设备，处 1 万元以上 10 万元以下罚款：

（1）使用特种设备未按照规定办理使用登记的；

（2）未建立特种设备安全技术档案或者安全技术档案不符合规定要求，或者未依法设置使用登记标志、定期检验标志的；

（3）未对其使用的特种设备进行经常性维护保养和定期自行检查，或者未对其使用的特种设备的安全附件、安全保护装置进行定期校验、检修，并做出记录的；

（4）未按照安全技术规范的要求及时申报并接受检验的；

（5）未按照安全技术规范的要求进行锅炉水（介）质处理的；

（6）未制定特种设备事故应急专项预案的。

违反本法规定，特种设备使用单位有下列行为之一的，责令停止使用有关特种设备，处 3 万元以上 30 万元以下罚款：

（1）使用未取得许可生产，未经检验或者检验不合格的特种设备，或者国家明令淘汰、已经报废的特种设备的；

（2）特种设备出现故障或者发生异常情况，未对其进行全面检查、消除事故隐患，继续使用的；

（3）特种设备存在严重事故隐患，无改造、修理价值，或者达到安全技术规范规定的其他报废条件，未依法履行报废义务，并办理使用登记证书注销手续的。

5. 特种设备生产、经营、使用单位安全管理的违法行为及处罚

违反本法规定，特种设备生产、经营、使用单位有下列情形之一的，责令限期改正；逾期未改正的，责令停止使用有关特种设备或者停产停业整顿，处 1 万元以上 5 万元以下罚款：

（1）未配备具有相应资格的特种设备安全管理人员、检测人员和作业人员的；

（2）使用未取得相应资格的人员从事特种设备安全管理、检测和作业的；

（3）未对特种设备安全管理人员、检测人员和作业人员进行安全教育和技能培训的。

违反本法规定，电梯、客运索道、大型游乐设施的运营使用单位有下列情形之一的，责令限期改正；逾期未改正的，责令停止使用有关特种设备或者停产停业整顿，处 2 万元以上 10 万元以下罚款：

（1）未设置特种设备安全管理机构或者配备专职的特种设备安全管理人员的；

（2）客运索道、大型游乐设施每日投入使用前，未进行试运行和例行安全检查，未对安全附件和安全保护装置进行检查确认的；

（3）未将电梯、客运索道、大型游乐设施的安全使用说明、安全注意事项和警示标志置于易于被乘客注意的显著位置的。

6. 特种设备事故中相关单位及主要负责人的违法行为及处罚

发生特种设备事故，有下列情形之一的，对单位处 5 万元以上 20 万元以下罚款；对主要负责人处 1 万元以上 5 万元以下罚款；主要负责人属于国家工作人员的，并依法给予处分：

（1）发生特种设备事故时，不立即组织抢救或者在事故调查处理期间擅离职守或者逃匿的；

（2）对特种设备事故迟报、谎报或者瞒报的。

发生事故，对负有责任的单位除要求其依法承担相应的赔偿等责任外，依照下列规定处以罚款：

（1）发生一般事故，处 10 万元以上 20 万元以下罚款；

（2）发生较大事故，处 20 万元以上 50 万元以下罚款；

（3）发生重大事故，处 50 万元以上 200 万元以下罚款。

对事故发生负有责任的单位的主要负责人未依法履行职责或者负有领导责任的，依照下列规定处以罚款；属于国家工作人员的，并依法给予处分：

（1）发生一般事故，处上一年年收入 30%的罚款；

（2）发生较大事故，处上一年年收入 40%的罚款；

（3）发生重大事故，处上一年年收入 60%的罚款。

7. 特种设备检验、检测机构及其检验、检测人员的失职处罚

违反本法规定，特种设备检验、检测机构及其检验、检测人员有下列行为之一的，责令改正，对机构处 5 万元以上 20 万元以下罚款，对直接负责的主管人员和其他直接责任人员处 5000 元以上 5 万元以下罚款；情节严重的，吊销机构资质和有关人员的资格：

（1）未经核准或者超出核准范围、使用未取得相应资格的人员从事检验、检测的；

（2）未按照安全技术规范的要求进行检验、检测的；

（3）出具虚假的检验、检测结果和鉴定结论或者检验、检测结果和鉴定结论严重失实的；

（4）发现特种设备存在严重事故隐患，未及时告知相关单位，并立即向负责特种设备安全监督管理的部门报告的；

（5）泄露检验、检测过程中知悉的商业秘密的；

（6）从事有关特种设备的生产、经营活动的；

（7）推荐或者监制、监销特种设备的；

（8）利用检验工作故意刁难相关单位的。

违反本法规定，特种设备检验、检测机构的检验、检测人员同时在两个以上检验、检测机构中执业的，处5000元以上5万元以下罚款；情节严重的，吊销其资格。

8. 特种设备安全监督管理部门及其工作人员的违法行为及处罚

违反本法规定，负责特种设备安全监督管理的部门及其工作人员有下列行为之一的，由上级机关责令改正；对直接负责的主管人员和其他直接责任人员，依法给予处分：

（1）未依照法律、行政法规规定的条件、程序实施许可的；

（2）发现未经许可擅自从事特种设备的生产、使用或者检验、检测活动不予取缔或者不依法予以处理的；

（3）发现特种设备生产单位不再具备本法规定的条件而不吊销其许可证，或者发现特种设备生产、经营、使用违法行为不予查处的；

（4）发现特种设备检验、检测机构不再具备本法规定的条件而不撤销其核准，或者对其出具虚假的检验、检测结果和鉴定结论或者检验、检测结果和鉴定结论严重失实的行为不予查处的；

（5）发现违反本法规定和安全技术规范要求的行为或者特种设备存在事故隐患，不立即处理的；

（6）发现重大违法行为或者特种设备存在严重事故隐患，未及时向上级负责特种设备安全监督管理的部门报告，或者接到报告的负责特种设备安全监督管理的部门不立即处理的；

（7）要求已经依照本法规定在其他地方取得许可的特种设备生产单位重复取得许可，或者要求对已经依照本法规定在其他地方检验合格的特种设备重复进行检验的；

（8）推荐或者监制、监销特种设备的；

（9）泄露履行职责过程中知悉的商业秘密的；

（10）接到特种设备事故报告未立即向本级人民政府报告，并按照规定上报的；

（11）迟报、漏报、谎报或者瞒报事故的；

（12）妨碍事故救援或者事故调查处理的；

（13）其他滥用职权、玩忽职守、徇私舞弊的行为。

任务五 《中华人民共和国建筑法》

一、建筑安全生产的基本规定

1. 适用范围

在中华人民共和国境内从事建筑活动，实施对建筑活动的监督管理，应当遵守本法。本法所称建筑活动，是指各类房屋建筑及其附属设施的建造和与其配套的线路、管道、设备的安装活动。省、自治区、直辖市人民政府确定的小型房屋建筑工程的建筑活动，参照本法执行。

依法核定作为文物保护的纪念建筑物和古建筑等的修缮，依照文物保护的有关法律规定执行。抢险救灾及其他临时性房屋建筑和农民自建低层住宅的建筑活动，不适用本法。

2. 建筑安全生产管理方针

建筑工程安全生产管理必须坚持安全第一，预防为主的方针，建立健全安全生产的责任制度和群防群治制度。

3. 从事建筑活动相关单位的从业资格

从事建筑活动的建筑施工企业、勘察单位、设计单位和工程监理单位，应当具备下列条件：

（1）有符合国家规定的注册资本；

（2）有与其从事的建筑活动相适应的具有法定执业资格的专业技术人员；

（3）有从事相关建筑活动所应有的技术装备；

（4）法律、行政法规规定的其他条件。

4. 监督管理部门

国务院建设行政主管部门对全国的建筑活动实施统一监督管理。

二、建筑工程设计的相关规定

1. 建筑工程设计的安全规定

建筑工程设计应当符合按照国家规定制定的建筑安全规程和技术规范，保证工程的安全性能。

2. 设计单位的责任

建筑工程的设计单位必须对其设计的质量负责。设计文件应当符合有关法律、行政法规的规定和建筑工程质量、安全标准、建筑工程勘察、设计技术规范以及合同的约定。设计文件选用的建筑材料、建筑构配件和设备，应当注明其规格、型号、性能等技术指标，其质量要求必须符合国家规定的标准。

3. 设计单位的义务

建筑设计单位对设计文件选用的建筑材料、建筑构配件和设备，不得指定生产厂、供应商。

三、建设单位的相关法律规定

1. 建设单位申请领取施工许可证应具备的条件

申请领取施工许可证，应当具备下列条件：

（1）已经办理该建筑工程用地批准手续；

（2）依法应当办理建设工程规划许可证的，已经取得建设工程规划许可证；

（3）需要拆迁的，其拆迁进度符合施工要求；

（4）已经确定建筑施工企业；

（5）有满足施工需要的资金安排、施工图纸及技术资料；

（6）有保证工程质量和安全的具体措施。

建设行政主管部门应当自收到申请之日起 7 日内，对符合条件的申请颁发施工许可证。

2. 建设单位地下管线资料保护

建设单位应当向建筑施工企业提供与施工现场相关的地下管线资料，建筑施工企业应当采取措施加以保护。

3. 建设单位办理申请批准手续

有下列情形之一的，建设单位应当按照国家有关规定办理申请批准手续：

（1）需要临时占用规划批准范围以外场地的；

（2）可能损坏道路、管线、电力、邮电通讯等公共设施的；

（3）需要临时停水、停电、中断道路交通的；

（4）需要进行爆破作业的；

（5）法律法规规定需要办理报批手续的其他情形。

4. 建设单位的义务

建设单位不得以任何理由，要求建筑设计单位或者建筑施工企业在工程设计或者施工作业中，违反法律、行政法规和建筑工程质量、安全标准，降低工程质量。

四、建筑施工单位的安全生产与质量管理规定

1. 施工组织设计的编制

建筑施工企业在编制施工组织设计时，应当根据建筑工程的特点制定相应的安全技术措施；对专业性较强的工程项目，应当编制专项安全施工组织设计，并采取安全技术措施。

2. 施工现场安全防护

建筑施工企业应当在施工现场采取维护安全、防范危险、预防火灾等措施；有条件的，应当对施工现场实行封闭管理。施工现场对毗邻的建筑物、构筑物和特殊作业环境可能造成损害的，建筑施工企业应当采取安全防护措施。

3. 施工现场环境污染保护措施

建筑施工企业应当遵守有关环境保护和安全生产的法律法规的规定，采取控制和处理施工现场的各种粉尘、废气、废水、固体废物以及噪声、振动对环境的污染和危害的措施。

4. 施工企业的安全生产责任

建筑施工企业必须依法加强对建筑安全生产的管理，执行安全生产责任制度，采取有效措施，防止伤亡和其他安全生产事故的发生。建筑施工企业的法定代表人对本企业的安全生产负责。

5. 劳动安全生产教育培训制度

建筑施工企业应当建立健全劳动安全生产教育培训制度，加强对职工安全生产的教育培训；未经安全生产教育培训的人员，不得上岗作业。

6. 建筑施工企业和作业人员的权利和义务

建筑施工企业和作业人员在施工过程中，应当遵守有关安全生产的法律法规和建筑行业安全规章、规程，不得违章指挥或者违章作业。作业人员有权对影响人身健康的作业程序和作业条件提出改进意见，有权获得安全生产所需的防护用品。作业人员对危及生命安全和人身健康的行为有权提出批评、检举和控告。建筑施工企业应当依法为职工参加工伤保险缴纳工伤保险费。鼓励企业为从事危险作业的职工办理意外伤害保险，支付保险费。

7. 建筑施工企业的质量管理规定

建筑施工企业对工程的施工质量负责。建筑施工企业必须按照工程设计图纸和施工技术标准施工，不得偷工减料。工程设计的修改由原设计单位负责，建筑施工企业不得擅自修改工程设计。建筑施工企业必须按照工程设计要求、施工技术标准和合同的约定，对建筑材料、建筑构配件和设备进行检验，不合格的不得使用。

五、建筑监督管理的规定

建设行政主管部门负责建筑安全生产的管理，并依法接受负责安全生产监督管理的部门对建筑安全生产的指导和监督。任何单位和个人对建筑工程的质量事故、质量缺陷都有权向建设行政主管部门或者其他有关部门进行检举、控告、投诉。

六、建筑安全违法行为及应负的法律责任

1. 设计单位的法律责任

建筑设计单位不按照建筑工程质量、安全标准进行设计的，责令改正，处以罚款；造成工程质量事故的，责令停业整顿，降低资质等级或者吊销资质证书，没收违法所得，并处罚款；造成损失的，承担赔偿责任；构成犯罪的，依法追究刑事责任。

2. 建设单位的法律责任

建设单位违反本法规定，要求建筑设计单位或者建筑施工企业违反建筑工程质量、安全标准，降低工程质量的，责令改正，可以处以罚款；构成犯罪的，依法追究刑事责任。

3. 施工单位的法律责任

（1）未取得施工许可证或者开工报告未经批准擅自施工的，责令改正，对不符合开工条件的责令停止施工，可以处以罚款；

（2）建筑施工企业转让、出借资质证书或者以其他方式允许他人以本企业的名义承揽工程的，责令改正，没收违法所得，并处罚款，可以责令停业整顿，降低资质等级；情节严重的，吊销资质证书。对因该项承揽工程不符合规定的质量标准造成的损失，建筑施工企业与使用本企业名义的单位或者个人承担连带赔偿责任；

（3）涉及建筑主体或者承重结构变动的装修工程擅自施工的，责令改正，处以罚款；造成损失的，承担赔偿责任；构成犯罪的，依法追究刑事责任；

（4）建筑施工企业违反本法规定，对建筑安全事故隐患不采取措施予以消除的，责令改正，可以处以罚款；情节严重的，责令停业整顿，降低资质等级或者吊销资质证书；构成犯罪的，依法追究刑事责任；

（5）建筑施工企业的管理人员违章指挥、强令职工冒险作业，因而发生重大伤亡事故或者造成其他严重后果的，依法追究刑事责任。建筑施工企业在施工中偷工减料的，使用不合格的建筑材料、建筑构配件和设备的，或者有其他不按照工程设计图纸或者施工技术标准施工的行为的，责令改正，处以罚款；情节严重的，责令停业整顿，降低资质等级或者吊销资质证书；造成建筑工程质量不符合规定的质量标准的，负责返工、修理，并赔偿因此造成的损失；构成犯罪的，依法追究刑事责任；

（6）建筑施工企业违反本法规定，不履行保修义务或者拖延履行保修义务的，责令改正，可以处以罚款，并对在保修期内因屋顶、墙面渗漏、开裂等质量缺陷造成的损失，承担赔偿责任。

4. 监理单位的法律责任

工程监理单位与建设单位或者建筑施工企业串通，弄虚作假、降低工程质量的，责令改正，处以罚款，降低资质等级或者吊销资质证书；有违法所得的，予以没收；造成损失的，承担连带赔偿责任；构成犯罪的，依法追究刑事责任。

工程监理单位转让监理业务的，责令改正，没收违法所得，可以责令停业整顿，降低资质等级；情节严重的，吊销资质证书。

5. 颁发建筑工程施工许可证的部门及其工作人员的法律责任

负责颁发建筑工程施工许可证的部门及其工作人员对不符合施工条件的建筑工程颁发施工许可证的，负责工程质量监督检查或者竣工验收的部门及其工作人员对不合格的建筑工程出具质量合格文件或者按合格工程验收的，由上级机关责令改正，对责任人员给予行政处分；构成犯罪的，依法追究刑事责任；造成损失的，由该部门承担相应的赔偿责任。

案例分析

哈尔滨北龙汤泉休闲酒店有限公司“8・25”重大火灾事故

2018 年 8 月 25 日 4 时 12 分许，哈尔滨市松北区哈尔滨北龙汤泉休闲酒店有限公司（以下简称北龙汤泉酒店）发生重大火灾事故，过火面积约 400 平方米，造成 20 人死亡、23 人受伤，直接经济损失 2504.8 万元。经调查认定，哈尔滨北龙汤泉酒店“8·25”重大火灾事故是一起责任事故。

一、事故经过

8 月 24 日晚，共有 115 名客人入住北龙汤泉酒店。

8 月 25 日 4 时 20 分左右，北龙汤泉酒店锅炉工陈某春给室外汤泉加完水，走出 E 区北门便闻到烧焦气味，观察发现二期温泉二楼平台有火光后立即进行呼救，并电话向工程部经理巩某利报告。保安员朱某男听到陈某春呼喊后，电话通知了保安队长张某彬。张某彬接到电话后，先跑到 E 区北门观察，确认发生火情后，到消控室通知消控员吕某胜。

4 时 27 分 51 秒，哈尔滨市公安局 110 指挥中心接到住宿旅客报警，称太阳岛北龙汤泉酒店起火。

4 时 29 分 10 秒，哈尔滨市消防指挥中心接到北龙汤泉酒店厨师周中宝关于酒店发生火灾的报警电话。

6 时 40 分开始，哈尔滨市政府政务值班室相继接到市 110 指挥中心、市安全监管局、松北区政府关于北龙汤泉酒店火灾事故报告后，立即向市政府相关领导报告，并通过“黑龙江省政府应急平台”向省政府总值班室报告事故信息。

二、事故原因

（一）直接原因

经过现场勘验、调查询问、现场指认、视频分析及现场实验等工作，认定起火原因是二期温泉区二层平台靠墙北侧顶棚悬挂的风机盘管机组电气线路短路，形成高温电弧，引燃周围塑料绿植装饰材料并蔓延成灾。

火灾蔓延扩大原因：

火灾发生前一日，北龙汤泉酒店三层客房领班张某使用灭火器箱挡住 E 区三层常闭式防火门，使其始终处于敞开状态。起火后，塑料绿植装饰材料燃烧产生的大量含有二氯乙烷、丙烯酸甲酯、苯系物等有毒有害物质的浓烟，迅速通过敞开的防火门进入 E 区三层客房走廊，短时间内充满整个走廊并渗入房间，封死逃生路线，导致楼内大量人员被有毒有害气体侵袭，很快中毒眩晕并丧失逃生能力和机会。

酒店室内外消火栓系统控制阀处于关闭状态，消火栓系统管网无压力水，自动灭火系统处于瘫痪状态。

起火后，北龙汤泉酒店员工陈某春便第一时间发现火情，随后工程部经理巩某利、保安员宋某勇、保安队长张某彬、消控员吕某胜等均确认火情，但酒店工作人员仅层层上报领导，均未在第一时间拨打报警电话。厨师周某安报警时，已是酒店发现火情 9 分钟后，延误了最佳灭火救援时间。

经现场勘察、调查询问、技术鉴定和模拟实验，综合分析认定了起火时间、起火部位，排除雷击、自燃、吸烟、施工作业、小孩玩火、放火等引发火灾因素，认定起火原因为起火点上部的照明灯具导线短路，引燃下方聚苯板及纸箱等可燃物所致。

（二）间接原因

北龙汤泉酒店法律意识缺失、安全意识淡漠，自酒店开始建设直至投入使用，始终存在违法违规行为，消防安全管理极为混乱，最终导致事故发生。

1. 消防安全责任和制度不落实

北龙汤泉酒店未明确消防安全管理人消防安全责任人及管理人员法律意识淡薄，消防安全管理制度不健全。现场巡查内容不符合要求，配置 1 人值班并承担巡查任务，后半夜只在凌晨三点巡查一次，不符合国家相关要求。

2. 未制定应急预案和开展应急演练，未对员工进行消防安全教育培训

火灾发生后，现场人员没有第一时间报警，没能及时疏散顾客。虽然设立了微型消防站，但现场人员不懂得消防器材使用方法，未能成功扑救初期火灾。

3. 消防设施管理不到位，消防管网无压力水、自动灭火系统瘫痪

消防水池被挪作他用；室内外消火栓系统控制阀处于关闭状态，消火栓系统管网无压力水；自动灭火系统压力开关输出线未接入喷泵组电气控制柜和火灾自动报警系统。

4. 未及时整改火灾隐患、未定期对消防设施进行检测、维护、保养

大量使用易燃可燃材料进行装饰装修，虽然消防监管部门多次下达行政整改指令，但该单位拒不整改，且未对消防设施定期进行检测维修。

5. 酒店违法建筑结构不符合消防安全要求，没有通过相关部门批准、验收

内部格局复杂，疏散通道混乱，各功能区间未设置有效防火分隔。

（三）直接原因

1. 燕达宾馆违法组织改扩建和装修施工

燕达宾馆租赁房屋后，未经批准违法组织改扩建和装修施工，未将消防设计报公安机关消防机构审核。大量使用易燃可燃材料进行装饰装修，电路敷设和电气设备选型不符合规范要求，电气线路没有穿管保护，起火过程中电气线路发生多次短路，设置的短路保护装置未有效动作。

2. 相关单位对产权房屋安全管理职责落实不到位

吉林建银实业有限责任公司在发现燕达宾馆对房屋进行改扩建未能提供改造方案和审批手续后，既未制止也未向有关部门报告。

太阳岛风景区资产经营有限公司未与燕达宾馆签订专门的安全生产管理协议。在发现燕达宾馆违法建设行为后，既未制止也未向有关部门报告，还为燕达宾馆违法建设提供便利。

3. 属地政府及相关部门监管责任不落实

松北区行政执法局发现燕达宾馆违法建设行为，虽多次进行制止，但未取得实质成效，造成严重后果；哈尔滨市城市管理局对松北区行政执法局查处燕达宾馆违法建设工作指导、监督不力；太阳岛风景区管理局发现燕达宾馆持续进行违法建设，多次向松北区行政执法局进行督办无果，未向太阳岛风景区管委会报告。

松北区安监局对城市安全风险管控工作和安全生产网格化管理工作落实不到位。

哈尔滨市公安局松北分局在办理北龙汤泉酒店“特种行业许可证”时，审查把关不严；未告知北龙汤泉酒店在投入使用、营业前应按照《消防法》规定及时到消防部门申请办理消防安全检查合格证；哈尔滨市公安局松北分局太阳岛派出所在办理北龙汤泉酒店“特种行业许可证”时，未对北龙汤泉酒店提供的申请材料进行认真审核，违规发证。

哈尔滨市消防支队松北区大队对北龙汤泉酒店消防监督执法不到位；哈尔滨市消防支队监督、检查、指导哈尔滨市消防支队松北区大队工作不到位。

松北区人民政府对辖区消防安全隐患排查和违建工程排查工作督促指导不到位，对辖区消防隐患和违法建设失管失察；哈尔滨市人民政府落实安全生产“一岗双责”不到位。

三、事故责任追究

（一）司法机关处理的有关责任人

建议追究刑事责任的有 20 人，其中：

（1）李某滨，女，北龙汤泉酒店实际控制人、实际出资人，燕达宾馆董事长、总经理。未依法履行生产经营单位主要负责人安全生产职责，明知北龙汤泉酒店存在重大消防隐患，经催告拒不组织整改继续营业，对事故的发生负有责任。

（2）张某平，男，北龙汤泉酒店法定代表人，负责酒店运营管理工作。未依法履行生产经营单位主要负责人安全生产职责，明知酒店存在重大消防隐患，经催告拒不组织整改，使火灾隐患长期存在，对事故的发生负有责任。

上述两人，建议由省应急管理厅给予其175079元罚款，且终身不得担任本行业生产经营单位的主要负责人。

（二）建议给予政务处分和组织处理的责任人员

建议给予党、政纪处分的有20人，受组织处理的有5人。其中：

（1）张某雨，男，中共党员，哈尔滨市公安局松北分局刑侦大队民警。违规办理特种行业许可证，负有直接责任。建议留党察看一年，行政降级处分。

（2）刘某彤，女，中共党员，哈尔滨市消防支队松北区大队防火监督参谋。协助负责太阳岛辖区防火监督工作，未按法定职责对北龙汤泉酒店进行监督检查。建议给予其严重警告处分。

（三）对相关责任人员和单位给予处理的其他建议

（1）北龙汤泉酒店对事故发生负有直接责任。依据《安全生产法》第一百零九条第三项的规定，建议由省应急管理厅给予其499万元罚款；建议由消防部门责令其停产停业整顿；如仍不具备安全生产条件，由哈尔滨市松北区人民政府依据《安全生产法》第一百零八条予以关闭；有关部门依法吊销其有关证照。

（2）燕达宾馆未经批准违法组织改扩建和装修施工、违法发包建设工程，建议哈尔滨市人民政府责成相关部门依据《城乡规划法》第六十四条规定，责令限期拆除违法建筑，并处建设工程造价10%以下的罚款。

（3）吉林建银实业有限责任公司、太阳岛风景区资产经营有限公司都对出租单位安全管理职责不到位，发现承租方违法建设行为，未要求整改，也未报告监管部门进行查处。建议由省应急管理厅分别给予4.9万元罚款。

四、专家点评

该事故是由于顶棚悬挂的风机盘管机组电气线路短路，形成高温电弧，引燃周围塑料绿植装饰材料并蔓延成灾，暴露出以下四个主要问题：

（1）违法组织改扩建和装修施工且大量使用易燃可燃材料，电路敷设和电气设备选型不符合规范要求；

（2）消防设施管理不到位，酒店室内外消火栓系统控制阀处于关闭状态，消火栓系统管网无压力水，自动灭火系统处于瘫痪状态；

（3）应急处置不当，未制定应急预案和开展应急演练，火灾发生后，现场人员没有第一时间报警，没能及时疏散顾客；未对员工进行消防安全教育培训，虽然设立了微型消防站但现场人员不懂得消防器材使用方法；

（4）当地消防安全监督管理工作存在薄弱环节。如何做好企业消防安全管理，如何切实落实企业主体责任，值得我们思考。

（一）提前规范消防设计，构建消防安全第一道防火墙

凡是经扩建、改造、新建、内部装饰的建筑物，都要提前将设计好的图纸移交到地方公安消防机构，相关机构要认真审查移交的材料。只有在经审查达标后，方可按照设计标准要求施工。在工程竣工之后，同样须经公安消防部门的检验，经查验合格后方可投入使用。为此，企业做好消防安全管理工作，要联动消防部门，联合执法严控源头安全，提前做好消防安全设计规范，构建消防安全第一防火墙。

（二）控制易燃易爆材料使用，提升建筑材料的耐火性

在建筑材料的选择上应做出遴选，至少应保证耐火等级在二级以上。个别重要的构造建筑物，其耐火等级应有更高的要求。企业室内二次进行装修，对装修材料的选择应根据相关要求严格控制，必须用不燃的安全性材料。对有使用易燃易爆材料的，应严格控制其用量，必要时需要刷防火材料，以确保材料使用的安全性。

动员社会力量，针对违规采用易燃可燃装修装饰材料装修、擅自改变建筑使用功能性质这两大火灾“元凶”，突出洗浴桑拿、宾馆饭店、儿童游乐、大型综合体等人员密集场所室内大面积使用塑料绿植装饰等问题，拉出清单、分清缓急，集中拆除、清理上述场所中易燃可燃装饰装修材料，集中整治、处理一批违法建设经营单位。

（三）加强日常管理，落实企业安全主体责任

企事业单位必须依法建立消防安全组织，健全消防安全制度，明确消防安全职责，制定灭火应急疏散预案并定期演练，切实开展对本单位、场所的消防安全检查巡查。要严格建筑消防设施的管理，定期进行消防设施检查和维护消防控制室持证上岗制度，提升控制室值班人员应急处置能力。要推动下级政府向上级政府、下级部门和下属单位向上级主管部门立下消防安全军令状，要求所有重点单位向社会公开消防安全承诺书，特别是各类人员密集场所要把消防安全责任绑定到企业的法人、负责人，公开联系方式，实名接受群众监督。切实通过各级各部门、各企业的承诺践诺，扎紧套牢责任落实的“紧箍咒”，倒逼消防安全责任落地生根、扎实见效。

（深圳市城市公共安全技术研究院，宣教中心事故调查组）

课后练习

一、单项选择题

1.（　　）对全国的建筑活动实施统一监督管理。

A. 国务院安全行政主管部门　　B. 国务院

C. 国务院建设行政主管部门　　D. 工商行政管理部门

2. 建筑施工企业的（　　）对本企业的安全生产负责。

A. 项目技术负责人　　B. 项目经理

C. 安全生产技术人员　　D. 法定代表人

3.《中华人民共和国矿山安全法》规定，每个矿井必须有（　　）个以上能行人的安全出口，出口之间的直线水平距离必须符合矿山安全规程和行业技术规范。

A. 1　　B. 2　　C. 3　　D. 4

二、多项选择题

1. 依据《中华人民共和国消防法》的规定，下列单位中，应当建立专职消防队的有（　　）。

A. 大型核设施单位　　B. 大型体育场所

C. 主要港口　　D. 储备可燃的重要物资的大型仓库

E. 生产、储存易燃易爆危险品的大型企业

2. 依据《中华人民共和国道路交通安全法》的规定，下列车辆通行的说法，正确的是（　　）。

A. 机动车通过没有交通信号灯的交叉路口时，应当减速慢行，并让行人先行

B. 机动车载运爆炸物品应当按照最短路线、指定的时间和速度行驶

C. 电动自行车在非机动车道内行驶时，最高时速不能超过 30 公里

D. 铰接式客车驶入高速公路，最高时速不得超过 120 公里

E. 残疾人轮椅车在非机动车道行驶时，最高时速不得超过 15 公里

参考答案及解析

一、单项选择题

1. C【解析】《中华人民共和国建筑法》规定，国务院建设行政主管部门对全国的建筑活动实施统一监督管理。

2. D【解析】《中华人民共和国建筑法》规定，建筑施工企业的法定代表人对本企业的安全生产负责。

3. B【解析】《中华人民共和国矿山安全法》规定，每个矿井必须有 2 个以上能行人的安全出口，出口之间的直线水平距离必须符合矿山安全规程和行业技术规范。

二、多项选择题

1. ACDE【解析】《中华人民共和国消防法》明确规定了需要设立专职消防队的单位及其职责，下列单位应当建立单位专职消防队，承担本单位的火灾扑救工作：（1）大型核设施单位、大型发电厂、民用机场、主要港口；（2）生产、储存易燃易爆危险品的大型企业；（3）储备可燃的重要物资的大型仓库、基地；（4）前三项规定以外的火灾危险性较大、距离国家综合性消防救援队较远的其他大型企业；（5）距离国家综合性消防救援队较远、被列为全国重点文物保护单位的古建筑群的管理单位。

2. AE【解析】《中华人民共和国道路交通安全法》第四十八条规定，机动车载运爆炸物品、易燃易爆化学物品以及剧毒、放射性等危险物品，应当经公安机关批准后，按指定的时间、路线、速度行驶，悬挂警示标志并采取必要的安全措施。第五十八条，残疾人机动轮椅车、电动自行车在非机动车道内行驶时，最高时速不得超过 15 公里。第六十七条，行人、非机动车、拖拉机、轮式专用机械车、铰接式客车、全挂拖斗车以及其他设计最高时速低于 70 公里的机动车，不得进入高速公路。高速公路限速标志标明的最高时速不得超过 120 公里。

模块四　安全生产相关法律

本模块主要介绍《中华人民共和国刑法》《中华人民共和国行政处罚法》《中华人民共和国劳动法》《中华人民共和国劳动合同法》《中华人民共和国突发事件应对法》《中华人民共和国职业病防治法》等6部法律中与安全生产密切相关的内容，是安全生产法律法规的重要补充，为安全生产工作提供了必要的法律依据。

学习目标

知识目标

（1）熟悉安全生产相关法律的核心概念、基本规定以及权利义务相关内容；

（2）掌握中华人民共和国行政处罚法，包括行政处罚的基本规定、种类和设定，以及实施机关和决定等方面的知识，掌握职业病的范围、基本方针、制度、用人单位的职责，以及职业病防治监督检查的规定；

（3）理解劳动关系的基本规定、劳动安全卫生以及社会保险和福利的规定，理解应对突发事件的基本规定、预防、应急准备、监测、应急处置与救援等方面的知识；

（4）了解劳动合同的基本规定、劳动者与用人单位的具体权利义务以及劳动合同违法行为应负的法律责任，了解有关安全生产犯罪的核心概念、基本规定以及刑事责任相关内容。

能力目标

（1）能够解释法律法规的关键概念和规定，以便在实际情境中应用；

（2）具备查找和引用相关法律文本的能力，以支持法律依据的准确应用；

（3）具备分析案例，将法律法规的原则应用到具体的安全生产场景中，以保障员工和企业的合法权益。

素质目标

（1）培养法治意识，使学生具备遵守法律法规的自觉性和守法操守；

（2）增强安全意识，鼓励学生积极参与和支持安全生产管理，以减少安全风险；

（3）增强责任感，使学生意识到自己在安全生产中的角色和义务，为社会安全作出积极贡献。

任务一 《中华人民共和国刑法》及其有关法律解释

一、安全生产犯罪应承担的刑事责任

1. 铁路运营安全事故罪

《中华人民共和国刑法》(以下简称《刑法》)第一百三十二条规定：铁路职工违反规章制度，致使发生铁路运营安全事故，造成严重后果的，处3年以下有期徒刑或者拘役；造成特别严重后果的，处3年以上7年以下有期徒刑。

2. 重大责任事故罪

《刑法》第一百三十四条规定：在生产、作业中违反有关安全管理的规定，因而发生重大伤亡事故或者造成其他严重后果的，处3年以下有期徒刑或者拘役；情节特别恶劣的，处3年以上7年以下有期徒刑。

3. 强令、组织他人违章冒险作业罪

《刑法》第一百三十四条第二款规定：强令他人违章冒险作业，或者明知存在重大事故隐患而不排除，仍冒险组织作业，因而发生重大伤亡事故或者造成其他严重后果的，处五年以下有期徒刑或者拘役；情节特别恶劣的，处五年以上有期徒刑。

4. 重大劳动安全事故罪

《刑法》第一百三十五条规定：安全生产设施或者安全生产条件不符合国家规定，因而发生重大伤亡事故或者造成其他严重后果的，对直接负责的主管人员和其他直接责任人员，处3年以下有期徒刑或者拘役：情节特别恶劣的，处3年以上7年以下有期徒刑。

5. 大型群众性活动重大安全事故罪

《刑法》第一百三十五条之一规定：举办大型群众性活动违反安全管理规定，因而发生重大伤亡事故或者造成其他严重后果的，对直接负责的主管人员和其他直接责任人员，处3年以下有期徒刑或者拘役；情节特别恶劣的，处3年以上7年以下有期徒刑。

6. 危险物品肇事罪

《刑法》第一百三十六条规定：违反爆炸性、易燃性、放射性、毒害性、腐蚀性物品的管理规定，在生产、储存、运输、使用中发生重大事故，造成严重后果的，处3年以下有期徒刑或者拘役；后果特别严重的，处3年以上7年以下有期徒刑。

7. 工程重大安全事故罪

《刑法》第一百三十七条规定：建设单位、设计单位、施工单位、工程监理单位违反国家规定，降低工程质量标准，造成重大安全事故的，对直接责任人员，处5年以下有期徒刑或者拘役，并处罚金；后果特别严重的，处5年以上10年以下有期徒刑，并处罚金。

8. 消防责任事故罪

《刑法》第一百三十九条规定：违反消防管理法规，经消防监督机构通知采取改正措施而拒绝执行，造成严重后果的，对直接责任人员，处 3 年以下有期徒刑或者拘役；后果特别严重的，处 3 年以上 7 年以下有期徒刑。

9. 不报、谎报安全事故罪

《刑法》第一百三十九条之一规定：在安全事故发生后，负有报告职责的人员不报或者谎报事故情况，贻误事故抢救，情节严重的，处 3 年以下有期徒刑或者拘役；情节特别严重的，处 3 年以上 7 年以下有期徒刑。

10. 滥用职权罪

《刑法》第三百九十七条规定：国家机关工作人员滥用职权或者玩忽职守，致使公共财产、国家和人民利益遭受重大损失的，处 3 年以下有期徒刑或者拘役；情节特别严重的，处 3 年以上 7 年以下有期徒刑。本法另有规定的，依照规定。

二、生产安全的定罪标准

根据《最高人民法院、最高人民检察院关于办理危害生产安全刑事案件适用法律若干问题的解释》，生产安全的定罪标准如下：

1. 强令违章冒险作业罪的认定

明知存在事故隐患、继续作业存在危险，仍然违反有关安全管理的规定，实施下列行为之一的：

（1）利用组织、指挥、管理职权，强制他人违章作业的；

（2）采取威逼、胁迫、恐吓等手段，强制他人违章作业的；

（3）故意掩盖事故隐患，组织他人违章作业的；

（4）其他强令他人违章作业的行为。

2. 安全事故定罪标准

（1）因铁路运营安全事故罪、重大责任事故罪、重大劳动安全事故罪、大型群众性活动重大安全事故罪、危险物品肇事罪、消防责任事故罪而发生安全事故，具有下列情形之一的，应当认定为“造成严重后果”或者“发生重大伤亡事故或者造成其他严重后果”，对相关责任人员，处 3 年以下有期徒刑或者拘役：

造成死亡 1 人以上，或者重伤 3 人以上的；

造成直接经济损失 100 万元以上的；

其他造成严重后果或者重大安全事故的情形。

因强令违章冒险作业罪而发生安全事故，具有以上规定情形的，应当认定为“发生重大伤亡事故或者造成其他严重后果”，对相关责任人员，处 5 年以下有期徒刑或者拘役。因工程重大安全事故罪而发生安全事故，具有以上规定情形的，应当认定为“造成重大安全事故”，对直接责任人员，处 5 年以下有期徒刑或者拘役，并处罚金。

因教育设施重大安全事故罪而发生安全事故，具有第（1）项情形的，应当认定为“发生重大伤亡事故”，对直接责任人员，处3年以下有期徒刑或者拘役。

（2）因铁路运营安全事故罪、重大责任事故罪、重大劳动安全事故罪、大型群众性活动重大安全事故罪、危险物品肇事罪、消防责任事故罪而发生安全事故，具有下列情形之一的，对相关责任人员，处3年以上7年以下有期徒刑：

造成死亡3人以上或者重伤10人以上，负事故主要责任的；

造成直接经济损失500万元以上，负事故主要责任的；

其他造成特别严重后果、情节特别恶劣或者后果特别严重的情形。

因强令违章冒险作业罪而发生安全事故，具有以上规定情形的，对相关责任人员，处5年以上有期徒刑。

因工程重大安全事故罪而发生安全事故，具有以上规定情形的，对直接责任人员，处5年以上10年以下有期徒刑，并处罚金。

（3）因教育设施重大安全事故罪而发生安全事故，具有下列情形之一的，对直接责任人员，处3年以上7年以下有期徒刑：

造成死亡3人以上，或者重伤10人以上，负事故主要责任的；

造成死亡1人以上，或者重伤3人以上的，同时造成直接经济损失500万元以上并负事故主要责任的，或者同时造成恶劣社会影响的。

3. 不报、谎报安全事故罪的定罪标准

在安全事故发生后，负有报告职责的人员不报或者谎报事故情况，贻误事故抢救，具有下列情形之一的，应当认定为《刑法》第一百三十九条之一规定的“情节严重”：

（1）导致事故后果扩大，增加死亡1人以上，或者增加重伤3人以上，或者增加直接经济损失100万元以上的；

（2）实施下列行为之一，致使不能及时有效开展事故抢救的；

决定不报、迟报、谎报事故情况或者指使、串通有关人员不报、迟报、谎报事故情况的；

在事故抢救期间擅离职守或者逃匿的；

伪造、破坏事故现场，或者转移、藏匿、毁灭遇难人员尸体，或者转移、藏匿受伤人员的；

毁灭、伪造、隐匿与事故有关的图纸、记录、计算机数据等资料以及其他证据的。

（3）具有下列情形之一的，应当认定为《刑法》第一百三十九条之一规定的“情节特别严重”：

导致事故后果扩大，增加死亡3人以上，或者增加重伤10人以上或者增加直接经济损失500万元以上的；

采用暴力、胁迫、命令等方式阻止他人报告事故情况，导致事故后果扩大的；

其他情节特别严重的情形。

三、个人的犯罪处罚

根据《最高人民法院、最高人民检察院关于办理危害生产安全刑事案件适用法律若干问题的解释》关于个人的犯罪处罚如下。

1. 国家工作人员的犯罪处罚

国家工作人员违反规定投资入股生产经营，构成本解释规定的有关犯罪的，或者国家工作人员的贪污、受贿犯罪行为与安全事故发生存在关联性的，从重处罚；同时构成贪污、受贿犯罪和危害生产安全犯罪的，依照数罪并罚的规定处罚。

2. 国家机关工作人员的犯罪处罚

国家机关工作人员在履行安全监督管理职责时滥用职权、玩忽职守，致使公共财产国家和人民利益遭受重大损失的，或者徇私舞弊，对发现的刑事案件依法应当移交司法机关追究刑事责任而不移交，情节严重的，分别依照《刑法》第三百九十七条、第四百零二条的规定，以滥用职权罪、玩忽职守罪或者徇私舞弊不移交刑事案件罪定罪处罚。

3. 公司、企业、事业单位工作人员的犯罪处罚

公司、企业、事业单位的工作人员在依法或者受委托行使安全监督管理职责时滥用职权或者玩忽职守，构成犯罪的，应当依照《全国人民代表大会常务委员会关于〈中华人民共和国刑法〉第九章渎职罪主体适用问题的解释》的规定，适用渎职罪的规定追究刑事责任。

任务二 《中华人民共和国行政处罚法》

一、行政处罚的基本规定

1. 行政处罚的概念

行政处罚是指行政机关依法对违反行政管理秩序的公民、法人或者其他组织，以减损权益或者增加义务的方式予以惩戒的行为。

2. 行政处罚的特征

行政处罚具有下列特征：

（1）行政处罚由法定的国家机关和组织实施；

（2）行政处罚的对象是实施了违法行为，应当给予处罚的行政相对人；

（3）行政处罚是对违法行为人的制裁，具有惩戒性；

（4）行政处罚必须在法律规定范围内实施；

（5）行政处罚必须依照法定程序实施。

3. 行政处罚的基本原则

根据《中华人民共和国行政处罚法》（以下简称《行政处罚法》）的规定，行政处罚应遵循如下基本原则：

（1）处罚法定原则；

（2）处罚公正、公开原则；
（3）处罚与教育相结合原则；
（4）权利保障原则；
（5）一事不再罚原则。

二、安全生产的行政处罚的种类和设定

1. 行政处罚的种类

行政法学上通常将行政处罚的种类分为四种：

（1）人身自由罚，即对违法公民的人身自由权利进行限制或剥夺的处罚。如行政拘留等；

（2）行为罚，又称能力罚、资格罚，即以剥夺或限制人的资格为内容的处罚。如责令停产停业、吊销营业执照等；

（3）财产罚，即使被处罚人的财产权利和利益受到损害的行政处罚。如罚款、没收违法所得、销毁违禁物品等；

（4）声誉罚，即对违法者的名誉、荣誉、信誉或精神上的利益造成一定损害的行政处罚。如警告、通报批评、剥夺荣誉称号等；

依据《行政处罚法》第九条，行政处罚的种类：

（1）警告、通报批评；
（2）罚款、没收违法所得、没收非法财物；
（3）暂扣许可证件、降低资质等级、吊销许可证件；
（4）限制开展生产经营活动、责令停产停业、责令关闭、限制从业；
（5）行政拘留；
（6）法律、行政法规规定的其他行政处罚。

2. 行政处罚的设定

“设定”是《行政处罚法》所贡献出的一个重要概念。《行政处罚法》规定了行政处罚的种类和设定，对行政处罚的设定形式和权限做出了严格而明确的规定，从法律上规定了法律、行政法规、地方性法规、行政规章可以设定行政处罚。

行政处罚设定权是指国家机关依照职权和实际需要，在有关法律法规或者规章中，创制或设立行政处罚的权力。

三、行政处罚的实施机关

行政处罚的实施机关如下：

（1）限制人身自由的行政处罚权只能由公安机关行使和法律规定的其他机关行使；

（2）法律法规授权的具有管理公共事务职能的组织可以在法定授权范围内实施行政处罚；

（3）行政机关依法委托的组织。

受委托组织必须符合以下条件：

（1）依法成立并具有管理公共事务职能；

（2）有熟悉有关法律法规、规章和业务并取得行政执法资格的工作人员；

（3）需要进行技术检查或者技术鉴定的，应当有条件组织进行相应的技术检查或者技术鉴定。

受委托组织在委托范围内，以委托行政机关的名义实施行政处罚；不得再委托其他任何组织或者个人实施行政处罚。委托行政机关对受委托的组织实施行政处罚的行为应当负责监督，并对该行为的后果承担法律责任。

严格意义上讲，受行政部门委托实施行政处罚的组织不能算是行政处罚主体。因为它既不以自己的名义作出行政处罚决定，也不承担由此产生的后果责任，所以它只是行政处罚的具体实施机关。

四、行政处罚的管辖和适用

1. 行政处罚的管辖

（1）职能管辖

行政处罚的职能管辖是依法管理不同事项的行政机关依据各自的法定职权在实施行政处罚上所作的分工。

（2）地域管辖

地域管辖又称一般管辖或者属地管辖，它是以违法行为发生地作为确定管辖权的依据，以违法行为发生地的行政机关管辖为一般原则，即违法行为发生在何处，就由当地有行政处罚权的行政机关管辖，这样便于及时发现和查处违法行为。

（3）级别管辖

行政处罚的级别管辖是根据行政机关的级别确定其管辖范围。

（4）指定管辖

指定管辖主要是由于共同管辖的存在而产生的，两个以上行政机关对同一违法行为均享有行政处罚权时，为共同管辖，而共同管辖的处理规则一般是由行政机关相互协商或按惯例等方式解决，但当异议无法消除，行政机关管辖权发生争议时，应当报请他们共同的上一级行政机关，由上一级行政机关来确定由谁管辖。

（5）移送管辖

指违法行为构成犯罪的，行政机关必须将案件移送司法机关，依法追究刑事责任。

2. 行政处罚的适用

（1）不予行政处罚

不满 14 周岁的未成年人有违法行为的；

精神病人、智力残疾人在不能辨认或者不能控制自己行为时有违法行为的；

违法行为轻微并及时纠正，没有造成危害后果的；

当事人有证据足以证明没有主观过错的；

违法行为在二年内未被发现的，不再给予行政处罚；涉及公民生命健康安全、金融安全且有危害后果的，上述期限延长至五年。法律另有规定的除外。

（2）从轻或者减轻行政处罚

主动消除或者减轻违法行为危害后果的；

受他人胁迫或者诱骗有违法行为的；

主动供述行政机关尚未掌握的违法行为的；

配合行政机关查处违法行为有立功表现的；

已满 14 周岁不满 18 周岁的未成年人有违法行为的；

其他依法从轻或者减轻行政处罚的。

（3）一事不再罚

对当事人的同一个违法行为不得给予 2 次以上罚款的行政处罚。

（4）特殊适用

初次违法且危害后果轻微并及时改正的，可以不予行政处罚；

间歇性精神病人在精神正常时有违法行为的，应当给予行政处罚；

尚未完全丧失辨认或者控制自己行为能力的精神病人、智力残疾人有违法行为的，可以从轻或者减轻行政处罚；

违法行为构成犯罪，人民法院判处拘役或者有期徒刑时，行政机关已经给予当事人行政拘留的，应当依法折抵相应刑期。违法行为构成犯罪，人民法院判处罚金时，行政机关已经给予当事人罚款的，应当折抵相应罚金；行政机关尚未给予当事人罚款的，不再给予罚款。

五、行政处罚的决定

公民、法人或者其他组织违反行政管理秩序的行为，依法应当给予行政处罚的，行政机关必须查明事实；违法事实不清、证据不足的，不得给予行政处罚。行政机关在作出行政处罚决定之前，应当告知当事人拟作出的行政处罚内容及事实、理由、依据，并告知当事人依法享有的权利。当事人有权进行陈述和申辩。行政机关必须充分听取当事人的意见，对当事人提出的事实、理由和证据，应当进行复核；当事人提出的事实、理由或者证据成立的，行政机关应当采纳。

1. 简易程序

违法事实确凿并有法定依据，对公民处以 200 元以下、对法人或者其他组织处以 3000 元以下罚款或者警告的行政处罚的，可以当场作出行政处罚决定。法律另有规定的，从其规定。执法人员当场作出行政处罚决定的，应当向当事人出示执法证件，填写预定格式、编有号码的行政处罚决定书，并当场交付当事人。当事人拒绝签收的，应当在行政处罚决定书上注明。行政处罚决定书应当载明当事人的违法行为、行政处罚的种类和依据、罚款数额、时间、地点，申请行政复议、提起行政诉讼的途径和期限以及行政机关名称，并由执法人员签名或者盖章。

执法人员当场作出的行政处罚决定，应当报所属行政机关备案。对当场作出的行政处罚决定，当事人应当依照规定履行。

2. 普通程序

除可以当场作出的行政处罚外，行政机关发现公民、法人或者其他组织有依法应当给予行政处罚的行为的，必须全面、客观、公正地调查，收集有关证据；必要时，依照法律法规的规定，可以进行检查。符合立案标准的，行政机关应当及时立案。行政机关依照规定给予行政处罚的，应当制作行政处罚决定书，行政处罚决定书应当载明下列事项：

（1）当事人的姓名或者名称、地址；

（2）违反法律法规或者规章的事实和证据；

（3）行政处罚的种类和依据；

（4）行政处罚的履行方式和期限；

（5）申请行政复议、提起行政诉讼的途径和期限；

（6）作出行政处罚决定的行政机关名称和作出决定的日期；

（7）行政处罚决定书必须盖有作出行政处罚决定的行政机关的印章。

3. 听证程序

行政机关拟作出下列行政处罚决定，应当告知当事人有要求听证的权利，当事人要求听证的，行政机关应当组织听证，当事人不承担行政机关组织听证的费用：

（1）较大数额罚款；

（2）没收较大数额违法所得，没收较大价值非法财物；

（3）降低资质等级、吊销许可证件；

（4）责令停产停业、责令关闭、限制从业；

（5）其他较重的行政处罚；

（6）法律法规、规章规定的其他情形。

六、行政处罚的执行

当事人应当自收到行政处罚决定书之日起 15 日内，到指定的银行或者通过电子支付系统缴纳罚款。银行应当收受罚款，并将罚款直接上缴国库。行政机关及其执法人员当场收缴罚款的，必须向当事人出具国务院财政部门或者省、自治区、直辖市财政部门统一制发的专用票据；不出具财政部门统一制发的专用票据的，当事人有权拒绝缴纳罚款。

七、行政管理相对人的合法权益保护

《行政处罚法》赋予行政相对人陈述权、申辩权、复议权、诉讼权、索赔权。

八、行政处罚违法行为及应负的法律责任

1. 直接负责的主管人员和其他直接责任人员的违法责任

行政机关实施行政处罚，有下列情形之一的，由上级行政机关或者有关机关责令改正，对直接负责的主管人员和其他直接责任人员依法给予行政处分：

（1）没有法定的行政处罚依据的；

（2）擅自改变行政处罚种类、幅度的；

（3）违反法定的行政处罚程序的；

（4）违反本法第二十条关于委托处罚的规定的；

（5）执法人员未取得执法证件的。

行政机关对符合立案标准的案件不及时立案的，依照前款规定予以处理。

2. 罚款、没收财物单据的违法责任

行政机关对当事人进行处罚不使用罚款、没收财物单据或者使用非法定部门制发的罚款、没收财物单据的，当事人有权拒绝处罚，并有权予以检举，由上级行政机关或者有关部门对使用的非法单据予以收缴销毁，对直接负责的主管人员和其他直接责任人员依法给予处分。

3. 行政机关的违法责任

行政机关对应当依法移交司法机关追究刑事责任的案件不移交，以行政处罚代替刑事处罚，由上级行政机关或者有关机关责令改正，对直接负责的主管人员和其他直接责任人员依法给予处分；情节严重构成犯罪的，依法追究刑事责任。

行政机关对应当予以制止和处罚的违法行为不予制止、处罚，致使公民、法人或者其他组织的合法权益、公共利益和社会秩序遭受损害的，对直接负责的主管人员和其他直接责任人员依法给予处分；情节严重构成犯罪的，依法追究刑事责任。

任务三 《中华人民共和国劳动法》

一、劳动关系的基本规定

1. 适用范围

在中华人民共和国境内的企业、个体经济组织（以下统称用人单位）和与之形成劳动关系的劳动者，适用本法。国家机关、事业组织、社会团体和与之建立劳动合同关系的劳动者，依照本法执行。

2. 劳动者的权利与义务

劳动者享有平等就业和选择职业的权利、取得劳动报酬的权利、休息休假的权利、获得劳动安全卫生保护的权利、接受职业技能培训的权利、享受社会保险和福利的权利提请劳动争议处理的权利以及法律规定的其他劳动权利。

劳动者应当完成劳动任务，提高职业技能，执行劳动安全卫生规程，遵守劳动纪律和职业道德。

3. 劳动工作的主管部门

国务院劳动行政部门主管全国劳动工作，县级以上地方人民政府劳动行政部门主管本行政区域内的劳动工作。

二、劳动安全卫生的规定

1. 用人单位必须建立、健全劳动安全卫生制度

用人单位必须严格执行国家劳动安全卫生规程和标准，对劳动者进行劳动安全卫生教育防止劳动过程中的事故，减少职业危害。用人单位必须为劳动者提供符合国家规定的劳动安全卫生条件和必要的劳动防护用品，对从事有职业危害作业的劳动者应当定期进行健康检查。

2. 劳动者在劳动过程中必须严格遵守安全操作规程

劳动者对用人单位管理人员违章指挥、强令冒险作业，有权拒绝执行；对危害生命安全和身体健康的行为，有权提出批评、检举和控告。

3. 国家建立伤亡事故和职业病统计报告和处理制度

县级以上各级人民政府劳动行政部门、有关部门和用人单位应当依法对劳动者在劳动过程中发生的伤亡事故和劳动者的职业病状况，进行统计、报告和处理。

三、女职工和未成年工特殊保护的规定

1. 女职工保护

（1）禁止用人单位安排女职工从事矿山井下、国家规定的第四级体力劳动强度的劳动和其他禁忌从事的劳动；

（2）用人单位不得安排女职工在经期从事高处、低温、冷水作业和国家规定的第三级体力劳动强度的劳动；

（3）用人单位不得安排女职工在怀孕期间从事国家规定的第三级体力劳动强度的劳动和孕期禁忌从事的活动。对怀孕 7 个月以上的职工，不得安排其延长工作时间和夜班劳动；

（4）用人单位不得安排女职工在哺乳未满 1 周岁婴儿期间从事国家规定的第三级体力劳动强度的劳动和哺乳期禁忌从事的其他劳动，不得安排其延长工作时间和夜班劳动。

2. 未成年工特殊保护

（1）用人单位不得安排未成年工从事矿山井下、有毒有害、国家规定的第四级体力劳动强度的劳动和其他禁忌从事的劳动；

（2）用人单位应当对未成年工定期进行健康检查。

四、社会保险和福利的规定

1. 社会保险费

社会保险基金按照保险类型确定资金来源，逐步实行社会统筹。用人单位和劳动者必须依法参加社会保险，缴纳社会保险费。

2. 劳动者享受社会保险待遇的条件

劳动者依法享受社会保险待遇的情况：退休；患病、负伤；因工伤残或者患职业病；失业；生育。

3. 福利待遇

国家发展社会福利事业，兴建公共福利设施、为劳动者休息、休养和疗养提供条件。用人单位应当创造条件，改善集体福利，提高劳动者的福利待遇。

五、劳动安全卫生监督检查的规定

1. 劳动监察

县级以上各级人民政府劳动行政部门依法对用人单位遵守劳动法律法规的情况进行监督检查，对违反劳动法律法规的行为有权制止，并责令改正。县级以上各级人民政府劳动行政部门监督检查人员执行公务，有权进入用人单位了解执行劳动法律法规的情况，并对劳动场所进行检查。县级以上各级人民政府劳动行政部门监督检查人员执行公务，必须出示证件，秉公执法并遵守有关规定。

2. 工会的监督

各级工会依法维护劳动者的合法权益，对用人单位遵守劳动法律法规的情况进行监督。任何组织和个人对于违反劳动法律法规的行为有权检举和控告。

六、劳动关系违法行为及应负的法律责任

1. 用人单位的违法行为及法律责任

（1）延长劳动者的工作时间

用人单位违反本法规定，延长劳动者工作时间的，由劳动行政部门给予警告，责令改正，并可以处以罚款。

（2）侵害劳动者的合法权益

用人单位有下列侵害劳动者合法权益情形之一的，由劳动行政部门责令支付劳动者的工资报酬、经济补偿，并可以责令支付赔偿金：

克扣或者无故拖欠劳动者工资的；

拒不支付劳动者延长工作时间工资报酬的；

低于当地最低工资标准支付劳动者工资的；

解除劳动合同后，未依照本法规定给予劳动者经济补偿的。

（3）违反劳动安全卫生规定

用人单位的劳动安全设施和劳动卫生条件不符合国家规定或者未向劳动者提供必要的劳动防护用品和劳动保护设施的，由劳动行政部门或者有关部门责令改正，可以处以罚款；情节严重的，提请县级以上人民政府决定责令停产整顿；对事故隐患不采取措施，致使发生重大事故，造成劳动者生命和财产损失的，对责任人员比照《刑法》有关规定追究刑事责任。

（4）强令劳动者违章冒险作业、发生重大伤亡事故

用人单位强令劳动者违章冒险作业、发生重大伤亡事故，造成严重后果的，对责任人员依法追究刑事责任。

（5）非法招用未成年人

用人单位非法招用未满 16 周岁的未成年人的，由劳动行政部门责令改正，处以罚款情节严重的，由市场监督管理部门吊销营业执照。

（6）违反女职工和未成年工特殊保护规定

用人单位违反本法对女职工和未成年工的保护规定，侵害其合法权益的，由劳动行政部门责令改正，处以罚款；对女职工或者未成年工造成损害的，应当承担赔偿责任。

（7）责任人员的违法行为

用人单位有下列行为之一的，由公安机关对责任人员处以 15 日以下拘留、罚款或者警告；构成犯罪的，对责任人员依法追究刑事责任：

以暴力、威胁或者非法限制人身自由的手段强迫劳动的；

侮辱、体罚、殴打、非法搜查和拘禁劳动者的。

（8）无故不缴纳社会保险费

用人单位无故不缴纳社会保险费的，由劳动行政部门责令其限期缴纳，逾期不缴的，可以加收滞纳金。

2. 劳动者的违法行为及法律责任

劳动者违反本法规定的条件解除劳动合同或者违反劳动合同中约定的保密事项，对用人单位造成经济损失的，应当依法承担赔偿责任。

3. 行政部门及相关人员的违法行为及法律责任

劳动行政部门或者有关部门的工作人员滥用职权、玩忽职守、徇私舞弊、构成犯罪的，依法追究刑事责任；不构成犯罪的，给予行政处分。

任务四 《中华人民共和国劳动合同法》

一、劳动合同的基本规定

1. 适用范围

中华人民共和国境内的企业、个体经济组织、民办非企业单位等组织（以下称用人单位）与劳动者建立劳动关系，订立、履行、变更、解除或者终止劳动合同，适用本法。

国家机关、事业单位、社会团体和与其建立劳动关系的劳动者，订立、履行、变更、解除或者终止劳动合同，依照本法执行。《中华人民共和国劳动合同法》在《中华人民共和国劳动法》的基础上，扩大了适用范围，增加了民办非企业单位等组织作为用人单位，并且将事业单位聘用制职工人员也纳入本法调整范围。此外，《中华人民共和国劳动合同法》还根据征求意见的情况和现实劳动关系的规定，对非全日制用工作了专门规定。

2. 基本原则

订立劳动合同，应当遵循合法、公平、平等自愿、协商一致、诚实信用的原则。

3. 协调劳动关系的三方机制

（1）三方机制的组成

三方机制应当由代表政府的劳动行政部门、代表职工的地方总工会和代表用人单位的企业代表组织组成，而且这三方的职能不能相互替代，各有侧重和相互独立，相互没有隶属关系。

（2）三方机制针对的问题

根据《中华人民共和国工会法》和《中华人民共和国劳动合同法》的规定，三方机制要解决的是有关劳动关系的重大问题，如劳动就业、劳动报酬、社会保险、职业培训、劳动争议、劳动安全卫生、工作时间和休息休假、集体合同和劳动合同等。

4. 工会的职责与作用

工会应当帮助、指导劳动者与用人单位依法订立和履行劳动合同，并与用人单位建立集体协商机制，维护劳动者的合法权益。

二、劳动合同制度中劳动者与用人单位的具体权利义务

1. 劳动合同的建立与内容

用人单位招用劳动者时，应当如实告知劳动者工作内容、工作条件、工作地点、职业危害、安全生产状况、劳动报酬，以及劳动者要求了解的其他情况；用人单位有权了解劳动者与劳动合同直接相关的基本情况，劳动者应当如实说明。

劳动合同应当具备以下条款：

（1）用人单位的名称、住所和法定代表人或者主要负责人；

（2）劳动者的姓名、住址和居民身份证或者其他有效身份证件号码；

（3）劳动合同期限；

（4）工作内容和工作地点；

（5）工作时间和休息休假

（6）劳动报酬；

（7）社会保险；

（8）劳动保护、劳动条件和职业危害防护；

（9）法律法规规定应当纳入劳动合同的其他事项。

劳动合同除以上规定的必备条款外，用人单位与劳动者可以约定试用期、培训、保守秘密、补充保险和福利待遇等其他事项

2. 劳动者的权利

劳动者的权利：

（1）批评、检举和控告权；

（2）劳动合同解除权；

（3）获得经济补偿权。

3. 用人单位的权利

（1）约定试用期和服务期的权利

劳动合同期限 3 个月以上不满 1 年的，试用期不得超过 1 个月；劳动合同期限 1 年以上不满 3 年的，试用期不得超过 2 个月；3 年以上固定期限和无固定期限的劳动合同，试用期不得超过 6 个月。

同一用人单位与同一劳动者只能约定一次试用期。

以完成一定工作任务为期限的劳动合同或者劳动合同期限不满 3 个月的，不得约定试用期。

试用期包含在劳动合同期限内。劳动合同仅约定试用期的，试用期不成立，该期限为劳动合同期限。

用人单位为劳动者提供专项培训费用，对其进行专业技术培训的，可以与该劳动者订立协议，约定服务期。

（2）约定竞业限制的权利

用人单位与劳动者可以在劳动合同中约定保守用人单位的商业秘密和与知识产权相关的保密事项。

对负有保密义务的劳动者，用人单位可以在劳动合同或者保密协议中与劳动者约定竞业限制条款，并约定在解除或者终止劳动合同后，在竞业限制期限内按月给予劳动者经济补偿。

（3）解除劳动合同的权利

劳动者有下列情形之一的，用人单位可以解除劳动合同：

在试用期间被证明不符合录用条件的；

严重违反用人单位的规章制度的；

严重失职，营私舞弊，给用人单位造成重大损害的；

劳动者同时与其他用人单位建立劳动关系，对完成本单位的工作任务造成严重影响，或者经用人单位提出，拒不改正的；

以欺诈、胁迫的手段或者乘人之危，使对方在违背真实意思的情况下订立或者变更劳动合同，致使劳动合同无效的；

被依法追究刑事责任的。

有下列情形之一的，用人单位提前 30 日以书面形式通知劳动者本人或者额外支付劳动者 1 个月工资后，可以解除劳动合同：

劳动者患病或者非因工负伤，在规定的医疗期满后不能从事原工作，也不能从事由用人单位另行安排的工作的；

劳动者不能胜任工作，经过培训或者调整工作岗位，仍不能胜任工作的；

劳动合同订立时所依据的客观情况发生重大变化，致使劳动合同无法履行，经用人单位与劳动者协商，未能就变更劳动合同内容达成协议的。

4. 用人单位义务

除法定情形外，劳动者有下列情形之一的，用人单位不得解除劳动合同：

（1）从事接触职业病危害作业的劳动者未进行离岗前职业健康检查，或者疑似职业病病人在诊断或者医学观察期间的；

（2）在本单位患职业病或者因工负伤并被确认丧失或者部分丧失劳动能力的；

（3）患病或者非因工负伤，在规定的医疗期内的；

（4）女职工在孕期、产期、哺乳期的；

（5）在本单位连续工作满 15 年，且距法定退休年龄不足 5 年的；

（6）法律、行政法规规定的其他情形。

三、劳动合同违法行为及应负的法律责任

用人单位直接涉及劳动者切身利益的规章制度违反法律法规规定的，由劳动行政部门责令改正，给予警告；给劳动者造成损害的，应当承担赔偿责任。

用人单位有下列情形之一的，依法给予行政处罚；构成犯罪的，依法追究刑事责任；给劳动者造成损害的，应当承担赔偿责任：

（1）以暴力、威胁或者非法限制人身自由的手段强迫劳动的；

（2）违章指挥或者强令冒险作业危及劳动者人身安全的；

（3）侮辱、体罚、殴打、非法搜查或者拘禁劳动者的；

（4）劳动条件恶劣、环境污染严重，给劳动者身心健康造成严重损害的。

任务五 《中华人民共和国突发事件应对法》

一、突发事件应对的基本规定

1. 突发事件的概念

《中华人民共和国突发事件应对法》（以下简称《突发事件应对法》）所指的突发事件，是指突然发生，造成或者可能造成严重社会危害，需要采取应急处置措施予以应对的自然灾害、事故灾难、公共卫生事件和社会安全事件。

《突发事件应对法》所指的突发事件包含的特征：具有明显的公共性或者社会性；突发性和紧迫性；危害性和破坏性；需要公权介入和社会力量。

2. 突发事件的分类与分级

《突发事件应对法》按照事件的性质、过程和机理的不同，将突发事件分为四类，即自然灾害、事故灾难、公共卫生事件和社会安全事件。其中，事故灾难主要包括工矿商贸等企业的各类安全事故、交通运输事故、公共设施和设备事故、环境污染和生态破坏事件等。

《突发事件应对法》按照社会危害程度、影响范围、突发事件性质、可控性、行业特点等因素，将突发事件分为特别重大、重大、较大和一般四级。法律、行政法规或者国务院另有规定的，从其规定。分级的目的是落实“分级负责”和“分级响应”的措施，同时也尊重了特殊行业管理的特殊性、专业性和灵活性。

3. 应对突发事件时政府部门的分工

县级人民政府对本行政区域内突发事件的应对工作负责；涉及两个以上行政区域的，由有关行政区域共同的上一级人民政府负责，或者由各有关行政区域的上一级人民政府共同负责。突发事件发生之后，发生地县级人民政府应当立即采取措施控制事态发展，组织开展应急救援和处置工作，并立即向上一级人民政府报告，必要时可以越级上报。突发事件发生地县级人民政府不能消除或者不能有效控制突发事件引起的严重社会危害的，应当及时向上级人民政府报告。上级人民政府应当及时采取措施，统一领导应急处置工作。

法律、行政法规规定由国务院有关部门对突发事件的应对工作负责的，从其规定；地方人民政府应当积极配合并提供必要的支持。

各级人民政府应对突发事件的分工负责，县级人民政府对本行政区域内发生的突发事件负首要的应对处置责任，包括信息的收集、险情的监测和预警、组织调动应急队伍，依法采取必要的其他应对措施；涉及两个以上行政区域的，由有关行政区域的共同的上一级人民政府负责，或者由各有关行政区域的上一级人民政府共同负责。较大和一般突发事件，分别由发生地设区的市级人民政府和县级人民政府统一领导和协调应急处置工作。重大和特别重大自然灾害、公共卫生事件、事故灾难的应急处置工作由发生地省级人民政府统一领导和协调，其中影响全国或者跨省级行政区域的特别重大事件由国务院统一领导和协调。社会安全事件在必要时上级人民政府可以直接组织处置。

国务院有关部门对突发事件的应对工作负责，国务院有关部门对特定领域和行业的突发事件的应对工作负责，但是并不排除突发事件发生地人民政府的应急责任，事件发生地人民政府应当积极配合并提供必要支持。

二、预防与应急准备

1. 制定应急预案

国家突发事件应急预案分为两个层次：一是国家级应急预案，包括突发事件总体应急预案、专项应急预案和部门应急预案；二是地方级应急预案，即地方各级人民政府和县级以上地方各级人民政府有关部门根据有关法律法规、规章、上级人民政府及其有关部门的应急预案以及本地区的实际情况，制定相应的突发事件应急预案。

此外，企事业单位也应该根据有关法律法规制定应急预案。举办大型会展和文化体育等重大活动，主办单位也要制定应急预案。

2. 应急准备工作

县级以上人民政府应当整合应急资源，建立综合性或者专业性的应急救援队伍，对有关部门负责处置突发事件职责的工作人员定期培训，为专业应急救援人员购买人身意外伤害保险，配备必要的防护装备与器材，组织开展应急宣传普及和必要的演练，开展学校应急教育，为保障突发事件应对工作提供经费，建立应急通信保障，完善公用通信网，鼓励并发展保险事业，鼓励并扶持应急教学科研等内容。

三、监测与预警

1. 突发事件监测

国务院建立全国统一的突发事件信息系统。县级以上地方各级人民政府应当建立或者确定本地区统一的突发事件信息系统，汇集、储存、分析、传输有关突发事件的信息，并与上级人民政府及其有关部门、下级人民政府及其有关部门、专业机构和监测网点的突发事件信息系统实现互联互通，加强跨部门、跨地区的信息交流与情报合作。

2. 突发事件预警

可以预警的自然灾害、事故灾难和公共卫生事件的预警级别，按照突发事件发生的紧急程度、发展势态和可能造成的危害程度分为一级、二级、三级和四级，分别用红色、橙色、黄色和蓝色标示，一级为最高级别。

（1）三级、四级预警后的措施

发布三级、四级警报，宣布进入预警期后，县级以上地方各级人民政府应当根据即将发生的突发事件的特点和可能造成的危害，采取下列措施：

启动应急预案；

责令有关部门、专业机构、监测网点和负有特定职责的人员及时收集、报告有关信息，向社会公布反映突发事件信息的渠道，加强对突发事件发生、发展情况的监测、预报和预警工作；

组织有关部门和机构、专业技术人员、有关专家学者，随时对突发事件信息进行分析评估，预测发生突发事件可能性的大小、影响范围和强度以及可能发生的突发事件的级别；

定时向社会发布与公众有关的突发事件预测信息和分析评估结果，并对相关信息的报道工作进行管理；

及时按照有关规定向社会发布可能受到突发事件危害的警告，宣传避免、减轻危害的常识，公布咨询电话。

（2）一级、二级预警后的措施

发布一级、二级警报，宣布进入预警期后，县级以上地方各级人民政府除采取本法第四十四条规定的措施外，还应当针对即将发生的突发事件的特点和可能造成的危害，采取下列一项或者多项措施：

责令应急救援队伍、负有特定职责的人员进入待命状态，并动员后备人员做好参加应急救援和处置工作的准备；

调集应急救援所需物资、设备、工具，准备应急设施和避难场所，并确保其处于良好状态、随时可以投入正常使用；

加强对重点单位、重要部位和重要基础设施的安全保卫，维护社会治安秩序；

采取必要措施，确保交通、通信、供水、排水、供电、供气、供热等公共设施的安全和正常运行；

及时向社会发布有关采取特定措施避免或者减轻危害的建议、劝告；

转移、疏散或者撤离易受突发事件危害的人员并予以妥善安置，转移重要财产；

关闭或者限制使用易受突发事件危害的场所，控制或者限制容易导致危害扩大的公共场所的活动

法律法规、规章规定的其他必要的防范性、保护性措施。

四、应急处置与救援

1. 应急处置措施

自然灾害、事故灾难或者公共卫生事件发生后，履行统一领导职责的人民政府可以采取下列一项或者多项应急处置措施：

（1）组织营救和救治受害人员，疏散、撤离并妥善安置受到威胁的人员以及采取其他救助措施；

（2）迅速控制危险源，标明危险区域，封锁危险场所，划定警戒区，实行交通管制以及其他控制措施；

（3）立即抢修被损坏的交通、通信、供水、排水、供电、供气、供热等公共设施，向受到危害的人员提供避难场所和生活必需品，实施医疗救护和卫生防疫以及其他保障措施；

（4）禁止或者限制使用有关设备、设施，关闭或者限制使用有关场所，中止人员密集的活动或者可能导致危害扩大的生产经营活动以及采取其他保护措施；

（5）启用本级人民政府设置的财政预备费和储备的应急救援物资，必要时调用其他急需物资、设备、设施、工具；

（6）组织公民参加应急救援和处置工作，要求具有特定专长的人员提供服务；

（7）保障食品、饮用水、燃料等基本生活必需品的供应；

（8）依法从严惩处囤积居奇、哄抬物价、制假售假等扰乱市场秩序的行为，稳定市场价格，维护市场秩序；

（9）依法从严惩处哄抢财物、干扰破坏应急处置工作等扰乱社会秩序的行为，维护社会治安；

（10）采取防止发生次生、衍生事件的必要措施。

履行统一领导职责或者组织处置突发事件的人民政府，应当按照有关规定统一、准确、及时发布有关突发事件事态发展和应急处置工作的信息。

任何单位和个人不得编造、传播有关突发事件事态发展或者应急处置工作的虚假信息。

2. 应急救援

突发事件发生地的居民委员会、村民委员会和其他组织应当按照当地人民政府的决定、命令，进行宣传动员，组织群众开展自救和互救，协助维护社会秩序。

受到自然灾害危害或者发生事故灾难、公共卫生事件的单位，应当立即组织本单位应急救援队伍和工作人员营救受害人员，疏散、撤离、安置受到威胁的人员，控制危险源，标明危险区域，封锁危险场所，并采取其他防止危害扩大的必要措施，同时向所在地县级人民政府报告；对因本单位的问题引发的或者主体是本单位人员的社会安全事件，有关单位应当按照规定上报情况，并迅速派出负责人赶赴现场开展劝解、疏导工作。

五、突发事件违法行为及应负的法律责任

违反本法规定，编造并传播有关突发事件事态发展或者应急处置工作的虚假信息，或者明知是有关突发事件事态发展或者应急处置工作的虚假信息而进行传播的，责令改正，给予警告；造成严重后果的，依法暂停其业务活动或者吊销其执业许可证；负有直接责任的人员是国家工作人员的，还应当对其依法给予处分；构成违反治安管理行为的，由公安机关依法给予处罚。

单位或者个人违反本法规定，不服从所在地人民政府及其有关部门发布的决定、命令或者不配合其依法采取的措施，构成违反治安管理行为的，由公安机关依法给予处罚。

任务六 《中华人民共和国职业病防治法》

一、基本规定

1. 职业病的范围

依据《中华人民共和国职业病防治法》（以下简称《职业病防治法》）的规定，职业病是指企业、事业单位和个体经济组织（以下统称用人单位）的劳动者在职业活动

中，因接触粉尘、放射性物质和其他有毒、有害因素而引起的疾病。职业病的分类和目录由国务院卫生行政部门会同国务院劳动保障行政部门规定、调整并公布。

职业病危害是指对从事职业活动的劳动者可能导致职业病的各种危害。职业病危害因素包括职业活动中存在的各种有害的化学、物理、生物因素以及在作业过程中产生的其他职业有害因素。

2. 职业病防治的基本方针、基本制度

《职业病防治法》的总则部分对职业病防治的基本方针、基本制度作出了规定。这些基本方针、基本制度主要有：

（1）预防为主、防治结合；

（2）劳动者依法享有职业卫生保护的权利；

（3）实行用人单位职业病防治责任制；

（4）依法参加工伤保险；

（5）国家实行职业卫生监督制度；

（6）实行分类管理、综合治理；

（7）用人单位负责、行政机关监管、行业自律、职工参与和社会监督机制。

二、用人单位在职业病防治方面的职责和职业病的前期预防的规定

1. 用人单位在职业病防治方面的职责

（1）用人单位应当为劳动者创造符合国家职业卫生标准和卫生要求的工作环境和条件，并采取措施保障劳动者获得职业卫生保护。

（2）职业病防治责任制。用人单位应当建立、健全职业病防治责任制，加强对职业病防治的管理，提高职业病防治水平，对本单位产生的职业病危害承担责任。

（3）工伤社会保险。用人单位必须依法参加工伤社会保险。

2. 职业病的前期预防

（1）工作场所的职业卫生要求

职业病危害因素的强度或者浓度符合国家职业卫生标准；

有与职业病危害防护相适应的设施；

生产布局合理，符合有害与无害作业分开的原则；

有配套的更衣间、洗浴间、孕妇休息间等卫生设施；

设备、工具、用具等设施符合保护劳动者生理、心理健康的要求；

法律、行政法规和国务院卫生行政部门关于保护劳动者健康的其他要求。

（2）职业病危害项目申报

用人单位工作场所存在职业病目录所列职业病的危害因素的，应当及时、如实向所在地卫生行政部门申报危害项目，接受监督。

（3）建设项目职业病危害预评价

新建、扩建、改建建设项目和技术改造、技术引进项目（以下统称建设项目）可

能产生职业病危害的，建设单位在可行性论证阶段应当进行职业病危害预评价。医疗机构建设项目可能产生放射性职业病危害的，建设单位应当向卫生行政部门提交放射性职业病危害预评价报告。卫生行政部门应当自收到预评价报告之日起30日内，作出审核决定并书面通知建设单位。未提交预评价报告或者预评价报告未经卫生行政部门审核同意的，不得开工建设。职业病危害预评价报告应当对建设项目可能产生的职业病危害因素及其对工作场所和劳动者健康的影响作出评价，确定危害类别和职业病防护措施。

（4）职业病危害防护设施

建设项目的职业病防护设施所需费用应当纳入建设项目工程预算，并与主体工程同时设计，同时施工，同时投入生产和使用。建设项目的职业病防护设施设计应当符合国家职业卫生标准和卫生要求。其中，医疗机构放射性职业病危害严重的建设项目的防护设施设计，应当经卫生行政部门审查同意后，方可施工。建设项目在竣工验收前，建设单位应当进行职业病危害控制效果评价。医疗机构可能产生放射性职业病危害的建设项目竣工验收时，其放射性职业病防护设施经卫生行政部门验收合格后，方可投入使用；其他建设项目的职业病防护设施应当由建设单位负责依法组织验收，验收合格后，方可投入生产和使用。

（5）职业卫生技术服务机构

职业病危害因素检测、评价由依法设立的取得国务院卫生行政部门或者设区的市级以上地方人民政府卫生行政部门按照职责分工给予资质认可的职业卫生技术服务机构进行。职业卫生技术服务机构所作检测、评价应当客观、真实。

三、劳动过程中职业病的防护与管理、职业病诊断与职业病病人保障的规定

1. 用人单位职业病防治管理措施

用人单位应当采取下列职业病防治管理措施：

（1）设置或者指定职业卫生管理机构或者组织，配备专职或者兼职的职业卫生管理人员，负责本单位的职业病防治工作；

（2）制定职业病防治计划和实施方案；

（3）建立、健全职业卫生管理制度和操作规程；

（4）建立、健全职业卫生档案和劳动者健康监护档案；

（5）建立、健全工作场所职业病危害因素监测及评价制度；

（6）建立、健全职业病危害事故应急救援预案。

2. 职业病防护设施和防护用品

用人单位必须采用有效的职业病防护设施，并为劳动者提供个人使用的职业病防护用品。用人单位为劳动者个人提供的职业病防护用品必须符合防治职业病的要求；不符合要求的，不得使用。

3. 职业病诊断与职业病病人保障

（1）职业病诊断应当由取得《医疗机构执业许可证》的医疗卫生机构承担。卫生行政部门应当加强对职业病诊断工作的规范管理，具体管理办法由国务院卫生行政部门制定；

（2）医疗卫生机构发现疑似职业病病人时，应当告知劳动者本人并及时通知用人单位。用人单位应当及时安排对疑似职业病病人进行诊断；在疑似职业病病人诊断或者医学观察期间，不得解除或者终止与其订立的劳动合同；

（3）疑似职业病病人在诊断、医学观察期间的费用，由用人单位承担；

（4）用人单位应当保障职业病病人依法享受国家规定的职业病待遇；

（5）用人单位应当按照国家有关规定，安排职业病病人进行治疗、康复和定期检查；

（6）用人单位对不适宜继续从事原工作的职业病病人，应当调离原岗位，并妥善安置；

（7）用人单位对从事接触职业病危害的作业的劳动者，应当给予适当岗位津贴；

（8）职业病病人的诊疗、康复费用，伤残以及丧失劳动能力的职业病病人的社会保障，按照国家有关工伤保险的规定执行。

劳动者被诊断患有职业病，但用人单位没有依法参加工伤保险的，其医疗和生活保障由该用人单位承担。

四、职业病防治监督检查的规定

卫生行政部门履行监督检查职责时，有权采取下列措施：

（1）进入被检查单位和职业病危害现场，了解情况，调查取证；

（2）查阅或者复制与违反职业病防治法律法规的行为有关的资料和采集样品；

（3）责令违反职业病防治法律法规的单位和个人停止违法行为。

发生职业病危害事故或者有证据证明危害状态可能导致职业病危害事故发生时，卫生行政部门可以采取下列临时控制措施：

（1）责令暂停导致职业病危害事故的作业；

（2）封存造成职业病危害事故或者可能导致职业病危害事故发生的材料和设备；

（3）组织控制职业病危害事故现场。

在职业病危害事故或者危害状态得到有效控制后，卫生行政部门应当及时解除控制措施。

五、职业病防治违法行为及应负的法律责任

1. 建设单位的法律责任

建设单位违反本法规定，有下列行为之一的，由卫生行政部门给予警告，责令限

期改正；逾期不改正的，处 10 万元以上 50 万元以下的罚款；情节严重的，责令停止产生职业病危害的作业，或者提请有关人民政府按照国务院规定的权限责令停建、关闭：

（1）未按照规定进行职业病危害预评价的；

（2）医疗机构可能产生放射性职业病危害的建设项目未按照规定提交放射性职业病危害预评价报告，或者放射性职业病危害预评价报告未经卫生行政部门审核同意，开工建设的；

（3）建设项目的职业病防护设施未按照规定与主体工程同时设计、同时施工、同时投入生产和使用的；

（4）建设项目的职业病防护设施设计不符合国家职业卫生标准和卫生要求，或者医疗机构放射性职业病危害严重的建设项目的防护设施设计未经卫生行政部门审查同意擅自施工的；

（5）未按照规定对职业病防护设施进行职业病危害控制效果评价的；

（6）建设项目竣工投入生产和使用前，职业病防护设施未按照规定验收合格的。

2. 用人单位的法律责任

用人单位违反本法规定，有下列行为之一的，由卫生行政部门给予警告，责令限期改正，逾期不改正的，处 5 万元以上 20 万元以下的罚款；情节严重的，责令停止产生职业病危害的作业，或者提请有关人民政府按照国务院规定的权限责令关闭：

（1）工作场所职业病危害因素的强度或者浓度超过国家职业卫生标准的；

（2）未提供职业病防护设施和个人使用的职业病防护用品，或者提供的职业病防护设施和个人使用的职业病防护用品不符合国家职业卫生标准和卫生要求的；

（3）对职业病防护设备、应急救援设施和个人使用的职业病防护用品未按照规定进行维护、检修、检测，或者不能保持正常运行、使用状态的；

（4）未按照规定对工作场所职业病危害因素进行检测、评价的；

（5）工作场所职业病危害因素经治理仍然达不到国家职业卫生标准和卫生要求时，未停止存在职业病危害因素的作业的；

（6）未按照规定安排职业病病人、疑似职业病病人进行诊治的；

（7）发生或者可能发生急性职业病危害事故时，未立即采取应急救援和控制措施或者未按照规定及时报告的；

（8）未按照规定在产生严重职业病危害的作业岗位醒目位置设置警示标识和中文警示说明的；

（9）拒绝职业卫生监督管理部门监督检查的；

（10）隐瞒、伪造、篡改、毁损职业健康监护档案、工作场所职业病危害因素检测评价结果等相关资料，或者拒不提供职业病诊断、鉴定所需资料的；

（11）未按照规定承担职业病诊断、鉴定费用和职业病病人的医疗、生活保障费用的。

案例分析

天津港“8·12”瑞海公司危险品仓库特别重大火灾爆炸事故

2015 年 8 月 12 日，位于天津市滨海新区天津港的瑞海公司危险品仓库发生火灾爆炸事故，造成 165 人遇难（其中参与救援处置的公安现役消防人员 24 人、天津港消防人员 75 人、公安民警 11 人，事故企业、周边企业员工和居民 55 人）、8 人失踪，798 人受伤，304 幢建筑物、12428 商品汽车、7533 个集装箱受损。截至 2015 年 12 月 10 日，已核定的直接经济损失 68.66 亿元。本次事故对事故中心区及周边局部区域大气环境、水环境和土壤环境造成不同程度的污染。

经调查认定，天津港“8·12”瑞海公司危险品仓库火灾爆炸事故是一起特别重大生产安全责任事故。

一、事故经过

2015 年 8 月 12 日 22 时 51 分 46 秒，位于天津市滨海新区吉运二道 95 号的瑞海公司危险品仓库运抵区（“待申报装船出口货物运抵区”的简称，属于海关监管场所，用金属栅栏与外界隔离。由经营企业申请设立，海关批准，主要用于出口集装箱货物的运抵和报关监管）最先起火，23 时 34 分 06 秒发生第一次爆炸，23 时 34 分 37 秒发生第二次更剧烈的爆炸。事故现场形成 6 处大火点及数十个小火点，8 月 14 日 16 时 40 分，现场明火被扑灭。

事故现场按受损程度，分为事故中心区、爆炸冲击波波及区。事故中心区为此次事故中受损最严重区域，该区域东至跃进路、西至海滨高速、南至顺安仓储有限公司、北至吉运三道，面积约为 54 万平方米。

二、事故原因

（一）直接原因

瑞海公司危险品仓库运抵区南侧集装箱内的硝化棉由于湿润剂散失出现局部干燥，在高温（天气）等因素的作用下加速分解放热，积热自燃，引起相邻集装箱内的硝化棉和其他危险化学品长时间大面积燃烧，导致堆放于运抵区的硝酸铵等危险化学品发生爆炸。

（二）间接原因

（1）瑞海公司违法违规经营和储存危险货物，安全管理极其混乱，未履行安全生产主体责任，致使大量安全隐患长期存在。

① 未批先建、边建边经营危险货物堆场。

② 长期违法违规经营危险货物。

③ 以不正当手段获得经营危险货物批复。

瑞海公司实际控制人于某伟在港口危险货物物流企业从业多年，很清楚在港口经营危险货物物流企业需要行政许可，但正规的行政许可程序需要经过多个部门审批，费时较长。为了达到让企业快速运营、尽快盈利的目的，于某伟通过送钱、送购物卡（券）和出资邀请打高尔夫、请客吃饭等不正当手段，拉拢原天津市交通运输和港口管理局副局长李某刚和天津市交通运输委员会港口管理处处长冯某，要求在行政审批过程中给瑞海公司提供便利。李某刚滥用职权，违规给瑞海公司先后五次出具相关批复，而这种批复除瑞海公司外从未对其他企业用过。同时，瑞海公司另一实际控制人董某轩也利用其父亲曾任天津港公安局局长的关系，在港口审批、监管方面打通关节，对瑞海公司得以无证违法经营也起了很大作用。

④ 违规大量储存硝酸铵。

瑞海公司违反《集装箱港口装卸作业安全规程》（GB 11602—2007）第 4.4 条和《危险货物集装箱港口作业安全规程》（JT 397—2007）第 5.3.1 条的规定，在运抵区多次违规存放硝酸铵，事发当日在运抵区违规存放硝酸铵高达 800 吨。

⑤ 严重超负荷经营、超量存储。

瑞海公司 2015 年月周转货物约 6 万吨，是批准月周转量的 14 倍，多种危险货物严重超量储存，事发时硝酸钾存储量 1342.8 吨，超设计最大存储量 53.7 倍；硫化钠存储量 484 吨，超设计最大存储量 19.4 倍；氰化钠存储量 680.5 吨，超设计最大储存量 42.5 倍。

⑥ 违规混存、超高堆码危险货物。

瑞海公司不仅将不同类别的危险货物混存，间距严重不足，而且违规超高堆码现象普遍，4 层甚至 5 层的集装箱堆垛大量存在。

⑦ 违规开展拆箱、搬运、装卸。

瑞海公司在拆装易燃易爆危险货物集装箱时，没有安排专人现场监护，使用普通非防爆叉车；对委托外包的运输、装卸作业安全管理严重缺失，在硝化棉等易燃易爆危险货物的装箱、搬运过程中存在用叉车倾倒货桶、装卸工滚桶码放等野蛮装卸行为。

⑧ 未按要求进行重大危险源登记备案。

瑞海公司对本单位的港口危险货物存储场所进行重大危险源辨识评估，也没有将重大危险源向天津市交通运输部门进行登记备案。

⑨ 安全生产教育培训严重缺失。

部分装卸管理人员没有取得港口相关部门颁发的从业资格证书，无证上岗，部分叉车司机没有取得危险货物岸上作业资格证书，没有经过相关危险货物作业安全知识培训。

⑩ 未按规定制定应急预案并组织演练。

瑞海公司未按《机关、团体、企业、事业单位消防安全管理规定》（公安部令第 61 号）第 40 条的规定，针对理化性质各异、处置方法不同的危险货物制定针对性的应急处置预案，组织员工进行应急演练；未履行与周边企业的安全告知书和安全互保协议。

事故发生后，没有立即通知周边企业采取安全撤离等应对措施，使得周边企业的员工不能第一时间疏散，导致人员伤亡情况加重。

（2）地方党委、政府和部门存在有法不依、执法不严、监管不力、履职不到位等问题。

天津市委、市政府和滨海新区区委、区政府未全面贯彻落实有关法律法规，对有关部门、单位违反城市规划行为和在安全生产管理方面存在的问题失察失管；天津交通、港口、海关、安监、规划和国土、市场和质检、海事、公安以及滨海新区环保、行政审批等部门单位，违法违规进行行政许可和项目审查，日常监管严重缺失。

（3）中介及技术服务机构弄虚作假，违法违规进行安全审查、评价和验收等。

三、事故责任追究

（一）司法机关处理的有关责任人

公安机关对 24 名相关企业人员依法立案侦查并采取刑事强制措施，包括瑞海公司 13 人，中介和服务机构 11 人。其中：

（1）瑞海公司董事长于某伟构成非法储存危险物质罪、非法经营罪、危险物品肇事罪、行贿罪，予以数罪并罚，依法判处死刑，缓期二年执行，并处罚金人民币七十万元；

（2）瑞海公司副董事长董某轩、总经理只某等 5 人构成非法储存危险物质罪、非法经营罪、危险物品肇事罪，分别被判处无期徒刑到十五年有期徒刑不等的刑罚；

（3)安全评价公司和作为中介及技术服务机构弄虚作假、违法违规进行安全审查、评价和验收，提供虚假证明文件，使得瑞海公司取得危险品经营资质，构成提供虚假证明文件罪，依法判处罚金二十五万元，天津中滨海盛卫生公司董事长、总经理赵某扬，天津市东方泰瑞科技有限公司副总工程师唐某民等 11 名直接责任人员分别被判处四年到一年六个月不等的有期徒刑。

检察机关对 25 名行政检查对象依法立案侦查并采取刑事强制措施（正厅级 2 人，副厅级 7 人，处级 16 人；交通运输部门 9 人，海关系统 5 人，天津港（集团）有限公司 5 人，安全监管部门 4 人，规划部门 4 人），其中：

（1）任某岱，天津市交通运输委员会主任构成玩忽职守罪，判处有期徒刑四年；原天津市交通运输和港口管理局副局长构成滥用职权罪和受贿罪，数罪并罚，决定执行有期徒刑十二年，罚金 20 万元；

（2）高某友，天津市安监局副局长以玩忽职守罪，判处有期徒刑三年六个月；天津市滨海新区安监局局长曹春波以玩忽职守罪，判处有期徒刑四年六个月；

（3）天津市滨海新区规划和国土资源管理局副局长朱某明，以玩忽职守罪，判处有期徒刑四年；该局建设项目处处长兼行政审批处处长李某以滥用职权罪、受贿罪，数罪并罚，决定执行有期徒刑十一年，罚金 20 万元。

（二）建议给予政务处分的责任人员

建议对 74 名责任人员（省部级 5 人、厅局级 22 人、县处级 22 人、科级及以下

25 人）给予党纪政纪处分（撤职处分 21 人、降级处分 23 人、记大过及以下处分 30 人）;对其他 48 名责任人员，建议由天津市纪委及相关部门予以诫勉谈话或批评教育；1 名责任人员在事故调查处理期间病故，建议不再给予其处分，其中：

（1）张某丽，天津市委委员，天津港（集团）有限公司党委书记、董事长，天津港发展控股有限公司董事会主席，天津港海外控股有限公司董事。未认真履行职责，对公司内设职能部门和下属管理单位督促检查不到位，对公司相关领导及工作人员失职渎职问题失察。对上述问题负有主要领导责任，建议给予撤销党内职务、撤职处分；

（2）吴某军，天津市交通运输委员会党委委员、副主任。未认真履行职责，对分管部门及其工作人员指导督促不到位，对港口管理处违法办理瑞海公司危险货物经营许可手续和未认真开展日常监管等问题失察。对上述问题负有主要领导责任，建议给予党内严重警告、降级处分。

（三）对相关责任人员和单位给予处理的其他建议

（1）依据《安全生产法》吊销瑞海国际物流有限公司有关证照并处罚款，企业相关主要负责人终身不得担任本行业生产经营单位的主要负责人（天津市人民政府负责）;

（2）建议责成天津市分管建设规划的每日安全生产副市长尹某林，天津市市长助理、天津市公安局党委书记、局长赵某向天津市人民政府作出深刻检查；

（3）建议责成安全监管总局深刻总结教训，改进工作；

（4）对司法机关已立案侦查人员中属中共党员或行政监察对象的，待司法机关作出处理后，由当地纪检监察机关或负有管辖权的单位及时给予相应的党纪政纪处分。

四、专家点评

该起事故中发生爆炸的是装有危险货物的集装箱，就此次事故背后的核心原因而言，企业层面是瑞海公司安全管理极其混乱，违法违规经营和储存危险货物，违规存放硝酸铵，严重超负荷经营、超量存储，违规混存、超高堆码危险货物，违规开展拆箱、搬运、装卸等作业，致使大量安全隐患长期存在；政府层面是安全发展理念不强，危险化学品安全监管体制不顺、机制不完善，监管职责不明晰，日常监管严重缺失。就如何有效防范此类事故，提出以下建议措施。

（一）强化港口危险货物作业安全管理，严格管控作业安全风险

企业层面，除严格按照现有法律法规规章规定要求取得相应行政许可资质外，最核心的就是务必强化港口危险货物作业安全管理，严格管控危险货物装卸、储存、拆装箱等作业安全风险。

1. 装卸作业

危险货物集装箱在装船或卸船前，作业方应会同船方对集装箱外观进行检查，重点检查集装箱结构是否有损坏、有无洒漏或渗漏现象。进舱内作业前，先开舱通风，

确保安全无误后，由装卸作业指挥人员佩戴明显标志，根据危险货物的性质、配装要求及船方确认的配载图进行装载。装卸易燃易爆危险货物集装箱期间，一定不能进行加油、加水（岸上管道加水除外）等作业。水平运输途中，运输车辆应配备灭火器材，并在车顶悬挂危险标志灯；

2. 堆存作业

危险货物集装箱运送到堆场后，要在专门区域内存放。其中硝酸铵类物质的危险货物集装箱，应实行直装直取。熏蒸作业也不能在危险货物堆场进行。在堆存过程中，易燃易爆危险货物集装箱，最高只许堆码二层，其他危险货物集装箱不超过三层，并根据不同性质的危险货物，做好有效隔离。对于装有遇潮湿易产生易燃气体的货物集装箱和需敞门运输的易产生易燃气体的集装箱，宜在最上层堆码。液化天然气罐式集装箱不能相互叠放，如果一定要与其他非易燃易爆危险货物集装箱叠放，应放置在最上层。对于装有毒性物质中包装类别的危险货物集装箱要箱门对箱门，集中堆放；

3. 拆、装箱作业

作业人员要穿戴好必需的防护用品，禁止穿戴铁掌、铁钉鞋和易产生静电的工作服，拆箱作业时，要事先检查施封是否完好，先开启一扇箱门通风并确认无危险后，进行拆箱作业，并保证轻拿轻放。在拆、装箱时，工作人员要使用防爆型电气设备和不会摩擦产生火花的工具，并有专人负责现场监护。对于装有爆炸品、有机过氧化物、毒害气体等集装箱，拆、装箱时所有机具应按额定负荷降低 25%使用；

4. 仓库作业

针对待装箱和拆箱后的危险货物，必须严格执行危险货物的出入库制度，核对、检验出入库的货物规格、数量、包装标记，单证、资料不符的不得出入库。危险货物分装、改装、开箱、开桶检查应在库外安全地点进行。对于危险货物集装箱的清洗应交由有资质的单位处理。

（二）明晰和落实部门安全监管职责，健全安全监管机制和强化智慧监管

1. 明晰和落实部门安全监管职责

按照“党政同责、一岗双责、齐抓共管、失职追责”，“管行业必须管安全、管业务必须管安全、管生产经营必须管安全”和“谁审批谁负责”的原则，进一步厘清、细化交通运输、海关、公安、市场监管、应急管理、规划、生态环境等部门安全监管职责，特别是抓紧解决部分行政区、功能区行业安全监督管理职责不明的类似问题，消除监管盲区，严防失控漏管。

2. 健全安全监管机制

完善现行危险化学品安全监管部际联席会议制度，建立更有力的统筹协调机制，推动落实部门监管职责。强化涉及危险化学品的危险货物安全管理，建立完善口岸港政、海事、海关、商检等检验机构的联合监督、统一查验机制，综合保障外贸进出口危险货物的安全、便捷、高效运行。

3. 利用大数据、物联网等信息技术手段

对危险化学品生产、经营、运输、储存、使用、废弃处置进行全过程、全链条的信息化管理，实现危险化学品来源可循、去向可溯、状态可控。

（中国安全生产科学研究院）

课后练习

一、单项选择题

1. 根据《行政处罚法》的规定，行政处罚法应遵守的基本原则不包括（　　）。

A. 一事不再罚原则　　B. 协调原则

C. 处罚与教育相结合原则　　D. 权利保障原则

2. 对怀孕（　　）个月以上的职工，不得安排其延长工作时间和夜班劳动。

A. 5　　B. 6　　C. 7　　D. 8

3.《突发事件应对法》规定，突发事件分（　　）级。

A. 二　　B. 三　　C. 四　　D. 五

4. 用人单位工作场所存在职业病目录所列职业病的危害因素的，应当向（　　）申报危害项目。

A. 县级人民政府　　B. 国家卫生监督管理部门

C. 职业卫生技术服务机构　　D. 所在地卫生行政部门

5. 甲是某煤业公司采煤机操作人员，工龄超过 20 年。乙、丙是该公司新招录人员，从事井下作业，其中丙毕业于煤炭职业院校。某日，因甲操作不当造成事故致 1 人死亡。调查发现该煤业公司员工安全生产教育和培训工作不到位，根据《安全生产法》《安全生产培训管理办法》，关于安全生产教育和培训说法正确的是（　　）。

A. 该煤业公司主要负责人应当重新参加安全培训

B. 甲根据工作经历可以不重新参加安全培训

C. 乙在完成规定的安全培训后可以独立上岗作业。

D. 丙可以免予参加初次培训及市场操作培训

6. 有关单位应当依法承担消防设计、施工质量的义务与责任。根据《建设工程消防设计审查验收管理暂行规定》，关于消防设计、施工质量的义务与责任的说法，正确的是（　　）。

A. 消防施工委托监理的，监理单位对消防施工质量承担首要责任

B. 施工单位应当对建设工程消防设计、施工质量承担首要责任

C. 监理单位负责申请建设工程消防验收，办理备案并组织接受检查

D. 设计单位从业人员对建设工程消防设计质量承担相应的个人责任

7. 甲、乙、丙、丁是某煤业公司的四名职工。甲男，17 周岁；乙女，矿井建设工程技术专业毕业；丙女，已怀孕 7 个月；丁女，育有 10 个月的婴儿。根据《劳动法》，关于该公司工作岗位安排的做法，正确的是（　　）。

A. 安排甲从事井下作业　　B. 安排乙从事井下设备布置工作

C. 安排丁暂时顶替某职工夜间值班

D. 安排丙从事第二级体力劳动强度的工作

8. 某煤矿存在重大事故隐患，在责令停产整顿、暂扣安全生产许可证期间，矿长何某擅自安排 30 名作业人员下井作业。作业期间发生透水事故，20 多人被困，经全力救援，所有人员成功获救，但事故造成直接经济损失 2000 余万元，根据《刑法》《关于办理危害生产安全刑事案件适用法律若干问题的解释》，关于何某刑事责任的说法，正确的是（　　）。

A. 应当对其处一年以下有期徒刑、拘役或者管制

B. 应当对其处二年以上七年以下有期徒刑

C. 应当对其处五年以上有期徒刑

D. 应当对其处三年以下有期徒刑或者拘役

9. 根据《建设项目安全设施“三同时”监督管理办法》规定，下列设施中，不属于建设项目安全设施的是（　　）。

A. 某煤矿的井下排水系统　　B. 某铁矿的防排烟系统

C. 某化工企业的安全保卫系统　　D. 某木材家具企业的安全系统

10. 某公司新招录甲、乙、丙、丁四名员工，根据《劳动合同法》，关于该公司与新员工订立劳动合同的说法，正确的是（　　）。

A. 因甲为财务主管，在订立劳动合同时约定暂扣其身份证

B. 因乙现行入职，在入职之日起第 20 天与其订立劳动合同

C. 与丙订立劳动合同的期限为一年，约定其试用期为 70 天

D. 因丁为高级管理人员，劳动合同约定其离职后的竞业限制期限为 3 年

二、多项选择题

1. 强令违章冒险作业罪的犯罪主体有（　　）。

A. 对生产、作业负有组织、指挥或者管理职责的负责人

B. 管理人员

C. 实际控制人

D. 投资人

E. 对安全生产设施负有管理、维护职责的人员

2. 协调劳动关系的三方机制应当由（　　）组成。

A. 代表政府的劳动行政部门　　B. 代表政府的劳动人事部门

C. 代表职工的地方总工会　　D. 代表职工的国家总工会

E. 代表用人单位的企业代表组织

3. 根据《职业病防治法》，关于职业病诊断的说法，正确的有（　　）。

A. 劳动者应当在用人单位所在地进行职业病诊断

B. 职业病诊断应当由取得“医疗机构执业许可证”的医疗卫生机构承担

C. 没有证据否定职业病危害因素与病人临床表现之间的必然联系的，可以诊断为职业病

D. 职业病诊断有争议的，由职业病诊断鉴定委员会作出裁决

E. 承担职业病诊断的医疗卫生机构在任何情况下不得拒绝劳动者职业病诊断的要求

4. 根据《工伤保险条例》，关于工伤保险费缴纳的说法，正确的有（　　）。

A. 国务院社会保险行政部门负责批准行业差别费率及行业内费率档次的方案

B. 工伤保险费根据以支定收、收支平衡的原则确定费率

C. 用人单位和职工缴纳工伤保险费的数额为工资总额乘以缴纳费率之和

D. 统筹地区经办机构负责确定单位缴费费率

E. 用人单位、职工个人应当按比例缴纳工伤保险费

5. 某地因大暴雨引发局部泥石流，市人民政府立即启动应急预案，采取应急处置措施。根据《突发事件应对法》，市人民政府采取的下列应急措施中。正确的是（　　）。

A. 封锁泥石流发生区域，划定警戒区，实行交通管制

B. 疏散、撤离并妥善安置该地区所有人员

C. 无偿征用泥石流发生地附近企业和个人的物资

D. 启用本级人民政府设置的财政预备费和储备的应急救援物资

E. 从快严惩哄抬生活必需品价格的某超市

参考答案及解析

一、单项选择题

1. B【解析】《行政处罚法》规定，行政处罚法应遵守的基本原则有：（1）处罚法定原则；（2）处罚公正、公开原则；（3）处罚与教育相结合原则；（4）权利保障原则；（5）一事不再罚原则。

2. C【解析】对怀孕7个月以上的职工，不得安排其延长工作时间和夜班劳动。

3. C【解析】《突发事件应对法》规定，突发事件分为特别重大、重大、较大和一般，四级。

4. D【解析】用人单位工作场所存在职业病目录所列职业病的危害因素的，应当及时、如实向所在地卫生行政部门申报危害项目，接受监督。

5. A【解析】B选项错误：《安全生产培训管理办法》第十二条特种作业人员对造成人员死亡的生产安全事故负有直接责任的，应当按照《特种作业人员安全技术培训考核管理规定》重新参加安全培训。C选型错误：《安全生产培训管理办法》第十三条国家鼓励生产经营单位实行师傅带徒弟制度。矿山新招的井下作业人员和危险物品生产经营单位新招的危险工艺操作岗位人员，除按照规定进行安全培训外，还应当在有经验的职工带领下实习满2个月后，方可独立上岗作业。D选项错误：《安全生产培训管理办法》第十四条国家鼓励生产经营单位招录职业院校毕业生。职业院校毕业生从事与所学专业相关的作业，可以免予参加初次培训，实际操作培训除外。

6. D【解析】AB选项错误：《建设工程消防设计审查验收管理暂行规定》第八条建设单位依法对建设工程消防设计、施工质量负首要责任。设计、施工、工程监理、

技术服务等单位依法对建设工程消防设计、施工质量负主体责任。建设、设计、施工、工程监理、技术服务等单位的从业人员依法对建设工程消防设计、施工质量承担相应的个人责任。C选项错误：《建设工程消防设计审查验收管理暂行规定》第十二条工程监理单位应当履行下列消防设计、施工质量责任和义务：参加建设单位组织的建设工程竣工验收，对建设工程消防施工质量签章确认，并对建设工程消防施工质量承担监理责任。D选项正确：《建设工程消防设计审查验收管理暂行规定》第十条设计单位应当履行下列消防设计、施工质量责任和义务：参加建设单位组织的建设工程竣工验收，对建设工程消防设计实施情况签章确认，并对建设工程消防设计质量负责。

7. D【解析】国家对女职工的特殊劳动保护国家对女职工和未成年工实行特殊劳动保护。一是禁止安排女职工从事矿山井下、国家规定的第四级体力劳动强度的劳动和其他禁忌从事的劳动。二是不得安排女职工在经期从事高处、低温、冷水作业和国家规定的第三级体力劳动强度的劳动。三是不得安排女职工在怀孕期间从事国家规定的第三级体力劳动强度的劳动和孕期禁忌从事的劳动。对怀孕七个月以上的女职工，不得安排其延长工作时间和夜班劳动。四是不得安排女职工在哺乳未满一周岁的婴儿期间从事国家规定的第三级体力劳动强度的劳动和哺乳期禁忌从事的其他劳动，不得安排其延长工作时间和夜班劳动。此外，女职工生育享受不少于九十天的产假。三、国家对未成年工的特殊劳动保护未成年工是指年满十六周岁未满十八周岁的劳动者。不得安排未成年工从事矿山井下、有毒有害、国家规定的第四级体力劳动强度的劳动和其他禁忌从事的劳动。用人单位应当对未成年工定期进行健康检查。

8. C【解析】(二)强令、组织他人违章冒险作业罪：《刑法》第一百三十四条第二款：强令他人违章冒险作业，或者明知存在重大事故隐患而不排除，仍冒险组织作业，因而发生重大伤亡事故或者造成其他严重后果的，处五年以下有期徒刑或者拘役；情节特别恶劣的，处五年以上有期徒刑。强令、组织他人违章冒险作业罪，是指强令他人违章冒险作业，或者明知存在重大事故隐患而不排除，仍冒险组织作业，因而发生重大伤亡事故或者造成其他严重后果的行为。本罪是《刑法修正案(十一)》作了进一步完善。其构成要件包括以下4个方面：(1)本罪侵犯的客体是作业的安全。强令他人违章冒险作业，或者明知存在重大事故隐患而不排除，仍冒险组织作业，是对正常的作业安全秩序的严重扰乱和破坏，发生了危害公共安全的后果，即危害了不特定多数人的生命、健康和公私财产的安全。(2)客观方面表现为强令他人违章冒险作业，或者明知存在重大事故隐患而不排除，仍冒险组织作业，因而发生重大伤亡事故或者造成其他严重后果的行为。(3)犯罪主体为一般主体。根据《若干问题的解释》,《刑法》第一百三十四条第二款规定的犯罪主体，包括对生产、作业负有组织、指挥或者管理职责的负责人、管理人员、实际控制人、投资人等人员。(4)主观方面为过失。本条第二款的行为不是第一款的加重处罚情节而是一个独立的罪名，但同时应注意本罪是结果犯，即行为人虽然实施了强令他人违章冒险作业的行为，但如果没有发生重大伤亡事故或者造成其他严重后果，只属于一般责任事故，不构成犯罪。

9. C【解析】法律还对必须符合矿山安全规程和行业技术规范的矿山设计项目作出了规定：(1)矿井的通风系统和供风量、风质、风速。(2)露天矿的边坡角和台阶的宽度、高度。(3)供电系统。(4)提升、运输系统。(5)防水、排水系统和防火、灭火系统。(6)防瓦斯系统和防尘系统。(7)有关矿山安全的其他项目网。

10. B【解析】A选项，扣押劳动者居民身份证等证件的，由劳动行政部门责令限期退还劳动者本人，并依照有关法律规定给予处罚。B选项，用人单位自用工之日起超过1个月不满1年未与劳动者订立书面劳动合同的，应当向劳动者每月支付2倍的工资。C选项，劳动合同期限三个月以上不满一年的，试用期不得超过一个月；劳动合同期限一年以上不满三年的，试用期不得超过二个月；三年以上固定期限和无固定期限的劳动合同，试用期不得超过六个月。D选项，竞业限制的人员限于用人单位的高级管理人员、高级技术人员和其他负有保密义务的人员。在解除或者终止劳动合同后，负有保密义务的人员到与本单位生产或者经营同类产品、从事同类业务的有竞争关系的其他用人单位，或者自己开业生产或者经营同类产品、从事同类业务的竞业限制期限，不得超过2年。

二、多项选择题

1. ABCD【解析】强令违章冒险作业罪的犯罪主体：对生产、作业负有组织、指挥或者管理职责的负责人，管理人员，实际控制人，投资人等人员。

2. ACE【解析】协调劳动关系的三方机制应当由代表政府的劳动行政部门、代表职工的地方总工会和代表用人单位的企业代表组织组成。

3. BE【解析】A选项错误，劳动者可以在用人单位所在地、本人户籍所在地或者经常居住地依法承担职业病诊断的医疗卫生机构进行职业病诊断。B选项，职业病诊断应当由取得《医疗机构执业许可证》的医疗卫生机构承担；C选项错误，没有证据否定职业病危害因素与病人临床表现之间的必然联系的，应当诊断为职业病。D选项，当事人对职业病诊断有异议的，可以向作出诊断的医疗卫生机构所在地地方人民政府卫生部门申请鉴定。职业病诊断争议由设区的市级以上地方人民政府卫生行政部门根据当事人的申请，组织职业病诊断鉴定委员会进行鉴定。当事人对设区的市级职业病诊断鉴定委员会的鉴定结论不服，可以向省、自治区、直辖市人民政府卫生行政部门申请再次鉴定。E选项，承担职业病诊断的医疗卫生机构不得拒绝劳动者进行职业病诊断的要求。

4. BD【解析】行业差别费率及行业内费率档次由国务院社会保险行政部门制定，报国务院批准后公布，故A错。依据《工伤保险条例》的规定，工伤保险费根据以支定收、收支平衡的原则，确定费率，B对。用人单位缴纳工伤保险费的数额为本单位职工工资总额乘以单位缴费费率之积，故C错。统筹地区经办机构根据用人单位工伤保险费使用、工伤发生率等情况，适用所属行业内相应的费率档次确定单位缴费费率，故D对。依据《工伤保险条例》的规定，用人单位应当按时缴纳工伤保险费。职工个人不缴纳工伤保险费。E错。

5. ABDE【解析】第四十九条　自然灾害、事故灾难或者公共卫生事件发生后，履行统一领导职责的人民政府可以采取下列一项或者多项应急处置措施：(一)组织营救和救治受害人员，疏散、撤离并妥善安置受到威胁的人员以及采取其他救助措施；

（二）迅速控制危险源，标明危险区域，封锁危险场所，划定警戒区，实行交通管制以及其他控制措施；（三）立即抢修被损坏的交通、通信、供水、排水、供电、供气、供热等公共设施，向受到危害的人员提供避难场所和生活必需品，实施医疗救护和卫生防疫以及其他保障措施；（四）禁止或者限制使用有关设备、设施，关闭或者限制使用有关场所，中止人员密集的活动或者可能导致危害扩大的生产经营活动以及采取其他保护措施；（五）启用本级人民政府设置的财政预备费和储备的应急救援物资，必要时调用其他急需物资、设备、设施、工具；（六）组织公民参加应急救援和处置工作，要求具有特定专长的人员提供服务；（七）保障食品、饮用水、燃料等基本生活必需品的供应；（八）依法从严惩处囤积居奇、哄抬物价、制假售假等扰乱市场秩序的行为，稳定市场价格，维护市场秩序；（九）依法从严惩处哄抢财物、干扰破坏应急处置工作等扰乱社会秩序的行为，维护社会治安；（十）采取防止发生次生、衍生事件的必要措施。

模块五 安全生产行政法规

安全生产行政法规主要由国务院和其授权的各部门、委员会制定，对安全生产领域的重要事项进行规定和监督，旨在保障劳动者的人身安全和财产安全，预防和减少事故的发生。本模块主要介绍最新的安全生产行政法规，共13个，如《安全生产许可证条例》《煤矿安全生产条例》《国务院关于预防煤矿生产安全事故的特别规定》等。

学习目标

知识目标

（1）理解安全生产行政法规的基本概念、原则和内容；

（2）掌握安全许可证、煤矿安全生产条例、建设工程安全管理条例等主要内容。

能力目标

（1）能够对安全生产行政法规执行情况进行综合性判断；

（2）能够准确理解相关安全生产行政法规的内涵、外延并能准确运用。

素质目标

（1）培养并强化法治意识，自觉遵守安全生产法律法规；

（2）培养高度的责任感，强化安全意识和底线思维；

（3）培养和提升团队合作能力、沟通能力。

任务一 《安全生产许可证条例》

一、安全生产许可的基本规定

1. 安全生产许可制度的适用范围

（1）空间的范围

《安全生产许可证条例》的适用范围涵盖了在我国国家主权所涉及范围内从事的矿产资源开发、建筑施工和危险化学品、烟花爆竹、民用爆炸物品生产等活动。这里需要指出的是，除了在我国领土、领空范围内从事上述活动的企业以外，领水的范围既包括我国的内陆水域，又包括领海海域和其他海域；既包括领海毗连区，又包括 200 海里海洋专属经济区。

（2）时间的范围

本条例施行前已经进行生产的企业，应当自本条例施行之日起 1 年内，依照本条例的规定向安全生产许可证颁发管理机关申请办理安全生产许可证；逾期不办理安全生产许可证，或者经审查不符合本条例规定的安全生产条件，未取得安全生产许可证，继续进行生产的，依照本条例第十九条的规定处罚。

（3）主体及其行为范围

《安全生产许可证条例》对人的效力范围包括从事矿产资源开发、建筑施工和危险化学品、烟花爆竹、民用爆炸物品生产等活动的自然人，又包括法人和非企业法人单位。凡是在中华人民共和国领域内从事矿产资源开发、建筑施工和危险化学品、烟花爆竹民用爆炸物品生产等活动的所有企业法人、非企业法人单位和中国人、外籍人、无国籍人，不论其是否领取安全生产许可证，不论其所有制性质和生产方式如何，都要遵守《安全生产许可证条例》的各项规定。

安全生产许可证的发放范围具体包括五类企业：矿山企业，建筑施工企业和危险化学品、烟花爆竹、民用爆炸物品生产企业。

二、取得安全生产许可证的条件和程序

1. 取得安全生产许可证的条件

企业取得安全生产许可证，应当具备下列安全生产条件：

（1）建立、健全安全生产责任制，制定完备的安全生产规章制度和操作规程；

（2）安全投入符合安全生产要求；

（3）设置安全生产管理机构，配备专职安全生产管理人员；

（4）主要负责人和安全生产管理人员经考核合格；

（5）特种作业人员经有关业务主管部门考核合格，取得特种作业操作资格证书；

（6）从业人员经安全生产教育和培训合格；

（7）依法参加工伤保险，为从业人员缴纳保险费；

（8）厂房、作业场所和安全设施、设备、工艺符合有关安全生产法律法规、标准和规程的要求；

（9）有职业危害防治措施，并为从业人员配备符合国家标准或者行业标准的劳动防护用品；

（10）依法进行安全评价；

（11）有重大危险源检测、评估、监控措施和应急预案；

（12）有生产安全事故应急救援预案、应急救援组织或者应急救援人员，配备必要的应急救援器材、设备；

（13）法律法规规定的其他条件。

2. 办理安全生产许可证的程序

企业进行生产前，应当依照条例的规定向安全许可证颁发管理机关申请领取安全生产许可证，并提供相关的文件资料。安全生产许可证有效期为 3 年，需要延期的，企业要于期满前 3 个月向原安全生产许可证颁发管理机关办理延期手续。

企业在安全生产许可证有效期内，严格遵守有关安全生产的法律法规，未发生死亡事故的，安全生产许可证有效期届满时，经原安全生产许可证颁发管理机关同意，不再审查，安全生产许可证有效期延期 3 年。

具体的法定程序：

（1）管理机关公开申请事项和要求；

（2）企业依法提出申请；

（3）管理机关受理申请及审查；

（4）决定；

（5）期限与延续；

（6）补办与变更；

（7）档案管理与公告。

三、安全生产许可监督管理的规定

1. 煤矿企业安全生产许可证的颁发和管理

煤矿投入生产前，煤矿企业应当依照《中华人民共和国煤炭法》的规定向煤炭管理部门申请领取安全生产许可证，由煤炭管理部门对其实际生产条件和安全条件进行审核，符合本法规定的，发放安全生产许可证。未取得安全生产许可证的，不得从事煤炭生产。

煤矿企业安全生产许可证颁发管理机关也很特殊，它不是省级人民政府的煤炭管理部门，而是国家垂直管理的省级煤矿安全监察机构。

2. 危险化学品和烟花爆竹生产企业安全生产许可证的颁发和管理

危险化学品和烟花爆竹生产企业安全生产许可证的发证机关分别是国务院和省、自治区、直辖市人民政府的安全生产监督管理部门。国务院安全生产监督管理部门负责中央管理的危险化学品和烟花爆竹生产企业安全生产许可证的颁发和管理，省、自治区、直辖市人民政府安全生产监督管理部门负责其他危险化学品、烟花爆竹生产企业安全生产许可证的颁发和管理。

省、自治区、直辖市人民政府民用爆炸物品行业主管部门负责民用爆炸物品生产企业安全生产许可证的颁发和管理，并接受国务院民用爆炸物品行业主管部门的指导和检查。

四、安全生产许可违法行为及应负的法律责任

1. 法律责任追究的原则

《安全生产许可证条例》关于安全生产许可证颁发管理机关和高危生产企业各自的权力（权利），义务与责任的规定，体现了“谁持证谁负责”“谁发证谁处罚”的原则。

2. 安全生产许可证颁发管理机关违法行为法律责任

安全生产许可证颁发管理机关工作人员有下列行为之一的，给予降级或者撤职的行政处分；构成犯罪的，依法追究刑事责任：

（1）向不符合本条例规定的安全生产条件的企业颁发安全生产许可证的；

（2）发现企业未依法取得安全生产许可证擅自从事生产活动，不依法处理的；

（3）发现取得安全生产许可证的企业不再具备本条例规定的安全生产条件，不依法处理的；

（4）接到对违反本条例规定行为的举报后，不及时处理的；

（5）在安全生产许可证颁发、管理和监督检查工作中，索取或者接受企业的财物，或者谋取其他利益的。

3. 生产单位违法行为的法律责任

（1）未取得安全生产许可证擅自进行生产的，责令停止生产，没收违法所得，并处 10 万元以上 50 万元以下的罚款；造成重大事故或者其他严重后果，构成犯罪的，依法追究刑事责任；

（2）安全生产许可证有效期满未办理延期手续，继续进行生产的，责令停止生产，限期补办延期手续，没收违法所得，并处 5 万元以上 10 万元以下的罚款；逾期仍不办理延期手续，继续进行生产的，依照上述第（1）项规定处罚；

（3）转让安全生产许可证的，没收违法所得，处 10 万元以上 50 万元以下的罚款，并吊销其安全生产许可证；构成犯罪的，依法追究刑事责任；接受转让的，依照上述第（1）项的规定处罚。冒用安全生产许可证或者使用伪造的安全生产许可证的，依照上述第（1）项的规定处罚；

（4）《安全生产许可证条例》施行前已经进行生产的企业，应当自本条例施行之日起 1 年内，依照本条例的规定向安全生产许可证颁发管理机关申请办理安全生产许可证；逾期不办理安全生产许可证，或者经审查不符合本条例规定的安全生产条件，未取得安全生产许可证，继续进行生产的，依照上述第（1）项的规定处罚。

任务二 《煤矿安全生产条例》

一、煤矿安全生产条例的基本规定

1. 制定目的及适用范围

为了加强煤矿安全生产工作，防止和减少煤矿生产安全事故，保障人民群众生命财产安全，制定本条例。

在中华人民共和国领域和中华人民共和国管辖的其他海域内的煤矿安全生产，适用本条例。

2. 工作方针

（1）煤矿安全生产工作坚持中国共产党的领导。

（2）煤矿安全生产工作应当以人为本，坚持人民至上、生命至上，把保护人民生命安全摆在首位，贯彻安全发展理念，坚持安全第一、预防为主、综合治理的方针，从源头上防范化解重大安全风险。;煤矿安全生产工作实行管行业必须管安全、管业务必须管安全、管生产经营必须管安全，按照国家监察、地方监管、企业负责，强化和落实安全生产责任。

3. 煤矿企业主体责任

（1）煤矿企业应当履行安全生产主体责任，加强安全生产管理，建立健全并落实全员安全生产责任制和安全生产规章制度，加大对安全生产资金、物资、技术、人员的投入保障力度，改善安全生产条件，加强安全生产标准化、信息化建设，构建安全风险分级管控和隐患排查治理双重预防机制，健全风险防范化解机制，提高安全生产水平，确保安全生产。

（2）煤矿企业主要负责人（含实际控制人，下同）是本企业安全生产第一责任人，对本企业安全生产工作全面负责。其他负责人对职责范围内的安全生产工作负责。

4. 安全监督管理职责

（1）县级以上人民政府应当加强对煤矿安全生产工作的领导，建立健全工作协调机制，支持、督促各有关部门依法履行煤矿安全生产工作职责，及时协调、解决煤矿安全生产工作中的重大问题。

（2）县级以上人民政府负有煤矿安全生产监督管理职责的部门对煤矿安全生产实施监督管理，其他有关部门按照职责分工依法履行煤矿安全生产相关职责。

（3）国家实行煤矿安全监察制度。国家矿山安全监察机构及其设在地方的矿山安全监察机构负责煤矿安全监察工作，依法对地方人民政府煤矿安全生产监督管理工作进行监督检查。

（4）国家矿山安全监察机构及其设在地方的矿山安全监察机构依法履行煤矿安全监察职责，不受任何单位和个人的干涉。

（5）国家实行煤矿生产安全事故责任追究制度。对煤矿生产安全事故责任单位和责任人员，依照本条例和有关法律法规的规定追究法律责任。

（6）家矿山安全监察机构及其设在地方的矿山安全监察机构依法组织或者参与煤矿生产安全事故调查处理。

（7）县级以上人民政府负有煤矿安全生产监督管理职责的部门、国家矿山安全监察机构及其设在地方的矿山安全监察机构应当建立举报制度，公开举报电话、信箱或者电子邮件地址等网络举报平台，受理有关煤矿安全生产的举报并依法及时处理；对需要由其他有关部门进行调查处理的，转交其他有关部门处理。

（8）任何单位和个人对事故隐患或者安全生产违法行为，有权向前款规定的部门和机构举报。举报事项经核查属实的，依法依规给予奖励。

5. 国家有关标准

国家矿山安全监察机构应当按照保障煤矿安全生产的要求，在国务院应急管理部门的指导下，依法及时拟订煤矿安全生产国家标准或者行业标准，并负责煤矿安全生产强制性国家标准的项目提出、组织起草、征求意见、技术审查。

6. 提升煤矿安全生产水平

国家鼓励和支持煤矿安全生产科学技术研究和煤矿安全生产先进技术、工艺的推广应用，提升煤矿智能化开采水平，推进煤矿安全生产的科学管理，提高安全生产水平。

二、煤矿企业的安全生产责任

1. 煤矿建设项目

（1）新建、改建、扩建煤矿工程项目（以下统称煤矿建设项目）的建设单位应当委托具有建设工程设计企业资质的设计单位进行安全设施设计；安全设施设计应当包括煤矿水、火、瓦斯、冲击地压、煤尘、顶板等主要灾害的防治措施，符合国家标准或者行业标准的要求，并报省、自治区、直辖市人民政府负有煤矿安全生产监督管理职责的部门审查。安全设施设计需要作重大变更的，应当报原审查部门重新审查，不得先施工后报批、边施工边修改。

（2）煤矿建设项目的建设单位应当对参与煤矿建设项目的设计、施工、监理等单位进行统一协调管理，对煤矿建设项目安全管理负总责；施工单位应当按照批准的安全设施设计施工，不得擅自变更设计内容。

（3）煤矿建设项目竣工投入生产或者使用前，应当由建设单位负责组织对安全设施进行验收，并对验收结果负责；经验收合格后，方可投入生产和使用。煤矿企业进行生产，应当依照《安全生产许可证条例》的规定取得安全生产许可证。未取得安全生产许可证的，不得生产。。

2. 煤矿企业主要负责人安全生产职责

（1）建立健全并落实全员安全生产责任制，加强安全生产标准化建设；

（2）组织制定并实施安全生产规章制度和作业规程、操作规程；

（3）组织制定并实施安全生产教育和培训计划；

（4）保证安全生产投入的有效实施；

（5）组织建立并落实安全风险分级管控和隐患排查治理双重预防工作机制，督促、检查安全生产工作，及时消除事故隐患；

（6）组织制定并实施生产安全事故应急救援预案；

（7）及时、如实报告煤矿生产安全事故。

3. 煤矿企业安全生产管理机构和安全生产管理人员安全生产职责

（1）组织或者参与拟订安全生产规章制度、作业规程、操作规程和生产安全事故应急救援预案；

（2）组织或者参与安全生产教育和培训，如实记录安全生产教育和培训情况；

（3）组织开展安全生产法律法规宣传教育；

（4）组织开展安全风险辨识评估，督促落实重大安全风险管控措施；

（5）制止和纠正违章指挥、强令冒险作业、违反规程的行为，发现威胁安全的紧急情况时，有权要求立即停止危险区域内的作业，撤出作业人员；

（6）检查安全生产状况，及时排查事故隐患，对事故隐患排查治理情况进行统计分析，提出改进安全生产管理的建议；

（7）组织或者参与应急救援演练；

（8）督促落实安全生产整改措施。

煤矿企业应当配备主要技术负责人，建立健全并落实技术管理体系。。

4. 煤矿企业从业人员安全生产职责

（1）遵守煤矿企业安全生产规章制度和作业规程、操作规程，严格落实岗位安全责任；

（2）参加安全生产教育和培训，掌握本职工作所需的安全生产知识，提高安全生产技能，增强事故预防和应急处理能力；

（3）及时报告发现的事故隐患或者其他不安全因素。

（4）对违章指挥和强令冒险作业的行为，煤矿企业从业人员有权拒绝并向县级以上地方人民政府负有煤矿安全生产监督管理职责的部门、所在地矿山安全监察机构报告。

（5）煤矿企业不得因从业人员拒绝违章指挥或者强令冒险作业而降低其工资、福利等待遇，无正当理由调整工作岗位，或者解除与其订立的劳动合同。

5. 煤矿企业人员配置

（1）煤矿企业主要负责人和安全生产管理人员应当通过安全生产知识和管理能力考核，并持续保持相应水平和能力。

（2）煤矿企业从业人员经安全生产教育和培训合格，方可上岗作业。煤矿企业特种作业人员应当按照国家有关规定经专门的安全技术培训和考核合格，并取得相应资格。

（3）煤矿企业应当为煤矿分别配备专职矿长、总工程师，分管安全、生产、机电的副矿长以及专业技术人员；对煤（岩）与瓦斯（二氧化碳）突出、高瓦斯、冲击地压、煤层容易自燃、水文地质类型复杂和极复杂的煤矿，还应当设立相应的专门防治机构，配备专职副总工程师。

（4）煤矿企业应当按照国家有关规定建立健全领导带班制度并严格考核。井工煤矿企业的负责人和生产经营管理人员应当轮流带班下井，并建立下井登记档案。

（5）煤矿企业应当为从业人员提供符合国家标准或者行业标准的劳动防护用品，并监督、教育从业人员按照使用规则佩戴、使用；煤矿井下作业人员实行安全限员制度。煤矿企业应当依法制定井下工作时间管理制度。煤矿井下工作岗位不得使用劳务派遣用工。

6. 煤矿安全设备与设施

（1）煤矿企业使用的安全设备的设计、制造、安装、使用、检测、维修、改造和报废，应当符合国家标准或者行业标准；煤矿企业应当建立安全设备台账和追溯、管理制度，对安全设备进行经常性维护、保养并定期检测，保证正常运转，对安全设备购置、入库、使用、维护、保养、检测、维修、改造、报废等进行全流程记录并存档。煤矿企业不得使用应当淘汰的危及生产安全的设备、工艺，具体目录由国家矿山安全监察机构制定并公布。

（2）煤矿的采煤、掘进、机电、运输、通风、排水、排土等主要生产系统和防瓦斯、防煤（岩）与瓦斯（二氧化碳）突出、防冲击地压、防火、防治水、防尘、防热害、防滑坡、监控与通讯等安全设施，应当符合煤矿安全规程和国家标准或者行业标准规定的管理和技术要求；煤矿企业及其有关人员不得关闭、破坏直接关系生产安全的监控、报警、防护、救生设备、设施，或者篡改、隐瞒、销毁其相关数据、信息，不得以任何方式影响其正常使用。

（3）井工煤矿应当有符合煤矿安全规程和国家标准或者行业标准规定的安全出口、独立通风系统、安全监控系统、防尘供水系统、防灭火系统、供配电系统、运送人员装置和反映煤矿实际情况的图纸，并按照规定进行瓦斯等级、冲击地压、煤层自燃倾向性和煤尘爆炸性鉴定。井工煤矿应当按矿井瓦斯等级选用相应的煤矿许用炸药和电雷管，爆破工作由专职爆破工承担。

（4）露天煤矿的采场及排土场边坡与重要建筑物、构筑物之间应当留有足够的安全距离。煤矿企业应当定期对露天煤矿进行边坡稳定性评价，评价范围应当涵盖露天煤矿所有边坡。达不到边坡稳定要求时，应当修改采矿设计或者采取安全措施，同时加强边坡监测工作。

7. 煤矿专项设计

煤矿开采有下列情形之一的，应当编制专项设计：

（1）有煤（岩）与瓦斯（二氧化碳）突出的；

（2）有冲击地压危险的；

（3）开采需要保护的建筑物、水体、铁路下压煤或者主要井巷留设煤柱的；

（4）水文地质类型复杂、极复杂或者周边有老窑采空区的；

（5）开采容易自燃和自燃煤层的；

（6）其他需要编制专项设计的。

8. 煤矿安全风险分级管控制度

煤矿企业应当建立安全风险分级管控制度，开展安全风险辨识评估，按照安全风险分级采取相应的管控措施。

煤矿企业应当建立健全事故隐患排查治理制度，采取技术、管理措施，及时发现并消除事故隐患。事故隐患排查治理情况应当如实记录，并定期向从业人员通报。重大事故隐患排查治理情况的书面报告经煤矿企业负责人签字后，每季度报县级以上地方人民政府负有煤矿安全生产监督管理职责的部门和所在地矿山安全监察机构。

煤矿企业应当加强对所属煤矿的安全管理，定期对所属煤矿进行安全检查。

9. 煤矿重大事故隐患

煤矿企业有下列情形之一的，属于重大事故隐患，应当立即停止受影响区域生产、建设，并及时消除事故隐患：

（1）超能力、超强度或者超定员组织生产的；

（2）瓦斯超限作业的；

（3）煤（岩）与瓦斯（二氧化碳）突出矿井未按照规定实施防突措施的；

（4）煤（岩）与瓦斯（二氧化碳）突出矿井、高瓦斯矿井未按照规定建立瓦斯抽采系统，或者系统不能正常运行的；

（5）通风系统不完善、不可靠的；

（6）超层、越界开采的；

（7）有严重水患，未采取有效措施的；

（8）有冲击地压危险，未采取有效措施的；

（9）自然发火严重，未采取有效措施的；

（10）使用应当淘汰的危及生产安全的设备、工艺的；

（11）未按照规定建立监控与通讯系统，或者系统不能正常运行的；

（12）露天煤矿边坡角大于设计最大值或者边坡发生严重变形，未采取有效措施的；

（13）未按照规定采用双回路供电系统的；

（14）新建煤矿边建设边生产，煤矿改扩建期间，在改扩建的区域生产，或者在其他区域的生产超出设计规定的范围和规模的；

（15）实行整体承包生产经营后，未重新取得或者及时变更安全生产许可证而从事生产，或者承包方再次转包，以及将井下采掘工作面和井巷维修作业外包的；

（16）改制、合并、分立期间，未明确安全生产责任人和安全生产管理机构，或者在完成改制、合并、分立后，未重新取得或者及时变更安全生产许可证等的；

（17）有其他重大事故隐患的。

10. 安全检查及隐患整改

（1）煤矿企业及其有关人员对县级以上人民政府负有煤矿安全生产监督管理职责的部门、国家矿山安全监察机构及其设在地方的矿山安全监察机构依法履行职责，应当予以配合，按照要求如实提供有关情况，不得隐瞒或者拒绝、阻挠。

（2）对县级以上人民政府负有煤矿安全生产监督管理职责的部门、国家矿山安全监察机构及其设在地方的矿山安全监察机构查处的事故隐患，煤矿企业应当立即进行整改，并按照要求报告整改结果。

（3）煤矿企业应当及时足额安排安全生产费用等资金，确保符合安全生产要求。煤矿企业的决策机构、主要负责人对由于安全生产所必需的资金投入不足导致的后果承担责任。

三、煤矿安全生产监督管理

1. 各级政府监管

（1）煤矿安全生产实行地方党政领导干部安全生产责任制，强化煤矿安全生产属地管理。。

（2）省、自治区、直辖市人民政府应当按照分级分类监管的原则，明确煤矿企业的安全生产监管主体；县级以上人民政府相关主管部门对未依法取得安全生产许可证等擅自进行煤矿生产的，应当依法查处；乡镇人民政府在所辖区域内发现未依法取得安全生产许可证等擅自进行煤矿生产的，应当采取有效措施制止，并向县级人民政府相关主管部门报告。

2. 煤矿安全生产监督管理职责的部门

（1）省、自治区、直辖市人民政府负有煤矿安全生产监督管理职责的部门审查煤矿建设项目安全设施设计，应当自受理之日起 30 日内审查完毕，签署同意或者不同意的意见，并书面答复；省、自治区、直辖市人民政府负有煤矿安全生产监督管理职责的部门应当加强对建设单位安全设施验收活动和验收结果的监督核查。

（2）省、自治区、直辖市人民政府负有煤矿安全生产监督管理职责的部门负责煤矿企业安全生产许可证的颁发和管理，并接受国家矿山安全监察机构及其设在地方的矿山安全监察机构的监督。

（3）县级以上地方人民政府负有煤矿安全生产监督管理职责的部门应当编制煤矿安全生产年度监督检查计划，并按照计划进行监督检查。

煤矿安全生产年度监督检查计划应当抄送所在地矿山安全监察机构。

3. 煤矿安全生产监督管理职责的部门监督检查

县级以上地方人民政府负有煤矿安全生产监督管理职责的部门依法对煤矿企业进行监督检查，并将煤矿现场安全生产状况作为监督检查重点内容。监督检查可以采取以下措施：

（1）进入煤矿企业进行检查，重点检查一线生产作业场所，调阅有关资料，向有关单位和人员了解情况；

（2）对检查中发现的安全生产违法行为，当场予以纠正或者要求限期改正；

（3）对检查中发现的事故隐患，应当责令立即排除；重大事故隐患排除前或者排除过程中无法保证安全的，应当责令从危险区域内撤出作业人员，责令暂时停产或者停止使用相关设施、设备；

（4）对有根据认为不符合保障安全生产的国家标准或者行业标准的设施、设备、器材予以查封或者扣押。

监督检查不得影响煤矿企业的正常生产经营活动。

4. 重大事故隐患管理

县级以上地方人民政府负有煤矿安全生产监督管理职责的部门应当将重大事故隐

患纳入相关信息系统，建立健全重大事故隐患治理督办制度，督促煤矿企业消除重大事故隐患。

5. 煤矿安全生产技术服务机构的监管

（1）县级以上地方人民政府负有煤矿安全生产监督管理职责的部门应当加强对煤矿安全生产技术服务机构的监管。

（2）承担安全评价、认证、检测、检验等职责的煤矿安全生产技术服务机构应当依照有关法律法规和国家标准或者行业标准的规定开展安全生产技术服务活动，并对出具的报告负责，不得租借资质、挂靠、出具虚假报告。

6. 失信惩戒

县级以上人民政府及其有关部门对存在安全生产失信行为的煤矿企业、煤矿安全生产技术服务机构及有关从业人员，依法依规实施失信惩戒。

7. 停产整顿

（1）对被责令停产整顿的煤矿企业，在停产整顿期间，有关地方人民政府应当采取有效措施进行监督检查；煤矿企业有安全生产违法行为或者重大事故隐患依法被责令停产整顿的，应当制定整改方案并进行整改。整改结束后要求恢复生产的，县级以上地方人民政府负有煤矿安全生产监督管理职责的部门应当组织验收，并在收到恢复生产申请之日起 20 日内组织验收完毕。验收合格的，经本部门主要负责人签字，并经所在地矿山安全监察机构审核同意，报本级人民政府主要负责人批准后，方可恢复生产。

（2）县级以上地方人民政府负有煤矿安全生产监督管理职责的部门对被责令停产整顿或者关闭的煤矿企业，应当在 5 个工作日内向社会公告；对被责令停产整顿的煤矿企业经验收合格恢复生产的，应当自恢复生产之日起 5 个工作日内向社会公告。

四、煤矿安全监察

1. 矿山安全监察机构职责

（1）国家矿山安全监察机构及其设在地方的矿山安全监察机构应当依法履行煤矿安全监察职责，对县级以上地方人民政府煤矿安全生产监督管理工作加强监督检查，并及时向有关地方人民政府通报监督检查的情况，提出改善和加强煤矿安全生产工作的监察意见和建议，督促开展重大事故隐患整改和复查；县级以上地方人民政府应当配合和接受国家矿山安全监察机构及其设在地方的矿山安全监察机构的监督检查，及时落实监察意见和建议。

（2）设在地方的矿山安全监察机构应当对所辖区域内煤矿安全生产实施监察；对事故多发地区，应当实施重点监察。国家矿山安全监察机构根据实际情况，组织对全国煤矿安全生产的全面监察或者重点监察。

2. 矿山安全监察机构监督检查方式

国家矿山安全监察机构及其设在地方的矿山安全监察机构对县级以上地方人民政府煤矿安全生产监督管理工作进行监督检查，可以采取以下方式：

（1）听取有关地方人民政府及其负有煤矿安全生产监督管理职责的部门工作汇报；

（2）调阅、复制与煤矿安全生产有关的文件、档案、工作记录等资料；

（3）要求有关地方人民政府及其负有煤矿安全生产监督管理职责的部门和有关人员就煤矿安全生产工作有关问题作出说明；

（4）有必要采取的其他方式。

3. 矿山安全监察机构履行煤矿安全监察职责

国家矿山安全监察机构及其设在地方的矿山安全监察机构履行煤矿安全监察职责，有权进入煤矿作业场所进行检查，参加煤矿企业安全生产会议，向有关煤矿企业及人员了解情况。国家矿山安全监察机构及其设在地方的矿山安全监察机构发现煤矿现场存在事故隐患的，有权要求立即排除或者限期排除；发现有违章指挥、强令冒险作业、违章作业以及其他安全生产违法行为的，有权立即纠正或者要求立即停止作业；发现威胁安全的紧急情况时，有权要求立即停止危险区域内的作业并撤出作业人员；矿山安全监察人员履行煤矿安全监察职责，应当出示执法证件。

4. 矿山安全监察机构与地方政府部门协作配合

（1）国家矿山安全监察机构及其设在地方的矿山安全监察机构发现煤矿企业存在重大事故隐患责令停产整顿的，应当及时移送县级以上地方人民政府负有煤矿安全生产监督管理职责的部门处理并进行督办。

（2）国家矿山安全监察机构及其设在地方的矿山安全监察机构发现煤矿企业存在应当由其他部门处理的违法行为的，应当及时移送有关部门处理。

（3）国家矿山安全监察机构及其设在地方的矿山安全监察机构和县级以上人民政府有关部门应当建立信息共享、案件移送机制，加强协作配合。

（4）国家矿山安全监察机构及其设在地方的矿山安全监察机构应当加强煤矿安全生产信息化建设，运用信息化手段提升执法水平；煤矿企业应当按照国家矿山安全监察机构制定的安全生产电子数据规范联网并实时上传电子数据，对上传电子数据的真实性、准确性和完整性负责。

（5）国家矿山安全监察机构及其设在地方的矿山安全监察机构依法对煤矿企业贯彻执行安全生产法律法规、煤矿安全规程以及保障安全生产的国家标准或者行业标准的情况进行监督检查，行使本条例第四十四条规定的职权。

5. 煤矿生产安全事故处理

（1）发生煤矿生产安全事故后，煤矿企业及其负责人应当迅速采取有效措施组织抢救，并依照《生产安全事故报告和调查处理条例》的规定立即如实向当地应急管理部门、负有煤矿安全生产监督管理职责的部门和所在地矿山安全监察机构报告。

（2）国家矿山安全监察机构及其设在地方的矿山安全监察机构应当根据事故等级

和工作需要，派出工作组赶赴事故现场，指导配合事故发生地地方人民政府开展应急救援工作。

（3）煤矿生产安全事故按照事故等级实行分级调查处理；特别重大事故由国务院或者国务院授权有关部门依照《生产安全事故报告和调查处理条例》的规定组织调查处理。重大事故、较大事故、一般事故由国家矿山安全监察机构及其设在地方的矿山安全监察机构依照《生产安全事故报告和调查处理条例》的规定组织调查处理。

五、法律责任

1. 未依法取得安全生产许可证法律责任

未依法取得安全生产许可证等擅自进行煤矿生产的，应当责令立即停止生产，没收违法所得和开采出的煤炭以及采掘设备；违法所得在 10 万元以上的，并处违法所得 2 倍以上 5 倍以下的罚款；没有违法所得或者违法所得不足 10 万元的，并处 10 万元以上 20 万元以下的罚款。

关闭的煤矿企业擅自恢复生产的，依照前款规定予以处罚。

2. 依照《中华人民共和国安全生产法》有关规定予以处罚的行为

（1）未按照规定设置安全生产管理机构并配备安全生产管理人员的；

（2）主要负责人和安全生产管理人员未按照规定经考核合格并持续保持相应水平和能力的；

（3）未按照规定进行安全生产教育和培训，未按照规定如实告知有关的安全生产事项，或者未如实记录安全生产教育和培训情况的；

（4）特种作业人员未按照规定经专门的安全作业培训并取得相应资格，上岗作业的；

（5）进行危险作业，未采取专门安全技术措施并安排专门人员进行现场安全管理的；

（6）未按照规定建立并落实安全风险分级管控制度和事故隐患排查治理制度的，或者重大事故隐患排查治理情况未按照规定报告的；

（7）未按照规定制定生产安全事故应急救援预案或者未定期组织演练的。

3. 煤矿企业罚款

煤矿企业有下列行为之一的，责令限期改正，处 10 万元以上 20 万元以下的罚款；逾期未改正的，责令停产整顿，并处 20 万元以上 50 万元以下的罚款，对其直接负责的主管人员和其他直接责任人员处 3 万元以上 5 万元以下的罚款：

（1）未按照规定制定并落实全员安全生产责任制和领导带班等安全生产规章制度的；

（2）未按照规定为煤矿配备矿长等人员和机构，或者未按照规定设立救护队的；

（3）煤矿的主要生产系统、安全设施不符合煤矿安全规程和国家标准或者行业标准规定的；

（4）未按照规定编制专项设计的；

（5）井工煤矿未按照规定进行瓦斯等级、冲击地压、煤层自燃倾向性和煤尘爆炸性鉴定的；

（6）露天煤矿的采场及排土场边坡与重要建筑物、构筑物之间安全距离不符合规定的，或者未按照规定保持露天煤矿边坡稳定的；

（7）违章指挥或者强令冒险作业、违反规程的。

4. 重大隐患罚款

对存在重大事故隐患仍然进行生产的煤矿企业，责令停产整顿，明确整顿的内容、时间等具体要求，并处 50 万元以上 200 万元以下的罚款；对煤矿企业主要负责人处 3 万元以上 15 万元以下的罚款。

5. 超越依法确定的开采范围采矿的处罚

煤矿企业超越依法确定的开采范围采矿的，依照有关法律法规的规定予以处理。

擅自开采保安煤柱或者采用可能危及相邻煤矿生产安全的决水、爆破、贯通巷道等危险方法进行采矿作业的，责令立即停止作业，没收违法所得；违法所得在 10 万元以上的，并处违法所得 2 倍以上 5 倍以下的罚款；没有违法所得或者违法所得不足 10 万元的，并处 10 万元以上 20 万元以下的罚款；造成损失的，依法承担赔偿责任。

6. 有下列行为拒不改正的罚款

煤矿企业有下列行为之一的，责令改正；拒不改正的，处 10 万元以上 20 万元以下的罚款；对其直接负责的主管人员和其他直接责任人员处 1 万元以上 2 万元以下的罚款：

（1）违反本条例第三十七条第一款规定，隐瞒存在的事故隐患以及其他安全问题的；

（2）违反本条例第四十四条第一款规定，擅自启封或者使用被查封、扣押的设施、设备、器材的；

（3）有其他拒绝、阻碍监督检查行为的。

7. 煤矿生产安全事故的罚款

发生煤矿生产安全事故，对负有责任的煤矿企业除要求其依法承担相应的赔偿等责任外，依照下列规定处以罚款：

（1）发生一般事故的，处 50 万元以上 100 万元以下的罚款；

（2）发生较大事故的，处 150 万元以上 200 万元以下的罚款；

（3）发生重大事故的，处 500 万元以上 1000 万元以下的罚款；

（4）发生特别重大事故的，处 1000 万元以上 2000 万元以下的罚款。

发生煤矿生产安全事故，情节特别严重、影响特别恶劣的，可以按照前款罚款数额的 2 倍以上 5 倍以下对负有责任的煤矿企业处以罚款。

8. 对煤矿企业主要负责人的罚款

煤矿企业的决策机构、主要负责人、其他负责人和安全生产管理人员未依法履行安全生产管理职责的，依照《中华人民共和国安全生产法》有关规定处罚并承担相应责任。

煤矿企业主要负责人未依法履行安全生产管理职责，导致发生煤矿生产安全事故的，依照下列规定处以罚款：

（1）发生一般事故的，处上一年年收入40%的罚款；

（2）发生较大事故的，处上一年年收入60%的罚款；

（3）发生重大事故的，处上一年年收入80%的罚款；

（4）发生特别重大事故的，处上一年年收入100%的罚款。

9. 瞒报、谎报事故处罚

煤矿企业及其有关人员有瞒报、谎报事故等行为的，依照《中华人民共和国安全生产法》《生产安全事故报告和调查处理条例》有关规定予以处罚。

有关地方人民政府及其应急管理部门、负有煤矿安全生产监督管理职责的部门和设在地方的矿山安全监察机构有瞒报、谎报事故等行为的，对负有责任的领导人员和直接责任人员依法给予处分。

10. 关闭煤矿的情形

煤矿企业存在下列情形之一的，应当提请县级以上地方人民政府予以关闭：

（1）未依法取得安全生产许可证等擅自进行生产的；

（2）3个月内2次或者2次以上发现有重大事故隐患仍然进行生产的；

（3）经地方人民政府组织的专家论证在现有技术条件下难以有效防治重大灾害的；

（4）有《中华人民共和国安全生产法》规定的应当提请关闭的其他情形。

有关地方人民政府作出予以关闭的决定，应当立即组织实施。关闭煤矿应当达到下列要求：

（1）依照法律法规有关规定吊销、注销相关证照；

（2）停止供应并妥善处理民用爆炸物品；

（3）停止供电，拆除矿井生产设备、供电、通信线路；

（4）封闭、填实矿井井筒，平整井口场地，恢复地貌；

（5）妥善处理劳动关系，依法依规支付经济补偿、工伤保险待遇，组织离岗时职业健康检查，偿还拖欠工资，补缴欠缴的社会保险费；

（6）设立标识牌；

（7）报送、移交相关报告、图纸和资料等；

（8）有关法律法规规定的其他要求。

11. 有关安全设备设施的处罚

有下列情形之一的，依照《中华人民共和国安全生产法》有关规定予以处罚：

（1）煤矿建设项目没有安全设施设计或者安全设施设计未按照规定报经有关部门审查同意的；

（2）煤矿建设项目的施工单位未按照批准的安全设施设计施工的；

（3）煤矿建设项目竣工投入生产或者使用前，安全设施未经验收合格的；

（4）煤矿企业违反本条例第二十四条第一款、第二十五条第一款和第二款、第二十六条第二款规定的。

12. 煤矿安全生产技术服务机构责任

承担安全评价、认证、检测、检验等职责的煤矿安全生产技术服务机构有出具失实报告、租借资质、挂靠、出具虚假报告等情形的，对该机构及直接负责的主管人员和其他直接责任人员，应当依照《中华人民共和国安全生产法》有关规定予以处罚并追究相应责任。其主要负责人对重大、特别重大煤矿生产安全事故负有责任的，终身不得从事煤矿安全生产相关技术服务工作。

13. 行政处罚说明

本条例规定的行政处罚，由县级以上人民政府负有煤矿安全生产监督管理职责的部门和其他有关部门、国家矿山安全监察机构及其设在地方的矿山安全监察机构按照职责分工决定，对同一违法行为不得给予两次以上罚款的行政处罚。对被责令停产整顿的煤矿企业，应当暂扣安全生产许可证等。对违反本条例规定的严重违法行为，应当依法从重处罚。

14. 对负有责任的领导人员和直接责任人员的处分

地方各级人民政府、县级以上人民政府负有煤矿安全生产监督管理职责的部门和其他有关部门、国家矿山安全监察机构及其设在地方的矿山安全监察机构有下列情形之一的，对负有责任的领导人员和直接责任人员依法给予处分：

（1）县级以上人民政府负有煤矿安全生产监督管理职责的部门、国家矿山安全监察机构及其设在地方的矿山安全监察机构不依法履行职责，不及时查处所辖区域内重大事故隐患和安全生产违法行为的；县级以上人民政府其他有关部门未依法履行煤矿安全生产相关职责的；

（2）乡镇人民政府在所辖区域内发现未依法取得安全生产许可证等擅自进行煤矿生产，没有采取有效措施制止或者没有向县级人民政府相关主管部门报告的；

（3）对被责令停产整顿的煤矿企业，在停产整顿期间，因有关地方人民政府监督检查不力，煤矿企业在停产整顿期间继续生产的；

（4）关闭煤矿未达到本条例第七十条第二款规定要求的；

（5）县级以上人民政府负有煤矿安全生产监督管理职责的部门、国家矿山安全监察机构及其设在地方的矿山安全监察机构接到举报后，不及时处理的；

（6）县级以上地方人民政府及其有关部门要求不具备安全生产条件的煤矿企业进行生产的；

（7）有其他滥用职权、玩忽职守、徇私舞弊情形的。

任务三　《建设工程安全生产管理条例》

一、建设工程安全管理的基本规定

1. 适用范围

在中华人民共和国境内从事建设工程的新建、扩建、改建和拆除等有关活动及实施对建设工程安全生产的监督管理，必须遵守本条例。本条例所称建设工程，是指土木工程、建筑工程、线路管道和设备安装工程及装修工程。

抢险救灾和农民自建低层住宅的安全生产管理，不适用本条例。军事建设工程的安全生产管理，按照中央军事委员会的有关规定执行。

2. 方　针

建设工程安全生产管理，坚持安全第一，预防为主的方针。

3. 各单位的建设工程安全生产责任

建设单位、勘察单位、设计单位、施工单位、工程监理单位及其他与建设工程安全生产有关的单位，必须遵守安全生产法律法规的规定，保证建设工程安全生产，依法承担建设工程安全生产责任。

二、建设单位的安全责任

1. 规定建设单位安全责任的必要性

（1）建设单位是建筑工程的投资主体，在建筑活动中居于主导地位

作为业主和甲方，建设单位有权选择勘察、设计、施工、工程监理的单位，可以自行选购施工所需的主要建筑材料，检查工程质量、控制进度、监督工程款使用，对施工的各个环节实行综合管理。

（2）因建设单位的市场行为不规范所造成的事故居多，必须依法规范

有的建设单位为降低工程造价，不择手段地追求利润最大化，在招标投标中压价，将工程发包价压低于成本价。为降低成本，向勘察、设计和监理单位提出违法要求，强令改变勘察设计；对安全措施费不认可，拒付安全生产合理费用，安全投入低；强令施工单位压缩工期，偷工减料，搞“豆腐渣工程”；将工程交给不具备资质和安全生产条件的单位或者个人施工或者拆除。

2. 建设单位的责任

建设单位应当向施工单位提供施工现场及毗邻区域内供水、排水、供电、供气、供热，通信、广播电视等地下管线资料，气象和水文观测资料，相邻建筑物和构筑物、地下工程的有关资料，并保证资料的真实、准确、完整。

建设单位不得对勘察、设计、施工、工程监理等单位提出不符合建设工程安全生产法律法规和强制性标准规定的要求，不得压缩合同约定的工期。

建设单位在编制工程概算时，应当确定建设工程安全作业环境及安全施工措施所需费用。

建设单位不得明示或者暗示施工单位购买、租赁、使用不符合安全施工要求的安全防护用具、机械设备、施工机具及配件、消防设施和器材。

3. 淘汰制度

《安全生产法》规定，国家对严重危及生产安全的工艺、设备实行淘汰制度。生产经营单位不得使用国家明令淘汰、禁止使用的危及生产安全的工艺、设备。

4. 安全施工措施的资料

建设单位在申请领取施工许可证前，应当提供安全施工措施的资料：

（1）施工现场总平面布置图；

（2）临时设施规划方案和已搭建情况；

（3）施工现场安全防护设施（防护网、棚）搭设（设置）计划；

（4）施工进度计划，安全措施费用计划；

（5）施工组织设计（方案、措施）；

（6）拟进入现场使用的起重机械设备（塔式起重机、物料提升机、外用电梯）的型号、数量；

（7）工程项目负责人、安全管理人员和特种作业人员持证上岗情况；

（8）建设单位安全监督人员和工程监理人员的花名册。

5. 关于拆除工程的特殊规定

房屋拆除应当由具备保证安全条件的施工单位承担，由建筑施工单位负责人对安全负责。为了保证拆除活动的安全，建设单位必须选择有相应资质等级的单位承担拆除工程。建设单位应当在拆除工程施工 15 日前，将下列资料报送建设工程所在地的县级以上地方人民政府建设行政主管部门或者其他有关部门备案：

（1）施工单位资质等级证明；

（2）拟拆除建筑物、构筑物及可能危及毗邻建筑的说明；

（3）拆除施工组织方案；

（4）堆放、清除废弃物的措施。

实施爆破作业的，应当遵守国家有关民用爆炸物品管理的规定。

三、勘察、设计及工程监理等单位的安全责任

1. 勘察单位的安全责任

建设工程勘察是指根据工程要求，查明、分析、评价建设场地的地质地理环境特征和岩土工程条件，编制建设工程勘察文件的活动。

（1）勘察单位的注册资本、专业技术人员、技术装备和业绩应当符合规定；

（2）勘察必须满足工程强制性标准的要求；

（3）勘察单位提供的勘察文件应当真实、准确，满足安全生产的要求；

（4）勘察单位应当严格执行操作规程、采取措施保证各类管线、设施和周边建筑物、构筑物的安全。

2. 设计单位的安全责任

建设工程设计，是指根据建设工程的要求，对建设工程所需的技术、经济、资源、环境等条件进行综合分析、论证，编制建设工程设计文件的活动。

（1）设计单位必须依据《建设工程勘察设计资质管理规定》（建设部令第 160 号）取得相应的等级资质证书，在许可范围内承揽设计业务；

（2）设计单位必须依法和标准进行设计，保证设计质量和施工安全；

（3）设计单位应当考虑施工安全和防护需要，对涉及施工安全的重点部位和环节，在设计文件中注明，并对防范生产安全事故提出指导意见；

（4）采用新结构、新材料、新工艺的建设工程和特殊结构的建设工程，设计单位应当在设计中提出保障施工作业人员安全和预防生产安全事故的措施建议；

（5）设计单位和注册建筑师等注册执业人员应当对其设计负责。

3. 工程监理单位的安全责任

工程监理是工程监理单位受建设单位的委托，依据法律法规及有关的技术标准、设计文件和建设工程承包合同、委托监理合同，代表建设单位对承包单位在施工质量、建设工期、建设资金使用等方面实施监督管理的活动。

（1）工程监理单位应当审查施工组织设计中的安全技术措施或者专项施工方案是否符合工程建设强制性标准；

（2）工程监理单位在实施监理过程中，发现存在安全事故隐患的，应当要求施工单位整改；情节严重的，应当要求施工单位停止施工，并及时报告建设单位。施工单位拒不整改或者不停止施工的，工程监理单位应当及时向有关主管部门报告；

（3）工程监理单位和监理工程师应当按照法律法规和工程建设强制性标准实施监理，并对建设工程安全生产承担监理责任。

四、施工单位的安全责任

1. 施工单位的安全责任

（1）施工单位从事建设工程的新建、扩建、改建和拆除等活动，应当具备国家规定的注册资本、专业技术人员、技术装备和安全生产等条件，依法取得相应等级的资质证书，并在其资质等级许可的范围内承揽工程；

（2）施工单位应当在施工组织设计中编制安全技术措施和施工现场临时用电方案，对下列达到一定规模的危险性较大的分部分项工程编制专项施工方案，并附具安全验算结果，经施工单位技术负责人、总监理工程师签字后实施，由专职安全生产管理人员进行现场监督；

（3）施工单位应当在施工现场建立消防安全责任制度，确定消防安全责任人，制定用火、用电、使用易燃易爆材料等各项消防安全管理制度和操作规程，设置消防通道、消防水源，配备消防设施和灭火器材，并在施工现场入口处设置明显标志。

2. 主要负责人和项目负责人的职责

1. 施工单位主要负责人依法对本单位的安全生产工作全面负责。其主要职责包括：

（1）建立健全安全生产责任制；

（2）建立健全安全教育培训制度；

（3）制定安全生产规章制度和操作规程；

（4）保证本单位安全生产条件所需资金的投入；

（5）对所承担的建设工程进行定期和专项安全检查，并做好安全检查记录。

2. 施工单位的项目负责人应当由取得相应执业资格的人员担任，对建设工程项目的安全施工负责，其职责主要包括

（1）落实安全生产责任制；

（2）落实安全生产规章制度和操作规程；

（3）确保安全生产费用的有效使用；

（4）根据工程的特点组织制定安全施工措施，消除安全事故隐患；

（5）及时、如实报告生产安全事故。

3. 安全管理人员的配置

根据《建筑施工企业安全生产管理机构设置及专职安全生产管理人员配备办法》（建质[2008]91 号）的要求，总承包单位配备项目专职安全生产管理人员应当满足下列要求：

（1）建筑工程、装修工程按照建筑面积配备：1 万平方米以下的工程不少于 1 人；1 万～5 万平方米的工程不少于 2 人；5 万平方米及以上的工程不少于 3 人，且按专业配备专职安全生产管理人员。

（2）土木工程、线路管道、设备安装工程按照工程合同价配备：5000 万元以下的工程不少于 1 人；5000 万～1 亿元的工程不少于 2 人；1 亿元及以上的工程不少于 3 人，且按专业配备专职安全生产管理人员；

分包单位配备项目专职安全生产管理人员应当满足下列要求：

（1）专业承包单位应当配置至少 1 人，并根据所承担的分部分项工程的工程量和施工危险程度增加；

（2）劳务分包单位施工人员在 50 人以下的，应当配备 1 名专职安全生产管理人员；50～200 人的，应当配备 2 名专职安全生产管理人员；200 人及以上的，应当配备 3 名及以上专职安全生产管理人员，并根据所承担的分部分项工程施工危险实际情况增加，不得少于工程施工人员总人数的 5%。

4. 总承包单位与分包单位的安全管理

建设工程实行施工总承包的，总承包单位应当自行完成建设工程主体结构的施工。总承包单位依法将建设工程分包给其他单位的，分包合同中应当明确各自的安全生产方面的权利、义务。总承包单位和分包单位对分包工程的安全生产承担连带责任。分包单位应当服从总承包单位的安全生产管理，分包单位不服从管理导致生产安全事故的，由分包单位承担主要责任。

5. 安全警示标志和危险部位的安全防护措施

施工单位应当在施工现场入口处，起重机械，临时用电设施、脚手架，出入通道口、楼梯口、电梯井口、孔洞口、桥梁口、隧道口、基坑边沿，爆破物及有害危险气体和液体存放处等危险部位，设置明显的安全警示标志。安全警示标志必须符合国家

标准。施工单位应当根据不同施工阶段和周围环境及季节、气候的变化，在施工现场采取相应的安全施工措施。施工现场暂时停止施工的，施工单位应当做好现场防护，所需费用由责任人承担，或者按照合同约定执行。

6. 施工现场的安全管理

（1）毗邻建筑物、构筑物和地下管线及现场围栏的安全管理；

（2）现场消防安全管理；

（3）保障施工人员的人身安全；

（4）施工人员的安全生产权利与义务；

（5）施工现场安全防护用具、机械设备、施工机具和配件的管理；

（6）起重机械、脚手架、模板等设施的验收、检验和备案。

五、建设工程安全生产监督管理的规定

1. 建筑施工安全生产的监督管理职责划分

建设施工遍及各行各业，有关法律、行政法规对建设施工安全监督管理做出了不同的规定。依照《安全生产法》第十条关于安全生产监督管理职责的规定，《建设工程安全生产管理条例》对建设施工安全综合监督管理和专项监督管理分别做出了规定。

（1）建设施工的综合监督管理。国务院应急管理部门依照《安全生产法》的规定，对全国建设工程安全生产工作实施综合监督管理。县级以上地方人民政府负责应急管理部门依照《安全生产法》的规定，对本行政区域内建设工程安全生产工作实施综合监督管理；

（2）建设施工的专项监督管理。国务院建设行政主管部门对全国的建设工程安全生产实施监督管理。国务院铁路、交通、水利等有关部门按照国务院规定的职责分工，负责有关专业建设工程安全生产的监督管理。县级以上地方人民政府建设行政主管部门对本行政区域内的建设工程安全生产实施监督管理。县级以上地方人民政府交通、水利等有关部门在各自的职责范围内，负责本行政区域内的专业建设工程安全生产的监督管理。

2. 建设施工许可

建设行政主管部门在审核发放施工许可证时，应当对建设工程是否有安全施工措施进行审查，对没有安全施工措施的，不得颁发施工许可证。

建设行政主管部门或者其他有关部门对建设工程是否有安全施工措施进行审查时，不得收取费用。

3. 日常监督检查措施

县级以上人民政府负有建设工程安全生产监督管理职责的部门在各自的职责范围内履行安全监督检查职责时，有权采取下列措施：

（1）要求被检查单位提供有关建设工程安全生产的文件和资料；

（2）进入被检查单位施工现场进行检查；

（3）纠正施工中违反安全生产要求的行为；

（4）对检查中发现的安全事故隐患，责令立即排除；重大安全事故隐患排除前或者排除过程中无法保证安全的，责令从危险区域内撤出作业人员或者暂时停止施工。

六、建设工程安全生产违法行为及应负的责任

1. 建设企业和从业人员违法行为及应负的法律责任

（1）建设单位未提供建设工程安全生产作业环境及安全施工措施所需费用的，责令限期改正；逾期未改正的，责令该建设工程停止施工。建设单位未将保证安全施工的措施或者拆除工程的有关资料报送有关部门备案的，责令限期改正，给予警告；

（2）注册执业人员未执行法律法规和工程建设强制性标准的，责令停止执业 3 个月以上 1 年以下；情节严重的，吊销执业资格证书，5 年内不予注册；造成重大安全事故的，终身不予注册；构成犯罪的，依照《刑法》有关规定追究刑事责任。

2. 监管人员违法行为及应负的法律责任

县级以上人民政府建设行政主管部门或者其他有关行政管理部门的工作人员，有下列行为之一的，给予降级或者撤职的行政处分；构成犯罪的，依照《刑法》有关规定追究刑事责任：

（1）对不具备安全生产条件的施工单位颁发资质证书的；

（2）对没有安全施工措施的建设工程颁发施工许可证的；

（3）发现违法行为不予查处的；

（4）不依法履行监督管理职责的其他行为。

任务四　《危险化学品安全管理条例》

一、基本规定

1. 适用范围

危险化学品生产、储存、使用、经营和运输的安全管理，适用本条例。废弃危险化学品的处置，依照有关环境保护的法律、行政法规和国家有关规定执行。

危险化学品的进出口管理，依照有关对外贸易的法律、行政法规、规章的规定执行；进口的危险化学品的储存、使用、经营、运输的安全管理，依照本条例的规定执行。

监控化学品、属于危险化学品的药品和农药的安全管理，依照本条例的规定执行；法律、行政法规另有规定的，依照其规定。民用爆炸物品、烟花爆竹、放射性物品、核能物质以及用于国防科研生产的危险化学品的安全管理，不适用本条例。法律、行

政法规对燃气的安全管理另有规定的，依照其规定。危险化学品容器属于特种设备的，其安全管理依照有关特种设备安全的法律、行政法规的规定执行。

2. 危险化学品安全管理的方针和基本要求

危险化学品安全管理，应当坚持安全第一，预防为主、综合治理的方针，强化和落实企业的主体责任。

生产、储存、使用、经营、运输危险化学品的单位（以下统称危险化学品单位）的主要负责人对本单位的危险化学品安全管理工作全面负责。危险化学品单位应当具备法律、行政法规规定和国家标准、行业标准要求的安全条件，建立、健全安全管理规章制度和岗位安全责任制度，对从业人员进行安全教育、法制教育和岗位技术培训。从业人员应当接受教育和培训，考核合格后上岗作业；对有资格要求的岗位，应当配备依法取得相应资格的人员。

任何单位和个人不得生产、经营、使用国家禁止生产、经营、使用的危险化学品。国家对危险化学品的使用有限制性规定的，任何单位和个人不得违反限制性规定使用危险化学品。

3. 危险化学品监督管理部门的职责

安全生产监督管理部门负责危险化学品安全监督管理综合工作，组织确定、公布、调整危险化学品目录，对新建、改建、扩建生产、储存危险化学品（包括使用长输管道输送危险化学品，下同）的建设项目进行安全条件审查，核发危险化学品安全生产许可证。危险化学品安全使用许可证和危险化学品经营许可证，并负责危险化学品登记工作。

公安机关负责危险化学品的公共安全管理，核发剧毒化学品购买许可证、剧毒化学品道路运输通行证，并负责危险化学品运输车辆的道路交通安全管理。

质量监督检验检疫部门负责核发危险化学品及其包装物、容器（不包括储存危险化学品的固定式大型储罐，下同）生产企业的工业产品生产许可证，并依法对其产品质量实施监督，负责对进出口危险化学品及其包装实施检验。

环境保护主管部门负责废弃危险化学品处置的监督管理，组织危险化学品的环境危害性鉴定和环境风险程度评估，确定实施重点环境管理的危险化学品，负责危险化学品环境管理登记和新化学物质环境管理登记；依照职责分工调查相关危险化学品环境，污染事故和生态破坏事件，负责危险化学品事故现场的应急环境监测。

交通运输主管部门负责危险化学品道路运输、水路运输的许可以及运输工具的安全管理，对危险化学品水路运输安全实施监督，负责危险化学品道路运输企业、水路运输企业驾驶人员、船员、装卸管理人员、押运人员、申报人员、集装箱装箱现场检查员的资格认定。铁路主管部门负责危险化学品铁路运输及其运输工具的安全管理。民用航。空主管部门负责危险化学品航空运输以及航空运输企业及其运输工具的安全管理。

卫生主管部门负责危险化学品毒性鉴定的管理，负责组织、协调危险化学品事故受伤人员的医疗卫生救援工作。

工商行政管理部门依据有关部门的许可证件，核发危险化学品生产、储存、经营、运输企业营业执照，查处危险化学品经营企业违法采购危险化学品的行为。

邮政管理部门负责依法查处寄递危险化学品的行为。

4. 危险化学品安全监管部门的监督检查职权

负有危险化学品安全监督管理职责的部门依法进行监督检查，可以采取下列措施：

（1）进入危险化学品作业场所实施现场检查，向有关单位和人员了解情况，查阅、复制有关文件、资料。

（2）发现危险化学品事故隐患，责令立即消除或者限期消除。

（3）对不符合法律、行政法规、规章规定或者国家标准、行业标准要求的设施、设备、装置、器材、运输工具，责令立即停止使用。

（4）经本部门主要负责人批准，查封违法生产、储存、使用、经营危险化学品的场所，扣违法生产、储存、使用、经营、运输的危险化学品以及用于违法生产、使用、运输危险化学品的原材料、设备、运输工具。

（5）发现影响危险化学品安全的违法行为，当场予以纠正或者责令限期改正。

负有危险化学品安全监督管理职责的部门依法进行监督检查，监督检查人员不得少于 2 人，并应当出示执法证件；有关单位和个人对依法进行的监督检查应当予以配合，不得拒绝、阻碍。

5. 危险化学品安全监管的协调机制

县级以上人民政府应当建立危险化学品安全监督管理工作协调机制，支持、督促负有危险化学品安全监督管理职责的部门依法履行职责，协调、解决危险化学品安全监督管理工作中的重大问题。

二、危险化学品生产、储存安全管理的规定

1. 生产、储存的规划

国家对危险化学品的生产、储存实行统筹规划、合理布局。国务院工业和信息化主管部门以及国务院其他有关部门依据各自职责，负责危险化学品生产，储存的行业规划和布局。地方人民政府组织编制城乡规划，应当根据本地区的实际情况，按照确保安全的原则，规划适当区域专门用于危险化学品的生产、储存。

2. 安全条件的审查、论证和评价

新建、改建、扩建生产、储存危险化学品的建设项目（以下简称建设项目），应当由安全生产监督管理部门进行安全条件审查。

建设单位应当对建设项目进行安全条件论证，委托具备国家规定的资质条件的机构对建设项目进行安全评价，并将安全条件论证和安全评价的情况报告报建设项目所在地设区的市级以上人民政府安全生产监督管理部门；安全生产监督管理部门应当自收到报告之日起 45 日内作出审查决定，并书面通知建设单位。具体办法由国务院安全生产监督管理部门制定。

新建、改建、扩建储存、装卸危险化学品的港口建设项目，由港口行政管理部门按照国务院交通运输主管部门的规定进行安全条件审查。

3. 危险化学品管道的相关规定

生产、储存危险化学品的单位，应当对其铺设的危险化学品管道设置明显标志，并对危险化学品管道定期检查、检测。进行可能危及危险化学品管道安全的施工作业，施工单位应当在开工的 7 日前书面通知管道所属单位，并与管道所属单位共同制定应急预案，采取相应的安全防护措施管道所属单位应当指派专门人员到现场进行管道安全保护指导。

4. 生产装置和储存设施的选址

危险化学品生产装置或者储存数量构成重大危险源的危险化学品储存设施（运输工具、加油站、加气站除外），与下列场所、设施、区域的距离应当符合国家有关规定：

（1）居住区以及商业中心、公园等人员密集场所；

（2）学校、医院、影剧院、体育场（馆）等公共设施；

（3）饮用水源、水厂以及水源保护区；

（4）车站、码头（依法经许可从事危险化学品装卸作业的除外）、机场以及通信干线、通信枢纽、铁路线路、道路交通干线、水路交通干线、地铁风亭以及地铁站出入口；

（5）基本农田保护区、基本草原、畜禽遗传资源保护区、畜禽规模化养殖场（养殖小区）、渔业水域以及种子、种畜禽、水产苗种生产基地；

（6）河流、湖泊、风景名胜区、自然保护区；

（7）军事禁区、军事管理区；

（8）法律、行政法规规定的其他场所、设施、区域；

已建的危险化学品生产装置或者储存数量构成重大危险源的危险化学品储存设施不符合以上规定的，由所在地设区的市级人民政府安全生产监督管理部门会同有关部门监督其所属单位在规定期限内进行整改；需要转产、停产、搬迁、关闭的，由本级人民政府决定并组织实施。

储存数量构成重大危险源的危险化学品储存设施的选址，应当避开地震活动断层和容易发生洪灾、地质灾害的区域

本条例所称重大危险源，是指生产、储存、使用或者搬运危险化学品，且危险化学品的数量等于或者超过临界量的单元（包括场所和设施）。

5. 生产、储存危险化学品仓库的安全管理

生产、储存危险化学品的仓库应当遵循下列要求：

（1）危险化学品应当储存在专用仓库、专用场地或者专用储存室（以下统称专用仓库）内，并由专人负责管理；剧毒化学品以及储存数量构成重大危险源的其他危险化学品应当在专用仓库内单独存放，并实行双人收发、双人保管制度；

（2）危险化学品的储存方式、方法以及储存数量应当符合国家标准或者国家有关规定；

（3）储存危险化学品的单位应当建立危险化学品出入库核查、登记制度；

（4）对剧毒化学品以及储存数量构成重大危险源的其他危险化学品，储存单位应当将其储存数量、储存地点以及管理人员的情况，报所在地县级人民政府安全生产监督管理部门（在港区内储存的，报港口行政管理部门）和公安机关备案；

（5）危险化学品专用仓库应当符合国家标准、行业标准的要求，并设置明显的标志。储存剧毒化学品、易制爆危险化学品的专用仓库，应当按照国家有关规定设置相应的技术防范设施；

（6）储存危险化学品的单位应当对其危险化学品专用仓库的安全设施、设备定期进行检测、检验。

三、危险化学品使用的安全管理规定

1. 安全使用许可证

使用危险化学品的单位，其使用条件（包括工艺）应当符合法律、行政法规的规定和国家标准、行业标准的要求，并根据所使用的危险化学品的种类、危险特性以及使用量和使用方式，建立、健全使用危险化学品的安全管理规章制度和安全操作规程，保证危险化学品的安全使用。

申请危险化学品安全使用许可证的化工企业，除应当符合以上规定外，还应当具备下列条件：

（1）有与所使用的危险化学品相适应的专业技术人员；

（2）有安全管理机构和专职安全管理人员；

（3）有符合国家规定的危险化学品事故应急预案和必要的应急救援器材、设备；

（4）依法进行了安全评价。

2. 安全使用许可证的信息共享

安全生产监督管理部门应当将其颁发危险化学品安全使用许可证的情况及时向同级环境保护主管部门和公安机关通报。

四、危险化学品经营的安全管理规定

1. 经营许可证

国家对危险化学品经营（包括仓储经营，下同）实行许可制度。未经许可，任何单位和个人不得经营危险化学品。依法设立的危险化学品生产企业在其厂区范围内销售本企业生产的危险化学品，不需要取得危险化学品经营许可。依照《中华人民共和国港口法》的规定取得港口经营许可证的港口经营人，在港区内从事危险化学品仓储经营，不需要取得危险化学品经营许可。

申请人持危险化学品经营许可证向工商行政管理部门办理登记手续后，方可从事危险化学品经营活动。

2. 危险化学品经营企业的安全管理

危险化学品经营企业应当遵守以下规定：

（1）危险化学品经营企业储存危险化学品的，应当遵守《危险化学品安全管理条例》第二章关于储存危险化学品的规定；

（2）危险化学品商店内只能存放民用小包装的危险化学品；

（3）危险化学品经营企业不得向未经许可从事危险化学品生产、经营活动的企业采购危险化学品，不得经营没有化学品安全技术说明书或者化学品安全标签的危险化学品。

3. 剧毒化学品购买许可证

申请取得剧毒化学品购买许可证，申请人应当向所在地县级人民政府公安机关提交下列材料：

（1）营业执照或者法人证书（登记证书）的复印件；

（2）拟购买的剧毒化学品品种、数量的说明；

（3）购买剧毒化学品用途的说明；

（4）经办人的身份证明。

县级人民政府公安机关应当自收到以上规定的材料之日起 3 日内，作出批准或者不予批准的决定。予以批准的，颁发剧毒化学品购买许可证；不予批准的，书面通知申请人并说明理由。

剧毒化学品购买许可证管理办法由国务院公安部门制定。

4. 购买剧毒化学品、易制爆危险化学品的安全规定

对购买剧毒化学品、易制爆危险化学品做出如下规定：

（1）依法取得危险化学品安全生产许可证、危险化学品安全使用许可证、危险化学品经营许可证的企业，凭相应的许可证件购买剧毒化学品、易制爆危险化学品。民用爆炸物品生产企业凭民用爆炸物品生产许可证购买易制爆危险化学品；

（2）除依法取得危险化学品安全生产许可证、危险化学品安全使用许可证、危险化学品经营许可证的企业、民用爆炸物品生产企业以外，其他单位购买剧毒化学品的，应当向所在地县级人民政府公安机关申请取得剧毒化学品购买许可证；购买易制爆危险化学品的，应当持本单位出具的合法用途说明；

（3）个人不得购买剧毒化学品（属于剧毒化学品的农药除外）和易制爆危险化学品。

五、危险化学品运输的安全管理规定

1. 道路、水路运输的资质和资格

（1）企业资质

从事危险化学品道路运输、水路运输的，应当分别依照有关道路运输、水路运输的法律、行政法规的规定，取得危险货物道路运输许可、危险货物水路运输许可，并

向工商行政管理部门办理登记手续。危险化学品道路运输企业、水路运输企业应当配备专职安全管理人员。

（2）人员资格

危险化学品道路运输企业、水路运输企业的驾驶人员、船员、装卸管理人员、押运人员、申报人员、集装箱装箱现场检查员应当经交通运输主管部门考核合格，取得从业资格。具体办法由国务院交通运输主管部门制定

2. 装卸作业的安全管理

危险化学品的装卸作业应当遵守安全作业标准、规程和制度，并在装卸管理人员的现场指挥或者监控下进行。水路运输危险化学品的集装箱装箱作业应当在集装箱装箱现场检查员的指挥或者监控下进行，并符合积载、隔离的规范和要求；装箱作业完毕后，集装箱装箱现场检查员应当签署装箱证明书

3. 道路运输途中的安全管理

危险化学品运输途中应当遵守下列规定：

（1）运输危险化学品，应当根据危险化学品的危险特性采取相应的安全防护措施，并配备必要的防护用品和应急救援器材；

（2）用于运输危险化学品的槽罐以及其他容器应当封口严密，能够防止危险化学品在运输过程中因温度、湿度或者压力的变化发生渗漏、洒漏；槽罐以及其他容器的溢流和泄压装置应当设置准确、启闭灵活；

（3）运输危险化学品的驾驶人员、船员、装卸管理人员、押运人员、申报人员、集装箱装箱现场检查员，应当了解所运输的危险化学品的危险特性及其包装物、容器的使用要求和出现危险情况时的应急处置方法；

（4）通过道路运输危险化学品的，托运人应当委托依法取得危险货物道路运输许可的企业承运；

（5）通过道路运输危险化学品的，应当按照运输车辆的核定载质量装载危险化学品，不得超载；

（6）危险化学品运输车辆应当符合国家标准要求的安全技术条件，并按照国家有关规定定期进行安全技术检验；

（7）危险化学品运输车辆应当悬挂或者喷涂符合国家标准要求的警示标志；

（8）通过道路运输危险化学品的，应当配备押运人员，并保证所运输的危险化学品处于押运人员的监控之下；

（9）运输危险化学品途中因住宿或者发生影响正常运输的情况，需要较长时间停车的，驾驶人员、押运人员应当采取相应的安全防范措施；运输剧毒化学品或者易制爆危险化学品的，还应当向当地公安机关报告；

（10）未经公安机关批准，运输危险化学品的车辆不得进入危险化学品运输车辆限制通行的区域。危险化学品运输车辆限制通行的区域由县级人民政府公安机关划定，并设置明显的标志。

4. 剧毒化学品道路运输通行证

通过道路运输剧毒化学品的，托运人应当向运输始发地或者目的地县级人民政府公安机关申请剧毒化学品道路运输通行证。

5. 剧毒化学品、易制爆危险化学品丢失、被盗，被抢的安全管理

剧毒化学品、易制爆危险化学品在道路运输途中丢失、被盗、被抢或者出现流散、泄漏等情况的，驾驶人员、押运人员应当立即采取相应的警示措施和安全措施，并向当地公安机关报告。公安机关接到报告后，应当根据实际情况立即向安全生产监督管理部门和环境保护主管部门、卫生主管部门通报。有关部门应当采取必要的应急处置措施。

6. 内河运输剧毒化学品和其他危险化学品的禁止规定

禁止通过内河封闭水域运输剧毒化学品以及国家规定禁止通过内河运输的其他危险化学品。除此以外的内河水域，禁止运输国家规定禁止通过内河运输的剧毒化学品以及其他危险化学品。

禁止通过内河运输的剧毒化学品以及其他危险化学品的范围，由国务院交通运输主管部门会同国务院环境保护主管部门、工业和信息化主管部门、安全生产监督管理部门，根据危险化学品的危险特性、危险化学品对人体和水环境的危害程度以及消除危害后果的难易程度等因素规定并公布。

7. 水路运输的安全管理

水路运输危险化学品应当遵守下列规定：

（1）通过水路运输危险化学品的，应当遵守法律、行政法规以及国务院交通运输主管部门关于危险货物水路运输安全的规定。

（2）海事管理机构应当根据危险化学品的种类和危险特性，确定船舶运输危险化学品的相关安全运输条件。拟交付船舶运输的化学品的相关安全运输条件不明确的，应当经国家海事管理机构认定的机构进行评估，明确相关安全运输条件并经海事管理机构确认后，方可交付船舶运输。

（3）通过内河运输危险化学品，应当由依法取得危险货物水路运输许可的水路运输企业承运，其他单位和个人不得承运。托运人应当委托依法取得危险货物水路运输许可的水路运输企业承运，不得委托其他单位和个人承运。

（4）通过内河运输危险化学品，应当使用依法取得危险货物适装证书的运输船舶。水路运输企业应当针对所运输的危险化学品的危险特性，制定运输船舶危险化学品事故应急救援预案，并为运输船舶配备充足、有效的应急救援器材和设备。

（5）通过内河运输危险化学品的船舶，其所有人或者经营人应当取得船舶污染损害责任保险证书或者财务担保证明。船舶污染损害责任保险证书或者财务担保证明的副本应当随船携带。

（6）通过内河运输危险化学品，危险化学品包装物的材质、型式、强度以及包装方法应当符合水路运输危险化学品包装规范的要求。国务院交通运输主管部门对单船运输的危险化学品数量有限制性规定的，承运人应当按照规定安排运输数量。

（7）用于危险化学品运输作业的内河码头、泊位应当符合国家有关安全规范，与饮用水取水口保持国家规定的距离。有关管理单位应当制定码头、泊位危险化学品事故应急预案，并为码头、泊位配备充足、有效的应急救援器材和设备。用于危险化学品运输作业的内河码头、泊位，经交通运输主管部门按照国家有关规定验收合格后方可投入使用。

（8）船舶载运危险化学品进出内河港口，应当将危险化学品的名称、危险特性、包装以及进出港时间等事项，事先报告海事管理机构。海事管理机构接到报告后，应当在国务院交通运输主管部门规定的时间内作出是否同意的决定，通知报告人，同时通报港口行政管理部门。定船舶、定航线、定货种的船舶可以定期报告。

（9）在内河港口内进行危险化学品的装卸、过驳作业，应当将危险化学品的名称、危险特性、包装和作业的时间、地点等事项报告港口行政管理部门。港口行政管理部门接到报告后，应当在国务院交通运输主管部门规定的时间内作出是否同意的决定，通知报告人，同时通报海事管理机构。

（10）载运危险化学品的船舶在内河航行，通过过船建筑物的，应当提前向交通运输主管部门申报，并接受交通运输主管部门的管理。

（11）载运危险化学品的船舶在内河航行、装卸或者停泊，应当悬挂专用的警示标志，按照规定显示专用信号。

（12）载运危险化学品的船舶在内河航行，按照国务院交通运输主管部门的规定需要引航的，应当申请引航。

（13）载运危险化学品的船舶在内河航行，应当遵守法律、行政法规和国家其他有关饮用水水源保护的规定。内河航道发展规划应当与依法经批准的饮用水水源保护区划定方案相协调。

六、危险化学品登记与事故应急救援

1. 危险化学品的登记

危险化学品登记包括下列内容：分类和标签信息；物理、化学性质；主要用途；危险特性；储存、使用、运输的安全要求；出现危险情况的应急处置措施。

对同一企业生产、进口的同一品种的危险化学品，不进行重复登记。危险化学品生产企业、进口企业发现其生产、进口的危险化学品有新的危险特性的，应当及时向危险化学品登记机构办理登记内容变更手续。

2. 危险化学品事故应急预案

县级以上地方人民政府安全生产监督管理部门应当会同工业和信息化、环境保护、公安、卫生、交通运输、铁路、质量监督检验检疫等部门，根据本地区实际情况，制定危险化学品事故应急预案，报本级人民政府批准。

危险化学品单位应当将其危险化学品事故应急预案报所在地设区的市级人民政府安全生产监督管理部门备案。

3. 危险化学品事故应急救援

发生危险化学品事故，有关地方人民政府应当立即组织安全生产监督管理、环境保护、公安、卫生、交通运输等有关部门，按照本地区危险化学品事故应急预案组织实施救援，不得拖延、推诿。

有关地方人民政府及其有关部门应当按照下列规定，采取必要的应急处置措施，减少事故损失，防止事故蔓延、扩大：

（1）立即组织营救和救治受害人员，疏散、撤离或者采取其他措施保护危害区域内的其他人员；

（2）迅速控制危害源，测定危险化学品的性质、事故的危害区域及危害程度；

（3）针对事故对人体、动植物、土壤、水源、大气造成的现实危害和可能产生的危害，迅速采取封闭、隔离、洗消等措施；

（4）对危险化学品事故造成的环境污染和生态破坏状况进行监测、评估，并采取相应的环境污染治理和生态修复措施。

有关危险化学品单位应当为危险化学品事故应急救援提供技术指导和必要的协助。

七、危险化学品安全管理违法行为及应负的法律责任

1. 生产、经营、使用国家禁止生产、经营、使用的危险化学品的处罚

生产、经营、使用国家禁止生产、经营、使用的危险化学品的，由安全生产监督管理部门责令停止生产、经营、使用活动，处20万元以上50万元以下的罚款，有违法所得的，没收违法所得；构成犯罪的，依法追究刑事责任。

有上述规定行为的，安全生产监督管理部门还应当责令其对所生产、经营、使用的危险化学品进行无害化处理。违反国家关于危险化学品使用的限制性规定使用危险化学品的，依照以上规定处理。

2. 新建、改建、扩建生产、储存危险化学品的建设项目违反安全审查的处罚

未经安全条件审查，新建、改建、扩建生产、储存危险化学品的建设项目的，由安全生产监督管理部门责令停止建设，限期改正；逾期不改正的，处50万元以上100万元以下的罚款；构成犯罪的，依法追究刑事责任。

未经安全条件审查，新建，改建、扩建储存、装卸危险化学品的港口建设项目的，由港口行政管理部门依照以上规定予以处罚。

3. 有危险化学品的单位违反有关安全管理时的处罚

有下列情形之一的，由安全生产监督管理部门责令改正，可以处5万元以下的罚款；拒不改正的，处5万元以上10万元以下的罚款；情节严重的，责令停产停业整顿：

（1）生产、储存危险化学品的单位未对其铺设的危险化学品管道设置明显的标志，或者未对危险化学品管道定期检查、检测的；

（2）进行可能危及危险化学品管道安全的施工作业，施工单位未按照规定书面通知管道所属单位，或者未与管道所属单位共同制定应急预案、采取相应的安全防护措施，或者管道所属单位未指派专门人员到现场进行管道安全保护指导的；

（3）危险化学品生产企业未提供化学品安全技术说明书，或者未在包装（包括外包装件）上粘贴、悬挂化学品安全标签的；

（4）危险化学品生产企业提供的化学品安全技术说明书与其生产的危险化学品不相符，或者在包装（包括外包装件）粘贴、拴挂的化学品安全标签与包装内危险化学品不相符，或者化学品安全技术说明书、化学品安全标签所载明的内容不符合国家标准要求的；

（5）危险化学品生产企业发现其生产的危险化学品有新的危险特性不立即公告，或者不及时修订其化学品安全技术说明书和化学品安全标签的；

（6）危险化学品经营企业经营没有化学品安全技术说明书和化学品安全标签的危险化学品的；

（7）危险化学品包装物、容器的材质以及包装的型式、规格、方法和单件质量（重量）与所包装的危险化学品的性质和用途不相适应的；

（8）生产、储存危险化学品的单位未在作业场所和安全设施、设备上设置明显的安全警示标志，或者未在作业场所设置通信、报警装置的；

（9）危险化学品专用仓库未设专人负责管理，或者对储存的剧毒化学品以及储存数量构成重大危险源的其他危险化学品未实行双人收发、双人保管制度的；

（10）储存危险化学品的单位未建立危险化学品出入库核查、登记制度的；

（11）危险化学品专用仓库未设置明显标志的；

（12）危险化学品生产企业、进口企业不办理危险化学品登记，或者发现其生产、进口的危险化学品有新的危险特性不办理危险化学品登记内容变更手续的。

从事危险化学品仓储经营的港口经营人有以上规定情形的，由港口行政管理部门依照该规定予以处罚。储存剧毒化学品、易制爆危险化学品的专用仓库未按照国家有关规定设置相应的技术防范设施的，由公安机关依照该规定予以处罚。

生产、储存剧毒化学品、易制爆危险化学品的单位未设置治安保卫机构、配备专职治安保卫人员的，依照《企业事业单位内部治安保卫条例》的规定处罚。

4. 安全监督管理部门及其工作人员渎职、失职的法律责任

负有危险化学品安全监督管理职责的部门的工作人员，在危险化学品安全监督管理工作中滥用职权、玩忽职守、徇私舞弊，构成犯罪的，依法追究刑事责任；尚不构成犯罪的，依法给予处分。

任务五 《烟花爆竹安全管理条例》

一、烟花爆竹安全管理的基本规定

1. 适用范围

烟花爆竹的生产、经营、运输和燃放，适用本条例。本条例所称烟花爆竹，是指

烟花爆竹制品和用于生产烟花爆竹的民用黑火药、烟火药、引火线等物品。

2. 资质许可

国家对烟花爆竹的生产、经营、运输和举办焰火晚会以及其他大型焰火燃放活动，实行许可证制度。未经许可，任何单位或者个人不得生产、经营、运输烟花爆竹，不得举办焰火晚会以及其他大型焰火燃放活动。

3. 烟花爆竹安全管理的政府部门及职责

安全生产监督管理部门负责烟花爆竹的安全生产监督管理：公安部门负责烟花爆竹的公共安全管理；质量监督检验部门负责烟花爆竹的质量监督和进出口检验。

公安部门、安全生产监督管理部门、质量监督检验部门、工商行政管理部门应当按照职责分工，组织查处非法生产、经营、储存、运输、邮寄烟花爆竹以及非法燃放烟花爆竹的行为。

4. 主要负责人的责任

烟花爆竹生产、经营、运输企业和焰火晚会以及其他大型焰火燃放活动主办单位的主要负责人，对本单位的烟花爆竹安全工作负责。

二、烟花爆竹生产安全的规定

生产烟花爆竹的企业，应当按照安全生产许可证核定的产品种类进行生产，生产工序和生产作业应当执行有关国家标准和行业标准。

生产烟花爆竹使用的原料，应当符合国家标准的规定。生产烟花爆竹使用的原料，国家标准有用量限制的，不得超过规定的用量。不得使用国家标准规定禁止使用或者禁忌配伍的物质生产烟花爆竹。

生产烟花爆竹的企业，应当按照国家标准的规定，在烟花爆竹产品上标注燃放说明，并在烟花爆竹包装物上印制易燃易爆危险物品警示标志。

生产烟花爆竹的企业，应当对黑火药、烟火药、引火线的保管采取必要的安全技术措施，建立购买、领用、销售登记制度，防止黑火药、烟火药、引火线丢失。黑火药、烟火药、引火线丢失的，企业应当立即向当地安全生产监督管理部门和公安部门报告

三、烟花爆竹经营安全的规定

1. 烟花爆竹的批发和零售

从事烟花爆竹批发的企业和零售经营者的经营布点，应当经安全生产监督管理部门审批。在城市市区，禁止布设烟花爆竹批发场所；烟花爆竹零售网点，应当按照严格控制的原则合理布设。

从事烟花爆竹批发的企业应当向生产烟花爆竹的企业采购烟花爆竹，向烟花爆竹

零售经营者供应烟花爆竹，但不得向从事烟花爆竹零售的经营者供应按照国家标准规定应由专业燃放人员燃放的烟花爆竹。

烟花爆竹批发企业、零售经营者不得采购和销售非法生产、经营的烟花爆竹。生产、经营黑火药、烟火药、引火线的企业，不得向未取得烟花爆竹安全生产许可的任何单位或者个人销售黑火药、烟火药和引火线。

2. 烟花爆竹批发企业的条件

从事烟花爆竹批发的企业，应当具备下列条件：

（1）具有企业法人条件；

（2）经营场所与周边建筑、设施保持必要的安全距离；

（3）有符合国家标准的经营场所和储存仓库；

（4）有保管员、仓库守护员；

（5）依法进行了安全评价；

（6）有事故应急救援预案、应急救援组织和人员，并配备必要的应急救援器材、设备；

（7）法律法规规定的其他条件。

3. 烟花爆竹零售经营者的条件

烟花爆竹零售经营者，应当具备下列条件：

（1）主要负责人经过安全知识教育；

（2）实行专店或者专柜销售，设专人负责安全管理；

（3）经营场所配备必要的消防器材，张贴明显的安全警示标志；

（4）法律法规规定的其他条件。

4. 烟花爆竹经营许可证

烟花爆竹的批发企业、零售经营者，持烟花爆竹经营许可证到工商行政管理部门办理登记手续后，方可从事烟花爆竹经营活动。

四、烟花爆竹运输安全的规定

1. 烟花爆竹道路运输许可证

受理道路运输烟花爆竹申请的公安部门应当自受理申请之日起 3 日内对托运人提交的有关材料进行审查，对符合条件的，核发“烟花爆竹道路运输许可证”；对不符合条件的，应当说明理由。“烟花爆竹道路运输许可证”应当载明托运人、承运人、一次性运输有效期限、起始地点、行驶路线、经停地点、烟花爆竹的种类、规格和数量。

2. 道路运输烟花爆竹的要求

经由道路运输烟花爆竹的，除应当遵守《中华人民共和国道路交通安全法》外，还应当遵守下列有关规定：

（1）随车携带“烟花爆竹道路运输许可证”；

（2）不得违反运输许可事项；
（3）运输车辆悬挂或者安装符合国家标准的易燃易爆危险物品警示标志；
（4）烟花爆竹的装载符合国家有关标准和规范；
（5）装载烟花爆竹的车厢不得载人；
（6）运输车辆限速行驶，途中经停必须有专人看守；
（7）出现危险情况立即采取必要的措施，并报告当地公安部门。

烟花爆竹运达目的地后，收货人应当在 3 日内将“烟花爆竹道路运输许可证”交回发证机关核销。

五、烟花爆竹燃放安全的规定

1. 一般要求

燃放烟花爆竹，应当遵守有关法律法规和规章的规定。县级以上地方人民政府可以根据本行政区域的实际情况，确定限制或者禁止燃放烟花爆竹的时间、地点和种类。燃放烟花爆竹，应当按照燃放说明燃放，不得以危害公共安全和人身、财产安全的方式燃放烟花爆竹。

各级人民政府和政府有关部门应当开展社会宣传活动，教育公民遵守有关法律法规和规章，安全燃放烟花爆竹。广播、电视、报刊等新闻媒体，应当做好安全燃放烟花爆竹的宣传、教育工作。未成年人的监护人应当对未成年人进行安全燃放烟花爆竹的教育。

2. 明确规定禁止燃放烟花爆竹的地点

禁止在法律法规明确规定禁止的地点燃放烟花爆竹，这些地点包括：
（1）文物保护单位；
（2）车站、码头、飞机场等交通枢纽以及铁路线路安全保护区内；
（3）易燃易爆物品生产、储存单位；
（4）输变电设施安全保护区内；
（5）医疗机构、幼儿园、中小学校、敬老院；
（6）山林、草原等重点防火区；
（7）县级以上地方人民政府规定的禁止燃放烟花爆竹的其他地点。

六、烟花爆竹安全违法行为及应负的法律责任

1. 非法从事烟花爆竹生产经营运输活动的处罚

对未经许可生产、经营烟花爆竹制品，或者向未取得烟花爆竹安全生产许可的单位或者个人销售黑火药、烟火药、引火线的，由安全生产监督管理部门责令停止非法生产、经营活动，处 2 万元以上 10 万元以下的罚款，并没收非法生产、经营的物品及违法所得。

对未经许可经由道路运输烟花爆竹的，由公安部门责令停止非法运输活动，处 1 万元以上 5 万元以下的罚款，并没收非法运输的物品及违法所得。

非法生产、经营、运输烟花爆竹，构成违反治安管理行为的，依法给予治安管理处罚；构成犯罪的，依法追究刑事责任。

2. 对不具备安全生产条件的生产企业的处罚

生产烟花爆竹的企业有下列行为之一的，由安全生产监督管理部门责令限期改正，处 1 万元以上 5 万元以下的罚款；逾期不改正的，责令停产停业整顿，情节严重的，吊销安全生产许可证：

（1）未按照安全生产许可证核定的产品种类进行生产的；

（2）生产工序或者生产作业不符合有关国家标准、行业标准的；

（3）雇佣未经设区的市人民政府安全生产监督管理部门考核合格的人员从事危险工序作业的；

（4）生产烟花爆竹使用的原料不符合国家标准规定的，或者使用的原料超过国家标准规定的用量限制的；

（5）使用按照国家标准规定禁止使用或者禁忌配伍的物质生产烟花爆竹的；

（6）未按照国家标准的规定在烟花爆竹产品上标注燃放说明，或者未在烟花爆竹的包装物上印制易燃易爆危险物品警示标志的。

3. 对违规举办大型焰火燃放活动的处罚

对未经许可举办焰火晚会以及其他大型焰火燃放活动，或者焰火晚会以及其他大型焰火燃放活动燃放作业单位和作业人员违反焰火燃放安全规程、燃放作业方案进行燃放作业的，由公安部门责令停止燃放，对责任单位处 1 万元以上 5 万元以下的罚款。

在禁止燃放烟花爆竹的时间、地点燃放烟花爆竹，或者以危害公共安全和人身、财产安全的方式燃放烟花爆竹的，由公安部门责令停止燃放，处 100 元以上 500 元以下的罚款；构成违反治安管理行为的，依法给予治安管理处罚。

任务六　《民用爆炸物品安全管理条例》

一、民用爆炸物品安全管理的基本规定

1. 适用范围

民用爆炸物品的生产、销售、购买、进出口、运输、爆破作业和储存以及硝酸铵的销售、购买，适用本条例。

本条例所称民用爆炸物品，是指用于非军事目的、列入民用爆炸物品品名表的各类火药、炸药及其制品和雷管，导火索等点火、起爆器材。

民用爆炸物品品名表，由国务院民用爆炸物品行业主管部门会同国务院公安部门制订、公布。

2. 安全监督管理部门

民用爆炸物品行业主管部门负责民用爆炸物品生产、销售的安全监督管理。

二、民用爆炸物品生产的安全管理规定

1. 从事民用爆破物品生产企业的申请条件

申请从事民用爆炸物品生产的企业，应当具备下列条件：

（1）符合国家产业结构规划和产业技术标准；

（2）厂房和专用仓库的设计、结构、建筑材料、安全距离以及防火、防爆、防雷、防静电等安全设备、设施符合国家有关标准和规范；

（3）生产设备、工艺符合有关安全生产的技术标准和规程；

（4）有具备相应资格的专业技术人员、安全生产管理人员和生产岗位人员；

（5）有健全的安全管理制度、岗位安全责任制度；

（6）法律、行政法规规定的其他条件。

2. 取得生产许可、安全许可、工商登记的程序

申请从事民用爆炸物品生产的企业，应当向国务院民用爆炸物品行业主管部门提交申请书、可行性研究报告以及能够证明其符合本条例第十一条规定条件的有关材料。国务院民用爆炸物品行业主管部门应当自受理申请之日起 45 日内进行审查，对符合条件的，核发“民用爆炸物品生产许可证”；对不符合条件的，不予核发“民用爆炸物品生产许可证”，书面向申请人说明理由。

民用爆炸物品生产企业为调整生产能力及品种进行改建、扩建的，应当依照以上规定申请办理“民用爆炸物品生产许可证”。

民用爆炸物品生产企业持“民用爆炸物品生产许可证”到工商行政管理部门办理工商登记，并在办理工商登记后 3 日内，向所在地县级人民政府公安机关备案。

取得“民用爆炸物品生产许可证”的企业应当在基本建设完成后，向省、自治区、直辖市人民政府民用爆炸物品行业主管部门申请安全生产许可。省、自治区、直辖市人民政府民用爆炸物品行业主管部门应当依照《安全生产许可证条例》的规定对其进行查验，对符合条件的，核发“民用爆炸物品安全生产许可证”。民用爆炸物品生产企业取得“民用爆炸物品安全生产许可证”后，方可生产民用爆炸物品。

三、民用爆炸物品销售、购买的安全管理规定

1. 民用爆炸物品的销售许可条件

申请从事民用爆炸物品销售的企业，应当具备下列条件：

（1）符合对民用爆炸物品销售企业规划的要求；

（2）销售场所和专用仓库符合国家有关标准和规范；

（3）有具备相应资格的安全管理人员、仓库管理人员；
（4）有健全的安全管理制度、岗位安全责任制度；
（5）法律、行政法规规定的其他条件。

2. 民用爆炸物品的购买许可条件

民用爆炸物品使用单位申请购买民用爆炸物品的，应当向所在地县级人民政府公安机关提出购买申请，并提交下列有关材料：

（1）工商营业执照或者事业单位法人证书；
（2）“爆破作业单位许可证”或者其他合法使用的证明；
（3）购买单位的名称、地址、银行账户；
（4）购买的品种、数量和用途说明。

受理申请的公安机关应当自受理申请之日起 5 日内对提交的有关材料进行审查，对符合条件的，核发“民用爆炸物品购买许可证”；对不符合条件的，不予核发《民用爆炸物品购买许可证》，书面向申请人说明理由。

“民用爆炸物品购买许可证”应当载明许可购买的品种、数量，购买单位以及许可的有效期限。

四、民用爆炸物品运输的安全管理规定

1. 民用爆炸物品的运输许可条件

国家对民用爆炸物品运输实施行政许可制度。运输民用爆炸物品，收货单位应当向运达地县级人民政府公安机关提出申请，并提交包括下列内容的材料：

（1）民用爆炸物品生产企业、销售企业、使用单位以及进出口单位分别提供的“民用爆炸物品生产许可证”“民用爆炸物品销售许可证”“民用爆炸物品购买许可证”或者进出口批准证明；
（2）运输民用爆炸物品的品种、数量、包装材料和包装方式；
（3）运输民用爆炸物品的特性、出现险情的应急处置方法；
（4）运输时间、起始地点、运输路线、经停地点。

受理申请的公安机关应当自受理申请之日起 3 日内对提交的有关材料进行审查，对符合条件的，核发“民用爆炸物品运输许可证”；对不符合条件的，不予核发“民用爆炸物品运输许可证”，书面向申请人说明理由。

“民用爆炸物品运输许可证”应当载明收货单位、销售企业、承运人、一次性运输有效期限、起始地点、运输路线、经停地点，民用爆炸物品的品种、数量。

运输民用爆炸物品的，应当凭“民用爆炸物品运输许可证”，按照许可的品种、数量运输。

2. 经由道路运输民用爆炸物品的特别规定

经由道路运输民用爆炸物品的，应当遵守下列规定：

（1）携带“民用爆炸物品运输许可证”；

（2）民用爆炸物品的装载符合国家有关标准和规范，车厢内不得载人；

（3）运输车辆安全技术状况应当符合国家有关安全技术标准的要求，并按照规定悬挂或者安装符合国家标准的易燃易爆危险物品警示标志；

（4）运输民用爆炸物品的车辆应当保持安全车速；

（5）按照规定的路线行驶，途中经停应当由专人看守，并远离建筑设施和人口稠密的地方，不得在许可以外的地点经停；

（6）按照安全操作规程装卸民用爆炸物品，并在装卸现场设置警戒，禁止无关人员进入；

（7）出现危险情况立即采取必要的应急处置措施，并报告当地公安机关；

民用爆炸物品运达目的地，收货单位应当进行验收后在“民用爆炸物品运输许可证”上签注，并在 3 日内将“民用爆炸物品运输许可证”交回发证机关核销。

3. 民用爆炸物品运输的禁止性规定

禁止携带民用爆炸物品搭乘公共交通工具或者进入公共场所；禁止邮寄民用爆炸物品，禁止在托运的货物、行李、包裹、邮件中夹带民用爆炸物品。

五、爆破作业的安全管理规定

1. 爆破作业的安全许可条件

申请从事爆破作业的单位，应当具备下列条件：

（1）爆破作业属于合法的生产活动；

（2）有符合国家有关标准和规范的民用爆炸物品专用仓库；

（3）有具备相应资格的安全管理人员、仓库管理人员和具备国家规定执业资格的爆破作业人员；

（4）有健全的安全管理制度、岗位安全责任制度；

（5）有符合国家标准、行业标准的爆破作业专用设备；

（6）法律、行政法规规定的其他条件。

营业性爆破作业单位持“爆破作业单位许可证”到工商行政管理部门办理工商登记后，方可从事营业性爆破作业活动。爆破作业单位应当在办理工商登记后 3 日内，向所在地县级人民政府公安机关备案。

2. 爆破作业的安全管理

爆炸作业应当遵守下列规定：

（1）爆破作业单位应当对本单位的爆破作业人员、安全管理人员、仓库管理人员进行专业技术培训。爆破作业人员应当经设区的市级人民政府公安机关考核合格，取得“爆破作业人员许可证”后，方可从事爆破作业。

（2）爆破作业单位应当按照其资质等级承接爆破作业项目，爆破作业人员应当按照其资格等级从事爆破作业。爆破作业的分级管理办法由国务院公安部门规定。

（3）在城市、风景名胜区和重要工程设施附近实施爆破作业的，应当向爆破作业所在地设区的市级人民政府公安机关提出申请，提交“爆破作业单位许可证”和具有相应资质的安全评估企业出具的爆破设计、施工方案评估报告。受理申请的公安机关应当自受理申请之日起 20 日内对提交的有关材料进行审核，对符合条件的，作出批准的决定；对不符合条件的，作出不予批准的决定，并书面向申请人说明理由。在城市，风景名胜区和重要工程设施附近实施爆破作业的，应当由具有相应资质的安全监理企业进行监理，由爆破作业所在地县级人民政府公安机关负责组织实施安全警戒。

（4）爆破作业单位跨省、自治区、直辖市行政区域从事爆破作业的，应当事先将爆破作业项目的有关情况向爆破作业所在地县级人民政府公安机关报告。

（5）爆破作业单位应当如实记载领取、发放民用爆炸物品的品种、数量、编号以及领取、发放人员姓名。领取民用爆炸物品的数量不得超过当班用量，作业后剩余的民用爆炸物品必须当班清退回库。爆破作业单位应当将领取、发放民用爆炸物品的原始记录保存 2 年备查。

（6）实施爆破作业，应当遵守国家有关标准和规范，在安全距离以外设置警示标志并安排警戒人员，防止无关人员进入；爆破作业结束后应当及时检查、排除未引爆的民用爆炸物品。

（7）爆破作业单位不再使用民用爆炸物品时，应当将剩余的民用爆炸物品登记造册，报所在地县级人民政府公安机关组织监督销毁。发现、拣拾无主民用爆炸物品的，应当立即报告当地公安机关。

六、民用爆炸物品储存的安全管理规定

1. 储存民用爆炸物品的规定

储存民用爆炸物品应当遵守下列规定：

（1）建立出入库检查、登记制度，收存和发放民用爆炸物品必须进行登记，做到账目清楚，账物相符；

（2）储存的民用爆炸物品数量不得超过储存设计容量，对性质相抵触的民用爆炸物品必须分库储存，严禁在库房内存放其他物品；

（3）专用仓库应当指定专人管理、看护，严禁无关人员进入仓库区内，严禁在仓库区内吸烟和用火，严禁把其他容易引起燃烧、爆炸的物品带入仓库区内，严禁在库房内住宿和进行其他活动；

（4）民用爆炸物品丢失、被盗、被抢，应当立即报告当地公安机关。

2. 现场临时存放、销毁的民用爆炸物品的规定

在爆破作业现场临时存放民用爆炸物品的，应当具备临时存放民用爆炸物品的条件并设专人管理、看护，不得在不具备安全存放条件的场所存放民用爆炸物品。

民用爆炸物品变质和过期失效的，应当及时清理出库，并予以销毁。销毁前应当登记造册，提出销毁实施方案，报省、自治区、直辖市人民政府民用爆炸物品行业主管部门所在地县级人民政府公安机关组织监督销毁。

七、民用爆炸物品安全管理违法行为及应负的法律责任

储存民用爆炸物品，构成犯罪的，依法追究刑事责任；尚不构成犯罪行为的，依法给予治安管理处罚在生产、储存、运输、使用民用爆炸物品中发生重大事故，造成严重后果或者后果特别严重，构成犯罪的，依法追究刑事责任。

未经许可生产、销售民用爆炸物品的，由民用爆炸物品行业主管部门责令停止非法生产、销售活动，处 10 万元以上 50 万元以下的罚款，并没收非法生产、销售的民用爆炸物品及其违法所得。

未经许可购买、运输民用爆炸物品或者从事爆破作业的，由公安机关责令停止非法购买、运输、爆破作业活动，处 5 万元以上 20 万元以下的罚款，并没收非法购买、运输以及从事爆破作业使用的民用爆炸物品及其违法所得。

生产、销售民用爆炸物品的企业有下列行为之一的，由民用爆炸物品行业主管部门责令限期改正，处 10 万元以上 50 万元以下的罚款；逾期不改正的，责令停产停业整顿；情节严重的，吊销“民用爆炸物品生产许可证”或者“民用爆炸物品销售许可证”：

（1）超出生产许可的品种、产量进行生产、销售的；

（2）违反安全技术规程生产作业的；

（3）民用爆炸物品的质量不符合相关标准的；

（4）民用爆炸物品的包装不符合法律、行政法规的规定以及相关标准的；

（5）超出购买许可的品种、数量销售民用爆炸物品的；

（6）向没有“民用爆炸物品生产许可证”“民用爆炸物品销售许可证”“民用爆炸物品购买许可证”的单位销售民用爆炸物品的；

（7）民用爆炸物品生产企业销售本企业生产的民用爆炸物品未按照规定向民用爆炸物品行业主管部门备案的；

（8）未经审批进出口民用爆炸物品的。

有下列情形之一的，由公安机关责令限期改正，处 5 万元以上 20 万元以下的罚款，逾期不改正的，责令停产停业整顿：

（1）未按照规定对民用爆炸物品做出警示标志，登记标识或者未对雷管编码打号的；

（2）超出购买许可的品种、数量购买民用爆炸物品的；

（3）使用现金或者实物进行民用爆炸物品交易的；

（4）未按照规定保存购买单位的许可证、银行账户转账凭证、经办人的身份证明复印件的；

（5）销售、购买、进出口民用爆炸物品，未按照规定向公安机关备案的；

（6）未按照规定建立民用爆炸物品登记制度，如实将本单位生产、销售、购买，运输、储存、使用民用爆炸物品的品种、数量和流向信息输入计算机系统的；

（7）未按照规定将“民用爆炸物品运输许可证”交回发证机关核销的。

经由道路运输民用爆炸物品，有下列情形之一的，由公安机关责令改正，处 5 万元以上 20 万元以下的罚款：

（1）违反运输许可事项的；

（2）未携带“民用爆炸物品运输许可证”的；

（3）违反有关标准和规范混装民用爆炸物品的；

（4）运输车辆未按照规定悬挂或者安装符合国家标准的易燃易爆危险物品警示标志的；

（5）未按照规定的路线行驶，途中经停没有专人看守或者在许可以外的地点经停的；

（6）装载民用爆炸物品的车厢载人的；

（7）出现危险情况未立即采取必要的应急处置措施、报告当地公安机关的。

任务七　《特种设备安全监察条例》

一、基本规定

1. 适用范围

本条例所称特种设备是指涉及生命安全、危险性较大的锅炉、压力容器（含气瓶，下同）、压力管道、电梯、起重机械、客运索道、大型游乐设施和场（厂）内专用机动车辆。

特种设备的生产（含设计、制造、安装、改造、维修，下同）、使用、检验检测及其监督检查，应当遵守本条例，但本条例另有规定的除外。

2. 特种设备安全监督管理部门

国务院特种设备安全监督管理部门负责全国特种设备的安全监察工作，县级以上地方负责特种设备安全监督管理的部门对本行政区域内特种设备实施安全监察（以下统称特种设备安全监督管理部门）。

二、特种设备生产的安全规定

1. 特种设备生产单位的规定

特种设备生产单位，应当依照本条例规定以及国务院特种设备安全监督管理部门制订并公布的安全技术规范（以下简称安全技术规范）的要求，进行生产活动。特种设备生产单位对其生产的特种设备的安全性能和能效指标负责，不得生产不符合安全性能要求和能效指标的特种设备，不得生产国家产业政策明令淘汰的特种设备。

2. 压力容器设计的安全管理

压力容器的设计单位应当经国务院特种设备安全监督管理部门许可，方可从事压力容器的设计活动。压力容器的设计单位应当具备下列条件：

（1）有与压力容器设计相适应的设计人员、设计审核人员；

（2）有与压力容器设计相适应的场所和设备；

（3）有与压力容器设计相适应的健全的管理制度和责任制度。

3. 特种设备及其安全附件、装置的安全管理

按照安全技术规范的要求，应当进行型式试验的特种设备产品、部件或者试制特种设备新产品、新部件、新材料，必须进行型式试验和能效测试。

锅炉、压力容器、电梯、起重机械、客运索道、大型游乐设施及其安全附件、安全保护装置的制造、安装、改造单位，以及压力管道用管子、管件、阀门、法兰、补偿器、安全保护装置等（以下简称压力管道元件）的制造单位和场（厂）内专用机动车辆的制造、改造单位，应当经国务院特种设备安全监督管理部门许可，方可从事相应的活动。

4. 气瓶充装单位的安全管理

移动式压力容器、气瓶充装单位应当经省、自治区、直辖市的特种设备安全监督管理部门许可，方可从事充装活动。充装单位应当具备下列条件：

（1）有与充装和管理相适应的管理人员和技术人员；

（2）有与充装和管理相适应的充装设备、检测手段、场地厂房、器具、安全设施；

（3）有健全的充装管理制度、责任制度、紧急处理措施；

气瓶充装单位应当向气体使用者提供符合安全技术规范要求的气瓶，对使用者进行气瓶安全使用指导，并按照安全技术规范的要求办理气瓶使用登记，提出气瓶的定期检验要求。

三、特种设备使用的安全规定

1. 特种设备使用单位的安全管理

（1）基本要求

特种设备使用单位，应当严格执行本条例和有关安全生产的法律、行政法规的规定，保证特种设备的安全使用。

特种设备使用单位应当使用符合安全技术规范要求的特种设备。特种设备投入使用前，使用单位应当核对其是否附有本条例第十五条规定的相关文件。

（2）使用登记

特种设备在投入使用前或者投入使用后 30 天内，特种设备使用单位应当向直辖市或者设区的市的特种设备安全监督管理部门登记。登记标志应当置于或者附着于该特种设备的显著位置。

（2）安全技术档案

特种设备使用单位应当建立特种设备安全技术档案。安全技术档案应当包括以下内容：

特种设备的设计文件、制造单位、产品质量合格证明、使用维护说明等文件以及安装技术文件和资料；

特种设备的定期检验和定期自行检查的记录；

特种设备的日常使用状况记录；

特种设备及其安全附件、安全保护装置、测量调控装置及有关附属仪器仪表的日常维护保养记录；

特种设备运行故障和事故记录；

高耗能特种设备的能效测试报告、能耗状况记录以及节能改造技术资料。

2. 特种设备维护保养和定期检验

特种设备使用单位应当对在用特种设备进行经常性日常维护保养，并定期自行检查。特种设备使用单位对在用特种设备应当至少每月进行一次自行检查,并做出记录。特种设备使用单位在对在用特种设备进行自行检查和日常维护保养时发现异常情况的，应当及时处理。特种设备使用单位应当对在用特种设备的安全附件、安全保护装置、测量调控装置及有关附属仪器仪表进行定期校验、检修，并做出记录。

特种设备使用单位应当按照安全技术规范的定期检验要求，在安全检验合格有效期届满前 1 个月向特种设备检验检测机构提出定期检验要求。检验检测机构接到定期检验要求后，应当按照安全技术规范的要求及时进行安全性能检验和能效测试。未经定期检验或者检验不合格的特种设备，不得继续使用。

3. 特种设备事故故障消除和报废注销

（1）事故故障消除

特种设备出现故障或者发生异常情况，使用单位应当对其进行全面检查，消除事故隐患后，方可重新投入使用。

特种设备不符合能效指标的，特种设备使用单位应当采取相应措施进行整改。

（2）报废注销

特种设备存在严重事故隐患，无改造、维修价值，或者超过安全技术规范规定使用年限，特种设备使用单位应当及时予以报废，并应当向原登记的特种设备安全监督管理部门办理注销。

4. 公共服务特种设备的安全管理

（1）电梯维护保养单位资质

电梯的日常维护保养必须由依照本条例取得许可的安装、改造、维修单位或者电梯制造单位进行。

（2）电梯维护保养的安全要求

电梯应当至少每 15 日进行一次清洁、润滑、调整和检查。电梯的日常维护保养单位应当在维护保养中严格执行国家安全技术规范的要求，保证其维护保养的电梯的安全技术性能，并负责落实现场安全防护措施，保证施工安全。

（3）安全管理机构和安全管理人员

电梯、客运索道、大型游乐设施等为公众提供服务的特种设备运营使用单位，应当设置特种设备安全管理机构或者配备专职的安全管理人员；其他特种设备使用单位，应当根据情况设置特种设备安全管理机构或者配备专职、兼职的安全管理人员。

（4）使用前的试运行和例行检查

客运索道、大型游乐设施的运营使用单位在客运索道、大型游乐设施每日投入使用前，应当进行试运行和例行安全检查，并对安全装置进行检查确认。电梯、客运索道、大型游乐设施的运营使用单位应当将电梯、客运索道、大型游乐设施的安全注意事项和警示标志置于易于为乘客注意的显著位置。

（5）客运索道、大型游乐设施的运营安全

客运索道、大型游乐设施的运营使用单位的主要负责人应当熟悉客运索道、大型游乐设施的相关安全知识，并全面负责客运索道、大型游乐设施的安全使用。客运索道、大型游乐设施的运营使用单位的主要负责人至少应当每月召开一次会议，督促、检查客运索道、大型游乐设施的安全使用工作；客运索道、大型游乐设施的运营使用单位，应当结合本单位的实际情况，配备相应数量的营救装备和急救物品。

（6）电梯运行安全

电梯投入使用后，电梯制造单位应当对其制造的电梯的安全运行情况进行跟踪调查和了解，对电梯的日常维护保养单位或者电梯的使用单位在安全运行方面存在的问题，提出改进建议，并提供必要的技术帮助。发现电梯存在严重事故隐患的，应当及时向特种设备安全监督管理部门报告。电梯制造单位对调查和了解的情况，应当做出记录。

四、特种设备检验检测的规定

1. 特种设备检验检测机构资质认可

特种设备检验检测机构，应当具备下列条件：

（1）有与所从事的检验检测工作相适应的检验检测人员；

（2）有与所从事的检验检测工作相适应的检验检测仪器和设备；

（3）有健全的检验检测管理制度、检验检测责任制度。

2. 特种设备检验检测人员资格管理

从事本条例规定的监督检验、定期检验、型式试验和无损检测的特种设备检验检测人员应当经国务院特种设备安全监督管理部门组织考核合格，取得检验检测人员证书，方可从事检验检测工作。

五、特种设备安全监督检查的规定

1. 特种设备安全监察部门的职权

特种设备安全监督管理部门应当依照本条例的规定；对特种设备生产、使用单位和检验检测机构实施安全监察。

特种设备安全监督管理部门根据举报或者取得的涉嫌违法证据，对涉嫌违反本条例规定的行为进行查处时，可以行使下列职权：

（1）向特种设备生产、使用单位和检验检测机构的法定代表人、主要负责人和其他有关人员调查、了解与涉嫌从事违反本条例的生产、使用、检验检测有关的情况；

（2）查阅、复制特种设备生产、使用单位和检验检测机构的有关合同、发票、账簿以及其他有关资料；

（3）对有证据表明不符合安全技术规范要求的或者有其他严重事故隐患、能耗严重超标的特种设备，予以查封或者扣押。

2. 许可、核准和登记的规定

（1）依照本条例规定实施许可、核准、登记的特种设备安全监督管理部门，应当严格依照本条例规定条件和安全技术规范要求对有关事项进行审查；不符合本条例规定条件和安全技术规范要求的，不得许可、核准、登记；在申请办理许可、核准期间，特种设备安全监督管理部门发现申请人未经许可从事特种设备相应活动或者伪造许可、核准证书的，不予受理或者不予许可、核准，并在1年内不再受理其新的许可、核准申请。

（2）未依法取得许可、核准、登记的单位擅自从事特种设备的生产、使用或者检验检测活动的，特种设备安全监督管理部门应当依法予以处理。

（3）违反本条例规定，被依法撤销许可的，自撤销许可之日起3年内，特种设备安全监督管理部门不予受理其新的许可申请。

六、特种设备事故预防和调查处理规定

1. 事故种类划分

有下列情形之一的，为特别重大事故：

（1）特种设备事故造成30人以上死亡，或者100人以上重伤（包括急性工业中毒，下同），或者1亿元以上直接经济损失的；

（2）600兆瓦以上锅炉爆炸的；

（3）压力容器、压力管道有毒介质泄漏，造成15万人以上转移的；

（4）客运索道、大型游乐设施高空滞留100人以上并且时间在48小时以上的。

有下列情形之一的，为重大事故：

（1）特种设备事故造成10人以上30人以下死亡，或者50人以上100人以下重伤，或者5000万元以上1亿元以下直接经济损失的；

（2）600兆瓦以上锅炉因安全故障中断运行240小时以上的；

（3）压力容器、压力管道有毒介质泄漏，造成5万人以上15万人以下转移的；

（4）客运索道、大型游乐设施高空滞留100人以上并且时间在24小时以上48小时以下的。

有下列情形之一的，为较大事故：

（1）特种设备事故造成3人以上10人以下死亡，或者10人以上50人以下重伤，或者1000万元以上5000万元以下直接经济损失的；

（2）锅炉、压力容器、压力管道爆炸的；

（3）压力容器、压力管道有毒介质泄漏，造成1万人以上5万人以下转移的；

（4）起重机械整体倾覆的；

（5）客运索道、大型游乐设施高空滞留人员12小时以上的。

有下列情形之一的，为一般事故：

（1）特种设备事故造成3人以下死亡，或者10人以下重伤，或者1万元以上1000万元以下直接经济损失的；

（2）压力容器、压力管道有毒介质泄漏，造成500人以上1万人以下转移的；

（3）电梯轿厢滞留人员2小时以上的；

（4）起重机械主要受力结构件折断或者起升机构坠落的；

（5）客运索道高空滞留人员3.5小时以上12小时以下的；

（6）大型游乐设施高空滞留人员1小时以上12小时以下的。

2. 事故预防

特种设备安全监督管理部门应当制定特种设备应急预案。特种设备使用单位应当制定事故应急专项预案，并定期进行事故应急演练。

3. 事故调查处理

特别重大事故由国务院或者国务院授权有关部门组织事故调查组进行调查。重大事故由国务院特种设备安全监督管理部门会同有关部门组织事故调查组进行调查。较大事故由省、自治区、直辖市特种设备安全监督管理部门会同有关部门组织事故调查组进行调查。一般事故由设区的市的特种设备安全监督管理部门会同有关部门组织事故调查组进行调查。

七、特种设备安全违法行为及应负的法律责任

1. 擅自从事特种设备设计、制造活动的法律责任

未经许可，擅自从事压力容器设计活动的，由特种设备安全监督管理部门予以取缔，处5万元以上20万元以下罚款；有违法所得的，没收违法所得；触犯刑律的，对负有责任的主管人员和其他直接责任人员依照《刑法》关于非法经营罪或者其他罪的规定，依法追究刑事责任。

锅炉、气瓶、氧舱和客运索道、大型游乐设施以及高耗能特种设备的设计文件，未经国务院特种设备安全监督管理部门核准的检验检测机构鉴定，擅自用于制造的，由特种设备安全监督管理部门责令改正，没收非法制造的产品，处5万元以上20万元以下罚款；触犯刑律的，对负有责任的主管人员和其他直接责任人员依照《刑法》关于生产、销售伪劣产品罪、非法经营罪或者其他罪的规定，依法追究刑事责任。

2. 违反型式试验的法律责任

按照安全技术规范的要求应当进行型式试验的特种设备产品、部件或者试制特种设备新产品、新部件，未进行整机或者部件型式试验的，由特种设备安全监督管理部门责令限期改正；逾期未改正的，处 2 万元以上 10 万元以下罚款。

3. 擅自从事特种设备生产、安装、改造、维修保养活动的法律责任

（1）未经许可，擅自从事锅炉、压力容器、电梯、起重机械、客运索道、大型游乐设施、场（厂）内专用机动车辆及其安全附件、安全保护装置的制造、安装、改造以及压力管道元件的制造活动的，由特种设备安全监督管理部门予以取缔，没收非法制造的产品，已经实施安装、改造的，责令恢复原状或者责令限期由取得许可的单位重新安装、改造，处 10 万元以上 50 万元以下罚款；触犯刑律的，对负有责任的主管人员和其他直接责任人员依照《刑法》关于生产、销售伪劣产品罪、非法经营罪、重大责任事故罪或者其他罪的规定，依法追究刑事责任；

（2）特种设备出厂时，未按照安全技术规范的要求附有设计文件、产品质量合格证明、安装及使用维修说明、监督检验证明等文件的，由特种设备安全监督管理部门责令改正；情节严重的，责令停止生产、销售，处违法生产、销售货值金额 30%以下罚款；有违法所得的，没收违法所得；

（3）未经许可，擅自从事锅炉、压力容器、电梯、起重机械、客运索道、大型游乐设施、场（厂）内专用机动车辆的维修或者日常维护保养的，由特种设备安全监督管理部门予以取缔，处 1 万元以上 5 万元以下罚款；有违法所得的，没收违法所得；触犯刑律的，对负有责任的主管人员和其他直接责任人员依照《刑法》关于非法经营罪、重大责任事故罪或者其他罪的规定，依法追究刑事责任；

（4）锅炉、压力容器、电梯、起重机械、客运索道、大型游乐设施的安装、改造、维修的施工单位以及场（厂）内专用机动车辆的改造、维修单位，在施工前未将拟进行的特种设备安装、改造、维修情况书面告知直辖市或者设区的市的特种设备安全监督管理部门进行施工的，或者在验收后 30 日内未将有关技术资料移交锅炉、压力容器、电梯、起重机械客运索道、大型游乐设施的使用单位的，由特种设备安全监督管理部门责令限期改正逾期未改正的，处 2000 元以上 1 万元以下罚款；

（5）锅炉、压力容器、压力管道元件、起重机械、大型游乐设施的制造过程和锅炉、压力容器、电梯、起重机械、客运索道、大型游乐设施的安装、改造、重大维修过程，以及锅炉清洗过程，未经国务院特种设备安全监督管理部门核准的检验检测机构按照安全技术规范的要求进行监督检验的，由特种设备安全监督管理部门责令改正，已经出厂的，没收违法生产、销售的产品，已经实施安装、改造、重大维修或者清洗的，责令限期进行监督检验，处 5 万元以上 20 万元以下罚款；有违法所得的，没收违法所得；情节严重的，撤销制造、安装、改造或者维修单位已经取得的许可，并由工商行政管理部门吊销其营业执照；触犯刑律的，对负有责任的主管人员和其他直接责任人员依照《刑法》关于生产，销售伪劣产品罪或者其他罪的规定，依法追究刑事责任；

（6）未经许可，擅自从事移动式压力容器或者气瓶充装活动的，由特种设备安全监督管理部门予以取缔，没收违法充装的气瓶，处10万元以上50万元以下罚款；有违法所得的，没收违法所得；触犯刑律的，对负有责任的主管人员和其他直接责任人员依照《刑法》关于非法经营罪或者其他罪的规定，依法追究刑事责任。

4. 特种设备生产单位、检验检测机构的法律责任

已经取得许可、核准的特种设备生产单位、检验检测机构有下列行为之一的，由特种设备安全监督管理部门责令改正，处2万元以上10万元以下罚款；情节严重的，撤销其相应资格：

（1）未按照安全技术规范的要求办理许可证变更手续的；

（2）不再符合本条例规定或者安全技术规范要求的条件，继续从事特种设备生产、检验检测的；

（3）未依照本条例规定或者安全技术规范要求进行特种设备生产、检验检测的；

（4）伪造、变造、出租、出借、转让许可证书或者监督检验报告的。

任务八 《生产安全事故应急条例》

一、事故应急的基本规定

1. 适用范围

本条例适用于生产安全事故应急工作；法律、行政法规另有规定的，适用其规定。储存、使用易燃易爆物品、危险化学品等危险物品的科研机构、学校、医院等单位的安全事故应急工作，参照本条例有关规定执行。

2. 事故应急工作体制

国务院统一领导全国的生产安全事故应急工作，县级以上地方人民政府统一领导本行政区域内的生产安全事故应急工作。生产安全事故应急工作涉及两个以上行政区域的，由有关行政区域共同的上一级人民政府负责，或者由各有关行政区域的上一级人民政府共同负责。

县级以上人民政府应急管理部门和其他对有关行业、领域的安全生产工作实施监督管理的部门（以下统称负有安全生产监督管理职责的部门）在各自职责范围内，做好有关行业、领域的生产安全事故应急工作。

县级以上人民政府应急管理部门指导、协调本级人民政府其他负有安全生产监督管理职责的部门和下级人民政府的生产安全事故应急工作。

乡、镇人民政府以及街道办事处等地方人民政府派出机关应当协助上级人民政府有关部门依法履行生产安全事故应急工作职责。

二、事故应急准备

1. 生产安全事故应急救援预案备案

县级以上人民政府负有安全生产监督管理职责的部门应当将其制定的生产安全事故应急救援预案报送本级人民政府备案；易燃易爆物品、危险化学品等危险物品的生产、经营、储存、运输单位，矿山、金属冶炼、城市轨道交通运营、建筑施工单位，以及宾馆、商场、娱乐场所、旅游景区等人员密集场所经营单位，应当将其制定的生产安全事故应急救援预案按照国家有关规定报送县级以上人民政府负有安全生产监督管理职责的部门备案，并依法向社会公布。

2. 生产安全事故应急救援预案演练

县级以上地方人民政府以及县级以上人民政府负有安全生产监督管理职责的部门，乡、镇人民政府以及街道办事处等地方人民政府派出机关，应当至少每 2 年组织 1 次生产安全事故应急救援预案演练。

易燃易爆物品、危险化学品等危险物品的生产、经营、储存、运输单位，矿山、金属冶炼、城市轨道交通运营、建筑施工单位，以及宾馆、商场、娱乐场所、旅游景区等人员密集场所经营单位，应当至少每半年组织 1 次生产安全事故应急救援预案演练，并将演练情况报送所在地县级以上地方人民政府负有安全生产监督管理职责的部门县级以上地方人民政府负有安全生产监督管理职责的部门应当对本行政区域内前款规定的重点生产经营单位的生产安全事故应急救援预案演练进行抽查；发现演练不符合要求的，应当责令限期改正。

3. 生产安全事故应急救援队伍建立

（1）县级以上人民政府负有安全生产监督管理职责的部门根据生产安全事故应急工作的实际需要，在重点行业、领域单独建立或者依托有条件的生产经营单位、社会组织共同建立应急救援队伍；

（2）易燃易爆物品、危险化学品等危险物品的生产、经营、储存、运输单位，矿山、金属冶炼、城市轨道交通运营、建筑施工单位，以及宾馆、商场、娱乐场所、旅游景区等人员密集场所经营单位，应当建立应急救援队伍。其中，小型企业或者微型企业等规模较小的生产经营单位，可以不建立应急救援队伍，但应当指定兼职的应急救援人员，并且可以与邻近的应急救援队伍签订应急救援协议。工业园区、开发区等产业聚集区域内的生产经营单位，可以联合建立应急救援队伍；

（3）应急救援队伍建立单位或者兼职应急救援人员所在单位应当按照国家有关规定对应急救援人员进行培训；应急救援人员经培训合格后，方可参加应急救援工作；

（4）生产经营单位应当及时将本单位应急救援队伍建立情况按照国家有关规定报送县级以上人民政府负有安全生产监督管理职责的部门，并依法向社会公布；

（5）县级以上人民政府负有安全生产监督管理职责的部门应当定期将本行业、本领域的应急救援队伍建立情况报送本级人民政府，并依法向社会公布。

三、事故应急救援

1. 应急救援组织

有关地方人民政府不能有效控制生产安全事故的，应当及时向上级人民政府报告。上级人民政府应当及时采取措施，统一指挥应急救援。发生生产安全事故后，有关人民政府认为有必要的，可以设立由本级人民政府及其有关部门负责人、应急救援专家、应急救援队伍负责人、事故发生单位负责人等人员组成的应急救援现场指挥部，并指定现场指挥部总指挥。现场指挥部实行总指挥负责制，按照本级人民政府的授权组织制定并实施生产安全事故现场应急救援方案，协调、指挥有关单位和个人参加现场应急救援。参加生产安全事故现场应急救援的单位和个人应当服从现场指挥部的统一指挥。

2. 应急救援费用

应急救援队伍接到有关人民政府及其部门的救援命令或者签有应急救援协议的生产经营单位的救援请求后，应当立即参加生产安全事故应急救援。应急救援队伍根据救援命令参加生产安全事故应急救援所耗费用，由事故责任单位承担；事故责任单位无力承担的，由有关人民政府协调解决。

有关人民政府及其部门根据生产安全事故应急救援需要依法调用和征用的财产，在使用完毕或者应急救援结束后，应当及时归还。财产被调用、征用或者调用、征用后毁损、灭失的，有关人民政府及其部门应当按照国家有关规定给予补偿。

四、事故应急违法行为及应负的法律责任

1. 行政管理部门违法行为及应负的法律责任

地方各级人民政府和街道办事处等地方人民政府派出机关以及县级以上人民政府有关部门违反本条例规定的，由其上级行政机关责令改正；情节严重的，对直接负责的主管人员和其他直接责任人员依法给予处分。

2. 生产经营单位违法行为及应负的法律责任

生产经营单位未制定生产安全事故应急救援预案、未定期组织应急救援预案演练、未对从业人员进行应急教育和培训，生产经营单位的主要负责人在本单位发生生产安全事故时不立即组织抢救的，由县级以上人民政府负有安全生产监督管理职责的部门依照《中华人民共和国安全生产法》有关规定追究法律责任。

生产经营单位未对应急救援器材、设备和物资进行经常性维护、保养，导致发生严重生产安全事故或者生产安全事故危害扩大，或者在本单位发生生产安全事故后未立即采取相应的应急救援措施，造成严重后果的，由县级以上人民政府负有安全生产监督管理职责的部门依照《中华人民共和国突发事件应对法》有关规定追究法律责任。

生产经营单位未将生产安全事故应急救援预案报送备案、未建立应急值班制度或者配备应急值班人员的，由县级以上人民政府负有安全生产监督管理职责的部门责令限期改正；逾期未改正的，处 3 万元以上 5 万元以下的罚款，对直接负责的主管人员和其他直接责任人员处 1 万元以上 2 万元以下的罚款。

任务九 《生产安全事故报告和调查处理条例》

一、事故报告和调查处理的基本规定

1. 事故调查处理的原则

《生产安全事故报告和调查处理条例》对事故调查处理原则的规定体现在以下五个方面：

（1）坚持实事求是、尊重科学的原则；

（2）及时、准确地查清事故经过、事故原因和事故损失；

（3）查明事故性质，认定事故责任；

（4）总结事故教训，提出整改措施；

（5）对事故责任者依法追究责任。

2. 生产安全事故分级

（1）事故定级的要素

事故定级要素的界定必须从各类事故侵犯的相关主体、社会关系和危害后果等方面来考虑。《生产安全事故报告和调查处理条例》规定的事故分级要素有三个，可以单独适用。

人员伤亡的数量（人身要素）。安全生产和事故调查处理都要以人为本，最大限度地保护从业人员的生命安全。事故危害的最严重后果，就是造成人员死亡、重伤（中毒）。因此，《生产安全事故报告和调查处理条例》将人员伤亡的梳理列为事故分级的第一要素；

直接经济损失的数额（经济要素）。事故不仅造成人员伤亡，而且经常造成直接经济损失。要保护国家、企业和人民群众的财产权，必须根据造成直接经济损失的多少来区分事故等级；

社会影响（社会要素）。有些事故的伤亡人数、直接经济损失数额达不到法定标准，但是具有恶劣的社会影响、政治影响和国际影响，也必须列为特殊事故进行调查处理，这是维护社会稳定的需要。

（2）通用的事故分级的规定

《生产安全事故报告和调查处理条例》将一般的生产安全事故分为下列四级：

特别重大事故，是指造成 30 人以上死亡，或 100 人以上重伤（包括急性工业中毒，下同），或 1 亿元以上直接经济损失的事故；

重大事故，是指造成 10 人以上 30 人以下死亡，或 50 人以上 100 人以下重伤，或 5000 万以上 1 亿元以下直接经济损失的事故；

较大事故，是指造成 3 人以上 10 人以下死亡，或 10 人以上 50 人以下重伤，或 1000 万以上 5000 万元以下直接经济损失的事故；

一般事故，是指造成 3 人以下死亡，或 10 人以下重伤，或 1000 万元以下直接经济损失的事故。

以上规定中的“以上”含本数，“以下”不含本数。

（3）特殊的事故分级的规定

补充分级。除了对事故分级的一般性规定之外，考虑到某些行业事故分级的特点，《生产安全事故报告和调查处理条例》第三条第二款规定：国务院安全生产监督管理部门可以会同国务院有关部门，制定事故等级划分的补充性规定。

社会影响恶劣事故。关于社会影响恶劣事故报告和调查处理的规定没有明确其事故等级，在实践中可以根据影响大小和危害程度，比照相应等级的事故进行调查处理。

二、生产安全事故报告的规定

1. 事故报告主体

《生产安全事故报告和调查处理条例》明确的负有事故报告义务的主体主要有：事故发生单位现场人员、事故单位负责人、有关政府职能部门、有关地方人民政府、其他报告义务人。

2. 事故报告对象

（1）事故发生单位的报告对象

发生事故后，现场有关人员应当立即向本单位负责人（包括主要负责人或有关负责人）报告。单位负责人接到报告后，应当立即（1 小时内）报告事故发生地县级以上人民政府安全生产监督管理部门。对于有关人民政府设有负责监管事故发生单位的行业主管部门的，事故发生单位除了向安全生产监督管理部门报告外，还要向负有安全生产监督管理职责的有关部门报告。

（2）县级以上人民政府职能部门的报告对象

按照逐级报告的程序，县级以上人民政府安全生产监督管理部门、负有安全生产监督管理职责的有关部门接到事故发生单位的报告后，其报告对象有两个，一是上一级人民政府安全生产监督管理部门、负有安全生产监督管理职责的有关部门，二是本级人民政府。

3. 事故报告的程序

（1）事故发生单位向政府职能部门报告

事故发生后，事故现场有关人员应当立即向本单位负责人报告；单位负责人接到报告后，应当于 1 小时内向事故发生地县级以上人民政府安全生产监督管理部门和负有安全生产监督管理职责的有关部门报告。

（2）政府部门报告的程度

特别重大事故、重大事故逐级上报至国务院安全生产监督管理部门和负有安全生产监督管理职责的有关部门；较大事故逐级上报至省、自治区、直辖市人民政府安全生产监督管理部门和负有安全生产监督管理职责的有关部门；一般事故逐级上报至设区的市级人民政府安全生产监督管理部门和负有安全生产监督管理职责的有关部门。

安全生产监督管理部门和负有安全生产监督管理职责的有关部门依照以上规定上报事故情况，应当同时报告本级人民政府。国务院安全生产监督管理部门和负有安全生产监督管理职责的有关部门以及省级人民政府接到发生特别重大事故、重大事故的报告后，应当立即报告国务院。

（3）越级报告

情况紧急时，事故现场有关人员可以直接向事故发生地县级以上人民政府安全生产监督管理部门和负有安全生产监督管理职责的有关部门报告。必要时，安全生产监督管理部门和负有安全生产监督管理职责的有关部门可以越级上报事故情况。

（4）事故续报、补报

事故报告后出现新情况，事故发生单位和安全生产监督管理部门和负有安全生产监督管理职责的有关部门应当及时续报。自事故发生之日起 30 日内（道路交通事故、火灾事故自发生之日起 7 日内），事故造成的伤亡人数发生变化的，事故发生单位和安全生产监督管理部门和负有安全生产监督管理职责的有关部门应当及时补报。

4. 事故报告的内容

事故报告内容包括：

（1）事故发生单位概况；

（2）事故发生的时间、地点以及事故现场情况；

（3）事故的简要经过；

（4）事故已经造成或可能造成的伤亡人数（包括下落不明的人数）和初步估计的直接经济损失；

（5）已经采取的措施；

（6）其他应当报告的情况。

三、生产安全事故调查的规定

1. 各级政府和有关部门的事故调查权限

特别重大事故由国务院或者国务院授权有关部门组织事故调查组进行调查。

重大事故、较大事故、一般事故分别由事故发生地省级人民政府、设区的市级人民政府、县级人民政府负责调查。省级人民政府、设区的市级人民政府、县级人民政府可以直接组织事故调查组进行调查，也可以授权或者委托有关部门组织事故调查组进行调查。

未造成人员伤亡的一般事故，县级人民政府也可以委托事故发生单位组织事故调查组进行调查。

2. 特殊规定

（1）提级调查

上级人民政府认为必要时，可以调查由下级人民政府负责调查的事故。

（2）升级调查

自事故发生之日起 30 日内（道路交通事故、火灾事故自发生之日起 7 日内），因事故伤亡人数变化导致事故等级发生变化，依照本条例规定应当由上级人民政府负责调查的，上级人民政府可以另行组织事故调查组进行调查。

（3）跨区域调查

特别重大事故以下等级事故，事故发生地与事故发生单位不在同一个县级以上行政区域的，由事故发生地人民政府负责调查，事故发生单位所在地人民政府应当派人参加。

3. 事故调查组的规定

（1）事故调查组的组成

事故调查组的组成应当遵循精简、效能的原则。根据事故的具体情况，事故调查组由有关人民政府、安全生产监督管理部门、负有安全生产监督管理职责的有关部门、监察机关、公安机关以及工会派人组成，并应当邀请人民检察院派人参加。事故调查组可以聘请有关专家参与调查。

（2）事故调查组人员素质要求

事故调查组成员应当具有事故调查所需要的知识和专长，并与所调查的事故没有直接利害关系。事故调查组成员在事故调查工作中应当诚信公正、恪尽职守，遵守事故调查组的纪律，保守事故调查的秘密。未经事故调查组组长允许，事故调查组成员不得擅自发布有关事故的信息。事故调查组组长由负责事故调查的人民政府指定。

（3）事故调查组的职责

查明事故发生的经过、原因、人员伤亡情况及直接经济损失；

认定事故的性质和事故责任；

提出对事故责任者的处理建议；

总结事故教训，提出防范和整改措施；

提交事故调查报告。

（4）事故调查组对有关问题的处理

事故调查中发现涉嫌犯罪的，应及时将有关材料或者其复印件移交司法机关处理；事故调查中需要进行技术鉴定的，应委托具有国家规定资质的单位进行技术鉴定。必要时，可以直接组织专家进行技术鉴定。技术鉴定所需时间不计入事故调查期限。

（5）事故调查报告

事故调查组应当自事故发生之日起 60 日内提交事故调查报告；特殊情况下，经负责事故调查的人民政府批准，提交事故调查报告的期限可以适当延长，但延长的期限最长不超过 60 日。

四、生产安全事故处理的规定

重大事故、较大事故、一般事故，负责事故调查的人民政府应当自收到事故调查报告之日起 15 日内作出批复；特别重大事故，30 日内作出批复，特殊情况下，批复时间可以适当延长，但延长的时间最长不超过 30 日。

有关机关应当按照人民政府的批复，依照法律、行政法规规定的权限和程序，对事故发生单位和有关人员进行行政处罚，对负有事故责任的国家工作人员进行处分。

事故发生单位应当按照负责事故调查的人民政府的批复，对本单位负有事故责任的人员进行处理，负有事故责任的人员涉嫌犯罪的，依法追究刑事责任。

事故处理的情况由负责事故调查的人民政府或者其授权的有关部门、机构向社会公布，依法应当保密的除外。

五、事故报告和调查处理违法行为及应负的法律责任

1. 责任主体

（1）事故发生单位；

（2）事故发生单位有关人员；

（3）有关政府、部门工作人员；

（4）中介机构及相关人员。

2. 违法行为应负的法律责任

事故发生单位主要负责人有下列行为之一的，处上一年年收入 40%至 80%的罚款；属于国家工作人员的，并依法给予处分；构成犯罪的，依法追究刑事责任：

（1）不立即组织事故抢救的；

（2）迟报或者漏报事故的；

（3）在事故调查处理期间擅离职守的。

事故发生单位对事故发生负有责任的，依照下列规定处以罚款：

（1）发生一般事故的，处 10 万元以上 20 万元以下的罚款；

（2）发生较大事故的，处 20 万元以上 50 万元以下的罚款；

（3）发生重大事故的，处 50 万元以上 200 万元以下的罚款；

（4）发生特别重大事故的，处 200 万元以上 500 万元以下的罚款。

有关地方人民政府、安全生产监督管理部门和负有安全生产监督管理职责的有关部门有下列行为之一的，对直接负责的主管人员和其他直接责任人员依法给予处分；构成犯罪的，依法追究刑事责任：

（1）不立即组织事故抢救的；
（2）迟报、漏报、谎报或者瞒报事故的；
（3）阻碍、干涉事故调查工作的；
（4）在事故调查中作伪证或者指使他人作伪证的。

参与事故调查的人员在事故调查中有下列行为之一的，依法给予处分；构成犯罪的，依法追究刑事责任：

（1）对事故调查工作不负责任，致使事故调查工作有重大疏漏的；
（2）包庇、袒护负有事故责任的人员或者借机打击报复的。

任务十 《工伤保险条例》

一、工伤保险的基本规定

1. 用人单位的义务

中华人民共和国境内的企业、事业单位、社会团体、民办非企业单位、基金会、律师事务所、会计师事务所等组织和有雇工的个体工商户（以下称用人单位）应当依照本条例规定参加工伤保险，为本单位全部职工或者雇工（以下称职工）缴纳工伤保险费。

2. 职工和雇工权利

中华人民共和国境内的企业、事业单位、社会团体、民办非企业单位、基金会、律师事务所、会计师事务所等组织的职工和个体工商户的雇工，均有依照本条例的规定享受工伤保险待遇的权利。

（1）用人单位应当将参加工伤保险的有关情况在本单位内公示；
（2）用人单位和职工应当遵守有关安全生产和职业病防治的法律法规，执行安全卫生规程和标准，预防工伤事故发生，避免和减少职业病危害；
（3）职工发生工伤时，用人单位应当采取措施使工伤职工得到及时救治。

3. 负责工伤保险的部门及职责

国务院社会保险行政部门负责全国的工伤保险工作。县级以上地方各级人民政府社会保险行政部门负责本行政区域内的工伤保险工作。社会保险行政部门按照国务院有关规定设立的社会保险经办机构（以下称经办机构）具体承办工伤保险事务。

二、缴纳工伤保险的规定

1. 工伤保险费的缴纳

工伤保险费根据以支定收、收支平衡的原则，确定费率：

（1）用人单位应当按时缴纳工伤保险费。职工个人不缴纳工伤保险费；

（2）用人单位缴纳工伤保险费的数额为本单位职工工资总额乘以单位缴费费率之积；

（3）对难以按照工资总额缴纳工伤保险费的行业，其缴纳工伤保险费的具体方式，由国务院社会保险行政部门规定；

（4）跨地区、生产流动性较大的行业，可以采取相对集中的方式异地参加统筹地区的工伤保险。具体办法由国务院社会保险行政部门会同有关行业的主管部门制定。

2. 工伤保险基金的使用

任何单位或个人不得将工伤保险基金用于投资运营、兴建或改建办公场所、发放奖金，或挪作其他用途。工伤保险基金应当留有一定比例的储备金，用于统筹地区重大事故的工伤保险待遇支付；储备金不足支付的，由统筹地区的人民政府支付。储备金占基金总额的具体比例和储备金的使用办法，由省、自治区、直辖市人民政府规定。

三、工伤认定和劳动能力鉴定的规定

1. 工伤范围

职工有下列情形之一的，应当认定为工伤：

（1）在工作时间和工作场所内，因工作原因受到事故伤害的；

（2）工作时间前后在工作场所内，从事与工作有关的预备性或收尾性工作受到事故伤害的；

（3）在工作时间和工作场所内，因履行工作职责受到暴力等意外伤害的；

（4）患职业病的；

（5）因工外出期间，由于工作原因受到伤害或发生事故下落不明的；

（6）在上下班途中，受到非本人主要责任的交通事故或城市轨道交通、客运轮渡、火车事故伤害的；

（7）法律、行政法规规定应当认定为工伤的其他情形

2. 视同工伤

职工有下列情形之一的，视同工伤：

（1）在工作时间和工作岗位，突发疾病死亡或在 48 小时之内经抢救无效死亡的；

（2）在抢险救灾等维护国家利益和公共利益活动中受到伤害的；

（3）职工原在军队服役，因战、因工负伤致残，已取得革命伤残军人证，到用人单位后旧伤复发的；

职工有以上第（1）项、第（2）项情形的，按照本条例的有关规定享受工伤保险待遇；有第（3）项情形的，按照本条例的有关规定享受除一次性伤残补助金以外的工伤保险待遇。

因故意犯罪、醉酒或吸毒、自残或自杀等情形的，不得认定为工伤或视同工伤。

3. 劳动能力的鉴定

设区的市级劳动能力鉴定委员会应当自收到劳动能力鉴定申请之日起 60 日内作出劳动能力鉴定结论，必要时，作出劳动能力鉴定结论的期限可以延长 30 日。劳动能力鉴定结论应当及时送达申请鉴定的单位和个人。

申请鉴定的单位或个人对设区的市级劳动能力鉴定委员会作出的鉴定结论不服的，可以在收到该鉴定结论之日起 15 日内向省、自治区、直辖市劳动能力鉴定委员会提出再次鉴定申请。省、自治区、直辖市劳动能力鉴定委员会作出的劳动能力鉴定结论为最终结论。

四、工伤保险待遇的规定

1. 一级至四级伤残的待遇

职工因工致残被鉴定为一级至四级伤残的，保留劳动关系，退出工作岗位，享受以下待遇：

（1）从工伤保险基金按伤残等级支付一次性伤残补助金，标准为：一级伤残为 27 个月的本人工资，二级伤残为 25 个月的本人工资，三级伤残为 23 个月的本人工资，四级伤残为 21 个月的本人工资；

（2）从工伤保险基金按月支付伤残津贴，标准为：一级伤残为本人工资的 90%，二级伤残为本人工资的 85%，三级伤残为本人工资的 80%，四级伤残为本人工资的 75%。伤残津贴实际金额低于当地最低工资标准的，由工伤保险基金补足差额；

（3）工伤职工达到退休年龄并办理退休手续后，停发伤残津贴，按照国家有关规定享受基本养老保险待遇。基本养老保险待遇低于伤残津贴的，由工伤保险基金补足差额职工因工致残被鉴定为一级至四级伤残的，由用人单位和职工个人以伤残津贴为基数，缴纳基本医疗保险费。

2. 五级至六级伤残的待遇

职工因工致残被鉴定为五级、六级伤残的，享受以下待遇：

从工伤保险基金按伤残等级支付一次性伤残补助金，标准为：五级伤残为 18 个月的本人工资，六级伤残为 16 个月的本人工资。

保留与用人单位的劳动关系，由用人单位安排适当工作。难以安排工作的，由用人单位按月发给伤残津贴，标准为；五级伤残为本人工资的 70%，六级伤残为本人工资的 60%，并由用人单位按照规定为其缴纳应缴纳的各项社会保险费。伤残津贴实际金额低于当地最低工资标准的，由用人单位补足差额。

经工伤职工本人提出，该职工可以与用人单位解除或者终止劳动关系，由工伤保险基金支付一次性工伤医疗补助金，由用人单位支付一次性伤残就业补助金。一次性工伤医疗补助金和一次性伤残就业补助金的具体标准由省、自治区、直辖市人民政府规定。

3. 七级至十级伤残的待遇

职工因工致残被鉴定为七级至十级伤残的，享受以下待遇：

从工伤保险基金按伤残等级支付一次性伤残补助金，标准为：七级伤残为13个月的本人工资，八级伤残为11个月的本人工资，九级伤残为9个月的本人工资，十级伤残为7个月的本人工资。

劳动、聘用合同期满终止，或者职工本人提出解除劳动、聘用合同的，由工伤保险基金支付一次性工伤医疗补助金，由用人单位支付一次性伤残就业补助金。一次性工伤医疗补助金和一次性伤残就业补助金的具体标准由省、自治区、直辖市人民政府规定。

五、申请行政复议或者提起行政诉讼的规定

有下列情形之一的，有关单位或者个人可以依法申请行政复议，也可以依法向人民法院提起行政诉讼：

（1）申请工伤认定的职工或者其近亲属、该职工所在单位对工伤认定申请不予受理的决定不服的；

（2）申请工伤认定的职工或者其近亲属、该职工所在单位对工伤认定结论不服的；

（3）用人单位对经办机构确定的单位缴费费率不服的；

（4）签订服务协议的医疗机构、辅助器具配置机构认为经办机构未履行有关协议或者规定的；

（5）工伤职工或者其近亲属对经办机构核定的工伤保险待遇有异议的。

六、工伤保险违法行为及应负的法律责任

1. 挪用工伤保险基金的法律责任

单位或个人违反《工伤保险条例》有关规定挪用工伤保险基金构成犯罪的，依法追究刑事责任；尚不构成犯罪的，依法给予处分或纪律处分。被挪用的基金由社会保险行政部门追回，并入工伤保险基金；没收的违法所得依法上缴国库。

2. 提供虚假信息及受贿的法律责任

从事劳动能力鉴定的组织或个人有下列情形之一的，由社会保险行政部门责令改正，处2000元以上1万元以下的罚款；情节严重，构成犯罪的，依法追究刑事责任：

（1）提供虚假鉴定意见的；

（2）提供虚假诊断证明的；

（3）收受当事人财物的。

任务十一 《大型群众性活动安全管理条例》

一、大型群众性活动安全管理的基本规定

1. 适用范围

本条例所称大型群众性活动，是指法人或者其他组织面向社会公众举办的每场次预计参加人数达到 1000 人以上的下列活动：

（1）体育比赛活动；

（2）演唱会、音乐会等文艺演出活动；

（3）展览、展销等活动；

（4）游园、灯会、庙会、花会、焰火晚会等活动；

（5）人才招聘会、现场开奖的彩票销售等活动。

影剧院、音乐厅、公园、娱乐场所等在其日常业务范围内举办的活动，不适用本条例的规定。

2. 方针及原则

大型群众性活动的安全管理应当遵循安全第一，预防为主的方针，坚持承办者负责、政府监管的原则。

3. 安全管理部门划分

县级以上人民政府公安机关负责大型群众性活动的安全管理工作。县级以上人民政府其他有关主管部门按照各自的职责，负责大型群众性活动的有关安全工作。

二、大型群众性活动安全责任

1. 安全责任人

大型群众性活动的承办者（以下简称承办者）对其承办活动的安全负责，承办者的主要负责人为大型群众性活动的安全责任人。

2. 安全工作方案

举办大型群众性活动，承办者应当制订大型群众性活动安全工作方案。大型群众性活动安全工作方案包括下列内容：

（1）活动的时间、地点、内容及组织方式；

（2）安全工作人员的数量、任务分配和识别标志；

（3）活动场所消防安全措施；

（4）活动场所可容纳的人员数量以及活动预计参加人数；

（5）治安缓冲区域的设定及其标识；

（6）入场人员的票证查验和安全检查措施；

（7）车辆停放、疏导措施；

（8）现场秩序维护、人员疏导措施；

（9）应急救援预案。

3. 承办者负责的安全事项

承办者具体负责下列安全事项：

（1）落实大型群众性活动安全工作方案和安全责任制度，明确安全措施、安全工作人员岗位职责，开展大型群众性活动安全宣传教育；

（2）保障临时搭建的设施、建筑物的安全，消除安全隐患；

（3）按照负责许可的公安机关的要求，配备必要的安全检查设备，对参加大型群众性活动的人员进行安全检查，对拒不接受安全检查的，承办者有权拒绝其进入；

（4）按照核准的活动场所容纳人员数量、划定的区域发放或者出售门票；

（5）落实医疗救护、灭火、应急疏散等应急救援措施并组织演练；

（6）对妨碍大型群众性活动安全的行为及时予以制止，发现违法犯罪行为及时向公安机关报告；

（7）配备与大型群众性活动安全工作需要相适应的专业保安人员以及其他安全工作人员；

（8）为大型群众性活动的安全工作提供必要的保障。

4. 场所管理者负责的安全事项

大型群众性活动的场所管理者具体负责下列安全事项：

（1）保障活动场所、设施符合国家安全标准和安全规定；

（2）保障疏散通道、安全出口、消防车通道、应急广播、应急照明、疏散指示标志符合法律法规、技术标准的规定；

（3）保障监控设备和消防设施、器材配置齐全、完好有效；

（4）提供必要的停车场地，并维护安全秩序。

5. 参加活动的人员应当遵守的规定

参加大型群众性活动的人员应当遵守下列规定：

（1）遵守法律法规和社会公德，不得妨碍社会治安、影响社会秩序；

（2）遵守大型群众性活动场所治安、消防等管理制度，接受安全检查，不得携带爆炸性、易燃性、放射性、毒害性、腐蚀性等危险物质或者非法携带枪支、弹药、管制器具；

（3）服从安全管理，不得展示侮辱性标语、条幅等物品，不得围攻裁判员、运动员或者其他工作人员，不得投掷杂物。

6. 公安机关的职责

公安机关应当履行下列职责：

（1）审核承办者提交的大型群众性活动申请材料，实施安全许可；

（2）制订大型群众性活动安全监督方案和突发事件处置预案；

（3）指导对安全工作人员的教育培训；

（4）在大型群众性活动举办前，对活动场所组织安全检查，发现安全隐患及时责令改正；

（5）在大型群众性活动举办过程中，对安全工作的落实情况实施监督检查，发现安全隐患及时责令改正；

（6）依法查处大型群众性活动中的违法犯罪行为，处置危害公共安全的突发事件。

三、大型群众性活动安全管理

1. 安全许可制度

公安机关对大型群众性活动实行安全许可制度。《营业性演出管理条例》对演出活动的安全管理另有规定的，从其规定。

2. 举办大型群众性活动的条件

举办大型群众性活动应当符合下列条件：

（1）承办者是依照法定程序成立的法人或者其他组织；

（2）大型群众性活动的内容不得违反宪法、法律法规的规定，不得违反社会公德；

（3）具有符合本条例规定的安全工作方案，安全责任明确、措施有效；

（4）活动场所、设施符合安全要求。

3. 不同情况下，实施安全许可的部门

（1）大型群众性活动的预计参加人数在1000人以上5000人以下的，由活动所在地县级人民政府公安机关实施安全许可；

（2）预计参加人数在5000人以上的，由活动所在地设区的市级人民政府公安机关或者直辖市人民政府公安机关实施安全许可；

（3）跨省、自治区、直辖市举办大型群众性活动的，由国务院公安部门实施安全许可。

4. 承办者申请时应当提交的资料

承办者应当在活动举办日的20日前提出安全许可申请，申请时，应当提交下列材料：

（1）承办者合法成立的证明以及安全责任人的身份证明；

（2）大型群众性活动方案及其说明，2个或者2个以上承办者共同承办大型群众性活动的，还应当提交联合承办的协议；

（3）大型群众性活动安全工作方案；

（4）活动场所管理者同意提供活动场所的证明。

依照法律、行政法规的规定，有关主管部门对大型群众性活动的承办者有资质、资格要求的，还应当提交有关资质、资格证明。

5. 公安机关收到申请材料的处置

公安机关收到申请材料应当依法作出受理或者不予受理的决定。对受理的申请，应当自受理之日起 7 日内进行审查，对活动场所进行查验，对符合安全条件的，作出许可的决定；对不符合安全条件的，作出不予许可的决定，并书面说明理由。

四、大型群众性活动违法行为及应负的法律责任

1. 承办者的违法处罚

承办者擅自变更大型群众性活动的时间、地点、内容或者擅自扩大大型群众性活动的举办规模的，由公安机关处 1 万元以上 5 万元以下罚款；有违法所得的，没收违法所得。未经公安机关安全许可的大型群众性活动由公安机关予以取缔，对承办者处 10 万元以上 30 万元以下罚款。

承办者或者大型群众性活动场所管理者违反本条例规定致使发生重大伤亡事故治安案件或者造成其他严重后果构成犯罪的，依法追究刑事责任；尚不构成犯罪的，对安全责任人和其他直接责任人员依法给予处分、治安管理处罚，对单位处 1 万元以上 5 万元以下罚款。

2. 安全责任人的违法处罚

在大型群众性活动举办过程中发生公共安全事故，安全责任人不立即启动应急救援预案或者不立即向公安机关报告的，由公安机关对安全责任人和其他直接责任人员处 5000 元以上 5 万元以下罚款。

3. 参加大型群众性活动的人员的违法处罚

参加大型群众性活动的人员有违反本条例第九条规定行为的，由公安机关给予批评教育；有危害社会治安秩序、威胁公共安全行为的，公安机关可以将其强行带离现场，依法给予治安管理处罚；构成犯罪的，依法追究刑事责任。

4. 主管部门的工作人员和主管人员的违法处罚

有关主管部门的工作人员和直接负责的主管人员在履行大型群众性活动安全管理职责中，有滥用职权、玩忽职守、徇私舞弊行为的，依法给予处分；构成犯罪的，依法追究刑事责任。

任务十二　《女职工劳动保护特别规定》

一、女职工劳动保护的基本规定

1. 适用范围

中华人民共和国境内的国家机关、企业、事业单位、社会团体、个体经济组织以及其他社会组织等用人单位及其女职工，适用本规定。

2. 安全生产卫生知识培训

用人单位应当加强女职工劳动保护，采取措施改善女职工劳动安全卫生条件，对女职工进行劳动安全卫生知识培训。

二、女职工禁忌从事的劳动范围

1. 女职工禁忌从事的劳动范围

女职工禁忌从事的劳动范围：

（1）矿山井下作业；

（2）体力劳动强度分级标准中规定的第四级体力劳动强度的作业；

（3）每小时负重 6 次以上、每次负重超过 20 公斤的作业，或者间断负重、每次负重超过 25 公斤的作业。

2. 女职工在经期禁忌从事的劳动范围

女职工在经期禁忌从事的劳动范围：

（1）冷水作业分级标准中规定的第二级、第三级、第四级冷水作业；

（2）低温作业分级标准中规定的第二级、第三级、第四级低温作业；

（3）体力劳动强度分级标准中规定的第三级、第四级体力劳动强度的作业；

（4）高处作业分级标准中规定的第三级、第四级高处作业。

3. 女职工在孕期禁忌从事的劳动范围

女职工在孕期禁忌从事的劳动范围：

（1）作业场所空气中铅及其化合物、汞及其化合物、苯、镉、铍、砷、氰化物、氮氧化物、一氧化碳、二硫化碳、氯、己内酰胺、氯丁二烯、氯乙烯、环氧乙烷、苯胺、甲醛等有毒物质浓度超过国家职业卫生标准的作业；

（2）从事抗癌药物、己烯雌酚生产，接触麻醉剂气体等的作业；

（3）非密封源放射性物质的操作，核事故与放射事故的应急处置；

（4）高处作业分级标准中规定的高处作业；

（5）冷水作业分级标准中规定的冷水作业；

（6）低温作业分级标准中规定的低温作业；

（7）高温作业分级标准中规定的第三级、第四级的作业；

（8）噪声作业分级标准中规定的第三级、第四级的作业；

（9）体力劳动强度分级标准中规定的第三级、第四级体力劳动强度的作业；

（10）在密闭空间、高压室作业或者潜水作业，伴有强烈振动的作业，或者需要频繁弯腰、攀高、下蹲的作业。

4. 女职工在哺乳期禁忌从事的劳动范围

女职工在哺乳期禁忌从事的劳动范围：

（1）孕期禁忌从事的劳动范围的第（1）项、第（3）项、第（9）项；

（2）作业场所空气中锰、氟、溴、甲醇、有机磷化合物、有机氯化合物等有毒物质浓度超过国家职业卫生标准的作业。

三、孕产期从业的相关规定

1. 孕期从业的相关规定

（1）用人单位不得因女职工怀孕、生育、哺乳降低其工资、予以辞退、与其解除劳动或者聘用合同；

（2）女职工在孕期不能适应原劳动的，用人单位应当根据医疗机构的证明，予以减轻劳动量或者安排其他能够适应的劳动；对怀孕 7 个月以上的女职工，用人单位不得延长劳动时间或者安排夜班劳动，并应当在劳动时间内安排一定的休息时间。怀孕女职工在劳动时间内进行产前检查，所需时间计入劳动时间。

2. 产期从业的相关规定

（1）产假

女职工生育享受 98 天产假，其中产前可以休假 15 天；难产的，增加产假 15 天；生育多胞胎的，每多生育 1 个婴儿，增加产假 15 天。女职工怀孕未满 4 个月流产的，享受 15 天产假；怀孕满 4 个月流产的，享受 42 天产假。

（2）生育津贴与医疗费用

女职工产假期间的生育津贴，对已经参加生育保险的，按照用人单位上年度职工月平均工资的标准由生育保险基金支付；对未参加生育保险的，按照女职工产假前工资的标准由用人单位支付。女职工生育或者流产的医疗费用，按照生育保险规定的项目和标准，对已经参加生育保险的，由生育保险基金支付；对未参加生育保险的，由用人单位支付

四、女职工劳动保护违法行为及应负的法律责任

1. 监督管理部门

县级以上人民政府人力资源社会保障行政部门、安全生产监督管理部门按照各自职责负责对用人单位遵守本规定的情况进行监督检查。工会、妇女组织依法对用人单位。

遵守本规定的情况进行监督

2. 用人单位的违法处罚

用人单位违反本规定女职工禁忌从事和经期从事的劳动范围规定的，由县级以上人民政府安全生产监督管理部门责令限期改正，按照受侵害女职工每人 1000 元以上 5000 元以下的标准计算，处以罚款。用人单位违反本规定女职工在孕期和哺乳期从事劳动范围规定的，由县级以上人民政府安全生产监督管理部门责令限期治理，处 5 万元以上 30 万元以下的罚款；情节严重的，责令停止有关作业，或者提请有关人民政府按照国务院规定的权限责令关闭。

3. 女职工的权利

用人单位违反本规定，侵害女职工合法权益的，女职工可以依法投诉、举报、申诉，依法向劳动人事争议调解仲裁机构申请调解仲裁，对仲裁裁决不服的，依法向人民法院提起诉讼。

案例分析

内蒙古阿拉善新井煤业有限公司露天煤矿“2·22”特别重大坍塌事故

2023年2月22日13时12分许，内蒙古自治区阿拉善盟孪井滩生态移民示范区内蒙古新井煤业有限公司露天煤矿发生特别重大坍塌事故，造成53人死亡、6人受伤，直接经济损失20430.25万元。

一、事故经过

2023年2月22日6时30分，挖机司机、自卸卡车司机、钻机司机等222人陆续进入作业现场。11时56分起，事发区域西侧、顶部等地点发生小面积滑塌，边坡坡面及底部出现裂缝、冒尘等滑塌征兆。12时27分，在事发区域东侧边界处标高1395米台阶坡脚进行爆破作业。12时40分，176名作业人员午饭后返回采场作业。13时许，宏鑫垚公司李凤军到西区南帮查看施工作业时，发现北帮边坡异常后使用对讲机分别于13时6分许、10分许、12分许喊话，通知“挖机装完后撤离”“所有汽车、挖机向后撤”“所有人员撤离”。

13时12分许，采场北帮边帮岩体发生大面积滑落坍塌，现场59名作业人员和17台挖机、27台自卸卡车、8台钻机、4台皮卡车、1台装载机、1台小型客车等58台作业设备被埋，最终造成53人死亡、6人受伤。

二、事故原因

未按初步设计施工，随意合并台阶，形成超高超陡边坡，在采场底部连续高强度剥离采煤，致使边坡稳定性持续降低，处于失稳状态，边帮岩体沿断层面和节理面滑落坍塌，加之应急处置不力，未能及时组织现场作业人员逃生，造成重大人员伤亡和财产损失。

三、事故暴露的主要问题

（一）煤矿严重违法建设生产

1. 边建设边生产

新井煤矿设计产能90万吨/年，事发时处于建设阶段不允许生产，但无视法律法规要求，大肆违法违规组织开采，2020 年 12 月至 2023 年 1 月实际生产原煤 245 万吨。

2. 越界开采

采矿证面积 1.3448 平方公里，实际采场剥离面积达 1.698 平方公里。采场东南部区域超越采矿证矿界和设计批准范围剥离，面积约 2.9 万平方米。

3. 违法发包给无资质企业施工

新井煤矿将土石方剥离工程先发包给无任何资质的宏鑫垚公司，被有关部门发现并责令整改后，为蒙混过关，又发包给只具有建筑施工资质的宁夏固本公司，仍不符合矿山建设需要的矿山工程施工总承包资质。

4. 严重违规组织生产形成重大隐患

为了多出煤、降成本，违反设计组织施工，形成超高超陡台阶，人为制造重大事故隐患。2022 年 3 月，事发区域东侧曾发生过大面积滑坡，清理用时 2 个多月。2022 年 8 月，事发区域发生局部滑坡，9 月后滑坡区范围逐渐变大。事发前数日和当日频繁发生浮石滚落或小面积滑坡，仍未督促施工单位采取有效治理措施。

5. 安全管理流于形式

股东及其代表直接指挥生产作业，“五职矿长”和职能部门等不履行法定职责；未对施工单位安全生产工作纳入统一协调、管理，存在“以包代管”现象；未按规定执行矿领导带班制度，未安排人员应急值守；长期不开展安全生产教育培训和应急演练。安全生产费用被挪用于发放职工工资、采购办公用品、工程挂账等。

6. 技术管理缺失

没有地质测量、生产技术管理部门及人员；未编制项目施工组织设计、剥采作业计划；未编制边坡工程监测方案，未按设计设置监测点，未对边坡稳定性进行分析。

（二）施工单位违法冒险蛮干

1. 无资质施工

宁夏固本公司、宏鑫垚公司均无矿山工程施工总承包资质，违法承揽工程施工。

2. 不顾安全冒险作业

无施工组织计划，随意布置钻孔，频繁组织在高陡台阶坡底实施爆破，采用“掏根”式剥挖，违章指挥、冒险作业。对经常性发生的地表变形、浮石滚落等边坡隐患未采取有效措施。

3. 安全管理混乱

安全生产管理机构不健全，规章制度不完善，长期不开展隐患排查治理，从未组织开展过安全生产教育培训和应急演练。没有设置专门负责技术管理的机构及人员，未编制作业规程和安全技术措施。

4. 应急处置不力

未安排人员应急值守，2023 年 2 月 19 日、20 日西区边坡已发现有落石、伞檐等险情，不做处置继续作业；2 月 22 日，发现事故征兆后没有及时有效组织现场作业人员逃生。

（三）中介机构、监理公司故意弄虚作假

1. 评价报告造假

内蒙古煤科院针对能源、自然资源部门编制了开采境界不一致的初步设计、开发利用方案，编制的初步设计和安全专篇超出采矿许可证允许开采范围。在已经发生滑坡情况下，边坡稳定性验算分析评价报告仍作出“未见滑坡现象”的结论，与实际严重不符，提供虚假报告。

2. 监理合同造假

宁夏正信公司无矿山工程监理资质，借用山东天柱公司监理资质承接新井煤矿监理工程；天柱银川分公司私刻山东天柱公司印章，以山东天柱公司名义与新井煤矿签订《建设工程监理合同》，实际由宁夏正信公司负责工程监理。宁夏正信公司名义上在新井煤矿设立项目部、派驻 4 名监理人员，实际只安排 1 名无监理资质的人员驻矿。

3. 矿山储量年报造假

在新井煤矿 2020 年 12 月至 2023 年 1 月已经出煤 245 万吨的情况下，亿诚勘查公司编制的新井煤矿 2021 年度、2022 年度矿山储量年报动用资源储量为 0 万吨，与实际严重不符。

（四）有关部门监管不严不实

1. 行政审批层层失守

2013 年原内蒙古自治区煤炭工业局、原内蒙古煤矿安监局在审查新井煤矿井工转露天技改建设项目初步设计和安全专篇时，均未发现设计地表境界超出采矿权范围的问题。2020 年以来，内蒙古自治区自然资源厅、阿拉善盟自然资源局在发现新井煤矿越界剥离的情况下，仍为其办理井工转露天变更和延续手续。

2. 对越界剥离查处不力

2017 年原孪井滩示范区国土资源局对矿区超范围剥离进行行政处罚，但没有监督其退回批准范围。2021 年以来至事发前，孪井滩示范区自然资源局对新井煤矿巡查 50 余次，对发现的“部分土方剥离工作面已超出采矿许可证的范围”问题。仍然没有监督整改；在采矿许可证延续、井工转露天变更时，新井煤矿长期存在超出矿区范围剥离等情况下，仍然为其出具同意的意见。阿拉善盟自然资源局 4 次现场检查都未对新井煤矿超出矿区范围剥离进行监督整改，在新井煤矿存在违法行为情况下，对井工转露天变更初审时出具同意意见。内蒙古自治区自然资源厅未发现开发利用方案中存在的矿权范围和开采方式不匹配、服务年限和资源利用不合理等问题。

3. 复工验收把关不严

2021 年 2 月 4 日，孪井滩示范区发展改革和经济统计局（以下简称孪井滩示范区发改统计局）组织示范区自然资源局、应急管理局等有关部门进行预验收；3 月 12 日，阿拉善盟安委办组织盟能源局、公安局、自然资源局、应急管理局等有关部门进行现场核查，原则同意初步验收意见，并要求孪井滩示范区管委会督促企业整改核查中发现的问题；3 月 24 日，孪井滩示范区发改统计局对阿拉善盟安委办核查反馈的问题进行现场核查后，在超范围剥离、边坡管理等问题没有整改到位的情况下提请复工，4 月 2 日孪井滩示范区管委会批准复工。

4. 监管监察不实，对重大隐患视而不见

针对媒体报道“13 次监管执法均未采取强制措施”的问题，经调查，2021 年以来至事发前，孪井滩示范区发改统计局对新井煤矿安全检查 80 余次，对露天煤矿边坡管理专项检查，只是以企业自查代替；对上级有关部门交办的、实际并未整改的问题，出具整改完成的报告。阿拉善盟能源局安全检查 3 次，没有开展露天煤矿边坡管理专项检查，事故后补报专项总结。内蒙古自治区能源局安全检查 3 次，对检查发现和委托检查发现的 58 条问题未跟踪整改，对采场最下部台阶超高问题只有 1 次提出责令改正要求。国家矿山安监局内蒙古局安全检查 3 次，对采场最下部台阶超高问题只有 1 次提出责令改正要求。以上部门对煤矿长期未按设计施工、边建设边生产、采场北部台阶超高边坡超陡、边坡监测系统形同虚设等显而易见的重大事故隐患，以及施工单位无矿山工程施工资质承揽工程施工，监理人员不具备相应资质等严重违法违规行为，均未采取有效措施制止。

（五）地方党委政府失管失察

内蒙古自治区及相关地方党委、政府贯彻落实习近平总书记重要指示精神和党中央、国务院关于安全生产的决策部署存在差距，未牢固树立红线意识和安全发展理念，没有统筹好发展和安全的关系，没有深刻汲取近年来辖区内发生的重特大矿山事故教训，落实国家关于安全生产的有关文件和会议精神不到位。孪井滩示范区不重视煤矿安全监管队伍建设，没有配备与煤矿安全监管任务相适应的监管力量。未有效监督、检查有关部门履行安全生产监管职责情况，未有效制止新井煤矿不按照设计组织施工，2021 年 4 月批准新井煤矿复工验收把关不严，对新井煤矿长期以来越界剥离、边建设边高强度组织生产的违法违规问题监督不力。阿拉善盟重发展轻安全，盟行署先后召开两次会议，决定将正在建设的新井煤矿列为 2022 年保供煤矿，并下达 20 万吨保供任务；未有效督促指导盟行署有关部门及孪井滩示范区党工委、管委会认真履行安全生产职责，对有关部门未有效制止新井煤矿不按照设计组织施工、越界剥离和长期边建设边高强度组织生产的违法违规问题失管失察。内蒙古自治区未有效督促自治区有关部门依法依规履行煤矿安全监管职责；未有效督促阿拉善盟依法依规履行煤矿安全生产相关职责。

四、处理建议

（一）移交司法机关采取强制措施

事故调查组已将新井煤矿、宏鑫垚公司、祥伟公司、内蒙古煤科院、天柱银川分公司、宁夏正信公司等单位涉嫌刑事犯罪人员移交司法机关依法采取强制措施。

（二）有关公职人员

对在事故调查中发现的地方党委政府及有关部门的公职人员履职方面存在的问题等线索及相关材料，移交中央纪委国家监委内蒙古阿拉善“2·22”特别重大坍塌事故追责问责审查调查组。

（三）行政处罚

对新井煤矿、宁夏固本公司、宏鑫垚公司、祥伟公司、瑞隆爆破公司、永安爆破公司、山东天柱公司、天柱银川分公司、宁夏正信公司、内蒙古煤科院、亿诚勘查公司等 11 家单位及其有关人员涉及违法违规问题的行政处罚，移交内蒙古自治区人民政府组织有关地区和部门依法依规处理。

（四）其他建议

鉴于内蒙古自治区党委、政府对事故的发生负有重要领导责任，需要深刻反思、改进工作，同时为推动各有关方面特别是地方各级党委政府更加深刻领会习近平总书记重要指示精神，增强忧患意识和底线思维，更好统筹发展和安全，切实把确保人民生命安全放在第一位落到实处，建议内蒙古自治区党委、政府向党中央、国务院作出深刻检查。

五、事故主要教训

（一）安全发展理念不牢固，统筹发展和安全存在严重偏差

习近平总书记强调，各级党委和政府特别是领导干部要牢固树立安全生产观念，正确处理安全和发展的关系，坚持发展决不能以牺牲安全为代价这条红线，不能有丝毫侥幸心理，不能不顾人民群众福祉和安全。这起事故暴露出一些地方和领导干部，没有完整、准确、全面贯彻新发展理念，统筹发展和安全不到位，重发展轻安全的问题仍然突出。地方政府把不具备安全条件的煤矿作为经济发展的重要增长点，主观认为露天煤矿风险小、灾害轻、不会发生大事故，降低安全标准，放松安全管理，为事故发生埋下祸根。一讲保供就不顾安全要求，将处于在建期间的新井煤矿列为保供煤矿，为企业违法违规建设生产戴上了“护身符”，对破坏资源、污染环境、不顾安全的违法违规建设生产行为“睁一只眼、闭一只眼”，对煤矿长期存在的重大事故隐患视而不见，最终酿成惨痛事故。

（二）汲取事故教训不深刻，屡屡重蹈覆辙

习近平总书记多次强调，对典型事故不要处理完就过去了，要深入研究其规律和特点；对易发生重特大事故的行业领域，要采取风险分级管控、隐患排查治理双重预防性工作机制，推动安全生产关口前移。内蒙古自治区矿山数量多、产量大，安全风险隐患比较突出，全国上一起煤矿特别重大事故就发生在内蒙古，但对矿山高危行业的风险认识不足、重视不够，汲取事故教训不深刻。2016 年内蒙古赤峰宝马“12·3”特别重大瓦斯爆炸事故暴露出的查处煤矿越界违法开采行为不坚决、联动执法机制缺失等问题，2019 年内蒙古锡林郭勒盟银漫矿业“2·23”重大井下车辆伤害事故暴露出的企业安全管理混乱、基层专业监管力量缺乏等问题，在这次阿拉善露天煤矿事故中仍然存在而且十分严重。2022 年甘肃白银泓胜煤矿“7·23”重大边坡坍塌事故后，国家矿山安监局针对边坡管理等问题已部署开展排查整治，内蒙古工作仍不认真不扎实。这些问题反映出，一些地方和企业没有深刻汲取事故教训，没有针对性地开展排查整，导致同类问题屡查屡犯、同类事故重蹈覆辙。

（三）监管执法斗争精神不足，隐患排查整治质量不高

习近平总书记强调，要以对人民极端负责的精神抓好安全生产工作，守土有责，敢于担当，严格监管，让人民群众安心放心。从新井煤矿事故暴露出的问题看，一些地方和部门缺乏发现问题和解决问题的强烈意愿，行政审批层层失守，监管监察不敢动真碰硬，隐患排查整治形式主义问题突出，导致一些显而易见的重大隐患常治长存、长期摆在那里，最终造成不可挽回的重大损失。监管人员日常检查缺乏斗争精神，有的甚至流于形式，重检查数量和痕迹、不重质量，发现问题避重就轻、一交了之、不罚不停，对边建设边生产、局部台阶坡面角大于 60 度等凭肉眼和常识即可发现的严重问题，多个部门百余次检查未能及时有效制止，对不按设计组织施工、出现不稳定滑坡现象等重大隐患该停的不停。在复工过程中，对发现的未按设计施工、边坡管理混乱等问题，没有跟踪督促整改，在事故煤矿前期自查和专家查出问题未完全整改情况下，让企业“带病”复工。

（四）企业主体责任严重不落实，违法违规建设生产无底线

习近平总书记强调，各生产单位要承担和落实安全生产主体责任，强化安全生产第一意识，加强安全生产基础能力建设，坚决遏制重特大事故发生。事故企业安全生产主体责任全部落空，企业主要负责人不履行第一责任人责任，安全管理人员不履行安全生产法定职责。

事故煤矿实际控制人“只想赚钱、不管安全”，利欲熏心，无视安全生产法律法规，盲目要产量、要效益，搞“人海战术”，冒险组织施工作业；法定代表人履职有名无实，任命的“五职矿长”不懂专业、全是“挂名”，实际主要管理人员曾因瞒报生产安全事故被判刑，不具备企业管理资格；设置的安全技术管理机构，形同虚设。施工单位毫无安全底线、恣意妄为，不具备矿山工程施工总承包资质，违规承包分包，现场管理

极其混乱，违章指挥、冒险作业，对重大安全隐患视而不见；施工队伍随招随用，不培训就上岗；不开展应急演练，发现事故征兆未有效组织撤离，错失最佳逃生时机。中介机构唯利是图、没有职业操守，罔顾执业基本准则和基本事实，违法违规出具虚假设计方案、储量年报，违法违规出借监理资质，监理合同弄虚作假，无监理资质承揽工程，现场监理如同摆设。

（五）资源规划布局不合理，小型矿山安全条件差

党中央、国务院对集约节约开发利用矿产资源工作十分重视，要求规范和整治矿产开发秩序，切实解决矿山布局不合理、经营粗放、浪费资源、破坏环境、生产安全事故频发等问题，加快推进绿色矿山建设，促进矿产资源高效利用。内蒙古自治区矿产资源开发规划不尽科学，一些矿业权设置不合理。全区现有小型露天煤矿 133 处、占全区的 58.6%，小型露天非煤矿山 773 处、占全区的 80%，“多、小、散”的现象仍然存在。按采矿许可范围和设计最终边坡角 36 度计算，新井煤矿出煤量仅 95 万吨，剩余约 695 万吨无法采出，资源利用率低下。这些小矿山“先天不足”，难以长远规划和科学设计，边建设边生产问题突出，甚至冒险蛮干，想方设法放大最终边坡角，采用“打井式”“一面墙式”开采。同时，企业安全机构不健全、安全和技术管理人员缺乏、从业人员流动性大等问题十分普遍。

（国务院事故调查组）

课后练习

一、单项选择题

1. 煤矿企业（　　）超能力、超强度或者超定员组织生产。

A. 可以　　B. 不得　　C. 必须　　D. 偶尔可以

2. 依据《烟花爆竹安全管理条例》的规定，从事道路运输烟花爆竹的托运人将烟花爆竹运达目的地后，收货人应于（　　）日内将《烟花爆竹道路运输许可证》交回发证机关核销。

A. 2　　B. 3　　C. 5　　D. 10

3. 女职工生育享受（　　）天产假，其中产前可以休假（　　）天。

A. 98，16　　B. 100，16

C. 98，15　　D. 100，15

二、多项选择题

1. 下列企业中，属于安全生产许可证的发放范围的有（　　）。

A. 矿山企业　　B. 建筑设计企业

C. 建筑施工企业　　D. 危险化学品

E. 军用爆破器材生产企业

2. 适用《特种设备安全监察条例》安全监察的特种设备有（ ）。

A. 海上设施和船舶　　B. 核设施

C. 起重机械　　D. 客运索道

E. 铁路机车

参考答案及解析

一、单项选择题

1. B【解析】根据《煤矿安全生产条例》第三十一条：煤矿企业不得超能力、超强度或者超定员组织生产。

2. B【解析】烟花爆竹运达目的地后，收货人应当在 3 日内将《烟花爆竹道路运输许可证》交回发证机关核销。

3. C【解析】女职工生育享受 98 天产假，其中产前可以休假 15 天。

二、多项选择题

1. ACD【解析】安全生产许可证的发放范围具体包括五类企业：矿山企业、建筑施工企业和危险化学品、烟花爆竹、民用爆破器材生产企业。

2. CD【解析】《特种设备安全监察条例》第二条规定，本条例所称特种设备是指涉及生命安全、危险性较大的锅炉、压力容器（含气瓶）、压力管道、电梯、起重机械、客运索道、大型游乐设施和场（厂）内专用机动车辆。

模块六 安全生产部门规章及重要文件

安全生产部门规章及重要文件是安全生产法律法规的重要组成部分，对安全管理工作具有很强的指导性，具有数量多、范围广、更新快、技术性和可操作性强等特点。本模块主要介绍最新的安全生产部门规章和重要文件，共36个，如注册安全工程师分类管理办法、生产经营单位安全培训规定、特种作业人员安全技术培训考核管理规定等。

学习目标

知识目标

（1）熟悉最新的安全生产部门规章和文件；

（2）掌握安全生产部门规章和重要文件的主要内容和要求。

能力目标

（1）能够根据最新的安全生产部门规章和重要文件更新制度、操作规程、预案等；

（2）能够按最新的安全生产部门规章和重要文件的要求指导和培训员工；

（3）初步具备运用安全生产部门规章和重要文件指导实际工作的能力。

素质目标

（1）具备较强的责任心、敬业精神和安全意识；

（2）具备持续学习与改进的意识；

（3）具有良好的沟通能力和协作意识。

任务一 《注册安全工程师分类管理办法》及相关制度文件

一、注册安全工程师职业资格考试的规定

1. 注册安全工程师专业类别划分及级别设置

（1）人力资源和社会保障部、国家安全监管总局（现已并入应急管理部）负责注册安全工程师职业资格制度的制定、指导、监督和检查实施，统筹规划注册安全工程师专业分类；

（2）注册安全工程师专业类别划分为：煤矿安全、金属非金属矿山安全、化工安全、金属冶炼安全、建筑施工安全、道路运输安全、其他安全（不包括消防安全）。如需另行增设专业类别，由国务院有关行业主管部门提出意见，人力资源和社会保障部、国家安全监管总局（现已并入应急管理部）共同确定；

（3）注册安全工程师级别设置为：高级、中级、初级（助理）。

2. 注册管理机构

注册安全工程师按照专业类别进行注册，国家安全监管总局（现已并入应急管理部）或其授权的机构为注册安全工程师职业资格的注册管理机构。

3. 注册安全工程师考试方式

（1）高级注册安全工程师采取考试与评审相结合的评价方式，具体办法另行规定；

（2）中级注册安全工程师职业资格考试按照专业类别实行全国统一考试，考试科目分为公共科目和专业科目，由人力资源和社会保障部、国家安全监管总局（现已并入应急管理部）负责组织实施；

（3）助理注册安全工程师职业资格考试使用全国统一考试大纲，考试和注册管理由各省、自治区、直辖市人力资源社会保障部门和安全监管部门会同有关行业主管部门组织实施。

4. 考试大纲的编制和命审题组织工作

（1）国家安全监管总局（现已并入应急管理部）或其授权的机构负责中级注册安全工程师职业资格公共科目和专业科目（建筑施工安全、道路运输安全类别除外）考试大纲的编制和命题组织工作；

（2）住房城乡建设部、交通运输部或其授权的机构分别负责建筑施工安全、道路运输安全类别中级注册安全工程师职业资格专业科目考试大纲的编制和命题工作；

（3）人力资源和社会保障部负责审定考试大纲，负责组织实施考务工作。

5. 注册初审、终审工作

（1）住房城乡建设部、交通运输部或其授权的机构分别负责其职责范围内建筑施工安全、道路运输安全类别中级注册安全工程师的注册初审工作。各省、自治区、直辖市安全监管部门和经国家安全监管总局（现已并入应急管理部）授权的机构负责其他中级注册安全工程师的注册初审工作；

（2）国家安全监管总局（现已并入应急管理部）或其授权的机构负责中级注册安全工程师的注册终审工作。终审通过的建筑施工安全、道路运输安全类别中级注册安全工程师名单分别抄送住房城乡建设部、交通运输部。

二、注册安全工程师的职责

1. 注册安全工程师的职责

危险物品的生产、储存单位以及矿山、金属冶炼单位应当有相应专业类别的中级及以上注册安全工程师从事安全生产管理工作。

2. 中级及以上注册安全工程师比例

危险物品的生产、储存单位以及矿山单位安全生产管理人员中的中级及以上注册安全工程师比例应自本办法施行之日起 2 年内，金属冶炼单位安全生产管理人员中的中级及以上注册安全工程师比例应自本办法施行之日起 5 年内达到 15%左右并逐步提高。

3. 注册安全工程师与政府主管部门安全能力合格证明的关系

取得注册安全工程师职业资格证书并经注册的人员，表明其具备与所从事的生产经营活动相应的安全生产知识和管理能力，可视为其安全生产知识和管理能力考核合格。

4. 注册安全工程师与工程系列安全工程专业职称之间的关系

注册安全工程师各级别与工程系列安全工程专业职称相对应，不再组织工程系列安全工程专业职称评审。高级注册安全工程师考评办法出台前，工程系列安全工程专业高级职称评审仍然按现行制度执行。

任务二 《注册安全工程师管理规定》

一、注册安全工程师注册管理的基本规定

1. 适用范围

（1）取得中华人民共和国注册安全工程师执业资格证书的人员注册以及注册后的执业、继续教育及其监督管理，适用本规定；

（2）获准在中华人民共和国境内就业的外籍人员及香港特别行政区、澳门特别行政区、台湾地区的专业人员，符合本规定要求的，按照本规定执行；

（3）本规定所称注册安全工程师是指取得中华人民共和国注册安全工程师执业资格证书（以下简称资格证书），在生产经营单位从事安全生产管理、安全技术工作或者在安全生产中介机构从事安全生产专业服务工作，并按照本规定注册取得中华人民共和国注册安全工程师执业证（以下简称执业证）和执业印章的人员。

2. 监管部门及其职责

（1）国家安全生产监督管理总局（现已并入应急管理部）对全国注册安全工程师的注册、执业活动实施统一监督管理。国务院有关主管部门对本系统注册安全工程师的注册、执业活动实施监督管理；

（2）省、自治区、直辖市人民政府安全生产监督管理部门对本行政区域内注册安全工程师的注册、执业活动实施监督管理；

（3）省级煤矿安全监察机构（以下与省、自治区、直辖市人民政府安全生产监督管理部门统称省级注册机构）对所辖区域内煤矿安全注册安全工程师的注册、执业活动实施监督管理。

3. 注册安全工程师的配备

（1）从业人员 300 人以上的煤矿、非煤矿矿山、建筑施工单位和危险物品生产、经营单位，应当按照不少于安全生产管理人员 15%的比例配备注册安全工程师；安全生产管理人员在 7 人以下的，至少配备 1 名；

（2）从业人员 300 人以上的煤矿、非煤矿矿山、建筑施工单位和危险物品生产、经营单位以外的其他生产经营单位，应当配备注册安全工程师或者委托安全生产中介机构选派注册安全工程师提供安全生产服务；

（3）安全生产中介机构应当按照不少于安全生产专业服务人员 30%的比例配备注册安全工程师。

二、注册安全工程师注册的规定

1. 申请的条件

申请取得注册安全工程师执业证的人员，必须同时具备两项条件：一是取得资格证书；二是在生产经营单位从事安全生产管理、安全技术工作或者在安全生产中介机构从事安全生产专业服务工作。

2. 初始注册的申请材料

申请初始注册应当提交下列材料：

（1）注册申请表；

（2）申请人资格证书（复印件）；

（3）申请人与聘用单位签订的劳动合同或者聘用文件（复印件）；

（4）申请人有效身份证件或者身份证明（复印件）。

3. 不予注册的规定

申请人有下列情形之一的，不予注册：

（1）不具有完全民事行为能力的；

（2）在申请注册过程中有弄虚作假行为的；

（3）同时在两个或者两个以上聘用单位申请注册的；

（4）安全监管总局（现已并入应急管理部）规定的不予注册的其他情形。

4. 注册的程序

取得资格证书的人员申请注册，按照下列程序办理：

申请人向聘用单位提出申请，聘用单位同意后，将申请人按《注册安全工程师管理规定》第十一条、第十三条、第十四条规定的申请材料报送部门，省级注册机构；中央企业总公司（总厂、集团公司）经安全监管总局（现已并入应急管理部）认可，可以将本企业申请人的申请材料直接报送安全监管总局（现已并入应急管理部）；申请人和聘用单位应当对申请材料的真实性负责。

部门、省级注册机构在收到申请人的申请材料后，应当做出是否受理的决定，并向申请人出具书面凭证；申请材料不齐全或者不符合要求，应当当场或者在 5 日内一次性告知申请人需要补正的全部内容。逾期不告知的，自收到申请材料之日起即为受理。部门、省级注册机构自受理申请之日起 20 日内将初步核查意见和全部申请材料报送安全监管总局（现已并入应急管理部）。

安全监管总局（现已并入应急管理部）自收到部门、省级注册机构以及中央企业总公司（总厂、集团公司）报送的材料之日起 20 日内完成复审并作出书面决定。准予注册的，自作出决定之日起 10 日内，颁发执业证和执业印章，并在公众媒体上予以公告；不予注册的，应当书面说明理由。

5. 延续注册的规定

注册的有效期为 3 年，自准予注册之日起计算。注册有效期满需要延续注册的，申请人应当在有效期满 30 日前，按照《注册安全工程师管理规定》第十条规定的程序提出申请。注册审批机关应当在有效期满前作出是否准予延续注册的决定；逾期未作决定的，视为准予延续。

申请延续注册，应当提交下列材料：

（1）注册申请表；

（2）申请人执业证；

（3）申请人与聘用单位签订的劳动合同或者聘用文件（复印件）；

（4）聘用单位出具的申请人执业期间履职情况证明材料；

（5）注册有效期内达到继续教育要求的证明材料注：根据《注册安全工程师职业资格制度规定》，中级注册安全工程师注册有效期为 5 年。有效期满前 3 个月，需要延续注册的，应向注册初审机构提出延续注册申请。

6. 变更注册的规定

在注册有效期内，注册安全工程师变更执业单位，应当按照《注册安全工程师管理规定》第十条规定的程序提出申请，办理变更注册手续，变更注册后仍延续原注册有效期。

申请变更注册，申请人应当提交下列材料：

（1）注册申请表；

（2）申请人执业证；

（3）申请人与原聘用单位合同到期或者解聘证明（复印件）；

（4）申请人与新聘用单位签订的劳动合同或者聘用文件（复印件）。注册安全工程师在办理变更注册手续期间不得执业。

7. 重新注册

有下列情形之一的，注册安全工程师应当及时告知执业证和执业印章颁发机关；重新具备条件的，按照《注册安全工程师管理规定》第十一条、第十四条申请重新注册或者变更注册：

（1）注册有效期满未延续注册的；
（2）聘用单位被吊销营业执照的；
（3）聘用单位被吊销相应资质证书的；
（4）与聘用单位解除劳动关系的。

8. 注销注册

执业证颁发机关发现有下列情形之一的，应当将执业证和执业印章收回，并办理注销注册手续：

（1）注册安全工程师受到刑事处罚的；
（2）有《注册安全工程师管理规定》第十五条规定情形之一未申请重新注册或者变更注册的；
（3）法律法规规定的其他情形。

三、注册安全工程师执业的规定

1. 执业范围

注册安全工程师的执业范围包括：安全生产管理、安全生产检查、安全评价或者安全评估、安全检测检验、安全生产技术咨询、服务安全生产教育和培训、法律法规规定的其他安全生产技术服务。

2. 聘用单位的责任

聘用单位应当为注册安全工程师建立执业活动档案，并保证档案内容的真实性。

四、注册安全工程师的权利和义务

1. 注册安全工程师的权利

（1）使用注册安全工程师称谓；
（2）从事规定范围内的执业活动；
（3）对执业中发现的不符合安全生产要求的事项提出意见和建议；
（4）参加继续教育；
（5）使用本人的执业证和执业印章；
（6）获得相应的劳动报酬；
（7）对侵犯本人权利的行为进行申诉；
（8）法律法规规定的其他权利。

2. 注册安全工程师的义务

（1）保证执业活动的质量，承担相应的责任；
（2）接受继续教育，不断提高执业水准；
（3）在本人执业活动所形成的有关报告上署名；

（4）维护国家、公众的利益和受聘单位的合法权益；

（5）保守执业活动中的秘密；

（6）不得出租、出借、涂改、变造执业证和执业印章；

（7）不得同时在两个或者两个以上单位受聘执业；

（8）法律法规规定的其他义务。

五、注册安全工程师的继续教育

1. 教育时间

注册安全工程师在每个注册周期内应当参加继续教育，时间累计不得少于 48 学时。

2. 继续教育的实施

继续教育由部门、省级注册机构按照统一制定的大纲组织实施。中央企业注册安全工程师的继续教育可以由中央企业总公司（总厂、集团公司）组织实施。继续教育应当由具备安全培训条件的机构承担。

六、违反本规定的行为及应负的法律责任

1. 违反本规定的行为及应负的法律责任

（1）弄虚作假申请注册的处理

安全生产监督管理部门、煤矿安全监察机构或者有关主管部门发现申请人、聘用单位隐瞒有关情况或者提供虚假材料申请注册的，应当不予受理或者不予注册；申请人 1 年内不得再次申请注册。

（2）骗取执业证的处罚

注册安全工程师以欺骗、贿赂等不正当手段取得执业证的，由县级以上安全生产监督管理部门、有关主管部门或者煤矿安全监察机构处 3 万元以下的罚款；由执业证颁发机关撤销其注册，当事人 3 年内不得再次申请注册。

（3）未经注册擅自执业的处罚

未经注册擅自以注册安全工程师名义执业的，由县级以上安全生产监督管理部门、有关主管部门或者煤矿安全监察机构责令其停止违法活动，没收违法所得，并处 3 万元以下的罚款；造成损失的，依法承担赔偿责任。

（4）违法执业的处罚

注册安全工程师有下列行为之一的，由县级以上安全生产监督管理部门、有关主管部门或者煤矿安全监察机构处 3 万元以下的罚款；由执业证颁发机关吊销其执业证，当事人 5 年内不得再次申请注册；造成损失的，依法承担赔偿责任；构成犯罪的，依法追究刑事责任：

准许他人以本人名义执业的；

以个人名义承接业务、收取费用的；

出租、出借、涂改、变造执业证和执业印章的；
泄露执业过程中应当保守的秘密并造成严重后果的；
利用执业之便，贪污、索贿、受贿或者谋取不正当利益的；
提供虚假执业活动成果的；
超出执业范围或者聘用单位业务范围从事执业活动的；
法律法规、规章规定的其他违法行为。
（5）国家行政机关工作人员违法的处分
在注册工作中，工作人员有下列行为之一的，依照有关规定给予行政处分：
利用职务之便，索取或者收受他人财物或者谋取不正当利益的；
对发现不符合条件的申请人准予注册的；
对符合条件的申请人不予注册的。

任务三 《生产经营单位安全培训规定》

一、生产经营单位安全培训的基本规定

1. 适用范围

工矿商贸生产经营单位（以下简称生产经营单位）从业人员的安全培训，适用本规定。

2. 生产经营单位的职责

生产经营单位负责本单位从业人员安全培训工作。生产经营单位应当按照安全生产法和有关法律、行政法规和本规定，建立健全安全培训工作制度。

3. 从业人员的分类及安全培训要求

（1）从业人员分类

生产经营单位应当进行安全培训的从业人员包括主要负责人、安全生产管理人员、特种作业人员和其他从业人员。生产经营单位主要负责人是指有限责任公司或者股份有限公司的董事长、总经理，其他生产经营单位的厂长、经理、（矿务局）局长、矿长（含实际控制人）等。生产经营单位安全生产管理人员是指生产经营单位分管安全生产的负责人、安全生产管理机构负责人及其管理人员，以及未设安全生产管理机构的生产经营单位专、兼职安全生产管理人员等。

（2）生产经营单位使用被派遣劳动者的培训要求

生产经营单位使用被派遣劳动者的，应当将被派遣劳动者纳入本单位从业人员统一管理，对被派遣劳动者进行岗位安全操作规程和安全操作技能的教育和培训。劳务派遣单位应当对被派遣劳动者进行必要的安全生产教育和培训。

（3）生产经营单位对实习学生的培训要求

生产经营单位接收中等职业学校、高等学校学生实习的，应当对实习学生进行相

应的安全生产教育和培训，提供必要的劳动防护用品。学校应当协助生产经营单位对实习学生进行安全生产教育和培训。

4. 安全培训的监督管理部门及职责

国家对安全培训实行的是“综合监管、专项监管”“分级负责、属地监管”相结合的监督管理体制。国家安全生产监督管理总局（现已并入应急管理部）指导全国安全培训工作，依法对全国的安全培训工作实施监督管理。国务院有关主管部门按照各自职责指导监督本行业安全培训工作，并按照本规定制定实施办法。国家煤矿安全监察局（现已划入应急管理部，且更名为国家矿山安全监察局）指导监督检查全国煤矿安全培训工作。各级安全生产监督管理部门和煤矿安全监察机构（以下简称安全生产监管监察部门）按照各自的职责，依法对生产经营单位的安全培训工作实施监督管理。

二、主要负责人、安全生产管理人员的安全培训

1. 主要负责人安全培训内容

生产经营单位主要负责人的安全培训应当包括下列内容：

（1）国家安全生产方针、政策和有关安全生产的法律法规、规章及标准；

（2）安全生产管理基本知识、安全生产技术、安全生产专业知识；

（3）重大危险源管理、重大事故防范、应急管理和救援组织以及事故调查处理的有关规定；

（4）职业危害及其预防措施；

（5）国内外先进的安全生产管理经验；

（6）典型事故和应急救援案例分析；

（7）其他需要培训的内容

2. 安全生产管理人员安全培训内容

生产经营单位安全生产管理人员的安全培训应当包括下列内容：

（1）国家安全生产方针、政策和有关安全生产的法律法规、规章及标准；

（2）安全生产管理、安全生产技术、职业卫生等知识；

（3）伤亡事故统计、报告及职业危害的调查处理方法；

（4）应急管理、应急预案编制以及应急处置的内容和要求；

（5）国内外先进的安全生产管理经验；

（6）典型事故和应急救援案例分析；

（7）其他需要培训的内容。

3. 安全培训时间

安全培训时间分两类，一类是初次安全培训时间，另一类是每年再培训时间。生产经营单位主要负责人和安全生产管理人员初次安全培训时间不得少于 32 学时，每年再培训时间不得少于 12 学时；煤矿、非煤矿山、危险化学品、烟花爆竹、金属冶炼

等生产经营单位主要负责人和安全生产管理人员初次安全培训时间不得少于 48 学时，每年再培训时间不得少于 16 学时。

三、其他从业人员的安全培训

1. 新工人上岗培训要求

煤矿、非煤矿山、危险化学品、烟花爆竹、金属冶炼等生产经营单位必须对新上岗的临时工、合同工、劳务工、轮换工、协议工等进行强制性安全培训，保证其具备本岗位安全操作、自救互救以及应急处置所需的知识和技能后，方能安排上岗作业。

加工、制造业等生产单位的其他从业人员，在上岗前必须经过厂（矿）、车间（工段、区、队）、班组三级安全培训教育。生产经营单位应当根据工作性质对其他从业人员进行安全培训，保证其具备本岗位安全操作、应急处置等知识和技能。

2. 安全培训时间

生产经营单位新上岗的从业人员，岗前安全培训时间不得少于 24 学时。煤矿、非煤矿山、危险化学品、烟花爆竹、金属冶炼等生产经营单位新上岗的从业人员安全培训时间不得少于 72 学时，每年再培训的时间不得少于 20 学时。

3. 厂（矿）级岗前安全培训

厂（矿）级岗前安全培训内容应当包括：

（1）本单位安全生产情况及安全生产基本知识；

（2）本单位安全生产规章制度和劳动纪律；

（3）从业人员安全生产权利和义务；

（4）有关事故案例等。

煤矿、非煤矿山、危险化学品、烟花爆竹、金属冶炼等生产经营单位厂（矿）级安全培训除包括上述内容外，应当增加事故应急救援、事故应急预案演练及防范措施等内容。

4. 车间（工段、区、队）级岗前安全培训

车间（工段、区、队）级岗前安全培训内容应当包括：

（1）工作环境及危险因素；

（2）所从事工种可能遭受的职业伤害和伤亡事故；

（3）所从事工种的安全职责、操作技能及强制性标准；

（4）自救互救、急救方法、疏散和现场紧急情况的处理；

（5）安全设备设施、个人防护用品的使用和维护；

（6）本车间（工段、区、队）安全生产状况及规章制度；

（7）预防事故和职业危害的措施及应注意的安全事项；

（8）有关事故案例；

（9）其他需要培训的内容。

5. 班组级岗前安全培训

班组级岗前安全培训内容应当包括：

（1）岗位安全操作规程；

（2）岗位之间工作衔接配合的安全与职业卫生事项；

（3）有关事故案例；

（4）其他需要培训的内容。

6. 重新培训要求

从业人员在本生产经营单位内调整工作岗位或离岗一年以上重新上岗时，应当重新接受车间（工段、区、队）和班组级的安全培训。生产经营单位采用新工艺、新技术、新材料或者使用新设备时，应当对有关从业人员重新进行有针对性的安全培训。

7. 特种作业人员培训

生产经营单位的特种作业人员，必须按照国家有关法律法规的规定接受专门的安全培训，经考核合格，取得特种作业操作资格证书后，方可上岗作业。

四、违反本规定的行为及应负的法律责任

1. 生产经营单位未履行安全培训职责的处罚

生产经营单位有下列行为之一的，由安全生产监管监察部门责令其限期改正，可以处 1 万元以上 3 万元以下的罚款：

（1）未将安全培训工作纳入本单位工作计划并保证安全培训工作所需资金的；

（2）从业人员进行安全培训期间未支付工资并承担安全培训费用的。

2. 生产经营单位从业人员未按规定进行安全培训的处罚

生产经营单位有下列行为之一的，由安全生产监管监察部门责令其限期改正，可以处 5 万元以下的罚款；逾期未改正的，责令停产停业整顿，并处 5 万元以上 10 万元以下的罚款，对其直接负责的主管人员和其他直接责任人员处 1 万元以上 2 万元以下的罚款：

（1）煤矿、非煤矿山、危险化学品、烟花爆竹、金属冶炼等生产经营单位主要负责人和安全管理人员未按照规定经考核合格的；

（2）未按照规定对从业人员、被派遣劳动者、实习学生进行安全生产教育和培训或者未如实告知其有关安全生产事项的；

（3）未如实记录安全生产教育和培训情况的；

（4）特种作业人员未按照规定经专门的安全技术培训并取得特种作业人员操作资格证书，上岗作业的。县级以上地方人民政府负责煤矿安全生产监督管理的部门发现煤矿未按照本规定对井下作业人员进行安全培训的，责令限期改正，处 10 万元以上 50 万元以下的罚款；逾期未改正的，责令停产停业整顿。

煤矿安全监察机构发现煤矿特种作业人员无证上岗作业的，责令限期改正，处 10 万元以上 50 万元以下的罚款；逾期未改正的，责令停产停业整顿。

3. 工作人员失职、渎职的处理

安全生产监管监察部门有关人员在考核、发证工作中玩忽职守、滥用职权的，由上级安全生产监管监察部门或者行政监察部门给予记过、记大过的行政处分。

任务四　《特种作业人员安全技术培训考核管理规定》

一、特种作业人员安全技术培训考核的基本规定

1. 适用范围

（1）生产经营单位特种作业人员的安全技术培训、考核、发证、复审及其监督管理工作，适用本规定。有关法律、行政法规和国务院对有关特种作业人员管理另有规定的，从其规定；

（2）《特种作业人员安全技术培训考核管理规定》所称特种作业，是指容易发生事故，对操作者本人、他人的安全健康及设备、设施的安全可能造成重大危害的作业。特种作业的范围由特种作业目录规定。《特种作业人员安全技术培训考核管理规定》所称特种作业人员，是指直接从事特种作业的从业人员。

2. 上岗作业

特种作业人员必须经专门的安全技术培训并考核合格，取得《中华人民共和国特种作业操作证》（以下简称特种作业操作证）后，方可上岗作业。

3. 考核原则

特种作业人员的安全技术培训、考核、发证、复审工作实行统一监管、分级实施、教考分离的原则。

4. 特种作业人员监督管理部门及职责

国家安全生产监督管理总局（以下简称安全监管总局，现已并入应急管理部）指导、监督全国特种作业人员的安全技术培训、考核、发证、复审工作；省、自治区、直辖市人民政府安全生产监督管理部门指导、监督本行政区域特种作业人员的安全技术培训工作，负责本行政区域特种作业人员的考核、发证、复审工作；县级以上地方人民政府安全生产监督管理部门负责监督检查本行政区域特种作业人员的安全技术培训和持证上岗工作。

国家煤矿安全监察局（以下简称煤矿安监局，现已划入应急管理部，且更名为国家矿山安全监察局）指导、监督全国煤矿特种作业人员（含煤矿矿井使用的特种设备作业人员）的安全技术培训、考核、发证、复审工作；省、自治区、直辖市人民政府

负责煤矿特种作业人员考核发证工作的部门或者指定的机构指导、监督本行政区域煤矿特种作业人员的安全技术培训工作，负责本行政区域煤矿特种作业人员的考核、发证、复审工作。

省、自治区、直辖市人民政府安全生产监督管理部门和负责煤矿特种作业人员考核发证工作的部门或者指定的机构（以下统称考核发证机关）可以委托设区的市人民政府安全生产监督管理部门和负责煤矿特种作业人员考核发证工作的部门或者指定的机构实施特种作业人员的考核、发证、复审工作。

5. 违法行为举报

对特种作业人员安全技术培训、考核、发证、复审工作中的违法行为，任何单位和个人均有权向安全监管总局（现已并入应急管理部）、煤矿安监局（现已划入应急管理部）和省、自治区、直辖市及设区的市人民政府安全生产监督管理部门、负责煤矿特种作业人员考核发证工作的部门或者指定的机构举报。

二、特种作业的范围

1. 特种作业的范围

特种作业大致有十大类，包括：

（1）电工作业；

（2）焊接与热切割作业；

（3）高处作业；

（4）制冷与空调作业；

（5）煤矿安全作业；

（6）金属非金属矿山安全作业；

（7）石油天然气安全作业；

（8）冶金（有色）生产安全作业；

（9）危险化学品安全作业；

（10）烟花爆竹安全作业。

三、特种作业人员的条件

1. 特种作业人员的条件

特种作业人员应当符合下列条件：

（1）年满 18 周岁，且不超过国家法定退休年龄；

（2）经社区或者县级以上医疗机构体检健康合格，并无妨碍从事相应特种作业的器质性心脏病、癫痫病、美尼尔氏症、眩晕症、癔病、震颤麻痹症、精神病、痴呆症以及其他疾病和生理缺陷；

（3）具有初中及以上文化程度；

（4）具备必要的安全技术知识与技能；

（5）相应特种作业规定的其他条件。

危险化学品特种作业人员除符合上述第（1）项、第（2）项、第（4）项和第（5）项规定的条件外，还应当具备高中或者相当于高中及以上文化程度。

四、特种作业人员的安全技术培训

1. 培训方式及地点

特种作业人员应当接受与其所从事的特种作业相应的安全技术理论培训和实际操作培训。跨省、自治区、直辖市从业的特种作业人员，可以在户籍所在地或者从业所在地参加培训。

2. 免予培训

已经取得职业高中、技工学校及中专以上学历的毕业生从事与其所学专业相应的特种作业，持学历证明经考核发证机关同意，可以免予相关专业的培训。

3. 培训要求

对特种作业人员的安全技术培训，具备安全培训条件的生产经营单位应当以自主培训为主，也可以委托具备安全培训条件的机构进行培训。不具备安全培训条件的生产经营单位，应当委托具备安全培训条件的机构进行培训。生产经营单位委托其他机构进行特种作业人员安全技术培训的，保证安全技术培训的责任仍由本单位负责。

从事特种作业人员安全技术培训的机构（以下统称培训机构），应当制定相应的培训计划、教学安排，并按照安全监管总局（现已并入应急管理部）、煤矿安监局（现已划入应急管理部）制定的特种作业人员培训大纲和煤矿特种作业人员培训大纲进行特种作业人员的安全技术培训。

五、特种作业人员的考核发证

1. 考核方式

特种作业人员的考核包括考试和审核两部分。考试由考核发证机关或其委托的单位负责；审核由考核发证机关负责。安全监管总局（现已并入应急管理部）、煤矿安监局（现已划入应急管理部）分别制定特种作业人员、煤矿特种作业人员的考核标准，并建立相应的考试题库。考核发证机关或其委托的单位应当按照安全监管总局（现已并入应急管理部）、煤矿安监局（现已划入应急管理部）统一制定的考核标准进行考核。

2. 考试程序

特种作业人员的考试遵循以下程序：

（1）参加特种作业操作资格考试的人员，应当填写考试申请表，由申请人或者申请人的用人单位持学历证明或者培训机构出具的培训证明向申请人户籍所在地或者从业所在地的考核发证机关或其委托的单位提出申请；

（2）考核发证机关或其委托的单位收到申请后，应当在 60 日内组织考试；

（3）特种作业操作资格考试包括安全技术理论考试和实际操作考试两部分。考试不及格的，允许补考 1 次。经补考仍不及格的，重新参加相应的安全技术培训；

（4）考核发证机关或其委托承担特种作业操作资格考试的单位，应当在考试结束后 10 个工作日内公布考试成绩。

3. 特种作业操作证的有效期

特种作业操作证有效期为 6 年，在全国范围内有效。特种作业操作证由安全监管总局（现已并入应急管理部）统一式样、标准及编号。

4. 特种作业操作证的补发更换及更新

特种作业操作证遗失的，应当向原考核发证机关提出书面申请，经原考核发证机关审查同意后，予以补发。特种作业操作证所记载的信息发生变化或者损毁的，应当向原考核发证机关提出书面申请,经原考核发证机关审查确认后,予以更换或者更新。

六、特种作业操作证的复审

1. 复审期限

特种作业操作证每 3 年复审 1 次。特种作业人员在特种作业操作证有效期内，连续从事本工种 10 年以上，严格遵守有关安全生产法律法规的，经原考核发证机关或者从业所在地考核发证机关同意，特种作业操作证的复审时间可以延长至每 6 年 1 次。

2. 复审程序

特种作业操作证复审遵循下列程序：

（1）特种作业操作证需要复审的，应当在期满前 60 日内，由申请人或者申请人的用人单位向原考核发证机关或者从业所在地考核发证机关提出申请，并提交社区或者县级以上医疗机构出具的健康证明、从事特种作业的情况、安全培训考试合格记录。特种作业操作证有效期届满需要延期换证的，应当按照上述规定申请延期复审。

（2）申请复审的，考核发证机关应当在收到申请之日起 20 个工作日内完成复审工作。复审合格的，由考核发证机关签章、登记，予以确认；不合格的，说明理由。申请延期复审的，经复审合格后，由考核发证机关重新颁发特种作业操作证。

3. 复审不予通过

特种作业人员有下列情形之一的，复审或者延期复审不予通过：

（1）健康体检不合格的；

（2）违章操作造成严重后果或者有 2 次以上违章行为，并经查证确实的；

（3）有安全生产违法行为，并给予行政处罚的；

（4）拒绝、阻碍安全生产监管监察部门监督检查的；
（5）未按规定参加安全培训，或者考试不合格的；
（6）考核发证机关应当撤销或者注销特种作业操作证情形的。

特种作业操作证复审或者延期复审因符合上述第（2）项、第（3）项、第（4）项、第（5）项情形的，按照本规定经重新安全培训考试合格后，再办理复审或者延期复审手续。特种作业操作证失效再复审、延期复审仍不合格，或者未按期复审的，特种作业操作证失效。

七、特种作业操作证的监督管理

1. 撤销特种作业操作证

有下列情形之一的，考核发证机关应当撤销特种作业操作证：
（1）超过特种作业操作证有效期未延期复审的；
（2）特种作业人员的身体条件已不适合继续从事特种作业的；
（3）对发生生产安全事故负有责任的；
（4）特种作业操作证记载虚假信息的；
（5）以欺骗、贿赂等不正当手段取得特种作业操作证的。

2. 注销特种作业操作证

有下列情形之一的，考核发证机关应当注销特种作业操作证；
（1）特种作业人员死亡的；
（2）特种作业人员提出注销申请的；
（3）特种作业操作证被依法撤销的。

3. 离岗 6 个月须实际操作考试

离开特种作业岗位 6 个月以上的特种作业人员，应当重新进行实际操作考试、经确认合格后方可上岗作业。

4. 特种作业人员的责任

跨省、自治区、直辖市从业的特种作业人员应当接受从业所在地考核发证机关的监督管理。特种作业人员不得伪造、涂改、租借，转让、冒用特种作业操作证或者使用伪造的特种作业操作证。

八、违反本规定的行为及应负的法律责任

生产经营单位未建立健全特种作业人员档案的，给予警告，并处 1 万元以下的罚款。生产经营单位使用未取得特种作业操作证的特种作业人员上岗作业的，责令限期改正；可以处 5 万元以下的罚款；逾期未改正的，责令停产停业整顿，并处 5 万元以上 10 万元以下的罚款,对直接负责的主管人员和其他直接责任人员处 1 万元以上 2 万

元以下的罚款。生产经营单位非法印制、伪造、倒卖特种作业操作证，或者使用非法印制、伪造、倒卖的特种作业操作证的，给予警告，并处 1 万元以上 3 万元以下的罚款；构成犯罪的，依法追究刑事责任。特种作业人员伪造、涂改特种作业操作证或者使用伪造的特种作业操作证的，给予警告，并处 1000 元以上 5000 元以下的罚款。特种作业人员转借、转让、冒用特种作业操作证的，给予警告，并处 2000 元以上 1 万元以下的罚款。

任务五 《安全生产培训管理办法》

一、安全生产培训管理的基本规定

1. 适用范围

安全培训机构、生产经营单位从事安全生产培训（以下简称安全培训）活动以及安全生产监督管理部门、煤矿安全监察机构、地方人民政府负责煤矿安全培训的部门对安全培训工作实施监督管理，适用本办法。

2. 安全培训及相关人员的定义

安全培训是指以提高安全监管监察人员、生产经营单位从业人员和从事安全生产工作的相关人员的安全素质为目的的教育培训活动。安全监管监察人员是指县级以上各级人民政府安全生产监督管理部门、各级煤矿安全监察机构从事安全监管监察、行政执法的安全生产监管人员和煤矿安全监察人员。

生产经营单位从业人员是指生产经营单位主要负责人、安全生产管理人员、特种作业人员及其他从业人员。

从事安全生产工作的相关人员是指从事安全教育培训工作的教师、危险化学品登记机构的登记人员和承担安全评价、咨询、检测、检验的人员及注册安全工程师、安全生产应急救援人员等。

3. 安全培训工作的原则

安全培训工作实行统一规划、归口管理、分级实施、分类指导、教考分离的原则。

4. 政府监督管理部门及分工

国家安全生产监督管理总局（以下简称国家安全监管总局，现已并入应急管理部）指导全国安全培训工作，依法对全国的安全培训工作实施监督管理。国家煤矿安全监察局（以下简称国家煤矿安监局，现已划入应急管理部，且更名为国家矿山安全监察局）指导全国煤矿安全培训工作，依法对全国煤矿安全培训工作实施监督管理。国家安全生产应急救援指挥中心指导全国安全生产应急救援培训工作。县级以上地方各级人民政府安全生产监督管理部门依法对本行政区域内的安全培训工作实施监督管理。省、自治区、直辖市人民政府负责煤矿安全培训的部门、省级煤矿安全监察机构（以下统称省级煤矿安全培训监管机构）按照各自工作职责，依法对所辖区域煤矿安全培训工作实施监督管理。

二、安全培训

1. 安全培训大纲

安全培训应当按照规定的安全培训大纲进行。安全监管监察人员，危险物品的生产、经营、储存单位与非煤矿山、金属冶炼单位的主要负责人和安全生产管理人员、特种作业人员以及从事安全生产工作的相关人员的安全培训大纲，由国家安全监管总局（现已并入应急管理部）组织制定。煤矿企业的主要负责人和安全生产管理人员、特种作业人员的培训大纲由国家煤矿安监局（现已划入应急管理部）组织制定。除危险物品的生产、经营、储存单位和矿山、金属冶炼单位以外其他生产经营单位的主要负责人、安全生产管理人员及其他从业人员的安全培训大纲，由省级安全生产监督管理部门、省级煤矿安全培训监管机构组织制定。

2. 安全培训教材

国家安全监管总局（现已并入应急管理部）、省级安全生产监督管理部门定期组织优秀安全培训教材的评选。安全培训机构应当优先使用优秀安全培训教材。

3. 负责各个岗位人员培训工作的部门

国家安全监管总局（现已并入应急管理部）负责省级以上安全生产监督管理部门的安全生产监管人员、各级煤矿安全监察机构的煤矿安全监察人员的培训工作。省级安全生产监督管理部门负责市级、县级安全生产监督管理部门的安全生产监管人员的培训工作。生产经营单位的从业人员的安全培训，由生产经营单位负责。危险化学品登记机构的登记人员和承担安全评价、咨询、检测、检验的人员及注册安全工程师、安全生产应急救援人员的安全培训，按照有关法律法规、规章的规定进行。

4. 生产经营单位的责任

（1）生产经营单位应当建立安全培训管理制度，保障从业人员安全培训所需经费，对从业人员进行与其所从事岗位相应的安全教育培训；从业人员调整工作岗位或者采用新工艺、新技术、新设备、新材料的，应当对其进行专门的安全教育和培训，未经安全教育和培训合格的从业人员，不得上岗作业；

（2）将被派遣劳动者纳入本单位从业人员统一管理，并进行岗位安全操作规程和安全操作技能的教育和培训；

生产经营单位使用被派遣劳动者的，应当将被派遣劳动者纳入本单位从业人员统一管理，对被派遣劳动者进行岗位安全操作规程和安全操作技能和教育的培训，劳务派遣单位应当对被派遣劳动者进行必要的安全生产教育和培训。

（3）对实习学生进行相应的安全生产教育和培训，提供必要的劳动防护用品；

生产经营单位接收中等职业学校、高等学校学生实习的，应当对实习学生进行相应的安全生产教育和培训，提供必要的劳动防护用品。学校应当协助生产经营单位对实习学生进行安全生产教育和培训；

（4）如实记录从业人员安全培训的相关情况并建档备查；

（5）从业人员安全培训的时间、内容、参加人员以及考核结果等情况，生产经营单位应当如实记录并建档备查。

三、安全培训的考核

1. 考核原则

安全监管监察人员、从事安全生产工作的相关人员、依照有关法律法规应当接受安全生产知识和管理能力考核的生产经营单位主要负责人和安全生产管理人员、特种作业人员的安全培训的考核，应当坚持教考分离、统一标准、统一题库、分级负责的原则，分步推行有远程视频监控的计算机考试。

2. 考核标准的制定

安全监管监察人员，危险物品的生产、经营、储存单位及非煤矿山、金属冶炼单位主要负责人、安全生产管理人员和特种作业人员，以及从事安全生产工作的相关人员的考核标准，由国家安全监管总局（现已并入应急管理部）统一制定。煤矿企业的主要负责人、安全生产管理人员和特种作业人员的考核标准，由国家煤矿安监局（现已划入应急管理部）制定。除危险物品的生产、经营、储存单位和矿山、金属冶炼单位以外其他生产经营单位主要负责人、安全生产管理人员及其他从业人员的考核标准，由省级安全生产监督管理部门制定。

3. 考核的权利范围

国家安全监管总局（现已并入应急管理部）负责省级以上安全生产监督管理部门的安全生产监管人员、各级煤矿安全监察机构的煤矿安全监察人员的考核；负责中央企业的总公司、总厂或者集团公司的主要负责人和安全生产管理人员的考核。省级安全生产监督管理部门负责市级、县级安全生产监督管理部门的安全生产监管人员的考核；负责省属生产经营单位和中央企业分公司、子公司及其所属单位的主要负责人和安全生产管理人员的考核；负责特种作业人员的考核。市级安全生产监督管理部门负责本行政区域内除中央企业、省属生产经营单位以外的其他生产经营单位的主要负责人和安全生产管理人员的考核。省级煤矿安全培训监管机构负责所辖区域内煤矿企业的主要负责人、安全生产管理人员和特种作业人员的考核。除主要负责人、安全生产管理人员、特种作业人员以外的生产经营单位的其他从业人员的考核，由生产经营单位按照省级安全生产监督管理部门公布的考核标准，自行组织考核。

4. 考核管理档案

安全生产监督管理部门、煤矿安全培训监管机构和生产经营单位应当制定安全培训的考核制度，建立考核管理档案备查。

四、安全培训的发证

1. 安全培训的发证

安全生产监管人员经考核合格后，颁发安全生产监管执法证；煤矿安全监察人员经考核合格后，颁发煤矿安全监察执法证；危险物品的生产、经营、储存单位和矿山、金属冶炼单位主要负责人、安全生产管理人员经考核合格后，颁发安全合格证；特种作业人员经考核合格后，颁发《中华人民共和国特种作业操作证》（以下简称特种作业操作证）；危险化学品登记机构的登记人员经考核合格后，颁发上岗证；其他人员经培训合格后，颁发培训合格证。

接受安全培训人员经考核合格的，由考核部门在考核结束后 10 个工作日内颁发相应的证书。

2. 证书的有效期及其延续

安全生产监管执法证、煤矿安全监察执法证、安全合格证的有效期为 3 年。有效期届满需要延期的，应当于有效期届满 30 日前向原发证部门申请办理延期手续。

3. 证书的有效范围

特种作业操作证和省级安全生产监督管理部门、省级煤矿安全培训监管机构颁发的主要负责人、安全生产管理人员的安全合格证，在全国范围内有效。

五、安全培训的监督管理

1. 对安全培训机构的监督检查

安全生产监督管理部门和煤矿安全培训监管机构应当对安全培训机构开展安全培训活动的情况进行监督检查，检查内容包括

（1）具备从事安全培训工作所需要的条件的情况；

（2）建立培训管理制度和教师配备的情况；

（3）执行培训大纲、建立培训档案和培训保障的情况；

（4）培训收费的情况；

（5）法律法规规定的其他内容。

2. 对生产经营单位的监督检查

安全生产监督管理部门、煤矿安全培训监管机构应当对生产经营单位的安全培训情况进行监督检查，检查内容包括：

（1）安全培训制度、年度培训计划、安全培训管理档案的制定和实施的情况；

（2）安全培训经费投入和使用的情况；

（3）主要负责人、安全生产管理人员接受安全生产知识和管理能力考核的情况；

（4）特种作业人员持证上岗的情况；

（5）应用新工艺、新技术、新材料、新设备以及转岗前对从业人员安全培训的情况；

（6）其他从业人员安全培训的情况；
（7）法律法规规定的其他内容。

六、违反本办法的行为及应负的法律责任

1. 安全培训监督管理工作人员的违法行为及法律责任

安全生产监督管理部门、煤矿安全监察机构、煤矿安全培训监管机构的工作人员在安全培训监督管理工作中滥用职权、玩忽职守、徇私舞弊的，依照有关规定给予处分；构成犯罪的，依法追究刑事责任。

2. 安全培训机构的违法行为及法律责任

安全培训机构有下列情形之一的，责令限期改正，处1万元以下的罚款；逾期未改正的，给予警告，处1万元以上3万元以下的罚款：

（1）不具备安全培训条件的；
（2）未按照统一的培训大纲组织教学培训的；
（3）未建立培训档案或者培训档案管理不规范的。

安全培训机构采取不正当竞争手段，故意贬低、诋毁其他安全培训机构的，依照上述规定处罚。

3. 生产经营单位的违法行为及法律责任

生产经营单位有下列情形之一的，责令改正，处3万元以下的罚款：

（1）从业人员安全培训的时间少于《生产经营单位安全培训规定》或者有关标准规定的；
（2）矿山新招的井下作业人员和危险物品生产经营单位新招的危险工艺操作岗位人员，未经实习期满独立上岗作业的；
（3）相关人员未按照本办法第十二条规定重新参加安全培训的。

任务六 《安全生产事故隐患排查治理暂行规定》

一、安全生产事故隐患排查治理的基本规定

1. 安全生产事故隐患的定义

安全生产事故隐患（以下简称事故隐患），是指生产经营单位违反安全生产法律法规、规章、标准、规程和安全生产管理制度的规定，或者因其他因素在生产经营活动中存在可能导致事故发生的物的危险状态、人的不安全行为和管理上的缺陷。

2. 适用范围

生产经营单位安全生产事故隐患排查治理和安全生产监督管理部门、煤矿安全监

察机构（以下统称安全监管监察部门）实施监管监察，适用本规定。有关法律、行政法规对安全生产事故隐患排查治理另有规定的，依照其规定。

3. 事故隐患的分级

事故隐患分为一般事故隐患和重大事故隐患。一般事故隐患，是指危害和整改难度较小，发现后能够立即整改排除的隐患。重大事故隐患，是指危害和整改难度较大，应当全部或者局部停产停业，并经过一定时间整改治理方能排除的隐患，或者因外部因素影响致使生产经营单位自身难以排除的隐患。

4. 监督管理的部门及职责

各级安全监管监察部门按照职责对所辖区域内生产经营单位排查治理事故隐患工作依法实施综合监督管理；各级人民政府有关部门在各自职责范围内对生产经营单位排查治理事故隐患工作依法实施监督管理。安全监管监察部门接到事故隐患报告后，应当按照职责分工立即组织核实并予以查处；发现所报告事故隐患应当由其他有关部门处理的，应当立即移送有关部门并记录备查。

二、事故隐患排查治理

1. 生产经营单位事故隐患排查治理职责

生产经营单位应当履行下列事故隐患排查治理职责：

（1）生产经营单位应当依照法律法规、规章、标准和规程的要求从事生产经营活动。严禁非法从事生产经营活动；

（2）生产经营单位是事故隐患排查、治理和防控的责任主体。生产经营单位应当建立健全事故隐患排查治理和建档监控等制度，逐级建立并落实从主要负责人到每个从业人员的隐患排查治理和监控责任制；

（3）生产经营单位应当保证事故隐患排查治理所需的资金，建立资金使用专项制度；

（4）生产经营单位应当定期组织安全生产管理人员、工程技术人员和其他相关人员排查本单位的事故隐患。对排查出的事故隐患，应当按照事故隐患的等级进行登记，建立事故隐患信息档案，并按照职责分工实施监控治理；

（5）生产经营单位应当建立事故隐患报告和举报奖励制度，鼓励、发动职工发现和排除事故隐患，鼓励社会公众举报。对发现、排除和举报事故隐患的有功人员，应当给予物质奖励和表彰；

（6）生产经营单位将生产经营项目、场所、设备发包、出租的，应当与承包、承租单位签订安全生产管理协议，并在协议中明确各方对事故隐患排查、治理和防控的管理职责。生产经营单位对承包、承租单位的事故隐患排查治理负有统一协调和监督管理的职责；

（7）生产经营单位应当每季、每年对本单位事故隐患排查治理情况进行统计分析，并分别于下一季度15日前和下一年1月31日前向安全监管监察部门和有关部门报送书面统计分析表。统计分析表应当由生产经营单位主要负责人签字；

（8）对于重大事故隐患，生产经营单位除依照第（7）项规定报送外，应当及时向安全监管监察部门和有关部门报告。重大事故隐患报告内容应当包括：隐患的现状及其产生原因、隐患的危害程度和整改难易程度分析、隐患的治理方案。

2. 自然灾害的预警

生产经营单位应当加强对自然灾害的预防。对于因自然灾害可能导致事故灾难的隐患，应当按照有关法律法规、标准和本规定的要求排查治理，采取可靠的预防措施，制定应急预案。在接到有关自然灾害预报时，应当及时向下属单位发出预警通知；发生自然灾害可能危及生产经营单位和人员安全的情况时，应当采取撤离人员、停止作业、加强监测等安全措施，并及时向当地人民政府及其有关部门报告。

3. 重大事故隐患治理后的安全评估

地方人民政府或者安全监管监察部门及有关部门挂牌督办并责令全部或者局部停产、停业治理的重大事故隐患，治理工作结束后，有条件的生产经营单位应当组织本单位的技术人员和专家对重大事故隐患的治理情况进行评估；其他生产经营单位应当委托具备相应资质的安全评价机构对重大事故隐患的治理情况进行评估。

4. 重大事故隐患治理的监督检查

为了加强对重大事故隐患的治理，依据《安全生产事故隐患排查治理暂行规定》，应当进行下列监督检查：

地方人民政府或者安全监管监察部门及有关部门挂牌督办并责令全部或者局部停产停业治理的重大事故隐患，经治理后符合安全生产条件的，生产经营单位应当向安全监管监察部门和有关部门提出恢复生产的书面申请，经安全监管监察部门和有关部门审查同意后，方可恢复生产经营。申请报告应当包括治理方案的内容、项目和安全评价机构出具的评价报告等。

对挂牌督办并采取全部或者局部停产停业治理的重大事故隐患，安全监管监察部门收到生产经营单位恢复生产的申请报告后，应当在10日内进行现场审查。审查合格的，对事故隐患进行核销，同意恢复生产经营；审查不合格的，依法责令改正或者下达停产整改指令。对整改无望或者生产经营单位拒不执行整改指令的，依法实施行政处罚；不具备安全生产条件的，依法提请县级以上人民政府按照国务院规定的权限予以关闭。

三、违反本规定的行为及应负的法律责任

生产经营单位及其主要负责人未履行事故隐患排查治理职责，导致发生生产安全事故的，依法给予行政处罚。生产经营单位违反本规定，有下列行为之一的，由安全监管监察部门给予警告，并处3万元以下的罚款：

（1）未建立安全生产事故隐患排查治理等各项制度的；
（2）未按规定上报事故隐患排查治理统计分析表的；
（3）未制定事故隐患治理方案的；
（4）重大事故隐患不报或者未及时报告的；
（5）未对事故隐患进行排查治理擅自生产经营的；
（6）整改不合格或者未经安全监管监察部门审查同意擅自恢复生产经营的。

任务七　《生产安全事故应急预案管理办法》

一、生产安全事故应急预案管理的基本规定

1. 适用范围

生产安全事故应急预案（以下简称应急预案）的编制、评审、公布、备案、实施及监督管理工作，适用本办法。

2. 原　则

应急预案的管理实行属地为主、分级负责、分类指导、综合协调、动态管理的原则。

3. 安全生产监督管理部门及职责

应急管理部负责全国应急预案的综合协调管理工作。国务院其他负有安全生产监督管理职责的部门在各自职责范围内，负责相关行业、领域应急预案的管理工作。县级以上地方各级人民政府应急管理部门负责本行政区域内应急预案的综合协调管理工作。县级以上地方各级人民政府其他负有安全生产监督管理职责的部门按照各自的职责负责有关行业、领域应急预案的管理工作。

4. 负责人的职责

生产经营单位主要负责人负责组织编制和实施本单位的应急预案，并对应急预案的真实性和实用性负责；各分管负责人应当按照职责分工落实应急预案规定的职责。

二、生产安全事故应急预案的编制

1. 应急预案编制的基本要求

应急预案的编制应当符合下列基本要求：
（1）有关法律法规、规章和标准的规定；
（2）本地区、本部门、本单位的安全生产实际情况；
（3）本地区、本部门、本单位的危险性分析情况；
（4）应急组织和人员的职责分工明确，并有具体的落实措施；
（5）有明确、具体的应急程序和处置措施，并与其应急能力相适应；
（6）有明确的应急保障措施，满足本地区、本部门、本单位的应急工作需要；

（7）应急预案基本要素齐全、完整，应急预案附件提供的信息准确；

（8）应急预案内容与相关应急预案相互衔接。

2. 生产经营单位应急预案的分类

生产经营单位应急预案分为综合应急预案、专项应急预案和现场处置方案。

综合应急预案，是指生产经营单位为应对各种生产安全事故而制定的综合性工作方案，是本单位应对生产安全事故的总体工作程序、措施和应急预案体系的总纲；专项应急预案，是指生产经营单位为应对某一种或者多种类型生产安全事故，或者针对重要生产设施、重大危险源、重大活动防止生产安全事故而制定的专项性工作方案；现场处置方案，是指生产经营单位根据不同生产安全事故类型，针对具体场所、装置或者设施所制定的应急处置措施。

三、生产安全事故应急预案的评审、公布和备案

1. 应急预案的评审

地方各级人民政府应急管理部门应当组织有关专家对本部门编制的部门应急预案进行审定；必要时，可以召开听证会，听取社会有关方面的意见。应急预案的评审或者论证应当注重基本要素的完整性、组织体系的合理性、应急处置程序和措施的针对性、应急保障措施的可行性、应急预案的衔接性等内容。

2. 应急预案的公布

生产经营单位的应急预案经评审或者论证后，由本单位主要负责人签署公布，并及时发放到本单位有关部门、岗位和相关应急救援队伍。事故风险可能影响周边其他单位、人员的，生产经营单位应当将有关事故风险的性质、影响范围和应急防范措施告知周边的其他单位和人员。

3. 应急预案的备案

地方各级人民政府应急管理部门的应急预案，应当报同级人民政府备案，同时抄送上一级人民政府应急管理部门，并依法向社会公布。地方各级人民政府其他负有安全生产监督管理职责的部门的应急预案，应当抄送同级人民政府应急管理部门。易燃易爆物品、危险化学品等危险物品的生产、经营、储存、运输单位，矿山、金属冶炼、城市轨道交通运营、建筑施工单位，以及宾馆、商场、娱乐场所、旅游景区等人员密集场所经营单位，应当在应急预案公布之日起20个工作日内，按照分级属地原则，向县级以上人民政府应急管理部门和其他负有安全生产监督管理职责的部门进行备案，并依法向社会公布。

四、生产安全事故应急预案的培训和演练

1. 生产安全事故应急预案的培训

各级人民政府应急管理部门应当将本部门应急预案的培训纳入安全生产培训工作

计划，并组织实施本行政区域内重点生产经营单位的应急预案培训工作。生产经营单位应当组织开展本单位的应急预案、应急知识、自救互救和避险逃生技能的培训活动，使有关人员了解应急预案内容，熟悉应急职责、应急处置程序和措施。应急培训的时间、地点、内容、师资、参加人员和考核结果等情况应当如实记入本单位的安全生产教育和培训档案。

2. 生产安全事故应急预案的演练

各级人民政府应急管理部门应当至少每两年组织一次应急预案演练，提高本部门、本地区生产安全事故应急处置能力。生产经营单位应当制定本单位的应急预案演练计划，根据本单位的事故风险特点，每年至少组织一次综合应急预案演练或者专项应急预案演练，每半年至少组织一次现场处置方案演练。

五、违反本办法的行为及应负的法律责任

生产经营单位有下列情形之一的，由县级以上人民政府应急管理部门依照《中华人民共和国安全生产法》第九十四条的规定，责令限期改正，可以处 5 万元以下罚款；逾期未改正的，责令停产停业整顿，并处 5 万元以上 10 万元以下罚款，对直接负责的主管人员和其他直接责任人员处 1 万元以上 2 万元以下的罚款：

（1）未按照规定编制应急预案的；

（2）未按照规定定期组织应急预案演练的。

生产经营单位有下列情形之一的，由县级以上人民政府应急管理部门责令限期改正，可以处 1 万元以上 3 万元以下罚款：

（1）在应急预案编制前未按照规定开展风险辨识、评估和应急资源调查的；

（2）未按照规定开展应急预案评审的；

（3）事故风险可能影响周边单位、人员的，未将事故风险的性质、影响范围和应急防范措施告知周边单位和人员的；

（4）未按照规定开展应急预案评估的；

（5）未按照规定进行应急预案修订的；

（6）未落实应急预案规定的应急物资及装备的。

任务八 《生产安全事故信息报告和处置办法》

一、生产安全事故信息报告和处置的基本规定

1. 适用范围

生产经营单位报告生产安全事故信息和安全生产监督管理部门、煤矿安全监察机构对生产安全事故信息的报告和处置工作，适用本办法。

2. 事故信息报告的原则

事故信息的报告应当及时、准确和完整，信息的处置应当遵循快速高效、协同配合、分级负责的原则。

3. 安全生产监督管理部门和煤矿安全监察机构的职责

安全生产监督管理部门负责各类生产经营单位的事故信息报告和处置工作。煤矿安全监察机构负责煤矿的事故信息报告和处置工作。安全生产监督管理部门、煤矿安全监察机构应当建立事故信息报告和处置制度，设立事故信息调度机构，实行 24 小时不间断调度值班，并向社会公布值班电话，受理事故信息报告和举报。

二、较大涉险事故的范围

1. 较大涉险事故的范围

（1）涉险 10 人以上的事故；

（2）造成 3 人以上被困或者下落不明的事故；

（3）紧急疏散人员 500 人以上的事故；

（4）因生产安全事故对环境造成严重污染（人员密集场所、生活水源、农田、河流、水库、湖泊等）的事故。

（5）危及重要场所和设施安全（电站、重要水利设施、危化品库、油气站和车站、码头，港口、机场及其他人员密集场所等）的事故；

（6）其他较大涉险事故。

三、事故信息的报告

1. 生产经营单位的报告

生产经营单位根据事故的大小可以分三个层次报告：

生产经营单位发生生产安全事故或者较大涉险事故，其单位负责人接到事故信息报告后应当于 1 小时内报告事故发生地县级安全生产监督管理部门、煤矿安全监察分局；

发生较大以上生产安全事故的，事故发生单位在依照第（1）项规定报告的同时，应当在 1 小时内报告省级安全生产监督管理部门、省级煤矿安全监察机构；

发生重大、特别重大生产安全事故的，事故发生单位在依照第（1）项、第（2）项规定报告的同时，可以立即报告国家安全生产监督管理总局（现已并入应急管理部）、国家煤矿安全监察局（现已划入应急管理部，且更名为国家矿山安全监察局）。

2. 生产安全事故的报告

发生较大生产安全事故或者社会影响重大的事故的，县级、市级安全生产监督管理部门或者煤矿安全监察分局接到事故报告后，在依照《生产安全事故信息报告和处置办法》第七条规定逐级上报的同时，应当在 1 小时内先用电话快报省级安全生产监督管理部门、省级煤矿安全监察机构，随后补报文字报告；乡镇安监站（办）可以根据事故情况越级直接报告省级安全生产监督管理部门、省级煤矿安全监察机构。

发生重大、特别重大生产安全事故或者社会影响恶劣的事故的，县级、市级安全生产监督管理部门或者煤矿安全监察分局接到事故报告后，在依照《生产安全事故信息报告和处置办法》第七条规定逐级上报的同时，应当在 1 小时内先用电话快报省级安全生产监督管理部门、省级煤矿安全监察机构，随后补报文字报告；必要时，可以直接用电话报告国家安全生产监督管理总局（现已并入应急管理部）、国家煤矿安全监察局（现已划入应急管理部，且更名为国家矿山安全监察局）。

省级安全生产监督管理部门、省级煤矿安全监察机构接到事故报告后，应当在 1 小时内先用电话快报国家安全生产监督管理总局（现已并入应急管理部）、国家煤矿安全监察局（现已划入应急管理部，且更名为国家矿山安全监察局），随后补报文字报告。国家安全生产监督管理总局（现已并入应急管理部）、国家煤矿安全监察局（现已划入应急管理部，且更名为国家矿山安全监察局）接到事故报告后应当在 1 小时内先用电话快报国务院总值班室，随后补报文字报告。

3. 事故信息报告的内容

生产经营单位、安全生产监督管理部门或者煤矿安全监察报告事故信息，应当包括下列内容：

（1）事故发生单位的名称、地址、性质、产能等基本情况；

（2）事故发生的时间、地点以及事故现场情况；

（3）事故的简要经过（包括应急救援情况）；

（4）事故已经造成或者可能造成的伤亡人数（包括下落不明、涉险的人数）和初步估计的直接经济损失；

（5）已经采取的措施；

（6）其他应当报告的情况。

4. 事故信息电话快报的内容

使用电话快报，应当包括下列内容：

（1）事故发生单位的名称、地址、性质；

（2）事故发生的时间、地点；

（3）事故已经造成或者可能造成的伤亡人数（包括下落不明、涉险的人数）。

四、事故信息的处置

安全生产监督管理部门、煤矿安全监察机构应当建立事故信息处置责任制，做好事故信息的核实、跟踪、分析、统计工作。

发生生产安全事故或者较大涉险事故后，安全生产监督管理部门、煤矿安全监察机构应当立即研究、确定并组织实施相关处置措施。安全生产监督管理部门、煤矿安全监察机构负责人按照职责分工负责相关工作。

安全生产监督管理部门、煤矿安全监察机构负责人及其有关人员赶赴事故现场后，应当随时保持与本单位的联系。有关事故信息发生重大变化的，应当依照本办法有关规定及时向本单位或者上级安全生产监督管理部门、煤矿安全监察机构报告。

安全生产监督管理部门、煤矿安全监察机构应当依照有关规定定期向社会公布事故信息。任何单位和个人不得擅自发布事故信息。

安全生产监督管理部门、煤矿安全监察机构应当根据事故信息报告的情况，启动相应的应急救援预案，或者组织有关应急救援队伍协助地方人民政府开展应急救援工作。

五、现场调查

安全生产监督管理部门、煤矿安全监察机构接到生产安全事故报告后，应当按照下列规定派员立即赶赴事故现场：

（1）发生一般事故的，县级安全生产监督管理部门、煤矿安全监察分局负责人立即赶赴事故现场；

（2）发生较大事故的，设区的市级安全生产监督管理部门、省级煤矿安全监察局（现已更名为矿山安全监察局）负责人应当立即赶赴事故现场；

（3）发生重大事故的，省级安全监督管理部门、省级煤矿安全监察局（现已更名为矿山安全监察局）负责人立即赶赴事故现场；

（4）发生特别重大事故的，国家安全生产监督管理总局（现已并入应急管理部）、国家煤矿安全监察局（现已划入应急管理部，且更名为国家矿山安全监察局）负责人立即赶赴事故现场。上级安全生产监督管理部门、煤矿安全监察机构认为必要的，可以派员赶赴事故现场。

六、违反本办法的行为及应负的法律责任

安全生产监督管理部门、煤矿安全监察机构及其工作人员未依法履行事故信息报告和处置职责的，依照有关规定予以处理。生产经营单位及其有关人员对生产安全事故迟报、漏报、谎报或者瞒报的，依照有关规定予以处罚。生产经营单位对较大涉险事故迟报、漏报、谎报或者瞒报的，给予警告，并处3万元以下的罚款。

任务九 《建设项目安全设施“三同时”监督管理办法》

一、建设项目安全设施“三同时”监督管理的基本规定

1.“三同时”的定义

建设项目安全设施必须与主体工程同时设计、同时施工，同时投入生产和使用（以下简称“三同时”）。

2. 适用范围

经县级以上人民政府及其有关主管部门依法审批、核准或者备案的生产经营单位新建、改建、扩建工程项目（以下统称建设项目）安全设施的建设及其监督管理，适用本办法。

本办法所称的建设项目安全设施，是指生产经营单位在生产经营活动中用于预防生产安全事故的设备、设施、装置、构（建）筑物和其他技术措施的总称。根据《消防法》等法律、行政法规规定，消防、交通、特种设备等行业或者领域建设项目“三同时”的监管职责分别隶属于国务院其他有关部门。因此，法律、行政法规及国务院对建设项目安全设施建设及其监督管理另有规定的，依照其规定。

3. 责任主体

生产经营单位是建设项目安全设施建设的责任主体。

4. 建设项目安全设施“三同时”监督管理的职权划分

（1）国家安全生产监督管理总局（现已并入应急管理部）对全国建设项目安全设施“三同时”实施综合监督管理，并在国务院规定的职责范围内承担有关建设项目安全设施“三同时”的监督管理；

（2）县级以上地方各级安全生产监督管理部门对本行政区域内的建设项目安全设施“三同时”实施综合监督管理，并在本级人民政府规定的职责范围内承担本级人民政府及其有关主管部门审批、核准或者备案的建设项目安全设施“三同时”的监督管理；

（3）跨两个及两个以上行政区域的建设项目安全设施“三同时”由其共同的上一级人民政府安全生产监督管理部门实施监督管理；

（4）上一级人民政府安全生产监督管理部门根据工作需要，可以将其负责监督管理的建设项目安全设施“三同时”工作委托下一级人民政府安全生产监督管理部门实施监督管理。

二、建设项目安全预评价

1. 需要安全预评价建设项目的范围

下列建设项目（高危建设项目）在进行可行性研究时，生产经营单位应当按照国家规定，进行安全预评价：

（1）非煤矿矿山建设项目；

（2）生产、储存危险化学品（包括使用长输管道输送危险化学品，下同）的建设项目；

（3）生产、储存烟花爆竹的建设项目；

（4）金属冶炼建设项目；

（5）使用危险化学品从事生产并且使用量达到规定数量的化工建设项目（属于危险化学品生产的除外，以下简称化工建设项目）；

（6）法律、行政法规和国务院规定的其他建设项目。

2. 安全预评价

（1）生产经营单位应当委托具有相应资质的安全评价机构，对其建设项目进行安全预评价，并编制安全预评价报告；

（2）建设项目安全预评价报告应当符合国家标准或者行业标准的规定；

（3）生产、储存危险化学品的建设项目和化工建设项目安全预评价报告除符合国家标准或者行业标准的规定外，还应当符合有关危险化学品建设项目的规定。

3. 其他建设项目的安全生产条件和设施综合分析

除非煤矿矿山建设项目等高危建设项目外的其他建设项目，生产经营单位应当对其安全生产条件和设施进行综合分析，形成书面报告备查。

三、建设项目安全设施设计审查

1. 安全设施设计

生产经营单位在建设项目初步设计时，应当委托有相应资质的初步设计单位对建设项目安全设施同时进行设计，编制安全设施设计。安全设施设计必须符合有关法律法规、规章和国家标准或者行业标准、技术规范的规定，并尽可能采用先进适用的工艺、技术和可靠的设备、设施。本办法第七条规定的建设项目安全设施设计还应当充分考虑建设项目安全预评价报告提出的安全对策措施。安全设施设计单位、设计人应当对其编制的设计文件负责。

建设项目安全设施设计应当包括下列内容：

（1）设计依据；

（2）建设项目概述；

（3）建设项目潜在的危险、有害因素和危险、有害程度及周边环境安全分析；

（4）建筑及场地布置；

（5）重大危险源分析及检测监控；

（6）安全设施设计采取的防范措施；

（7）安全生产管理机构设置或者安全生产管理人员配备要求；

（8）从业人员教育培训要求；

（9）工艺、技术和设备、设施的先进性和可靠性分析；

（10）安全设施专项投资概算；

（11）安全预评价报告中的安全对策及建议采纳情况；

（12）预期效果以及存在的问题与建议；

（13）可能出现的事故预防及应急救援措施；

（14）法律法规、规章、标准规定需要说明的其他事项。

2. 高危建设项目安全设施设计审查

本办法第七条第（1）项、第（2）项、第（3）项、第（4）项规定的建设项目安全设施设计完成后，生产经营单位应当按照本办法第五条的规定向安全生产监督管理部门提出审查申请，并提交下列文件资料：

（1）建设项目审批、核准或者备案的文件；

（2）建设项目安全设施设计审查申请；

（3）设计单位的设计资质证明文件；

（4）建设项目安全设施设计；

（5）建设项目安全预评价报告及相关文件资料；

（6）法律、行政法规、规章规定的其他文件资料。

安全生产监督管理部门收到申请后，对属于本部门职责范围内的，应当及时进行审查,并在收到申请后 5 个工作日内作出受理或者不予受理的决定,书面告知申请人；对不属于本部门职责范围内的，应当将有关文件资料转送有审查权的安全生产监督管理部门，并书面告知申请人。

对已经受理的建设项目安全设施设计审查申请，安全生产监督管理部门应当自受理之日起 20 个工作日内作出是否批准的决定，并书面告知申请人。20 个工作日内不能作出决定的，经本部门负责人批准，可以延长 10 个工作日，并应当将延长期限的理由书面告知申请人。

3. 建设项目安全设施设计不予批准的规定

建设项目安全设施设计有下列情形之一的，不予批准，并不得开工建设：

（1）无建设项目审批、核准或者备案文件的；

（2）未委托具有相应资质的设计单位进行设计的；

（3）安全预评价报告由未取得相应资质的安全评价机构编制的；

（4）设计内容不符合有关安全生产的法律法规、规章和国家标准或者行业标准、技术规范的规定的；

（5）未采纳安全预评价报告中的安全对策和建议，且未做充分论证说明的；

（6）不符合法律、行政法规规定的其他条件的。

建设项目安全设施设计审查未予批准的，生产经营单位经过整改后可以向原审查部门申请再审。

4. 建设项目安全设施设计的变更

已经批准的建设项目及其安全设施设计有下列情形之一的，生产经营单位应当报原批准部门审查同意；未经审查同意的，不得开工建设：

（1）建设项目的规模、生产工艺、原料、设备发生重大变更的；

（2）改变安全设施设计且可能降低安全性能的；

（3）在施工期间重新设计的。

四、建设项目安全设施施工和竣工验收

1. 施工单位

建设项目安全设施的施工应当由取得相应资质的施工单位进行，并与建设项目主

体工程同时施工。施工单位应当在施工组织设计中编制安全技术措施和施工现场临时用电方案，同时对危险性较大的分部分项工程依法编制专项施工方案，并附具安全验算结果，经施工单位技术负责人、总监理工程师签字后实施。施工单位应当严格按照安全设施设计和相关施工技术标准、规范施工，并对安全设施的工程质量负责。施工单位发现安全设施设计文件有错漏的，应当及时向生产经营单位、设计单位提出。生产经营单位、设计单位应当及时处理。施工单位发现安全设施存在重大事故隐患时，应当立即停止施工并报告生产经营单位进行整改。整改合格后，方可恢复施工。

2. 工程监理单位

工程监理单位应当审查施工组织设计中的安全技术措施或者专项施工方案是否符合工程建设强制性标准。工程监理单位在实施监理过程中，发现存在事故隐患的，应当要求施工单位整改；情况严重的，应当要求施工单位暂时停止施工，并及时报告生产经营单位。施工单位拒不整改或者不停止施工的，工程监理单位应当及时向有关主管部门报告。工程监理单位、监理人员应当按照法律法规和工程建设强制性标准实施监理，并对安全设施工程的工程质量承担监理责任。

3. 生产经营单位

建设项目安全设施建成后，生产经营单位应当对安全设施进行检查，对发现的问题及时整改。建设项目竣工投入生产或者使用前，生产经营单位应当组织对安全设施进行竣工验收，并形成书面报告备查。安全设施竣工验收合格后，方可投入生产和使用。

4. 试运行

本办法第七条规定的建设项目竣工后，根据规定建设项目需要试运行（包括生产、使用，下同）的，应当在正式投入生产或者使用前进行试运行。试运行时间应当不少于 30 日，最长不得超过 180 日，国家有关部门有规定或者特殊要求的行业除外。生产、储存危险化学品的建设项目和化工建设项目，应当在建设项目试运行前将试运行方案报负责建设项目安全许可的安全生产监督管理部门备案。

5. 安全验收评价报告

本办法第七条规定的建设项目安全设施竣工或者试运行完成后，生产经营单位应当委托具有相应资质的安全评价机构对安全设施进行验收评价，并编制建设项目安全验收评价报告。建设项目安全验收评价报告应当符合国家标准或者行业标准的规定。生产、储存危险化学品的建设项目和化工建设项目安全验收评价报告除符合国家标准或者行业标准的规定外，还应当符合有关危险化学品建设项目的规定。

6. 建设项目竣工验收不合格

建设项目的安全设施有下列情形之一的，建设单位不得通过竣工验收，并不得投入生产或者使用：

（1）未选择具有相应资质的施工单位施工的；

（2）未按照建设项目安全设施设计文件施工或者施工质量未达到建设项目安全设施设计文件要求的；

（3）建设项目安全设施的施工不符合国家有关施工技术标准的；

（4）未选择具有相应资质的安全评价机构进行安全验收评价或者安全验收评价不合格的；

（5）安全设施和安全生产条件不符合有关安全生产法律法规、规章和国家标准或者行业标准、技术规范规定的；

（6）发现建设项目试运行期间存在事故隐患未整改的；

（7）未依法设置安全生产管理机构或者配备安全生产管理人员的；

（8）从业人员未经过安全生产教育和培训或者不具备相应资格的；

（9）不符合法律、行政法规规定的其他条件的。

五、违反本办法的行为及应负的法律责任

1. 建设项目违反安全条件论证和安全预评价规定应负的法律责任

生产经营单位对本办法第七条第（1）项、第（2）项、第（3）项和第（4）项规定的建设项目有下列情形之一的，责令停止建设或者停产停业整顿，限期改正；逾期未改正的，处 50 万元以上 100 万元以下的罚款，对其直接负责的主管人员和其他直接责任人员处 2 万元以上 5 万元以下的罚款；构成犯罪的，依照《刑法》有关规定追究刑事责任：

（1）未按照本办法规定对建设项目进行安全评价的；

（2）没有安全设施设计或者安全设施设计未按照规定报经安全生产监督管理部门审查同意，擅自开工的；

（3）施工单位未按照批准的安全设施设计施工的；

（4）投入生产或者使用前，安全设施未经验收合格的。

已经批准的建设项目安全设施设计发生重大变更，生产经营单位未报原批准部门审查同意擅自开工建设的，责令限期改正，可以并处 1 万元以上 3 万元以下的罚款。

本办法第七条第（1）项、第（2）项、第（3）项和第（4）项规定以外的建设项目有下列情形之一的，对有关生产经营单位责令限期改正，可以并处 5000 元以上 3 万元以下的罚款：

（1）没有安全设施设计的；

（2）安全设施设计未组织审查，并形成书面审查报告的；

（3）施工单位未按照安全设施设计施工的；

（4）投入生产或者使用前，安全设施未经竣工验收合格，并形成书面报告的。

2. 弄虚作假、出具虚假报告的法律责任

承担建设项目安全评价的机构弄虚作假、出具虚假报告，尚未构成犯罪的，没收违法所得，违法所得在 10 万元以上的，并处违法所得 2 倍以上 5 倍以下的罚款；没有

违法所得或者违法所得不足 10 万元的，单处或者并处 10 万元以上 20 万元以下的罚款，对其直接负责的主管人员和其他直接责任人员处 2 万元以上 5 万元以下的罚款；给他人造成损害的，与生产经营单位承担连带赔偿责任。对有以上违法行为的机构，吊销其相应资质。

任务十 《煤矿企业安全生产许可证实施办法》

一、煤矿企业安全生产许可证管理的基本规定

1. 安全生产许可证

煤矿企业必须依照本实施办法的规定取得安全生产许可证。未取得安全生产许可证的，不得从事生产活动。煤层气地面开采企业安全生产许可证的管理办法，另行制定。煤矿企业除本企业申请办理安全生产许可证外，其所属矿（井、露天坑）也应当申请办理安全生产许可证，一矿（井、露天坑）一证。煤矿企业实行多级管理的，其上级煤矿企业也应当申请办理安全生产许可证。

2. 原 则

安全生产许可证的颁发管理工作实行企业申请、两级发证、属地监管的原则。

3. 安全生产许可证的颁发和管理部门

国家煤矿安全监察局（现已划入应急管理部，且更名为国家矿山安全监察局）指导、监督全国煤矿企业安全生产许可证的颁发管理工作，负责符合本办法第三条规定的中央管理的煤矿企业总部（总公司、集团公司）安全生产许可证的颁发和管理。

省级煤矿安全监察局（现已更名为矿山安全监察局）负责前款规定以外的其他煤矿企业安全生产许可证的颁发和管理；未设立煤矿安全监察机构的省、自治区，由省、自治区人民政府指定的部门（以下与省级煤矿安全监察局统称省级安全生产许可证颁发管理机关）负责本行政区域内煤矿企业安全生产许可证的颁发和管理。

国家煤矿安全监察局（现已划入应急管理部，且更名为国家矿山安全监察局）和省级安全生产许可证颁发管理机关统称安全生产许可证颁发管理机关。

二、煤矿企业安全生产条件

1. 煤矿企业安全生产条件

煤矿企业取得安全生产许可证，应当具备下列安全生产条件：

（1）建立、健全主要负责人、分管负责人、安全生产管理人员、职能部门、岗位安全生产责任制；制定安全目标管理、安全奖惩、安全技术审批、事故隐患排查治理、安全检查、安全办公会议、地质灾害普查、井下劳动组织定员、矿领导带班下井、井工煤矿入井检身与出入井人员清点等安全生产规章制度和各工种操作规程；

（2）安全投入满足安全生产要求，并按照有关规定足额提取和使用安全生产费用；

（3）设置安全生产管理机构，配备专职安全生产管理人员；煤与瓦斯突出矿井、水文地质类型复杂矿井还应设置专门的防治煤与瓦斯突出管理机构和防治水管理机构；

（4）主要负责人和安全生产管理人员的安全生产知识和管理能力经考核合格；

（5）参加工伤保险，为从业人员缴纳工伤保险费；

（6）制定重大危险源检测、评估和监控措施；

（7）制定应急救援预案，并按照规定设立矿山救护队，配备救护装备；不具备单独设立矿山救护队条件的，应当设立兼职救护队，并与邻近的专业矿山救护队签订救护协议；

（8）制定特种作业人员培训计划、从业人员培训计划、职业危害防治计划；

（9）法律、行政法规规定的其他条件。

煤矿除符合第1条规定的条件外，还必须符合下列条件：

（1）特种作业人员经有关业务主管部门考核合格，取得特种作业操作资格证书；

（2）从业人员进行安全生产教育培训，并经考试合格；

（3）制定职业危害防治措施、综合防尘措施，建立粉尘检测制度，为从业人员配备符合国家标准或者行业标准的劳动防护用品；

（4）依法进行安全评价；

（5）制定矿井灾害预防和处理计划；

（6）依法取得采矿许可证，并在有效期内。

井工煤矿除符合第（1）条、第（2）条规定的条件外，其安全设施、设备、工艺还必须符合下列条件：

（1）矿井至少有2个能行人的通达地面的安全出口，各个出口之间的距离不得小于30米；井下每一个水平到上一个水平和各个采（盘）区至少有两个便于行人的安全出口，并与通达地面的安全出口相连接；采煤工作面有2个畅通的安全出口，一个通到进风巷道，另一个通到回风巷道。在用巷道净断面满足行人、运输、通风和安全设施及设备安装、检修、施工的需要；

（2）按规定进行瓦斯等级、煤的自燃倾向性和煤尘爆炸危险性鉴定；

（3）矿井有完善的独立通风系统。矿井、采区和采掘工作面的供风能力满足安全生产要求，矿井使用安装在地面的矿用主要通风机进行通风，并有同等能力的备用主要通风机，主要通风机按规定进行性能检测；生产水平和采区实行分区通风；高瓦斯和煤与瓦斯突出矿井、开采容易自燃煤层的矿井、煤层群联合布置矿井的每个采区设置专用回风巷，掘进工作面使用专用局部通风机进行通风，矿井有反风设施；

（4）矿井有安全监控系统，传感器的设置、报警和断电符合规定，有瓦斯检查制度和矿长、技术负责人瓦斯日报审查签字制度，配备足够的专职瓦斯检查员和瓦斯检测仪器；按规定建立瓦斯抽采系统，开采煤与瓦斯突出危险煤层的有预测预报、防治措施、效果检验和安全防护的综合防突措施；

（5）有防尘供水系统，有地面和井下排水系统；有水害威胁的矿井还应有专用探放水设备；

（6）制定井上、井下防火措施；有地面消防水池和井下消防管路系统，井上、井下有消防材料库；开采容易自燃和自燃煤层的矿井还应有防灭火专项设计和综合预防煤层自燃发火的措施；

（7）矿井有两回路电源线路；严禁井下配电变压器中性点直接接地；井下电气设备的选型符合防爆要求，有短路、过负荷、接地、漏电等保护，掘进工作面的局部通风机按规定采用专用变压器、专用电缆、专用开关，实现风电、瓦斯电闭锁；

（8）运送人员的装置应当符合有关规定。使用检测合格的钢丝绳；带式输送机采用非金属聚合物制造的输送带的阻燃性能和抗静电性能符合规定，设置安全保护装置；

（9）有通信联络系统，按规定建立人员位置监测系统；

（10）按矿井瓦斯等级选用相应的煤矿专用炸药和电雷管，爆破工作由专职爆破工担任；

（11）不得使用国家有关危及生产安全淘汰目录规定的设备及生产工艺；使用的矿用产品应有安全标志；

（12）配备足够数量的自救器，自救器的选用型号应与矿井灾害类型相适应，按规定建立安全避险系统；

（13）有反映实际情况的图纸：矿井地质图和水文地质图，井上下对照图，巷道布置图，采掘工程平面图，通风系统图，井下运输系统图，安全监控系统布置图和断电控制图，人员位置监测系统图，压风、排水、防尘、防火注浆、抽采瓦斯等管路系统图，井下通信系统图，井上、下配电系统图和井下电气设备布置图，井下避灾路线图。采掘工作面有符合实际情况的作业规程。

露天煤矿除符合第（1）条、第（2）条规定的条件外，其安全设施、设备、工艺还必须符合下列条件：

（1）按规定设置栅栏、安全挡墙、警示标志；

（2）露天采场最终边坡的台阶坡面角和边坡角符合最终边坡设计要求；

（3）配电线路、电动机、变压器的保护符合安全要求；

（4）爆炸物品的领用、保管和使用符合规定；

（5）有边坡工程、地质勘探工程、岩土物理力学试验和稳定性分析，有边坡监测措施；

（6）有防排水设施和措施；

（7）地面和采场内的防灭火措施符合规定；开采有自然发火倾向的煤层或者开采范围内存在火区时，制定专门防灭火措施；

（8）有反映实际情况的图纸：地形地质图，工程地质平面图、断面图、综合水文地质图，采剥、排土工程平面图和运输系统图，供配电系统图，通信系统图，防排水系统图，边坡监测系统平面图，井工采空区与露天矿平面对照图。

三、安全生产许可证的申请和颁发

1. 安全生产许可证的申请文件资料

煤矿企业申请领取安全生产许可证应当提供下列文件、资料：

（1）安全生产许可证申请书；

（2）主要负责人安全生产责任制（复印件），各分管负责人、安全生产管理人员以及职能部门负责人安全生产责任制目录清单；

（3）安全生产规章制度目录清单；

（4）设置安全生产管理机构、配备专职安全生产管理人员的文件（复印件）；

（5）主要负责人、安全生产管理人员安全生产知识和管理能力考核合格的证明材料；

（6）特种作业人员培训计划，从业人员安全生产教育培训计划；

（7）为从业人员缴纳工伤保险费的有关证明材料；

（8）重大危险源检测、评估和监控措施；

（9）事故应急救援预案，设立矿山救护队的文件或者与专业救护队签订的救护协议。

煤矿申请领取安全生产许可证应当提供下列文件、资料和图纸：

（1）安全生产许可证申请书；

（2）采矿许可证（复制件）；

（3）主要负责人安全生产责任制（复制件），各分管负责人、安全生产管理人员以及职能部门负责人安全生产责任制目录清单；

（4）安全生产规章制度和操作规程目录清单；

（5）设置安全生产管理机构和配备专职安全生产管理人员的文件（复印件）；

（6）矿长、安全生产管理人员安全生产知识和管理能力考核合格的证明材料；

（7）特种作业人员操作资格证书的证明材料；

（8）从业人员安全生产教育培训计划和考试合格的证明材料；

（9）为从业人员缴纳工伤保险费的有关证明材料；

（10）具备资质的中介机构出具的安全评价报告；

（11）矿井瓦斯等级鉴定文件；高瓦斯、煤与瓦斯突出矿井瓦斯参数测定报告，煤层自燃倾向性和煤尘爆炸危险性鉴定报告；

（12）矿井灾害预防和处理计划；

（13）井工煤矿采掘工程平面图，通风系统图；

（14）露天煤矿采剥工程平面图，边坡监测系统平面图；

（15）事故应急救援预案，设立矿山救护队的文件或者与专业矿山救护队签订的救护协议；

（16）井工煤矿主要通风机、主提升机、空压机、主排水泵的检测检验合格报告。

2. 安全生产许可证的申请处理规定

安全生产许可证颁发管理机关对申请人提交的申请书及文件、资料，应当按照下列规定处理：

（1）申请事项不属于本机关职权范围的，即时作出不予受理的决定，并告知申请人向有关行政机关申请；

（2）申请材料存在可以当场更正的错误的，允许或者要求申请人当场更正，并即时出具受理的书面凭证，通过互联网申请的，符合要求后即时提供电子受理回执；

（3）申请材料不齐全或者不符合要求的，应当当场或者在5个工作日内一次告知申请人需要补正的全部内容，逾期不告知的，自收到申请材料之日起即为受理；

（4）申请材料齐全、符合要求或者按照要求全部补正的，自收到申请材料或者全部补正材料之日起为受理。

3. 颁发安全生产许可证

安全生产许可证颁发管理机关应当对有关人员提出的审查意见进行讨论，并在受理申请之日起 45 个工作日内作出颁发或者不予颁发安全生产许可证的决定。对决定颁发的，安全生产许可证颁发管理机关应当自决定之日起 10 个工作日内送达或者通知申请人领取安全生产许可证；对不予颁发的，应当在 10 个工作日内书面通知申请人并说明理由。

四、安全生产许可证的监督管理

1. 煤矿企业的责任与义务

煤矿企业取得安全生产许可证后，应当加强日常安全生产管理，不得降低安全生产条件。煤矿企业不得转让、冒用、买卖、出租、出借或者使用伪造的安全生产许可证。

2. 安全生产许可证颁发管理机关的责任与义务

安全生产许可证颁发管理机关应当坚持公开、公平、公正的原则，严格依照本实施办法的规定审查、颁发安全生产许可证。安全生产许可证颁发管理机关工作人员在安全生产许可证颁发、管理和监督检查工作中，不得索取或者接受煤矿企业的财物，不得谋取其他利益。安全生产许可证颁发管理机关应当每年向社会公布一次煤矿企业取得安全生产许可证的情况。安全生产许可证颁发管理机关应当将煤矿企业安全生产许可证颁发管理情况通报煤矿企业所在地市级以上人民政府及其指定的负责煤矿安全监管工作的部门。安全生产许可证颁发管理机关应当建立、健全安全生产许可证档案管理制度。省级安全生产许可证颁发管理机关应当于每年 1 月 15 日前将所负责行政区域内上年度煤矿企业安全生产许可证颁发和管理情况报国家煤矿安全监察局（现已划入应急管理部，且更名为国家矿山安全监察局），同时通报本级安全生产监督管理部门。

3. 安全生产许可证的管理规定

安全生产许可证颁发管理机关发现有下列情形之一的，应当撤销已经颁发的安全生产许可证：

（1）超越职权颁发安全生产许可证的；

（2）违反本实施办法规定的程序颁发安全生产许可证的；

（3）不具备本实施办法规定的安全生产条件颁发安全生产许可证的；

（4）以欺骗、贿赂等不正当手段取得安全生产许可证的。

取得安全生产许可证的煤矿企业有下列情形之一的，安全生产许可证颁发管理机关应当注销其安全生产许可证：

（1）终止煤炭生产活动的；

（2）安全生产许可证被依法撤销的；

（3）安全生产许可证被依法吊销的；

（4）安全生产许可证有效期满未申请办理延期手续的。

五、违反本办法的行为及应负的法律责任

1. 安全生产许可证颁发管理机关工作人员的违法行为及应负的法律责任

安全生产许可证颁发管理机关工作人员有下列行为之一的，给予降级或者撤职的处分；构成犯罪的，依法追究刑事责任：

（1）向不符合本实施办法规定的安全生产条件的煤矿企业颁发安全生产许可证的；

（2）发现煤矿企业未依法取得安全生产许可证擅自从事生产活动不依法处理的；

（3）发现取得安全生产许可证的煤矿企业不再具备本实施办法规定的安全生产条件不依法处理的；

（4）接到对违反本实施办法规定行为的举报后，不依法处理的；

（5）在安全生产许可证颁发、管理和监督检查工作中，索取或者接受煤矿企业的财物，或者谋取其他利益的。

2. 承担安全评价、检测、检验工作机构的违法行为及应负的法律责任

承担安全评价、检测、检验工作的机构，出具虚假安全评价、检测、检验报告或者证明的，没收违法所得；违法所得在 10 万元以上的，并处违法所得 2 倍以上 5 倍以下的罚款，没有违法所得或者违法所得不足 10 万元的，单处或者并处 10 万元以上 20 万元以下的罚款，对其直接负责的主管人员和其他直接责任人员处 2 万元以上 5 万元以下的罚款；给他人造成损害的，与煤矿企业承担连带赔偿责任；构成犯罪的，依照《刑法》有关规定追究刑事责任。对有以上违法行为的机构，依法吊销其相应资质。

3. 煤矿企业违法行为及应负的法律责任

取得安全生产许可证的煤矿企业，倒卖、出租、出借或者以其他形式非法转让安全生产许可证的，没收违法所得，处 10 万元以上 50 万元以下的罚款，吊销其安全生产许可证；构成犯罪的，依法追究刑事责任。

发现煤矿企业有下列行为之一的，责令停止生产，没收违法所得，并处 10 万元以上 50 万元以下的罚款；构成犯罪的，依法追究刑事责任：

（1）未取得安全生产许可证，擅自进行生产的；

（2）接受转让的安全生产许可证的；

（3）冒用安全生产许可证的；

（4）使用伪造安全生产许可证的。

任务十一 《煤矿建设项目安全设施监察规定》

一、煤矿建设项目安全设施监察的基本规定

1. 适用范围

煤矿安全监察机构对煤矿新建、改建和扩建工程项目（以下简称煤矿建设项目）的安全设施进行监察，适用本规定。

2. 煤矿安全监察机构的职责分工

煤矿建设项目安全设施的设计审查，由煤矿安全监察机构按照设计或者新增的生产能力，实行分级负责。设计或者新增的生产能力在300万吨/年及以上的井工煤矿建设项目和1000万吨/年及以上的露天煤矿建设项目，由国家煤矿安全监察局（现已划入应急管理部，且更名为国家矿山安全监察局）负责设计审查。设计或者新增的生产能力在300万吨/年以下的井工煤矿建设项目和1000万吨/年以下的露天煤矿建设项目，由省级煤矿安全监察局（现已更名为矿山安全监察局）负责设计审查。

二、煤矿建设项目的安全评价

1. 安全评价的分类

煤矿建设项目的安全评价包括安全预评价和安全验收评价。煤矿建设项目在可行性研究阶段，应当进行安全预评价；在投入生产或者使用前，应当进行安全验收评价。

2. 安全预评价报告的内容

煤矿建设项目安全预评价报告应当包括以下内容：

（1）主要危险、有害因素和危害程度以及对公共安全影响的定性、定量评价；

（2）预防和控制的可能性评价；

（3）建设项目可能造成职业危害的评价；

（4）安全对策措施、安全设施设计原则；

（5）预评价结论；

（6）其他需要说明的事项。

3. 安全验收评价报告的内容

煤矿建设项目安全验收评价报告应当包括以下内容：

（1）安全设施符合法律法规、标准和规程规定以及设计文件的评价；

（2）安全设施在生产或使用中的有效性评价；

（3）职业危害防治措施的有效性评价；

（4）建设项目的整体安全性评价；

（5）存在的安全问题和解决问题的建议；

（6）验收评价结论；

（7）有关试运转期间的技术资料、现场检测、检验数据和统计分析资料；
（8）其他需要说明的事项。

三、煤矿建设项目的设计审查

1. 安全设施设计的基本规定

煤矿建设项目的安全设施设计应经煤矿安全监察机构审查同意；未经审查同意的，不得施工。煤矿建设项目的安全设施设计应当包括煤矿水、火、瓦斯、煤尘、顶板等主要灾害的防治措施，所确定的设施、设备、器材等应当符合国家标准和行业标准。

2. 安全设施设计审查的申请资料

申请煤矿建设项目的安全设施设计审查，应当提交下列资料：
（1）安全设施设计审查申请报告及申请表；
（2）建设项目审批、核准或者备案的文件；
（3）采矿许可证或者矿区范围批准文件；
（4）安全预评价报告书；
（5）初步设计及安全专篇；
（6）其他需要说明的材料。

3. 安全设施设计的审查

煤矿安全监察机构接到审查申请后，应当对上报资料进行审查。有下列情形之一的，为设计审查不合格
（1）安全设施设计未由具备相应资质的设计单位承担的；
（2）煤矿水、火、瓦斯、煤尘、顶板等主要灾害防治措施不符合规定的；
（3）安全设施设计不符合工程建设强制性标准、煤矿安全规程和行业技术规范的；
（4）所确定的设施、设备、器材不符合国家标准和行业标准的；
（5）不符合国家煤矿安全监察局（现已划入应急管理部，且更名为国家矿山安全监察局）规定的其他条件的。

煤矿安全监察机构审查煤矿建设项目的安全设施设计，应当自收到审查申请起30日内审查完毕。经审查同意的，应当以文件形式批复；不同意的，应当提出审查意见，并以书面形式答复。

四、煤矿建设项目的施工和联合试运转

1. 煤矿建设项目的施工

煤矿建设项目的安全设施应由具有相应资质的施工单位承担。施工单位应当按照批准的安全设施设计施工，并对安全设施的工程质量负责。施工单位在施工期间，发现煤矿建设项目的安全设施设计不合理或者存在重大事故隐患时，应当立即停止施

工，并报告煤矿企业。煤矿企业需对安全设施设计作重大变更的，应经原审查机构重新审查。

2. 煤矿建设项目联合试运转

煤矿建设项目在竣工完成后，应当在正式投入生产或使用前进行联合试运转。联合试运转的时间一般为1至6个月，有特殊情况需要延长的，总时长不得超过12个月。煤矿建设项目联合试运转，应按规定经有关主管部门批准。煤矿建设项目联合试运转期间，煤矿企业应当制定可靠的安全措施，做好现场检测、检验，收集有关数据，并编制联合试运转报告。煤矿建设项目联合试运转正常后，应当进行安全验收评价

五、煤矿建设项目的竣工验收

煤矿建设项目的安全设施和安全条件验收应当由煤矿建设单位负责组织；未经验收合格的，不得投入生产和使用。

煤矿建设单位或者其上一级具有法人资格的公司（单位）组织验收时，应当对有关资料进行审查并组织现场验收。有下列情形之一的，为验收不合格：

（1）安全设施和安全条件不符合设计要求，或未通过工程质量认证的；

（2）安全设施和安全条件不能满足正常生产和使用的；

（3）未按规定建立安全生产管理机构和配备安全生产管理人员的；

（4）矿长和特种作业人员不具备相应资格的；

（5）不符合国家煤矿安全监察局（现已划入应急管理部，且更名为国家矿山安全监察局）规定的其他条件的。

六、违反本规定的行为及应负的法律责任

违反本规定的，由煤矿安全监察机构或者省、自治区人民政府指定的负责煤矿安全监察工作的部门依照《安全生产法》及有关法律、行政法规的规定予以行政处罚；构成犯罪的，依照《刑法》有关规定追究刑事责任。

任务十二 《煤矿安全规程》

一、煤矿企业安全生产的基本规定

1. 适用范围

在中华人民共和国领域内从事煤炭生产和煤矿建设活动，必须遵守本规程。

2. 许可证制度

煤炭生产实行安全生产许可证制度。未取得安全生产许可证的，不得从事煤炭生产活动。

3. 安全管理机构设置

煤矿企业必须设置专门机构负责煤矿安全生产与职业病危害防治管理工作，配备满足工作需要的人员及装备。

二、煤矿企业的安全生产要求

1. 煤矿企业安全生产要求

从事煤炭生产与煤矿建设的企业（以下统称煤矿企业）必须遵守国家有关安全生产的法律法规、规章、规程、标准和技术规范。煤矿企业必须加强安全生产管理，建立健全各级负责人、各部门、各岗位安全生产与职业病危害防治责任制。煤矿企业必须建立健全安全生产与职业病危害防治目标管理、投入、奖惩、技术措施审批、培训、办公会议制度，安全检查制度，安全风险分级管控工作制度、事故隐患排查、治理、报告制度，事故报告与责任追究制度等。煤矿企业必须制定重要设备材料的查验制度，做好检查验收和记录，防爆、阻燃抗静电、保护等安全性能不合格的不得入井使用。煤矿企业必须建立各种设备、设施检查维修制度，定期进行检查维修，并做好记录。煤矿必须制定本单位的作业规程和操作规程。

2. 人员培训要求

煤矿企业必须对从业人员进行安全教育和培训。培训不合格的，不得上岗作业。主要负责人和安全生产管理人员必须具备煤矿安全生产知识和管理能力，并经考核合格。特种作业人员必须按国家有关规定培训合格，取得资格证书，方可上岗作业。矿长必须具备安全专业知识，具有组织、领导安全生产和处理煤矿事故的能力。

三、煤矿企业安全的应急救援

1. 一般规定

煤矿企业必须编制应急救援预案并组织评审，由本单位主要负责人批准后实施；应急救援预案应当与所在地县级以上地方人民政府组织制定的生产安全事故应急救援预案相衔接。应急救援预案的主要内容发生变化，或者在事故处置和应急演练中发现存在重大问题时，及时修订完善。煤矿发生险情或者事故后，现场人员应当进行自救、互救，并报矿调度室；煤矿应当立即按照应急救援预案启动应急响应，组织涉险人员撤离险区，通知应急指挥人员、矿山救护队和医疗救护人员等到现场救援，并上报事故信息。发生事故的煤矿必须全力做好事故应急救援及相关工作，并报请当地政府和主管部门在通信、交通运输、医疗、电力、现场秩序维护等方面提供保障。

2. 安全避险

煤矿发生险情或者事故时，井下人员应当按应急救援预案和应急指令撤离险区，在撤离受阻的情况下紧急避险待救。井下所有工作地点必须设置灾害事故避灾路线。

避灾路线指示应当设置在不易受到碰撞的显著位置，在矿灯照明下清晰可见，并标注所在位置。巷道交叉口必须设置避灾路线标识。巷道内设置标识的间隔距离：采区巷道不大于 200 m，矿井主要巷道不大于 300 m。矿井应当设置井下应急广播系统，保证井下人员能够清晰听见应急指令。入井人员必须随身携带额定防护时间不低于 30 min 的隔绝式自救器。矿井应当根据需要在避灾路线上设置自救器补给站。补给站应当有清晰、醒目的标识。其他矿井应当建设采区避难硐室，或者在距离采掘工作面 1000 m 范围内建设临时避难硐室或者其他临时避险设施。

3. 救援队伍

矿山救护队是处理矿山灾害事故的专业应急救援队伍。矿山救护队必须实行标准化、军事化管理和 24 h 值班。矿山救护大队应当由不少于 2 个中队组成，矿山救护中队应当由不少于 3 个救护小队组成，每个救护小队应当由不少于 9 人组成。矿山救护大队、中队指挥员应当由熟悉矿山救援业务，具有相应煤矿专业知识，从事煤矿生产、安全、技术管理工作 5 年以上和矿山救援工作 3 年以上，并经过培训合格的人员担任。

4. 救援装备与设施

煤矿企业应当根据矿井灾害特点，结合所在区域实际情况，储备必要的应急救援装备及物资，由主要负责人审批。重点加强潜水电泵及配套管线、救援钻机及其配套设备、快速掘进与支护设备、应急通信装备等的储备。煤矿企业应当建立应急救援装备和物资台账，健全其储存、维护保养和应急调用等管理制度。矿山救护队技术装备、救援车辆和设施必须由专人管理，定期检查、维护和保养，保持战备和完好状态。技术装备不得露天存放，救援车辆必须专车专用。

5. 救援指挥

煤矿发生灾害事故后，必须立即成立救援指挥部，矿长任总指挥。矿山救护队指挥员必须作为救援指挥部成员，参与制定救援方案等重大决策，具体负责指挥矿山救护队实施救援工作。多支矿山救护队联合参加救援时，应当由服务于发生事故煤矿的矿山救护队指挥员负责协调、指挥各矿山救护队实施救援，必要时也可以由救援指挥部另行指定。矿山救护队在救援过程中遇到突发情况、危及救援人员生命安全时，带队指挥员有权作出撤出危险区域的决定，并及时报告井下基地及救援指挥部。

6. 灾变处理

处理灾变事故时，应当撤出灾区所有人员，准确统计井下人数，严格控制入井人数；提供救援需要的图纸和技术资料；组织人力、调配装备和物资参加抢险救援，做好后勤保障工作。进入灾区的救护小队，指战员不得少于 6 人，必须保持在彼此能看到或者听到信号的范围内行动，任何情况下严禁任何指战员单独行动。所有指战员进入前必须检查氧气呼吸器，氧气压力不得低于 18 MPa；使用过程中氧气呼吸器的压力不得低于 5 MPa 发现有指战员身体不适或者氧气呼吸器发生故障难以排除时，全小队必须立即撤出指战员在灾区工作 1 个呼吸器班后，应当至少休息 8 h。

任务十三　《煤矿安全培训规定》

一、煤矿安全培训的基本规定

1. 适用范围

煤矿企业从业人员安全培训、考核、发证及监督管理工作适用本规定。本规定所称煤矿企业，是指在依法批准的矿区范围内从事煤炭资源开采活动的企业，包括集团公司、上市公司、总公司、矿务局、煤矿

2. 煤矿企业从业人员

煤矿企业从业人员，是指煤矿企业主要负责人、安全生产管理人员、特种作业人员和其他从业人员。煤矿企业主要负责人，是指煤矿企业的董事长、总经理，矿务局局长，煤矿矿长等人员。煤矿企业安全生产管理人员，是指煤矿企业分管安全、采煤、掘进、通风、机电、运输、地测、防治水、调度等工作的副董事长、副总经理、副局长、副矿长，总工程师、副总工程师和技术负责人，安全生产管理机构负责人及其管理人员，采煤、掘进、通风、机电、运输、地测、防治水、调度等职能部门（含煤矿井、区、科、队）负责人。煤矿其他从业人员，是指除煤矿主要负责人、安全生产管理人员和特种作业人员以外，从事生产经营活动的其他从业人员，包括煤矿其他负责人、其他管理人员、技术人员和各岗位的工人、使用的被派遣劳动者和临时聘用人员。

3. 责任主体

煤矿企业是安全培训的责任主体，应当依法对从业人员进行安全生产教育和培训，增强从业人员的安全生产意识和能力。煤矿企业主要负责人对本企业从业人员安全培训工作全面负责。

4. 安全培训的监督管理部门及职责

国家煤矿安全监察局（现已划入应急管理部，且更名为国家矿山安全监察局）负责指导和监督管理全国煤矿企业从业人员安全培训工作。省、自治区、直辖市人民政府负责煤矿安全培训的主管部门（以下简称省级煤矿安全培训主管部门）负责指导和监督管理本行政区域内煤矿企业从业人员安全培训工作。省级及以下煤矿安全监察机构对辖区内煤矿企业从业人员安全培训工作依法实施监察。

二、煤矿从业人员准入条件

煤矿矿长、副矿长、总工程师、副总工程师应当具备煤矿相关专业大专及以上学历，具有 3 年以上煤矿相关工作经历。煤矿安全生产管理机构负责人应当具备煤矿相关专业中专及以上学历，具有 2 年以上煤矿安全生产相关工作经历。煤矿特种作业人员应当具备初中及以上文化程度（自 2018 年 6 月 1 日起新上岗的煤矿特种作业人员应

当具备高中及以上文化程度），具有煤矿相关工作经历，或者职业高中、技工学校及中专以上相关专业学历。煤矿其他从业人员应当具备初中及以上文化程度。

三、主要负责人和安全生产管理人员的安全培训及考核发证

1. 安全培训

煤矿企业应当每年组织主要负责人和安全生产管理人员进行新法律法规、新标准、新规程、新技术、新工艺、新设备和新材料等方面的安全培训。

2. 考试内容

煤矿企业主要负责人考试应当包括下列内容；

（1）国家安全生产方针、政策和有关安全生产的法律法规、规章及标准；

（2）安全生产管理、安全生产技术和职业健康基本知识；

（3）重大危险源管理、重大事故防范、应急管理和事故调查处理的有关规定；

（4）国内外先进的安全生产管理经验；

（5）典型事故和应急救援案例分析；

（6）其他需要考试的内容。

煤矿企业安全生产管理人员考试应当包括下列内容；

（1）国家安全生产方针、政策和有关安全生产的法律法规、规章及标准；

（2）安全生产管理、安全生产技术、职业健康等知识；

（3）伤亡事故报告、统计及职业危害的调查处理方法；

（4）应急管理的内容及其要求；

（5）国内外先进的安全生产管理经验；

（6）典型事故和应急救援案例分析；

（7）其他需要考试的内容。

3. 负责安全生产考核工作的部门及其职责

国家煤矿安全监察局（现已划入应急管理部，且更名为国家矿山安全监察局）负责中央管理的煤矿企业总部（含所属在京一级子公司）主要负责人和安全生产管理人员考核工作。省级煤矿安全培训主管部门负责本行政区域内前款以外的煤矿企业主要负责人和安全生产管理人员考核工作。国家煤矿安全监察局（现已划入应急管理部，且更名为国家矿山安全监察局）和省级煤矿安全培训主管部门（以下统称考核部门）应当定期组织考核，并提前公布考核时间。

4. 考核规定

煤矿企业主要负责人和安全生产管理人员的考试应当在规定的考点采用计算机方式进行。考试试题从国家级考试题库和省级考试题库随机抽取，其中抽取国家级考试题库试题比例占80%以上。考试满分为100分，80分以上为合格。考核部门应当自考试结束之日起5个工作日内公布考试成绩。

5. 考核合格颁发证明

煤矿企业主要负责人和安全生产管理人员考试合格后，考核部门应当在公布考试成绩之日起 10 个工作日内颁发安全生产知识和管理能力考核合格证明（以下简称考核合格证明）。考核合格证明在全国范围内有效。

6. 补　考

煤矿企业主要负责人和安全生产管理人员考试不合格的，可以补考 1 次；经补考仍不合格的，1 年内不得再次申请考核。考核部门应当告知其所在煤矿企业或其任免机关调整其工作岗位。

四、特种作业人员的安全培训和考核发证

1. 安全培训

煤矿特种作业人员在参加资格考试前应当按照规定的培训大纲进行安全生产知识和实际操作能力的专门培训。其中，初次培训的时间不得少于 90 学时。

2. 负责安全生产考核工作的部门及其职责

国家煤矿安全监察局（现已划入应急管理部，且更名为国家矿山安全监察局）组织制定煤矿特种作业人员培训大纲和考核标准，建立统一的考试题库。省级煤矿安全培训主管部门负责本行政区域内煤矿特种作业人员的考核、发证工作，也可以委托设区的市级人民政府煤矿安全培训主管部门实施煤矿特种作业人员的考核、发证工作。省级煤矿安全培训主管部门及其委托的设区的市级人民政府煤矿安全培训主管部门以下统称考核发证部门。

3. 考试内容

煤矿特种作业操作资格考试包括安全生产知识考试和实际操作能力考试。安全生产知识考试合格后，进行实际操作能力考试。

4. 考核规定

煤矿特种作业操作资格考试应当在规定的考点进行，安全生产知识考试应当使用统一的考试题库，使用计算机考试，实际操作能力考试采用国家统一考试标准进行考试。考试满分均为 100 分，80 分以上为合格。考核发证部门应当在考试结束后 10 个工作日内公布考试成绩。申请人考试合格的，考核发证部门应当自考试合格之日起 20 个工作日内完成发证工作。申请人考试不合格的，可以补考 1 次；经补考仍不合格的，重新参加相应的安全技术培训。

5. 特种作业操作证

煤矿特种作业人员必须经专门的安全技术培训和考核合格，由省级煤矿安全培训主管部门颁发“中华人民共和国特种作业操作证”（以下简称特种作业操作证）后，方可上岗作业。特种作业操作证有效期 6 年，全国范围内有效。特种作业操作证由国家

安全生产监督管理总局（现已并入应急管理部）统一式样、标准和编号。特种作业操作证有效期届满需要延期换证的，持证人应当在有效期届满 60 日前参加不少于 24 学时的专门培训，持培训合格证明由本人或其所在企业向当地考核发证部门或者原考核发证部门提出考试申请。经安全生产知识和实际操作能力考试合格的，考核发证部门应当在 20 个工作日内予以换发新的特种作业操作证。

五、其他从业人员的安全培训和考核发证

矿企业或者具备安全培训条件的机构应当按照培训大纲对其他从业人员进行安全培训。其中，对从事采煤、掘进、机电、运输、通风、防治水等工作的班组长的安全培训，应当由其所在煤矿的上一级煤矿企业组织实施；没有上一级煤矿企业的，由本单位组织实施。

煤矿企业其他从业人员的初次安全培训时间不得少于 72 学时，每年再培训的时间不得少于 20 学时。

煤矿企业或者具备安全培训条件的机构对其他从业人员安全培训合格后，应当颁发安全培训合格证明；未经培训并取得培训合格证明的，不得上岗作业。

六、监督管理

1. 省级煤矿安全培训主管部门的职责

省级煤矿安全培训主管部门应当将煤矿企业主要负责人、安全生产管理人员考核合格证明、特种作业人员特种作业操作证的发放、注销等情况在本部门网站上公布，接受社会监督。

2. 煤矿企业安全培训的违法行为

煤矿安全培训主管部门和煤矿安全监察机构应当对煤矿企业安全培训的下列情况进行监督检查，发现违法行为的，依法给予行政处罚：

（1）建立安全培训管理制度，制定年度培训计划，明确负责安全培训管理工作的机构配备专职或者兼职安全培训管理人员的情况；

（2）按照本规定投入和使用安全培训资金的情况；

（3）实行自主培训的煤矿企业的安全培训条件；

（4）煤矿企业及其从业人员安全培训档案的情况；

（5）主要负责人、安全生产管理人员考核的情况；

（6）特种作业人员持证上岗的情况；

（7）应用新工艺、新技术、新材料、新设备以及离岗、转岗时对从业人员安全培训的情况；

（8）其他从业人员安全培训的情况。

3. 撤销特种作业操作证

省级煤矿安全培训主管部门发现下列情形之一的，应当撤销特种作业操作证：

（1）特种作业人员对发生生产安全事故负有直接责任的；

（2）特种作业操作证记载信息虚假的。

特种作业人员违反上述规定被撤销特种作业操作证的，3 年内不得再次申请特种作业操作证。

七、违反本规定的行为及应负的法律责任

煤矿企业有下列行为之一的，由煤矿安全培训主管部门或者煤矿安全监察机构责令其限期改正，可以处 5 万元以下的罚款；逾期未改正的，责令停产停业整顿，并处 5 万元以上 10 万元以下的罚款，对其直接负责的主管人员和其他直接责任人员处 1 万元以上 2 万元以下的罚款：

（1）主要负责人和安全生产管理人员未按照规定经考核合格的；

（2）未按照规定对从业人员进行安全生产培训的；

（3）未如实记录安全生产培训情况的；

（4）特种作业人员未经专门的安全培训并取得相应资格，上岗作业的。

煤矿安全培训主管部门或者煤矿安全监察机构发现煤矿企业有下列行为之一的，责令其限期改正，可以处 1 万元以上 3 万元以下的罚款：

（1）未建立安全培训管理制度或者未制定年度安全培训计划的；

（2）未明确负责安全培训工作的机构，或者未配备专兼职安全培训管理人员的；

（3）用于安全培训的资金不符合本规定的；

（4）未按照统一的培训大纲组织培训的；

（5）不具备安全培训条件进行自主培训，或者委托不具备安全培训条件的机构进行培训的。

具备安全培训条件的机构未按照规定的培训大纲进行安全培训，或者未经安全培训并考试合格颁发有关培训合格证明的，依照以上规定给予行政处罚。

任务十四　《非煤矿矿山企业安全生产许可证实施办法》

一、非煤矿矿山企业安全生产许可证管理的基本规定

1. 原　则

安全生产许可证的颁发管理工作实行企业申请、两级发证、属地监管的原则。

2. 安全生产许可证的颁发和管理部门

（1）国家安全生产监督管理总局（现已并入应急管理部）指导、监督全国非煤矿

矿山企业安全生产许可证的颁发管理工作，负责海洋石油天然气企业安全生产许可证的颁发和管理；

（2）省、自治区、直辖市人民政府安全生产监督管理部门（以下简称省级安全生产许可证颁发管理机关）负责本行政区域内除海洋石油天然气企业以外的非煤矿矿山企业安全生产许可证的颁发和管理；

（3）省级安全生产许可证颁发管理机关可以委托设区的市级安全生产监督管理部门和县级安全生产监督管理部门实施非煤矿矿山企业安全生产许可证的颁发管理工作；但中央管理企业所属非煤矿矿山的安全生产许可证颁发管理工作不得委托实施。

二、非煤矿矿山企业安全生产条件和安全生产许可证的申请

1. 非煤矿矿山企业安全生产条件

非煤矿矿山企业取得安全生产许可证，应当具备下列安全生产条件：

（1）建立健全主要负责人、分管负责人、安全生产管理人员、职能部门、岗位安全生产责任制；制定职业危害预防制度；制定作业安全规程和各工种操作规程；

（2）安全投入满足安全生产要求，并依照国家有关规定足额提取和使用安全生产费用；

（3）设置安全生产管理机构，或者配备专职安全生产管理人员；

（4）主要负责人和安全生产管理人员的安全生产知识和管理能力经考核合格；

（5）特种作业人员经有关业务主管部门考核合格，取得特种作业操作资格证书；

（6）其他从业人员依照规定接受安全生产教育和培训，并经考试合格；

（7）依法参加工伤保险，为从业人员缴纳保险费；

（8）制定职业危害防治措施，为从业人员配备符合国家标准或者行业标准的劳动防护用品；

（9）事故应急救援预案经过备案，建立事故应急救援组织，配备必要的应急救援器材。设备；生产规模较小可以不建立事故应急救援组织的，应当指定兼职的应急救援人员，并与邻近的矿山救护队或者其他应急救援组织签订救护协议。

2. 安全生产许可证的申请

非煤矿矿山企业申请领取安全生产许可证，应当提交下列文件、资料：

（1）安全生产许可证申请书；

（2）工商营业执照复印件；

（3）采矿许可证复印件；

（4）主要负责人安全生产责任制材料复印件；各分管负责人、安全生产管理人员以及职能部门负责人、岗位安全生产责任制目录清单；

（5）安全生产规章制度目录清单；

（6）任命主要负责人、设置安全生产管理机构或者配备专职安全生产管理人员的文件复印件；

（7）主要负责人和安全生产管理人员安全生产知识和管理能力考核合格的证明材料；

（8）为从业人员缴纳工伤保险费的证明材料；因特殊情况不能办理工伤保险的，可以出具办理安全生产责任保险的证明材料；

（9）事故应急救援预案备案证明复印件，设立事故应急救援组织的文件或者与矿山救护队、其他应急救援组织签订的救护协议。

非煤矿矿山企业独立生产系统提交的文件、资料：

（1）安全生产许可证申请书；

（2）采矿许可证复印件；

（3）主要负责人安全生产责任制材料复印件，各分管负责人、安全生产管理人员以及职能部门负责人安全生产责任制目录清单；

（4）安全生产规章制度和操作规程目录清单；

（5）任命主要负责人、设置安全生产管理机构或者配备专职安全生产管理人员的文件复印件；

（6）主要负责人和安全生产管理人员安全生产知识和管理能力考核合格的证明材料；

（7）特种作业人员操作资格证书的证明材料；

（8）为从业人员缴纳工伤保险费的证明材料；因特殊情况不能办理工伤保险的，可以出具办理安全生产责任保险的证明材料；

（9）足额提取和使用安全生产费用的证明材料；

（10）事故应急救援预案备案证明复印件，设立事故应急救援组织的文件或者与矿山救护队、其他应急救援组织签订的救护协议；

（11）矿山建设项目安全设施竣工验收评价报告。

三、安全生产许可证的受理、审核和颁发

1. 安全生产许可证的受理

安全生产许可证颁发管理机关对非煤矿矿山企业提交的申请书及文件、资料，应当依照下列规定分别处理：

（1）申请事项不属于本机关职权范围的，应当即时作出不予受理的决定，并告知申请人向有关机关申请；

（2）申请材料存在可以当场更正的错误的，应当允许或者要求申请人当场更正，并即时出具受理的书面凭证；

（3）申请材料不齐全或者不符合要求的，应当当场或者在5个工作日内一次性书面告知申请人需要补正的全部内容，逾期不告知的，自收到申请材料之日起即为受理；

（4）申请材料齐全、符合要求或者依照要求全部补正的，自收到申请材料或者全部补正材料之日起为受理。

2. 安全生产许可证的审核

安全生产许可证颁发管理机关应当依照本实施办法规定的法定条件组织，对非煤矿矿山企业提交的申请材料进行审查，并在受理申请之日起 45 日内作出颁发或者不予颁发安全生产许可证的决定。对决定颁发的，安全生产许可证颁发管理机关应当自决定之日起 10 个工作日内送达或者通知申请人领取安全生产许可证；对决定不予颁发的，应当在 10 个工作日内书面通知申请人并说明理由。

3. 安全生产许可证的颁发

安全生产许可证颁发管理机关应当依照下列规定颁发非煤矿矿山企业安全生产许可证：

（1）对金属非金属矿山企业，向企业及其所属各独立生产系统分别颁发安全生产许可证；对多级管理的金属非金属矿山企业，向最下级同时具有工商营业执照和采矿许可证的企业颁发安全生产许可证；对于只有一个独立生产系统的企业，只向企业颁发安全生产许可证；

（2）对陆上石油天然气企业，向取得采矿许可证的下一级采油、采气生产单位和钻井队的上一级具有工商营业执照的管理单位颁发安全生产许可证；

（3）对海洋石油天然气企业，向取得采矿许可证的下一级采油、采气生产单位及其独立生产系统，和钻井平台的上一级具有工商营业执照的管理单位分别颁发安全生产许可证；

（4)对地质勘探单位,向最下级具有企事业法人资格的单位颁发安全生产许可证。对采掘施工企业，向企业颁发安全生产许可证；

（5）对尾矿库单独颁发安全生产许可证。

四、安全生产许可证的延期和变更

1. 安全生产许可证的延期

安全生产许可证的有效期为 3 年。安全生产许可证有效期满后需要延期的，非煤矿矿山企业应当在安全生产许可证有效期届满前 3 个月向原安全生产许可证颁发管理机关申请办理延期手续，并提交下列文件、资料：

（1）延期申请书；

（2）安全生产许可证正本和副本；

（3）本实施办法第二章规定的相应文件、资料。

金属非金属矿山独立生产系统和尾矿库，以及石油天然气独立生产系统和作业单位还应当提交由具备相应资质的中介服务机构出具的安全生产条件合格的安全现状评价报告。

安全生产许可证颁发管理机关应当依照安全生产许可证的受理与审核的规定，对非煤矿矿山企业提交的材料进行审查，并作出是否准予延期的决定。决定准予延期的，

应当收回原安全生产许可证，换发新的安全生产许可证；决定不准予延期的，应当书面告知申请人并说明理

2. 安全生产许可证的变更

非煤矿矿山企业在安全生产许可证有效期内有下列情形之一的，应当自工商营业执照变更之日起 30 个工作日内向原安全生产许可证颁发管理机关申请变更安全生产许可证：

（1）变更单位名称的；

（2）变更主要负责人的；

（3）变更单位地址的；

（4）变更经济类型的；

（5）变更许可范围的。

非煤矿矿山企业申请变更安全生产许可证时，应当提交下列文件、资料：

（1）变更申请书；

（2）安全生产许可证正本和副本；

（3）变更后的工商营业执照、采矿许可证复印件及变更说明材料。

变更主要负责人的，还应当提交变更后的主要负责人的任命文件、安全生产知识和管理能力考核合格的证明材料。变更许可范围的，还应当提交相应的安全设施设计审查及竣工验收评价报告。

对已经受理的变更申请，安全生产许可证颁发管理机关对申请人提交的文件、资料审查无误后，应当在 10 个工作日内办理变更手续。

五、安全生产许可证的监督管理

1. 安全生产许可证的撤销

安全生产许可证颁发管理机关发现有下列情形之一的，应当撤销已经颁发的安全生产许可证：

（1）超越职权颁发安全生产许可证的；

（2）违反本实施办法规定的程序颁发安全生产许可证的；

（3）不具备本实施办法规定的安全生产条件颁发安全生产许可证的；

（4）以欺骗、贿赂等不正当手段取得安全生产许可证的。

2. 安全生产许可证的注销

取得安全生产许可证的非煤矿矿山企业有下列情形之一的，安全生产许可证颁发管理机关应当注销其安全生产许可证：

（1）安全生产许可证被依法撤销的；

（2）安全生产许可证被依法吊销的；

（3）安全生产许可证有效期满未申请办理延期手续的；

（4）企业被依法关闭的。

3. 各级日常监督检查部门

县级以上地方人民政府安全生产监督管理部门负责本行政区域内取得安全生产许可证的非煤矿矿山企业的日常监督检查，并将监督检查中发现的问题及时报告安全生产许可证颁发管理机关。中央管理的非煤矿矿山企业由设区的市级以上地方人民政府安全生产监督管理部门负责日常监督检查。

国家安全生产监督管理总局（现已并入应急管理部）负责取得安全生产许可证的海洋石油天然气企业的日常监督检查。

六、违反本办法的行为及应负的法律责任

1. 颁发管理机关工作人员的违法行为及应负的法律责任

安全生产许可证颁发管理机关工作人员有下列行为之一的，给予降级或者撤职的行政处分；构成犯罪的，依法追究刑事责任：

（1）向不符合本实施办法规定的安全生产条件的非煤矿矿山企业颁发安全生产许可证的；

（2）发现非煤矿矿山企业未依法取得安全生产许可证擅自从事生产活动，不依法处理的；

（3）发现取得安全生产许可证的非煤矿矿山企业不再具备本实施办法规定的安全生产条件，不依法处理的；

（4）接到对违反本实施办法规定行为的举报后，不及时处理的；

（5）在安全生产许可证颁发、管理和监督检查工作中，索取或者接受非煤矿矿山企业的财物，或者谋取其他利益的。

2. 非煤矿矿山企业的违法行为及应负的法律责任

取得安全生产许可证的非煤矿矿山企业有下列行为之一的，吊销其安全生产许可证：

（1）倒卖、出租、出借或者以其他形式非法转让安全生产许可证的；

（2）暂扣安全生产许可证后未按期整改或者整改后仍不具备安全生产条件的。

非煤矿矿山企业有下列行为之一的，责令停止生产，没收违法所得，并处 10 万元以上 50 万元以下的罚款；构成犯罪的，依法追究刑事责任：

（1）未取得安全生产许可证，擅自进行生产的；

（2）接受转让的安全生产许可证的；

（3）冒用安全生产许可证的；

（4）使用伪造的安全生产许可证的。

非煤矿矿山企业转让安全生产许可证的，没收违法所得，并处 10 万元以上 50 万元以下的罚款。

任务十五 《非煤矿山外包工程安全管理暂行办法》

一、非煤矿山外包工程安全管理的基本规定

1. 适用范围

在依法批准的矿区范围内，以外包工程的方式从事金属非金属矿山的勘探、建设、生产、闭坑等工程施工作业活动，以及石油天然气的勘探、开发、储运等工程与技术服务活动的安全管理和监督，适用本办法。

从事非煤矿山各类房屋建筑及其附属设施的建造和安装，以及露天采矿场矿区范围以外地面交通建设的外包工程的安全管理和监督，不适用本办法。

2. 发包单位的责任

非煤矿山外包工程（以下简称外包工程）的安全生产，由发包单位负主体责任，承包单位对其施工现场的安全生产负责。

外包工程有多个承包单位的，发包单位应当对多个承包单位的安全生产工作实施统一协调、管理，定期进行安全检查，发现安全问题的，应当及时督促整改。

二、非煤矿山外包工程发包单位的安全生产职责

发包单位应当依法设置安全生产管理机构或者配备专职安全生产管理人员，对外包工程的安全生产实施管理和监督，不得擅自压缩外包工程合同约定的工期，不得违章指挥或者强令承包单位及其从业人员冒险作业。

发包单位应当依法取得非煤矿山安全生产许可证，应当审查承包单位的非煤矿山安全生产许可证和相应资质，不得将外包工程发包给不具备安全生产许可证和相应资质的承包单位。

发包单位应当与承包单位签订安全生产管理协议，明确各自的安全生产管理职责。发包单位是外包工程安全投入的责任主体，应当按照国家有关规定和合同约定及时、足额向承包单位提供保障施工作业安全所需的资金，明确安全投入项目和金额，并监督承包单位落实到位。

发包单位应当向承包单位进行外包工程的技术交底，按照合同约定向承包单位提供与外包工程安全生产相关的勘察、设计、风险评价、检测检验和应急救援等资料，并保证资料的真实性、完整性和有效性。发包单位应当建立健全外包工程安全生产考核机制，对承包单位每年至少进行一次安全生产考核。发包单位应当按照国家有关规定建立应急救援组织，编制本单位事故应急预案，并定期组织演练。

发包单位在接到外包工程事故报告后，应当立即启动相关事故应急预案，或者采取有效措施，组织抢救，防止事故扩大，并依照《生产安全事故报告和调查处理条例》的规定，立即如实地向事故发生地县级以上人民政府安全生产监督管理部门和负有安全生产监督管理职责的有关部门报告。

三、承包单位的安全生产职责

1. 总承包单位的安全生产职责

（1）外包工程实行总承包的，总承包单位对施工现场的安全生产负总责；分项承包单位按照分包合同的约定对总承包单位负责。总承包单位和分项承包单位对分包工程的安全生产承担连带责任；

（2）总承包单位依法将外包工程分包给其他单位的，其外包工程的主体部分应当由总承包单位自行完成；

（3）禁止承包单位转包其承揽的外包工程。禁止分项承包单位将其承揽的外包工程再次分包。

2. 承包单位的安全生产职责

（1）承包单位应当依照有关法律法规、规章和国家标准、行业标准的规定，以及承包合同和安全生产管理协议的约定，组织施工作业，确保安全生产；

（2）承包单位有权拒绝发包单位的违章指挥和强令冒险作业；

（3）承包单位应当依法取得非煤矿山安全生产许可证和相应等级的施工资质，并在其资质范围内承包工程；

（4）承包单位应当加强对所属项目部的安全管理，每半年至少进行一次安全生产检查、对项目部人员每年至少进行一次安全生产教育培训与考核；

（5）禁止承包单位以转让、出租、出借资质证书等方式允许他人以本单位的名义承揽工程；

（6）承包单位及其项目部应当根据承揽工程的规模和特点，依法健全安全生产责任体系，完善安全生产管理基本制度，设置安全生产管理机构，配备专职安全生产管理人员和有关工程技术人员；

（7）承包单位应当依照有关规定制定施工方案，加强现场作业安全管理，及时发现并消除事故隐患，落实各项规章制度和安全操作规程；

（8）承包单位发现事故隐患后应当立即治理；不能立即治理的应当采取必要的防范措施，并及时书面报告发包单位协商解决，消除事故隐患；

（9）承包单位应当接受发包单位组织的安全生产培训与指导，加强对本单位从业人员的安全生产教育和培训，保证从业人员掌握必需的安全生产知识和操作技能；

（10）外包工程发生事故后，事故现场有关人员应当立即向承包单位及项目部负责人报告；

（11）承包单位及项目部负责人接到事故报告后、应当立即如实地向发包单位报告，并启动相应的应急预案，采取有效措施，组织抢救，防止事故扩大。

四、监督管理

1. 事故管理

（1）承包单位发生较大以上责任事故或者 1 年内发生 3 起以上一般事故的，事故发生地的省级人民政府安全生产监督管理部门应当向承包单位登记注册地的省级人民政府安全生产监督管理部门通报；

（2）发生重大以上事故的，事故发生地省级人民政府安全生产监督管理部门应当邀请承包单位的安全生产许可证颁发机关参加事故调查处理工作。

2. 安全生产监督检查

安全生产监督管理部门应当加强对外包工程的安全生产监督检查，重点检查下列事项：

（1）发包单位非煤矿山安全生产许可证、安全生产管理协议、安全投入等情况；

（2）承包单位的施工资质、应当依法取得的非煤矿山安全生产许可证、安全投入落实、承包单位及其项目部的安全生产管理机构、技术力量配备、相关人员的安全资格和持证等情况；

（3）违法发包、转包、分项发包等行为。

五、违反本办法的行为及应负的法律责任

1. 发包单位的法律责任

发包单位违反本办法第六条的规定，违章指挥或者强令承包单位及其从业人员冒险作业的，责令改正，处 2 万元以上 3 万元以下的罚款；造成损失的，依法承担赔偿责任。

2. 承包单位的法律责任

承包单位违反本办法第二十条规定对项目部疏于管理，未定期对项目部人员进行安全生产教育培训与考核或者未对项目部进行安全生产检查的，责令限期改正，可以处 5 万元以下的罚款；逾期未改正的，责令停产停业整顿，并处 5 万元以上 10 万元以下的罚款，对其直接负责的主管人员和其他直接责任人员处 1 万元以上 2 万元以下的罚款。承包单位允许他人以本单位的名义承揽工程的，移送有关部门依法处理。

3. 行政执法人员的法律责任

安全生产监督管理部门的行政执法人员在外包工程安全监督管理过程中滥用职权、玩忽职守、徇私舞弊的，依照有关规定给予处分；构成犯罪的，依法追究刑事责任。

任务十六　《尾矿库安全监督管理规定》

一、尾矿库安全监督管理的基本规定

1. 适用范围

尾矿库的建设、运行、回采、闭库及其安全管理与监督工作，适用本规定。核工业矿山尾矿库不适用本规定。

2. 划分标准

尾矿库建设、运行、回采、闭库的安全技术要求以及尾矿库等别划分标准，按照《尾矿库安全规程》执行。

3. 生产经营单位的基本规定

尾矿库生产经营单位（以下简称生产经营单位）应当建立健全尾矿库安全生产责任制，建立健全安全生产规章制度和安全技术操作规程，对尾矿库实施有效的安全管理。生产经营单位应当保证尾矿库具备安全生产条件所必需的资金投入，建立相应的安全生产管理机构，配备专职的安全生产管理人员和专业技术人员。生产经营单位的主要负责人和安全生产管理人员应当依照有关规定经培训考核合格并取得安全生产知识和管理能力考核合格证。直接从事尾矿库放矿、筑坝、巡坝、排洪和排渗设施操作的作业人员必须取得特种作业操作证书，方可上岗作业。

3. 安全生产监督管理部门及职责

应急管理部指导、监督全国尾矿库建设项目的安全设施设计审查工作，并负责实施下列尾矿库建设项目的安全设施设计审查：

（1）尾矿库等别为一等库的新建、改建、扩建项目；

（2）尾矿库总库容 1 亿立方米及以上的新建、改建、扩建项目。

前款规定以外的其他尾矿库建设项目的安全设施设计，由省级应急管理部门负责审查。尾矿库建设项目安全设施设计审查与竣工验收应当符合有关法律、行政法规的规定。

二、尾矿库建设和运行

1. 尾矿库建设工程相关单位的条件

尾矿库的勘察单位应当具有岩土工程和水文地质勘察专业资质。设计单位应当具有相应的冶金矿山工程、化工矿山或者非金属矿工程设计资质。安全评价单位应当具有金属非金属矿采选业评价资质，评价成员中应当有土木工程、安全工程、水利工程等学科专业的安全评价师。施工单位应当具有矿山工程或者水利水电工程施工资质。工程监理单位应当具有矿山工程或者水利水电工程监理资质。

尾矿库的勘察、设计、施工、工程监理等单位除符合前款规定外，还应当按照尾矿库的等级符合下列规定：

（1）一等、二等、三等尾矿库新建、改建、扩建建设项目，其勘察单位应当具有工程勘察综合资质，或者同时具有岩土工程专业甲级资质和水文地质勘察专业甲级资质；设计单位应当具有工程设计综合资质，或者相应的冶金矿山工程、化工矿山、非金属矿工程专业甲级资质；施工单位应当具有矿山工程或者水利水电工程施工总承包一级及以上资质；工程监理单位应当具有工程监理综合资质，或者矿山工程、水利水电工程专业甲级资质；

（2）四等、五等尾矿库新建、改建、扩建建设项目，其勘察单位应当同时具有岩土工程专业乙级及以上资质和水文地质勘察专业乙级及以上资质；设计单位应当具有相应的冶金矿山工程、化工矿山、非金属矿工程专业乙级及以上资质；施工单位应当具有矿山工程或者水利水电工程施工总承包二级及以上资质，或者有相应的专业承包一级资质；工程监理单位应当具有矿山工程或者水利水电工程专业乙级及以上资质。

2. 尾矿库运行的安全现状评价及相应措施

尾矿库应当每三年至少进行一次安全现状评价，评价内容应当包括对尾矿库现状与设计一致性、尾矿库安全管理与有关法律、行政法规和国家标准、行业标准的符合性评价。

尾矿库出现重大险情的，生产经营单位应当立即停产，启动应急救援预案，进行抢险，立即报告当地县级应急管理部门和人民政府，并同时报告负有监管责任的应急管理部门。重大险情抢险完成后，生产经营单位应当由主要负责人组织制定并实施专项治理方案。治理工作结束后，生产经营单位应当委托符合本规定第十三条的安全评价机构对治理情况进行评估。重大险情经抢险和治理后符合安全生产条件的，生产经营单位应当向负有监管责任的应急管理部门提出恢复生产的书面申请，经应急管理部门验收合格后、方可恢复生产运行。

三、尾矿库回采和闭库

1. 尾矿库回采

尾矿回采工程应当进行回采勘察、安全预评价和回采设计,并编制安全设施设计。回采安全设施设计应当报省级应急管理部门审查，严禁未经设计并经审查批准擅自回采尾矿。生产经营单位应当按照回采设计实施尾矿回采，严禁边回采边放矿，并在尾矿回采期间进行日常安全管理和检查，防止尾矿回采作业对尾矿坝和排洪设施安全造成影响。尾矿回采结束后不再进行排尾作业的，生产经营单位应当按本规定履行闭库程序。尾矿库经回采后原则上不得再用来排尾，特殊情况下再利用作为排尾的，应当按照新建建设项目进行勘察、评价和设计，并编制安全设施设计。安全设施设计应当报省级应急管理部门审查批准。安全设施经验收合格后，生产经营单位应当及时按照《非煤矿矿山企业安全生产许可证实施办法》的有关规定，申请尾矿库安全生产许可证

2. 尾矿库闭库

尾矿库运行到设计最终标高的前 12 个月内，生产经营单位应当进行闭库前的准备工作。尾矿库闭库工程应当进行勘察、安全现状评价和闭库设计，并编制安全设施设计。闭库安全设施设计应当经省级应急管理部门审查批准。

尾矿库运行到设计最终标高或者不再进行排尾作业的，以及停用时间超过 3 年的尾矿库，生产经营单位应当在一年内完成闭库。特殊情况不能按期完成闭库的，应当报告负有监管责任的应急管理部门，但延长期限不得超过 6 个月。

尾矿库闭库工作由原生产经营单位负责。对解散或者关闭破产的生产经营单位，其尾矿库闭库工作，由生产经营单位出资人或其上级主管单位负责；无上级主管单位或者出资人不明确的，其尾矿库闭库工作由应急管理部门提请县级以上人民政府指定单位负责。

四、安全生产监督管理

应急管理部门应当严格按照有关法律、行政法规、国家标准、行业标准以及本规定要求，进行尾矿库建设项目安全设施设计审查，不符合规定条件的，不得批准。审查不得收取费用。

应急管理部门应当建立尾矿库安全生产监督检查档案，记录监督检查结果、生产安全事故及违法行为查处等情况，应当加强对尾矿库生产经营单位安全生产的监督检查，对检查中发现的事故隐患和违法违规生产行为，依法作出处理。

应急管理部门应当建立尾矿库安全生产举报制度，公开举报电话、信箱或者电子邮件地址，受理有关举报；对受理的举报，应当认真调查核实；经查证属实的，应当依法作出处理。

应急管理部门应当加强本行政区域内生产经营单位应急预案的备案管理，并将尾矿库事故应急救援纳入地方各级人民政府应急救援体系

五、违反本规定的行为及应负的法律责任

1. 应急管理部门的法律责任

应急管理部门的工作人员，未依法履行尾矿库安全监督管理职责的，依照有关规定给予行政处分。

2. 生产经营单位的法律责任

生产经营单位违反本规定，存在下列行为之一的，责令限期改正，可以处五万元以下的罚款；逾期未改正的，责令停产整顿，并处五万元以上十万元以下的罚款，对其直接负责的主管人员和其他直接责任人员处一万元以上二万元以下的罚款：

（1）未按照规定设置安全生产管理机构、配备专职安全生产管理人员和专业技术人员的；

（2）主要负责人和安全生产管理人员未按照规定经考核合格的；

（3）未将事故隐患排查治理情况如实记录或者未向从业人员通报的；

（4）未按照规定制定生产安全事故应急救援预案或者未定期组织演练的；

（5）特种作业人员未按照规定经专门的安全作业培训并取得相应资格上岗作业，或者特种作业人员数量不满足本规定要求的。

任务十七 《冶金企业和有色金属企业安全生产规定》

一、冶金企业和有色金属企业安全生产基本规定

1. 适用范围

冶金企业和有色金属企业（以下统称企业）的安全生产（含职业健康，下同）和监督管理，适用本规定。机械铸造企业中金属冶炼活动的安全生产和监督管理参照本规定执行。

2. 冶金企业、有色金属企业和金属冶炼的定义

本规定所称冶金企业，是指从事黑色金属冶炼及压延加工业等生产活动的企业。本规定所称有色金属企业，是指从事有色金属冶炼及压延加工业等生产活动的企业。本规定所称金属冶炼，是指冶金企业和有色金属企业从事达到国家规定规模（体量）的高温熔融金属及熔渣（以下统称高温熔融金属）的生产活动。

3. 责任主体

企业是安全生产的责任主体。企业所属不具备法人资格的分支机构的安全生产工作，由企业承担管理责任。

4. 监督管理部门及职责

国家安全生产监督管理总局（现已并入应急管理部）指导、监督全国冶金企业和有色金属企业安全生产工作。县级以上地方人民政府安全生产监督管理部门和有关部门（以下统称负有冶金有色安全生产监管职责的部门）根据本级人民政府规定的职责，按照属地监管、分级负责的原则，对本行政区域内的冶金企业和有色金属企业的安全生产工作实施监督管理。

二、企业的安全生产保障

1. 安全风险管控和事故隐患排查治理

企业应当建立安全风险管控和事故隐患排查治理双重预防机制，落实从主要负责人到每一名从业人员的安全风险管控和事故隐患排查治理责任制。

2. 安全生产标准化建设

企业应当按照规定开展安全生产标准化建设工作，推进安全健康管理系统化、岗位操作行为规范化、设备设施本质安全化和作业环境器具定置化，并持续改进。

3. 安全生产教育和培训

企业主要负责人、安全生产管理人员应当接受安全生产教育和培训，具备与本企业生产经营活动相适应的安全生产知识和管理能力。企业应当按照国家有关规定对从

业人员进行安全生产教育和培训，保证从业人员具备必要的安全生产知识，了解有关安全生产法律法规，熟悉本企业规章制度和安全技术操作规程，掌握本岗位安全操作技能，并建立培训档案，记录培训、考核等情况。未经安全生产教育培训合格的从业人员，不得上岗作业。

5. 危险因素

企业应当对本企业存在的各类危险因素进行辨识，在有较大危险因素的场所和设施、设备上，按照有关国家标准、行业标准的要求设置安全警示标志，并定期进行检查维护。对于辨识出的重大危险源，企业应当登记建档、监测监控，定期检测、评估，制定应急预案并定期开展应急演练。企业应当将重大危险源及有关安全措施、应急预案报有关地方人民政府负有冶金有色安全生产监管职责的部门备案。

6. 应急救援

企业应当建立应急救援组织。生产规模较小的，可以不建立应急救援组织，但应当指定兼职的应急救援人员，并可以与邻近的应急救援队伍签订应急救援协议。企业应当配置必要的应急救援器材、设备和物资，并进行经常性维护、保养，保证正常运转。

三、监督管理

负有冶金有色安全生产监管职责的部门应当依法加强对企业安全生产工作的监督检查，明确每个企业的安全生产监督管理主体，发现存在事故隐患的，应当及时处理；发现重大事故隐患的，实施挂牌督办。

负有冶金有色安全生产监管职责的部门应当将企业安全生产标准化建设，安全生产风险管控和隐患排查治理双重预防机制的建立情况纳入安全生产年度监督检查计划，并按照计划检查督促企业开展工作。

负有冶金有色安全生产监管职责的部门应当加强对监督检查人员的冶金和有色金属安全生产专业知识的培训，提高其行政执法能力。

负有冶金有色安全生产监管职责的部门应当为进入有限空间等特定作业场所进行监督检查的人员，配备必需的个体防护用品和监测检查仪器。

负有冶金有色安全生产监管职责的部门应当加强对本行政区域内企业应急预案的备案管理，并将重大事故应急救援纳入地方人民政府应急救援体系。

四、违反本规定的行为及应负的法律责任

监督检查人员在对企业进行监督检查时，滥用职权、玩忽职守、徇私舞弊的，依照有关规定给予处分；构成犯罪的，依法追究刑事责任。

企业违反本规定第二十四条至第三十七条的规定，构成生产安全事故隐患的，责令立即消除或者限期消除事故隐患；企业拒不执行的，责令停产停业整顿，并处 10 万

元以上 50 万元以下的罚款，对其直接负责的主管人员和其他直接责任人员处 2 万元以上 5 万元以下的罚款。

企业违反本规定的其他违法行为，分别依照《中华人民共和国安全生产法》《中华人民共和国职业病防治法》等的规定追究法律责任。

任务十八 《烟花爆竹生产企业安全生产许可证实施办法》

一、烟花爆竹生产企业安全生产许可证实施办法基本规定

1. 安全生产许可

企业应当依照本办法的规定取得烟花爆竹安全生产许可证（以下简称安全生产许可证）。未取得安全生产许可证的，不得从事烟花爆竹生产活动。

2. 原　则

安全生产许可证的颁发和管理工作实行企业申请、一级发证、属地监管的原则。

3. 监督管理的部门及职责

国家安全生产监督管理总局（现已并入应急管理部）负责指导、监督全国安全生产许可证的颁发和管理工作，并对安全生产许可证进行统一编号。省、自治区、直辖市人民政府安全生产监督管理部门按照全国统一配号，负责本行政区域内安全生产许可证的颁发和管理工作。

二、烟花爆竹生产企业申请安全生产许可证的条件

1. 企业的选址要求

企业的设立应当符合国家产业政策和当地产业结构规划，企业的选址应当符合当地城乡规划。企业与周边建筑、设施的安全距离必须符合国家标准、行业标准的规定。

2. 基本建设项目的批准条件

企业的基本建设项目应当依照有关规定经县级以上人民政府或者有关部门批准，并符合下列条件：

（1）建设项目的设计由具有乙级以上军工行业的弹箭、火炸药、民爆器材工程设计类别工程设计资质或者化工石化医药行业的有机化工、石油冶炼、石油产品深加工工程设计类型工程设计资质的单位承担。

（2）建设项目的设计符合《烟花爆竹工程设计安全规范》的要求，并依法进行安全设施设计审查和竣工验收。

3. 安全生产管理机构应配备的人员

企业应当设置安全生产管理机构，配备专职安全生产管理人员，并符合下列要求：

（1）确定安全生产主管人员；

（2）配备本企业从业人员总数1%以上至少有2名专职安全生产管理人员；

（3）配备占本企业从业人员总数5%以上的兼职安全员。

4. 安全生产培训和考核

企业主要负责人、分管安全生产负责人和专职安全生产管理人员应当经专门的安全生产培训和安全生产监督管理部门考核合格，取得安全资格证。

从事药物混合、造粒、筛选、装药、筑药、压药、切引、搬运等危险工序和烟花爆竹仓库保管、守护的特种作业人员，应当接受专业知识培训，并经考核合格取得特种作业操作证。

其他岗位从业人员应当依照有关规定经本岗位安全生产知识教育和培训合格。

5. 申请安全生产许可证的其他条件

（1）企业应当依法参加工伤保险，为从业人员缴纳保险费；

（2）企业应当依照国家有关规定提取和使用安全生产费用，不得挪作他用；

（3）企业必须为从业人员配备符合国家标准或者行业标准的劳动防护用品，并依照有关规定对从业人员进行职业健康检查；

（4）企业应当建立生产安全事故应急救援组织，制定事故应急预案，并配备应急救援。人员和必要的应急救援器材、设备；

（5）企业应当根据《烟花爆竹流向登记通用规范》和国家有关烟花爆竹流向信息化管理的规定，建立并应用烟花爆竹流向管理信息系统；

（6）企业应当依法进行安全评价。

二、安全生产许可证的申请和颁发

1. 安全生产许可证的申请

企业申请安全生产许可证，应当向所在地设区的市级人民政府安全生产监督管理部门（以下统称初审机关）提出安全审查申请，提交下列文件、资料，并对其真实性负责：

（1）安全生产许可证申请书（一式三份）；

（2）工商营业执照或者企业名称工商预先核准文件（复制件）；

（3）建设项目安全设施设计审查和竣工验收的证明材料；

（4）安全生产管理机构及安全生产管理人员配备情况的书面文件；

（5）各种安全生产责任制文件（复印件）；

（6）安全生产规章制度和岗位安全操作规程目录清单；

（7）企业主要负责人、分管安全生产负责人、专职安全生产管理人员名单和安全资格证（复印件）；

（8）特种作业人员的特种作业操作证（复制件）和其他从业人员安全生产教育培训合格的证明材料；

（9）为从业人员缴纳工伤保险费的证明材料；
（10）安全生产费用提取和使用情况的证明材料；
（11）具备资质的中介机构出具的安全评价报告。

新建企业申请安全生产许可证，应当在建设项目竣工验收通过之日起 20 个工作日内向所在地初审机关提出安全审查申请。

2. 安全生产许可证的颁发

（1）发证机关受理申请后，应当结合初审意见，组织有关人员对申请文件、资料进行审核。需要到现场核套的，应当指派 2 名以上工作人员进行现场核套；对从事黑火药、引火线、礼花弹生产的企业，应当指派 2 名以上工作人员进行现场核查；

（2）发证机关应当自受理之日起 45 个工作日内作出颁发或者不予颁发安全生产许可证的决定；

（3）对决定颁发的，发证机关应当自决定之日起 10 个工作日内送达或者通知企业领取安全生产许可证；对不予颁发的，应当在 10 个工作日内书面通知企业并说明理由。现场核查所需时间不计算在本条规定的期限内。

四、安全生产许可证的变更和延期

1. 安全生产许可证的变更

企业在安全生产许可证有效期内有下列情形之一的，应当申请变更安全生产许可证：
（1）改建、扩建烟花爆竹生产（含储存）设施的；
（2）变更产品类别、级别范围的；
（3）变更企业主要负责人的；
（4）变更企业名称的。

2. 安全生产许可证的延期

安全生产许可证有效期为 3 年。安全生产许可证有效期满需要延期的，企业应当于有效期届满前 3 个月向原发证机关申请办理延期手续。

企业在安全生产许可证有效期内符合下列条件，在许可证有效期届满时，经原发证机关同意，不再审查，直接办理延期手续：
（1）严格遵守有关安全生产法律法规和本办法；
（2）取得安全生产许可证后，加强日常安全生产管理，不断提升安全生产条件，达到安全生产标准化二级以上；
（3）接受发证机关及所在地人民政府安全生产监督管理部门的监督检查；
（4）未发生生产安全死亡事故。

五、监督管理

1. 审查、颁发安全生产许可证的监督管理

安全生产许可证发证机关和初审机关应当坚持公开、公平、公正的原则，严格依

照有关行政许可的法律法规和本办法，审查、颁发安全生产许可证。发证机关和初审机关工作人员在安全生产许可证审查、颁发、管理工作中，不得索取或者接受企业的财物，不得谋取其他不正当利益。

2. 发证机关的监督管理

取得安全生产许可证的企业有下列情形之一的，发证机关应当注销其安全生产许可证：

（1）安全生产许可证有效期满未被批准延期的；

（2）终止烟花爆竹生产活动的；

（3）安全生产许可证被依法撤销的；

（4）安全生产许可证被依法吊销的。

发证机关注销安全生产许可证后，应当在当地主要媒体或者本机关政府网站上及时公告被注销安全生产许可证的企业名单，并通报同级人民政府有关部门和企业所在地县级人民政府。

发证机关应当每 6 个月向社会公布一次取得安全生产许可证的企业情况，并于每年 1 月 15 日前将本行政区域内上一年度安全生产许可证的颁发和管理情况报国家安全生产监督管理总局（现已并入应急管理部）。

六、违反本办法的行为及应负的法律责任

1. 发证机关、初审机关及其工作人员违法行为及应负的法律责任

发证机关、初审机关及其工作人员有下列行为之一的，给予降级或者撤职的行政处分；构成犯罪的，依法追究刑事责任：

（1）向不符合本办法规定的安全生产条件的企业颁发安全生产许可证的；

（2）发现企业未依法取得安全生产许可证擅自从事烟花爆竹生产活动，不依法处理的；

（3）发现取得安全生产许可证的企业不再具备本办法规定的安全生产条件，不依法处理的；

（4）接到违反本办法规定行为的举报后，不及时处理的；

（5）在安全生产许可证颁发、管理和监督检查工作中，索取或者接受企业财物、帮助企业弄虚作假或者谋取其他不正当利益的。

2. 企业的违法行为及应负的法律责任

企业有下列行为之一的，责令停止违法活动或者限期改正，并处 1 万元以上 3 万元以下的罚款：

（1）变更企业主要负责人或者名称，未办理安全生产许可证变更手续的；

（2）从其他企业购买烟花爆竹半成品加工后销售，或者购买其他企业烟花爆竹成品加贴本企业标签后销售，或者向其他企业销售烟花爆竹半成品的。

企业有下列行为之一的，依法暂扣其安全生产许可证：

（1）多股东各自独立进行烟花爆竹生产活动的；

（2）从事礼花弹生产的企业将礼花弹销售给未经公安机关批准的燃放活动的；

（3）改建、扩建烟花爆竹生产（含储存）设施未办理安全生产许可证变更手续的；

（4）发生较大以上生产安全责任事故的；

（5）不再具备本办法规定的安全生产条件的。

企业有以上第（1）项、第（2）项、第（3）项行为之一的，并处1万元以上3万元以下的罚款。

企业有下列行为之一的，依法吊销其安全生产许可证：

（1）出租、转让安全生产许可证的；

（2）被暂扣安全生产许可证，经停产整顿后仍不具备本办法规定的安全生产条件的。

企业有以上第（1）项行为的，没收违法所得，并处10万元以上50万元以下的罚款。

企业有下列行为之一的，责令停止生产，没收违法所得，并处10万元以上50万元以下的罚款：

（1）未取得安全生产许可证擅自进行烟花爆竹生产的；

（2）变更产品类别或者级别范围未办理安全生产许可证变更手续的。

任务十九 《烟花爆竹经营许可实施办法》

一、烟花爆竹经营许可管理的基本规定

1. 适用范围

烟花爆竹经营许可证的申请、审查、颁发及其监督管理，适用本办法。

2. 烟花爆竹经营许可证的基本规定

从事烟花爆竹批发的企业（以下简称批发企业）和从事烟花爆竹零售的经营者（以下简称零售经营者）应当按照本办法的规定，分别取得《烟花爆竹经营（批发）许可证》（以下简称批发许可证）和《烟花爆竹经营（零售）许可证》（以下简称零售许可证）。从事烟花爆竹进出口的企业，应当按照本办法的规定申请办理批发许可证。未取得烟花爆竹经营许可证的，任何单位或者个人不得从事烟花爆竹经营活动。

3. 烟花爆竹经营许可证的颁发和管理

（1）烟花爆竹经营许可证的颁发和管理，实行企业申请、分级发证、属地监管的原则。

（2）国家安全生产监督管理总局（以下简称安全监管总局，现已并入应急管理部）负责指导、监督全国烟花爆竹经营许可证的颁发和管理工作。

（3）省、自治区、直辖市人民政府安全生产监督管理部门（以下简称省级安全监管局）负责制定本行政区域的批发企业布点规划，统一批发许可编号，指导、监督本行政区域内烟花爆竹经营许可证的颁发和管理工作。

（4）设区的市级人民政府安全生产监督管理部门（以下简称市级安全监管局）根据省级安全监管局的批发企业布点规划和统一编号，负责本行政区域内烟花爆竹批发许可证的颁发和管理工作

（5）县级人民政府安全生产监督管理部门（以下简称县级安全监管局，与市级安全监管局统称发证机关）负责本行政区域内零售经营布点规划与零售许可证的颁发和管理工作。

二、批发企业和零售经营者申请经营许可证的条件

1. 批发企业申请批发许可证的条件

批发企业应当符合下列条件

（1）具备企业法人条件；

（2）符合所在地省级安全监管局制定的批发企业布点规划；

（3）具有与其经营规模和产品相适应的仓储设施；

（4）具备与其经营规模、产品和销售区域范围相适应的配送服务能力；

（5）建立安全生产责任制和各项安全管理制度、操作规程；

（6）有安全管理机构或者专职安全生产管理人员；

（7）主要负责人、分管安全生产负责人、安全生产管理人员具备烟花爆竹经营方面的安全知识和管理能力，并经培训考核合格，取得相应资格证书。仓库保管员、守护员接受烟花爆竹专业知识培训，并经考核合格，取得相应资格证书。其他从业人员经本单位安全知识培训合格；

（8）按照《烟花爆竹流向登记通用规范》和烟花爆竹流向信息化管理的有关规定，建立并应用烟花爆竹流向信息化管理系统；

（9）有事故应急救援预案、应急救援组织和人员，并配备必要的应急救援器材、设备；

（10）依法进行安全评价；

（11）法律法规规定的其他条件。

从事烟花爆竹进出口的企业申请领取批发许可证，应当具备以上第(1)项至第(3)项和第（5）项至第（11）项规定的条件。

2. 零售经营者申请零售许可证的条件

零售经营者应当符合下列条件：

（1）符合所在地县级安全监管局制定的零售经营布点规划；

（2）主要负责人经过安全培训合格，销售人员经过安全知识教育；

（3）春节期间零售点、城市长期零售点实行专店销售。乡村长期零售点在淡季实

行专柜销售时，安排专人销售，专柜相对独立，并与其他柜台保持一定的距离，保证安全通道畅通；

（4）零售场所的面积不小于 10 m^2，其周边 50 m 范围内没有其他烟花爆竹零售点，并与学校、幼儿园、医院、集贸市场等人员密集场所和加油站等易燃易爆物品生产、储存设施等重点建筑物保持 100 m 以上的安全距离；

（5）零售场所配备必要的消防器材，张贴明显的安全警示标志；

（6）法律法规规定的其他条件。

三、经营许可证的申请、审查和颁发

1. 批发许可证的申请和审查

批发企业申请领取批发许可证时，应当向发证机关提交申请书及其他申请文件、资料，并对其真实性负责。发证机关受理申请后，应当对申请材料进行审查。需要对经营储存场所的安全条件进行现场核查的，应当指派 2 名以上工作人员组织技术人员进行现场核查。对烟花爆竹进出口企业和设有 1.1 级仓库的企业，应当指派 2 名以上工作人员组织技术人员进行现场核查。负责现场核查的人员应当提出书面核查意见。

2. 批发许可证的颁发

发证机关应当自受理申请之日起 30 个工作日内作出颁发或者不予颁发批发许可证的决定。对决定不予颁发的，应当自作出决定之日起 10 个工作日内书面通知申请人并说明理由；对决定颁发的，应当自作出决定之日起 10 个工作日内送达或者通知申请人领取批发许可证。发证机关在审查过程中，现场核查和企业整改所需时间，不计算在本办法规定的期限内。

3. 零售许可证的申请和审查

零售经营者申请领取零售许可证时，应当向所在地发证机关提交申请书、零售点及其周围安全条件说明和发证机关要求提供的其他材料。发证机关受理申请后，应当对申请材料和零售场所的安全条件进行现场核查。负责现场核查的人员应当提出书面核查意见。

4. 零售许可证的颁发

发证机关应当自受理申请之日起 20 个工作日内作出颁发或者不予颁发零售许可证的决定，并书面告知申请人。对决定不予颁发的，应当书面说明理由。

四、经营许可证的变更和延期

1. 批发许可证的延期

批发许可证的有效期限为 3 年。批发许可证有效期满后，批发企业拟继续从事烟花爆竹批发经营活动的，应当在有效期届满前 3 个月向原发证机关提出延期申请，并提交申请书及其他申请文件、资料。发证机关受理延期申请后，应当按照相关规定，办理批发许可证延期手续。

2. 批发许可证的变更

批发企业在批发许可证有效期内变更企业名称、主要负责人和注册地址的，应当自变更之日起 10 个工作日内向原发证机关提出变更，并提交申请书及其他申请文件、资料。批发企业变更经营许可范围、储存仓库地址和仓储设施新建、改建、扩建的，应当重新申请办理许可手续。

3. 零售许可证的延期和变更

零售许可证的有效期限由发证机关确定，最长不超过 2 年。零售许可证有效期满后拟继续从事烟花爆竹零售经营活动，或者在有效期内变更零售点名称、主要负责人、零售场所和许可范围的，应当重新申请取得零售许可证。

五、烟花爆竹经营许可工作的监督管理

发证机关应当坚持公开、公平、公正的原则，严格依照本办法的规定审核、核发烟花爆竹经营许可证，建立健全烟花爆竹经营许可证的档案管理制度和信息化管理系统，并定期向社会公告取证企业的名单。省级安全监管局应当加强烟花爆竹经营许可工作的监督检查，并于每年 3 月 15 日前将本行政区域内上年度烟花爆竹经营许可证的颁发和管理情况报告安全监管总局（现已并入应急管理部）。

六、违反本办法的行为及应负的法律责任

对未经许可经营、超许可范围经营、许可证过期继续经营烟花爆竹的，责令其停止非法经营活动，处 2 万元以上 10 万元以下的罚款，并没收非法经营的物品及违法所得。申请人隐瞒有关情况或者提供虚假材料申请烟花爆竹经营许可证的，发证机关不予受理，该申请人 1 年内不得再次提出烟花爆竹经营许可申请。以欺骗、贿赂等不正当手段取得烟花爆竹经营许可证的，应当予以撤销，该经营单位 3 年内不得再次提出烟花爆竹经营许可申请。

任务二十 《烟花爆竹生产经营安全规定》

一、生产经营单位的安全生产及其监督管理的基本规定

1. 适用范围

烟花爆竹生产企业（以下简称生产企业）、烟花爆竹批发企业（以下简称批发企业）和烟花爆竹零售经营者（以下简称零售经营者）的安全生产及其监督管理，适用本规定。生产企业、批发企业、零售经营者统称生产经营单位。

2. 安全生产的责任分配

生产经营单位应当落实安全生产主体责任，其主要负责人（包括法定代表人、实际控制人，下同）是本单位安全生产工作的第一责任人，对本单位的安全生产工作全面负责。其他负责人在各自职责范围内对本单位安全生产工作负责。

3. 监督管理的部门及职责

县级以上地方人民政府安全生产监督管理部门按照属地监管、分类分级负责的原则，对本行政区域内生产经营单位安全生产工作实施监督管理。地方各级人民政府安全生产监督管理部门在本级人民政府的统一领导下，按照职责分工，会同其他有关部门依法查处非法生产经营烟花爆竹行为。

二、烟花爆竹生产经营单位的安全生产保障

（1）生产经营单位应当具备有关法律、行政法规和国家标准或者行业标准规定的安全生产条件，并依法取得相应行政许可；

（2）生产企业、批发企业应当建立健全全员安全生产责任制，建立健全安全生产工作责任体系，制定并落实符合法律、行政法规和国家标准或者行业标准的安全生产规章制度和操作规程；

（3）生产企业、批发企业应当不断完善安全生产基础设施，持续保障和提升安全生产条件；

（4）生产企业应当积极推进烟花爆竹生产工艺技术进步，采用本质安全、性能可靠、自动化程度高的机械设备和生产工艺，使用安全、环保的生产原材料；

（5）生产企业、批发企业应当保证安全生产相关事项所需安全生产资金的投入；

（6）生产企业、批发企业的生产区、总仓库区、工（库）房及其他有较大危险因素的生产经营场所和有关设施设备上，应当设置明显的安全警示标志；所有工（库）房应当按照国家标准或者行业标准的规定设置准确、清晰、醒目的定员、定量、定级标识；

（7）生产经营单位应当对本单位从业人员进行烟花爆竹安全知识、岗位操作技能等培训，未经安全生产教育和培训的从业人员，不得上岗作业；

（8）生产经营单位应当严格按照安全生产许可或者经营许可批准的范围，组织开展生产经营活动；

（9）生产企业、批发企业应当在权责明晰的组织架构下统一组织开展生产经营活动；

（10）生产企业、批发企业应当依法建立安全风险分级管控和事故隐患排查治理双重预防机制；

（11）生产企业、批发企业必须建立值班制度和现场巡查制度，全面掌握当日各岗位人员数量及药物分布等安全生产情况，确保不超员超量，并及时处置异常情况；

（12）生产企业、批发企业在烟花爆竹购销活动中，应当依法签订规范的烟花爆

竹买卖合同，建立烟花爆竹买卖合同和流向管理制度，使用全国统一的烟花爆竹流向管理信息系统，如实登记烟花爆竹流向；

（13）生产企业、批发企业所生产、销售烟花爆竹的质量、包装、标志应当符合国家标准或者行业标准的规定。

三、监督管理

（1）地方各级安全生产监督管理部门应当加强对本行政区域内生产经营单位的监督检查，明确每个生产经营单位的安全生产监督管理主体，制定并落实年度监督检查计划，对生产经营单位的安全生产违法行为，依法实施行政处罚；

（2）安全生产监督管理部门可以根据需要，委托专业技术服务机构对生产经营单位的安全设施等进行检验检测，并承担检验检测费用，不得向企业收取；

（3）安全生产监督管理部门应当为进入企业现场的监督检查人员配备必要的执法装备、检测检验设备及个人防护用品，确保执法检查人员人身安全；

（4）安全生产监督管理部门监督检查中发现生产经营单位存在不属于本部门职责范围的违法行为的，应当及时移送有关部门处理。

四、违反本规定的行为及应负的法律责任

1. 生产企业、批发企业违反本规定的行为及应的法律责任

生产企业、批发企业有下列行为之一的，责令限期改正，可以处 10 万元以下的罚款；逾期未改正的，责令停产停业整顿，并处 10 万元以上 20 万元以下的罚款，对其直接负责的主管人员和其他直接责任人员处 2 万元以上 5 万元以下的罚款：

（1）未建立从业人员、外来人员、车辆出入厂（库）区登记制度的；

（2）未指定专人管理、登记、分发黑火药、引火线、烟火药及库存和中转效果件的安全管理制度的；

（3）未建立烟花爆竹买卖合同管理制度的；

（4）未按规定建立烟花爆竹流向管理制度的。

2. 零售经营者违反本规定的行为及应的法律责任

零售经营者有下列行为之一的，责令其限期改正，可以处 1000 元以上 5000 元以下的罚款；逾期未改正的，处 5000 元以上 1 万元以下的罚款：

（1）超越许可证载明限量储存烟花爆竹的；

（2）到批发企业仓库自行提取烟花爆竹的。

生产经营单位有下列行为之一的，责令改正；拒不改正的，处 1 万元以上 3 万元以下的罚款，对其直接负责的主管人员和其他直接责任人员处 5000 元以上 1 万元以下的罚款：

（1）对工（库）房、安全设施、电气线路、机械设备等进行检测、检修、维修、

改造作业前，未制定安全作业方案，或者未切断被检修、维修的电气线路和机械设备电源的；

（2）拒绝、阻挠受安全生产监督管理部门委托的专业技术服务机构开展检验、检测的。

违反本规定，构成《中华人民共和国安全生产法》及其他法律、行政法规规定的其他违法行为的，依照《中华人民共和国安全生产法》等法律、行政法规的规定处理。涉嫌犯罪的，依法移送司法机关追究刑事责任。

任务二十一　《危险化学品生产企业安全生产许可证实施办法》

一、危险化学品生产企业安全生产许可证管理的基本规定

1. 基本规定

企业应当依照本办法的规定取得危险化学品安全生产许可证（以下简称安全生产许可证）。未取得安全生产许可证的企业，不得从事危险化学品的生产活动。

2. 原　则

安全生产许可证的颁发管理工作实行企业申请、两级发证、属地监管的原则。

3. 颁发管理部门

国家安全生产监督管理总局（现已并入应急管理部）指导、监督全国安全生产许可证的颁发管理工作。省、自治区、直辖市安全生产监督管理部门（以下简称省级安全生产监督管理部门）负责本行政区域内中央企业及其直接控股涉及危险化学品生产的企业（总部）以外的企业安全生产许可证的颁发管理。

4. 安全生产许可证颁发工作的监督管理部门

省级安全生产监督管理部门可以将其负责的安全生产许可证颁发工作，委托企业所在地设区的市级或者县级安全生产监督管理部门实施。涉及剧毒化学品生产的企业安全生产许可证颁发工作，不得委托实施。国家安全生产监督管理总局（现已并入应急管理部）公布的涉及危险化工工艺和重点监管危险化学品的企业安全生产许可证颁发工作，不得委托县级安全生产监督管理部门实施。受委托的设区的市级或者县级安全生产监督管理部门在受委托的范围内，以省级安全生产监督管理部门的名义实施许可，但不得再委托其他组织和个人实施。

二、申请安全生产许可证的条件及其申请、颁发

1. 申请安全生产许可证的条件

（1）企业应当有相应的职业危害防护设施，并为从业人员配备符合国家标准或者行业标准的劳动防护用品；

（2）企业应当根据化工工艺、装置、设施等实际情况，制定完善的安全生产规章制度；

（3）企业应当根据危险化学品的生产工艺、技术、设备特点和原辅料、产品的危险性编制岗位操作安全规程；

（4）企业应当按照国家规定提取与安全生产有关的费用，并保证安全生产所必需的资金投入；

（5）企业应当依法参加工伤保险，为从业人员缴纳保险费；

（6）企业应当依法委托具备国家规定资质的安全评价机构进行安全评价，并按照安全评价报告的意见对存在的安全生产问题进行整改；

（7）企业除符合以上规定的安全生产条件，还应当符合有关法律、行政法规和国家标准或者行业标准规定的其他安全生产条件。

2. 安全生产许可证的申请

新建企业安全生产许可证的申请，应当在危险化学品生产建设项目安全设施竣工验收通过之日起 10 个工作日内提出。企业申请安全生产许可证时，应当提交申请书及其他文件、资料，并对其内容的真实性负责。除此以外，有危险化学品重大危险源的企业还应当提交重大危险源及其应急预案的备案证明文件、资料。

3. 安全生产许可证的颁发

安全生产许可证申请受理后，实施机关应当组织对企业提交的申请文件、资料进行审查。对企业提交的文件、资料实质内容存在疑问，需要到现场核查的，应当指派工作人员就有关内容进行现场核查。工作人员应当如实提出现场核查意见。

实施机关应当在受理之日起 45 个工作日内作出是否准予许可的决定。审查过程中的现场审核所需时间不计算在本条规定的期限内。

实施机关作出准予许可决定的，应当自决定之日起 10 个工作日内颁发安全生产许可证。实施机关作出不予许可的决定的，应当在 10 个工作日内书面告知企业并说明理由。

三、监督管理

1. 实施机关的监督管理

实施机关应当坚持公开、公平、公正的原则，依照本办法和有关安全生产行政许可的法律法规规定，颁发安全生产许可证。实施机关工作人员在安全生产许可证颁发及其监督管理工作中，不得索取或者接受企业的财物，不得谋取其他非法利益。实施机关应当加强对安全生产许可证的监督管理，建立、健全安全生产许可证档案管理制度。

2. 监督管理部门的职责

省级安全生产监督管理部门应当在每年 1 月 15 日前，将本行政区域内上年度安全生产许可证的颁发和管理情况报国家安全生产监督管理总局(现已并入应急管理部)。国家安全生产监督管理总局(现已并入应急管理部)、省级安全生产监督管理部门应当定期向社会公布企业取得安全生产许可的情况，接受社会监督。

四、违反本办法的行为及应负的法律责任

1. 实施机关工作人员的违法行为及应负的法律责任

实施机关工作人员有下列行为之一的，给予降级或者撤职的处分；构成犯罪的，依法追究刑事责任：

（1）向不符合本办法第二章规定的安全生产条件的企业颁发安全生产许可证的；

（2）发现企业未依法取得安全生产许可证擅自从事危险化学品生产活动，不依法处理的；

（3)发现取得安全生产许可证的企业不再具备本办法第二章规定的安全生产条件，不依法处理的；

（4）接到对违反本办法规定行为的举报后，不及时依法处理的；

（5）在安全生产许可证颁发和监督管理工作中，索取或者接受企业的财物，或者谋取其他非法利益的。

2. 企业的违法行为及应负的法律责任

企业有下列情形之一的，责令停止生产危险化学品，没收违法所得，并处10万元以上50万元以下的罚款；构成犯罪的，依法追究刑事责任；

（1）未取得安全生产许可证，擅自进行危险化学品生产的；

（2）接受转让的安全生产许可证的；

（3）冒用或者使用伪造的安全生产许可证的。

发现企业隐瞒有关情况或者提供虚假材料申请安全生产许可证的，实施机关不予受理或者不予颁发安全生产许可证，并给予警告，该企业在1年内不得再次申请安全生产许可证。

企业以欺骗、贿赂等不正当手段取得安全生产许可证的，自实施机关撤销其安全生产许可证之日起3年内，该企业不得再次申请安全生产许可证。

3. 安全评价活动违法行为及应负的法律责任

安全评价机构有下列情形之一的，给予警告，并处1万元以下的罚款；情节严重的，暂停资质半年，并处1万元以上3万元以下的罚款；对相关责任人依法给予处理

（1）从业人员不到现场开展安全评价活动的；

（2）安全评价报告与实际情况不符，或者安全评价报告存在重大疏漏，但尚未造成重大损失的；

（3）未按照有关法律法规、规章和国家标准或者行业标准的规定从事安全评价活动的。

任务二十二 《危险化学品经营许可证管理办法》

一、危险化学品经营许可证管理的基本规定

1. 适用范围

在中华人民共和国境内从事列入《危险化学品目录》的危险化学品的经营（包括仓储经营）活动，适用本办法。民用爆炸物品、放射性物品、核能物质和城镇燃气的经营活动，不适用本办法。

2. 经营许可证的基本规定

国家对危险化学品经营实行许可制度。经营危险化学品的企业，应当依照本办法取得危险化学品经营许可证（以下简称经营许可证）。未取得经营许可证，任何单位和个人不得经营危险化学品。

从事下列危险化学品经营活动，不需要取得经营许可证：

（1）依法取得危险化学品安全生产许可证的危险化学品生产企业在其厂区范围内销售本企业生产的危险化学品的；

（2）依法取得港口经营许可证的港口经营人在港区内从事危险化学品仓储经营的。

3. 原　则

经营许可证的颁发管理工作实行企业申请、两级发证、属地监管的原则。

4. 经营许可证的审批、颁发和管理

国家安全生产监督管理总局（现已并入应急管理部）指导、监督全国经营许可证的颁发和管理工作。

省、自治区、直辖市人民政府安全生产监督管理部门指导、监督本行政区域内经营许可证的颁发和管理工作。

设区的市级人民政府安全生产监督管理部门（以下简称市级发证机关）负责下列企业的经营许可证审批、颁发：

（1）经营剧毒化学品的企业；

（2）经营易制爆危险化学品的企业；

（3）经营汽油加油站的企业；

（4）专门从事危险化学品仓储经营的企业；

（5）从事危险化学品经营活动的中央企业所属省级、设区的市级公司（分公司）；

（6）带有储存设施经营除剧毒化学品、易制爆危险化学品以外的其他危险化学品的企业。县级人民政府安全生产监督管理部门（以下简称县级发证机关）负责本行政区域内除设区的市负责的以外企业的经营许可证审批、颁发；没有设立县级发证机关的，其经营许可证由市级发证机关审批、颁发。

二、经营危险化学品的企业申请经营许可证的条件

从事危险化学品经营的单位（以下统称申请人）应当依法登记注册为企业，并具备下列基本条件：

（1）经营和储存场所、设施、建筑物符合《建筑设计防火规范》《石油化工企业设计防火规范》《汽车加油加气站设计与施工规范》《石油库设计规范》等相关国家标准、行业标准的规定；

（2）企业主要负责人和安全生产管理人员具备与本企业危险化学品经营活动相适应的安全生产知识和管理能力，经专门的安全生产培训和安全生产监督管理部门考核合格，取得相应安全资格证书；特种作业人员经专门的安全作业培训，取得特种作业操作证书；其他从业人员依照有关规定经安全生产教育和专业技术培训合格；

（3）有健全的安全生产规章制度和岗位操作规程；

（4）有符合国家规定的危险化学品事故应急预案，并配备必要的应急救援器材、设备；

（5）法律法规和国家标准或者行业标准规定的其他安全生产条件。

三、经营许可证的申请与颁发

1. 经营许可证的申请

申请人申请经营许可证，应当依照本办法第五条规定向所在地市级或者县级发证机关（以下统称发证机关）提出申请，提交申请书及其他文件、资料，并对其真实性负责。

2. 经营许可证的颁发

（1）发证机关受理经营许可证申请后，应当组织对申请人提交的文件、资料进行审查，指派 2 名以上工作人员对申请人的经营场所、储存设施进行现场核查，并自受理之日起 30 日内作出是否准予许可的决定；

（2）发证机关现场核查以及申请人整改现场核查发现的有关问题和修改有关申请文件、资料所需时间，不计算在上述规定的期限内；

（3）发证机关作出准予许可决定的，应当自决定之日起 10 个工作日内颁发经营许可证；发证机关作出不予许可决定的，应当在 10 个工作日内书面告知申请人并说明理由告知书应当加盖本机关印章；

（4）经营许可证分为正本、副本，正本为悬挂式，副本为折页式。正本、副本具有同等法律效力。

四、经营许可证的变更和延期

1. 经营许可证的变更

已经取得经营许可证的企业变更企业名称、主要负责人、注册地址或者危险化学品储存设施及其监控措施的，应当自变更之日起 20 个工作日内，向本办法第五条规定的发证机关提出书面变更申请，并提交申请书及其他文件、资料。发证机关受理变更

申请后，应当组织对企业提交的文件、资料进行审查，并自收到申请文件、资料之日起 10 个工作日内作出是否准予变更的决定。发证机关作出准予变更决定的，应当重新颁发经营许可证，并收回原经营许可证；不予变更的，应当说明理由并书面通知企业。经营许可证变更的，经营许可证有效期的起始日和截止日不变，但应当载明变更日期。

2. 经营许可证的延期

经营许可证的有效期为 3 年。有效期满后，企业需要继续从事危险化学品经营活动的，应当在经营许可证有效期满 3 个月前，向相应的发证机关提出经营许可证的延期申请，并提交延期申请书及其他文件、资料。发证机关受理延期申请后，应当依照相关规定，对延期申请进行审查，并在经营许可证有效期满前作出是否准予延期的决定；发证机关逾期未作出决定的，视为准予延期。发证机关作出准予延期决定的，经营许可证有效期顺延 3 年。

五、监督管理

已经取得经营许可证的企业有下列情形之一的，发证机关应当注销其经营许可证：

（1）经营许可证有效期届满未被批准延期的；

（2）终止危险化学品经营活动的；

（3）经营许可证被依法撤销的；

（4）经营许可证被依法吊销的。

发证机关注销经营许可证后，应当在当地主要新闻媒体或者本机关网站上发布公告并通报企业所在地人民政府和县级以上安全生产监督管理部门。

六、违反本办法的行为及应负的法律责任

未取得经营许可证从事危险化学品经营的，依照《中华人民共和国安全生产法》有关未经依法批准擅自生产、经营、储存危险物品的法律责任条款并处罚款；构成犯罪的，依法追究刑事责任。企业在经营许可证有效期届满后，仍然从事危险化学品经营的，依照以上规定给予处罚。伪造、变造或者出租、出借、转让经营许可证，或者使用伪造、变造的经营许可证的，处 10 万元以上 20 万元以下的罚款，有违法所得的，没收违法所得；构成违反治安管理行为的，依法给予治安管理处罚；构成犯罪的，依法追究刑事责任。

任务二十三 《危险化学品安全使用许可证实施办法》

一、危险化学品安全使用许可证管理的基本规定

1. 适用范围

本办法适用于列入危险化学品安全使用许可适用行业目录、使用危险化学品从事

生产并且达到危险化学品使用量的数量标准的化工企业（危险化学品生产企业除外，以下简称企业）。使用危险化学品作为燃料的企业不适用本办法

2. 原　则

企业应当依照本办法的规定取得危险化学品安全使用许可证（以下简称安全使用许可证）。安全使用许可证的颁发管理工作实行企业申请、市级发证、属地监管的原则。

二、申请安全使用许可证的条件

企业在申请安全使用许可证时，除符合相关规定的安全使用条件外，还应当符合有关法律、行政法规和国家标准或者行业标准规定的其他安全使用条件。

三、安全使用许可证的申请、颁发

1. 安全使用许可证的申请

企业向发证机关申请安全使用许可证时，应当提交申请书及其他文件、资料，并对其内容的真实性负责。新建企业安全使用许可证的申请，应当在建设项目安全设施竣工验收通过之日起 10 个工作日内提出。

2. 安全使用许可证的颁发

发证机关应当在受理之日起 45 日内作出是否准予许可的决定。发证机关现场核查和企业整改有关问题所需时间不计算在本条规定的期限内。发证机关作出准予许可的决定的，应当自决定之日起 10 个工作日内颁发安全使用许可证。发证机关作出不予许可的决定的，应当在 10 个工作日内书面告知企业并说明理由。

四、监督管理

1. 发证机关

发证机关应当坚持公开、公平、公正的原则，依照本办法和有关行政许可的法律法规规定，颁发安全使用许可证。发证机关工作人员在安全使用许可证颁发及其监督管理工作中，不得索取或者接受企业的财物，不得谋取其他非法利益。发证机关应当加强对安全使用许可证的监督管理，建立、健全安全使用许可证档案管理制度。

2. 安全生产监督管理部门

发证机关应当于每年 1 月 10 日前，将本行政区域内上年度安全使用许可证的颁发和管理情况报省级安全生产监督管理部门，并定期向社会公布企业取得安全使用许可证的情况，接受社会监督。省级安全生产监督管理部门应当于每年 1 月 15 日前，将本行政区域内上年度安全使用许可证的颁发和管理情况报国家安全生产监督管理总局（现已并入应急管理部）。

五、违反本办法的行为及应负的法律责任

企业伪造、变造或者出租、出借、转让安全使用许可证，或者使用伪造、变造的安全使用许可证的，处10万元以上20万元以下的罚款，有违法所得的，没收违法所得；构成违反治安管理行为的，依法给予治安管理处罚；构成犯罪的，依法追究刑事责任。

任务二十四 《危险化学品输送管道安全管理规定》

一、管道单位在危险化学品管道的安全管理的基本规定

1. 适用范围

生产、储存危险化学品的单位在厂区外公共区域埋地、地面和架空的危险化学品输送管道及其附属设施（以下简称危险化学品管道）的安全管理，适用本规定。原油、成品油、天然气、煤层气、煤制气长输管道安全保护和城镇燃气管道的安全管理，不适用本规定。

2. 管道单位的权利与义务

对危险化学品管道享有所有权或者运行管理权的单位（以下简称管道单位）应当依照有关安全生产法律法规和本规定，落实安全生产主体责任，建立、健全有关危险化学品管道安全生产的规章制度和操作规程并实施，接受安全生产监督管理部门依法实施的监督检查。

3. 监督管理部门的职责

各级安全生产监督管理部门负责危险化学品管道安全生产的监督检查，并依法对危险化学品管道建设项目实施安全条件审查。任何单位和个人不得实施危害危险化学品管道安全生产的行为。对危害危险化学品管道安全生产的行为，任何单位和个人均有权向安全生产监督管理部门举报。接受举报的安全生产监督管理部门应当依法予以处理。

二、危险化学品管道的规划和建设

1. 危险化学品管道的规划

（1）危险化学品管道建设应当遵循安全第一、节约用地和经济合理的原则，并按照相关国家标准、行业标准和技术规范进行科学规划；

（2）禁止光气、氯气等剧毒气体化学品管道穿（跨）越公共区域。严格控制氨、硫化氢等其他有毒气体的危险化学品管道穿（跨）越公共区域；

（3）危险化学品管道建设的选线应当避开地震活动断层和容易发生洪灾、地质灾害的区域；确实无法避开的，应当采取可靠的工程处理措施，确保不受地质灾害影响；

（4）危险化学品管道与居民区、学校等公共场所以及建筑物、构筑物、铁路、公路、航道、港口、市政设施、通信设施、军事设施、电力设施的距离，应当符合有关法律、行政法规和国家标准、行业标准的规定。

2. 危险化学品管道的建设

（1）对敷设在江、河、湖泊或者其他环境敏感区域的危险化学品管道，应当采取增加管道压力设计等级、增加防护套管等措施，确保危险化学品管道安全；

（2）危险化学品管道试生产（使用）前，管道单位应当对有关保护措施进行安全检查，科学制定安全投入生产（使用）方案，并严格按照方案实施；

（3）危险化学品管道试压半年后一直未投入生产（使用）的，管道单位应当在其投入生产（使用）前重新进行气密性试验；对敷设在江、河或者其他环境敏感区域的危险化学品管道，应当相应缩短重新进行气密性试验的时间间隔。

三、危险化学品管道的运行

管道单位发现下列危害危险化学品管道安全运行行为的，应当及时予以制止，无法处置时应当向当地安全生产监督管理部门报告：

（1）擅自开启、关闭危险化学品管道阀门；

（2）采用移动、切割、打孔、砸撬、拆卸等手段损坏管道及其附属设施；

（3）移动、毁损、涂改管道标志；

（4）在埋地管道上方和巡查便道上行驶重型车辆；

（5）对埋地、地面管道进行占压，在架空管道线路和管桥上行走或者放置重物；

（6）利用地面管道、架空管道、管架桥等固定其他设施缆绳悬挂广告牌、搭建构筑物；

（7）其他危害危险化学品管道安全运行的行为。

四、监督管理

1. 监督管理

省级、设区的市级安全生产监督管理部门应当按照国家安全生产监督管理总局（现已并入应急管理部）有关危险化学品建设项目安全监督管理的规定，对新建、改建、扩建管道建设项目办理安全条件审查、安全设施设计审查、试生产（使用）方案备案和安全设施竣工验收手续。

县级以上安全生产监督管理部门接到危险化学品管道生产安全事故报告后，应当按照有关规定及时上报事故情况，并根据实际情况采取事故处置措施。

五、违反本规定的行为及应负的法律责任

1. 管道单位的违规行为及应负的法律责任

新建、改建、扩建危险化学品管道建设项目未经安全条件审查的，由安全生产监

督管理部门责令停止建设，限期改正；逾期不改正的，处 50 万元以上 100 万元以下的罚款；构成犯罪的，依法追究刑事责任。

管道单位未对危险化学品管道设置明显的安全警示标志的，由安全生产监督管理部门责令限期改正，可以处 5 万元以下的罚款；逾期未改正的，处 5 万元以上 20 万元以下的罚款，对其直接负责的主管人员和其他直接责任人员处 1 万元以上 2 万元以下的罚款；情节严重的，责令停产停业整顿；构成犯罪的，依照《刑法》有关规定追究刑事责任。

对转产、停产、停止使用的危险化学品管道，管道单位未采取有效措施及时、妥善处置的，由安全生产监督管理部门责令改正，处 5 万元以上 10 万元以下的罚款；构成犯罪的，依法追究刑事责任。对转产、停产、停止使用的危险化学品管道，管道单位未按照本规定将处置方案报县级以上安全生产监督管理部门的，由安全生产监督管理部门责令改正，可以处 1 万元以下的罚款；拒不改正的，处 1 万元以上 5 万元以下的罚款。

任务二十五 《危险化学品建设项目安全监督管理办法》

一、危险化学品建设项目安全监督管理的基本规定

1. 适用范围

中华人民共和国境内新建、改建、扩建危险化学品生产、储存的建设项目以及伴有危险化学品生产的化工建设项目（包括危险化学品长输管道建设项目，以下统称建设项目），其安全管理及其监督管理，适用本办法。危险化学品的勘探、开采及其辅助的储存，原油和天然气勘探、开采及其辅助的储存、海上输送，城镇燃气的输送及储存等建设项目，不适用本办法。

2. 建设项目安全审查

本办法所称建设项目安全审查，是指建设项目安全条件审查、安全设施的设计审查。建设项目的安全审查由建设单位申请，安全生产监督管理部门根据本办法分级负责实施。建设项目安全设施竣工验收由建设单位负责依法组织实施。建设项目未经安全审查和安全设施竣工验收的，不得开工建设或者投入生产（使用）。

3. 安全审查的分工管理

国家安全生产监督管理总局（现已并入应急管理部）指导、监督全国建设项目安全审查和建设项目安全设施竣工验收的实施工作，并负责实施下列建设项目的安全审查：

（1）国务院审批（核准、备案）的；

（2）跨省、自治区、直辖市的。

省、自治区、直辖市人民政府安全生产监督管理部门（以下简称省级安全生产监督管理部门）指导、监督本行政区域内建设项目安全审查和建设项目安全设施竣工验

收的监督管理工作，确定并公布本部门和本行政区域内由设区的市级人民政府安全生产监督管理部门（以下简称市级安全生产监督管理部门）实施的前款规定以外的建设项目范围，并报国家安全生产监督管理总局（现已并入应急管理部）备案。

建设项目有下列情形之一的，应当由省级安全生产监督管理部门负责安全审查：

（1）国务院投资主管部门审批（核准、备案）的；

（2）生产剧毒化学品的；

（3）省级安全生产监督管理部门确定的国家安全生产监督管理总局（现已并入应急管理部）管理以外的其他建设项目。

4. 资质要求

建设项目的设计、施工、监理单位和安全评价机构应当具备相应的资质，并对其工作成果负责。涉及重点监管危险化工工艺、重点监管危险化学品或者危险化学品重大危险源的建设项目，应当由具有石油化工医药行业相应资质的设计单位设计。

二、危险化学品建设项目安全条件审查

1. 甲级安全评价机构进行安全评价

建设项目有下列情形之一的，应当由甲级安全评价机构进行安全评价：

（1）国务院及其投资主管部门审批（核准、备案）的；

（2）生产剧毒化学品的；

（3）跨省、自治区、直辖市的；

（4）法律法规、规章另有规定的。

2. 建设项目安全条件审查

建设单位申请安全条件审查的文件、资料齐全，符合法定形式的，安全生产监督管理部门应当当场予以受理，并书面告知建设单位。

建设单位申请安全条件审查的文件、资料不齐全或者不符合法定形式的，安全生产监督管理部门应当自收到申请文件、资料之日起 5 个工作日内一次性书面告知建设单位需要补正的全部内容；逾期不告知的，收到申请文件、资料之日起即为受理。

对已经受理的建设项目安全条件审查申请，安全生产监督管理部门应当指派有关人员或者组织专家对申请文件、资料进行审查，并自受理申请之日起 45 日内向建设单位出具建设项目安全条件审查意见书。建设项目安全条件审查意见书的有效期为 2 年。

根据法定条件和程序，需要对申请文件、资料的实质内容进行核实的，安全生产监督管理部门应当指派 2 名以上工作人员对建设项目进行现场核查。

3. 安全条件审查不予通过

建设项目有下列情形之一的，安全条件审查不予通过：

（1）安全评价报告存在重大缺陷、漏项的，包括建设项目主要危险、有害因素辨识和评价不全或者不准确的；

（2）建设项目与周边场所、设施的距离或者拟建场址自然条件不符合有关安全生产法律法规、规章和国家标准、行业标准的规定的；

（3）主要技术、工艺未确定，或者不符合有关安全生产法律法规、规章和国家标准、行业标准的规定的；

（4）国内首次使用的化工工艺，未经省级人民政府有关部门组织的安全可靠性论证的；

（5）对安全设施设计提出的对策与建议不符合法律法规、规章和国家标准、行业标准的规定的；

（6）未委托具备相应资质的安全评价机构进行安全评价的；

（7）隐瞒有关情况或者提供虚假文件、资料的。

建设项目未通过安全条件审查的，建设单位经过整改后可以重新申请建设项目安全条件审查。

三、建设项目安全设施设计审查

1. 建设项目安全设施设计审查

对已经受理的建设项目安全设施设计审查申请，安全生产监督管理部门应当指派有关人员或者组织专家对申请文件、资料进行审查，并在受理申请之日起 20 个工作日内作出同意或者不同意建设项目安全设施设计专篇的决定；向建设单位出具建设项目安全设施设计的审查意见书；20 个工作日内不能出具审查意见的，经本部门负责人批准，可以延长 10 个工作日，并应当将延长的期限和理由告知建设单位。根据法定条件和程序，需要对申请文件、资料的实质内容进行核实的，安全生产监督管理部门应当指派 2 名以上工作人员进行现场核查。

2. 审查不予通过

建设项目安全设施设计有下列情形之一的，审查不予通过：

（1）设计单位资质不符合相关规定的；

（2）未按照有关安全生产的法律法规、规章和国家标准、行业标准的规定进行设计的；

（3）对未采纳的建设项目安全评价报告中的安全对策和建议，未做充分论证说明的；

（4）隐瞒有关情况或者提供虚假文件、资料的；

建设项目安全设施设计审查未通过的，建设单位经过整改后可以重新申请建设项目安全设施设计的审查。

四、建设项目试生产（使用）

1. 建设项目试生产（使用）

（1）建设单位应当组织建设项目的设计、施工、监理等有关单位和专家，研究提出建设项目试生产（使用）（以下简称试生产〈使用〉）可能出现的安全问题及对策，并按照有关安全生产法律法规、规章和国家标准、行业标准的规定，制定周密的试生产（使用）方案。建设项目试生产期限应当不少于 30 日，不超过 1 年；

（2）建设单位在采取有效安全生产措施后，方可将建设项目安全设施与生产、储存、使用的主体装置、设施同时进行试生产（使用）；

（3）试生产（使用）前，建设单位应当组织专家对试生产（使用）方案进行审查；

（4）试生产（使用）时，建设单位应当组织专家对试生产（使用）条件进行确认，对试生产（使用）过程进行技术指导。

五、建设项目安全设施竣工验收

建设项目安全设施有下列情形之一的，建设项目安全设施竣工验收不予通过：

（1）未委托具备相应资质的施工单位施工的；

（2）未按照已经通过审查的建设项目安全设施设计施工或者施工质量未达到建设项目安全设施设计文件要求的；

（3）建设项目安全设施的施工不符合国家标准、行业标准的规定的；

（4）建设项目安全设施竣工后未按照本办法的规定进行检验、检测，或者经检验、检测不合格的；

（5）未委托具备相应资质的安全评价机构进行安全验收评价的；

（6）安全设施和安全生产条件不符合或者未达到有关安全生产法律法规、规章和国家标准、行业标准的规定的；

（7）安全验收评价报告存在重大缺陷、漏项，包括建设项目主要危险、有害因素辨识和评价不正确的；

（8）隐瞒有关情况或者提供虚假文件、资料的；

（9）未按照本办法规定向参加验收人员提供文件、材料，并组织现场检查的。

建设项目安全设施竣工验收未通过的，建设单位经过整改后可以再次组织建设项目安全设施竣工验收。

六、监督管理

有下列情形之一的，负责审查的安全生产监督管理部门或者其上级安全生产监督管理部门可以撤销建设项目的安全审查：

（1）滥用职权、玩忽职守的；

（2）超越法定职权的；

（3）违反法定程序的；

（4）申请人不具备申请资格或者不符合法定条件的；

（5）依法可以撤销的其他情形。

建设单位以欺骗、贿赂等不正当手段通过安全审查的，应当予以撤销。

七、违反本办法的行为及应负的法律责任

建设单位隐瞒有关情况或者提供虚假材料申请建设项目安全审查的，不予受理或者审查不予通过，给予警告，并自安全生产监督管理部门发现之日起1年内不得再次申请该审查。建设单位采用欺骗、贿赂等不正当手段取得建设项目安全审查的，自安全生产监督管理部门撤销建设项目安全审查之日起3年内不得再次申请该审查。

任务二十六 《危险化学品重大危险源监督管理暂行规定》

一、危险化学品重大危险源监督管理的基本规定

1. 适用范围

从事危险化学品生产、储存、使用和经营的单位（以下统称危险化学品单位）的危险化学品重大危险源的辨识、评估、登记建档、备案、核销及其监督管理，适用本规定。城镇燃气、用于国防科研生产的危险化学品重大危险源以及港区内危险化学品重大危险源的安全监督管理，不适用本规定。

2. 责任主体

危险化学品单位是本单位重大危险源安全管理的责任主体，其主要负责人对本单位的重大危险源安全管理工作负责，并保证重大危险源安全生产所必需的安全投入。

3. 安全监督管理的部门

重大危险源的安全监督管理实行属地监管与分级管理相结合的原则。县级以上地方人民政府安全生产监督管理部门按照有关法律法规、标准和本规定，对本辖区内的重大危险源实施安全监督管理。

二、危险化学品重大危险源辨识与评估

1. 危险化学品重大危险源辨识

危险化学品单位应当对重大危险源进行安全评估并确定重大危险源等级。重大危险源根据其危险程度，分为一级、二级、三级和四级，一级为最高级别。重大危险源有下列情形之一的，应当委托具有相应资质的安全评价机构，按照有关标准的规定采用定量风险评价方法进行安全评估，确定个人和社会风险值：

（1）构成一级或者二级重大危险源，且毒性气体实际存在（在线）量与其在《危险化学品重大危险源辨识》中规定的临界量比值之和大于或等于1的；

（2）构成一级重大危险源，且爆炸品或液化易燃气体实际存在（在线）量与其在《危险化学品重大危险源辨识》中规定的临界量比值之和大于或等于1的。

2. 重大危险源安全评估报告

重大危险源安全评估报告应当客观公正、数据准确、内容完整、结论明确、措施可行，并包括下列内容：

（1）评估的主要依据；

（2）重大危险源的基本情况；

（3）事故发生的可能性及危害程度；

（4）个人风险和社会风险值（仅适用定量风险评价方法）；

（5）可能受事故影响的周边场所、人员情况；

（6）重大危险源辨识、分级的符合性分析；

（7）安全管理措施、安全技术和监控措施；

（8）事故应急措施；

（9）评估结论与建议。

危险化学品单位以安全评价报告代替安全评估报告的，其安全评价报告中有关重大危险源的内容应当符合以上规定的要求。

三、危险化学品单位的安全管理

（1）危险化学品单位应当建立完善重大危险源安全管理规章制度和安全操作规程，并采取有效措施保证其得到执行；

（2）危险化学品单位应当根据构成重大危险源的危险化学品种类、数量、生产、使用工艺（方式）或者相关设备、设施等实际情况，按照相关要求建立健全安全监测监控体系，完善控制措施；

（3）危险化学品单位应当按照国家有关规定，定期对重大危险源的安全设施和安全监测监控系统进行检测、检验，并进行经常性维护、保养，保证重大危险源的安全设施和安全监测监控系统有效、可靠运行。维护、保养、检测应当做好记录，并由有关人员签字；

（4）危险化学品单位应当对重大危险源的管理和操作岗位人员进行安全操作技能培训，使其了解重大危险源的危险特性，熟悉重大危险源安全管理规章制度和安全操作规程，掌握本岗位的安全操作技能和应急措施；

（5）危险化学品单位应当在重大危险源所在场所设置明显的安全警示标志，写明紧急情况下的应急处置办法；

（6）危险化学品单位应当将重大危险源可能发生的事故后果和应急措施等信息，以适当方式告知可能受影响的单位、区域及人员；

（7）危险化学品单位应当依法制定重大危险源事故应急预案；

（8）危险化学品单位应当制定重大危险源事故应急预案演练计划，并按照相关规定进行事故应急预案演练。应急预案演练结束后，危险化学品单位应当对应急预案演练效果进行评估，撰写应急预案演练评估报告，分析存在的问题，对应急预案提出修订意见并及时修订完善；

（9）危险化学品单位应当对辨识确认的重大危险源及时、逐项进行登记建档。

四、监督管理

县级以上地方各级人民政府安全生产监督管理部门应当加强对存在重大危险源的危险化学品单位的监督检查，督促危险化学品单位做好重大危险源的辨识、安全评估及分级、登记建档、备案、监测监控、事故应急预案编制、核销和安全管理工作。

安全生产监督管理部门在监督检查中发现重大危险源存在事故隐患的，应当责令立即排除；重大事故隐患排除前或者排除过程中无法保证安全的，应当责令从危险区域内撤出作业人员，责令暂时停产停业或者停止使用；重大事故隐患排除后，经安全生产监督管理部门审查同意，方可恢复生产经营和使用。

五、违反本规定的行为及应负的法律责任

危险化学品单位有下列行为之一的，由县级以上人民政府安全生产监督管理部门责令限期改正，可以处10万元以下的罚款；逾期未改正的，责令停产停业整顿，并处10万元以上20万元以下的罚款，对其直接负责的主管人员和其他直接责任人员处2万元以上5万元以下的罚款；构成犯罪的，依照《刑法》有关规定追究刑事责任：

（1）未按照本规定要求对重大危险源进行安全评估或者安全评价的；

（2）未按照本规定要求对重大危险源进行登记建档的；

（3）未按照本规定及相关标准要求对重大危险源进行安全监测监控的；

（4）未制定重大危险源事故应急预案的。

任务二十七 《工贸企业有限空间作业安全规定》

一、工贸企业有限空间作业安全管理的基本规定

1. 适用范围

为了保障有限空间作业安全，预防和减少生产安全事故，根据《中华人民共和国安全生产法》等法律法规，制定本规定。冶金、有色、建材、机械、轻工、纺织、烟草、商贸等行业的生产经营单位（以下统称工贸企业）有限空间作业的安全管理与监督，适用本规定。

本规定所称有限空间，是指封闭或者部分封闭，未被设计为固定工作场所，人员可以进入作业，易造成有毒有害、易燃易爆物质积聚或者氧含量不足的空间。本规定所称有限空间作业，是指人员进入有限空间实施的作业。

2. 责任主体

工贸企业主要负责人是有限空间作业安全第一责任人，应当组织制定有限空间作业安全管理制度，明确有限空间作业审批人、监护人员、作业人员的职责，以及安全培训、作业审批、防护用品、应急救援装备、操作规程和应急处置等方面的要求。

二、工贸企业有限空间作业安全管理要求

（1）工贸企业应当实行有限空间作业监护制，明确专职或者兼职的监护人员，负责监督有限空间作业安全措施的落实。监护人员应当具备与监督有限空间作业相适应的安全知识和应急处置能力，能够正确使用气体检测、机械通风、呼吸防护、应急救援等用品、装备。

（2）工贸企业应当对有限空间进行辨识，建立有限空间管理台账，明确有限空间数量、位置以及危险因素等信息，并及时更新。鼓励工贸企业采用信息化、数字化和智能化技术，提升有限空间作业安全风险管控水平。

（3）工贸企业应当根据有限空间作业安全风险大小，明确审批要求。对于存在硫化氢、一氧化碳、二氧化碳等中毒和窒息等风险的有限空间作业，应当由工贸企业主要负责人或者其书面委托的人员进行审批，委托进行审批的，相关责任仍由工贸企业主要负责人承担。未经工贸企业确定的作业审批人批准，不得实施有限空间作业。

（4）工贸企业将有限空间作业依法发包给其他单位实施的，应当与承包单位在合同或者协议中约定各自的安全生产管理职责。工贸企业对其发包的有限空间作业统一协调、管理，并对现场作业进行安全检查，督促承包单位有效落实各项安全措施。

（5）工贸企业应当每年至少组织一次有限空间作业专题安全培训，对作业审批人、监护人员、作业人员和应急救援人员培训有限空间作业安全知识和技能，并如实记录。未经培训合格不得参与有限空间作业。

（6）工贸企业应当制定有限空间作业现场处置方案，按规定组织演练，并进行演练效果评估。

（7）工贸企业应当在有限空间出入口等醒目位置设置明显的安全警示标志，并在具备条件的场所设置安全风险告知牌。

（8）工贸企业应当对可能产生有毒物质的有限空间采取上锁、隔离栏、防护网或者其他物理隔离措施，防止人员未经审批进入。监护人员负责在作业前解除物理隔离措施。

（9）工贸企业应当根据有限空间危险因素的特点，配备符合国家标准或者行业标准的气体检测报警仪器、机械通风设备、呼吸防护用品、全身式安全带等防护用品和应急救援装备，并对相关用品、装备进行经常性维护、保养和定期检测，确保能够正常使用。

（10）有限空间作业应当严格遵守“先通风、再检测、后作业”要求。存在爆炸风险的，应当采取消除或者控制措施，相关电气设施设备、照明灯具、应急救援装备等应当符合防爆安全要求。作业前，应当组织对作业人员进行安全交底，监护人员应当对通风、检测和必要的隔断、清除、置换等风险管控措施逐项进行检查，确认防护用品能够正常使用且作业现场配备必要的应急救援装备，确保各项作业条件符合安全要求。有专业救援队伍的工贸企业，应急救援人员应当做好应急救援准备，确保及时有效处置突发情况。

（11）监护人员应当全程进行监护，与作业人员保持实时联络，不得离开作业现场或者进入有限空间参与作业。发现异常情况时，监护人员应当立即组织作业人员撤离现场。发生有限空间作业事故后，应当立即按照现场处置方案进行应急处置，组织科学施救。未做好安全措施盲目施救的，监护人员应当予以制止。作业过程中，工贸企业应当安排专人对作业区域持续进行通风和气体浓度检测。作业中断的，作业人员再次进入有限空间作业前，应当重新通风、气体检测合格后方可进入。

（12）存在硫化氢、一氧化碳、二氧化碳等中毒和窒息风险、需要重点监督管理的有限空间，实行目录管理。监管目录由应急管理部确定、调整并公布。

三、安全生产监督管理的部门职责

（1）负责工贸企业安全生产监督管理的部门应当加强对工贸企业有限空间作业的监督检查，将检查纳入年度监督检查计划。对发现的事故隐患和违法行为，依法作出处理。负责工贸企业安全生产监督管理的部门应当将存在硫化氢、一氧化碳、二氧化碳等中毒和窒息风险的有限空间作业工贸企业纳入重点检查范围，突出对监护人员配备和履职情况、作业审批、防护用品和应急救援装备配备等事项的检查。

（2）负责工贸企业安全生产监督管理的部门及其行政执法人员发现有限空间作业存在重大事故隐患的，应当责令立即或者限期整改；重大事故隐患排除前或者排除过程中无法保证安全的，应当责令暂时停止作业，撤出作业人员；重大事故隐患排除后，经审查同意，方可恢复作业。

四、违反本规定的行为及应负的法律责任

工贸企业有下列行为之一的，责令限期改正，处 5 万元以下的罚款；逾期未改正的，处 5 万元以上 20 万元以下的罚款，对其直接负责的主管人员和其他直接责任人员处 1 万元以上 2 万元以下的罚款；情节严重的，责令停产停业整顿；构成犯罪的，依照刑法有关规定追究刑事责任：

（1）未按照规定设置明显的有限空间安全警示标志的；

（2）未按照规定配备、使用符合国家标准或者行业标准的有限空间作业安全仪器、设备、装备和器材的，或者未对其进行经常性维护、保养和定期检测的。

工贸企业有下列行为之一的，责令限期改正，处 10 万元以下的罚款；逾期未改正的，责令停产停业整顿，并处 10 万元以上 20 万元以下的罚款，对其直接负责的主管人员和其他直接责任人员处 2 万元以上 5 万元以下的罚款：

（1）未按照规定开展有限空间作业专题安全培训或者未如实记录安全培训情况的；

（2）未按照规定制定有限空间作业现场处置方案或者未按照规定组织演练的。

违反本规定，有下列情形之一的，责令限期改正，对工贸企业处 5 万元以下的罚款，对其直接负责的主管人员和其他直接责任人员处 1 万元以下的罚款：

（1）未配备监护人员，或者监护人员未按规定履行岗位职责的；

（2）未对有限空间进行辨识，或者未建立有限空间管理台账的；

（3）未落实有限空间作业审批，或者作业未执行“先通风、再检测、后作业”要求的；

（4）未按要求进行通风和气体检测的。

任务二十八　《食品生产企业安全生产监督管理暂行规定》

一、食品生产企业安全生产监督管理的基本规定

1. 适用范围

食品生产企业的安全生产及其监督管理，适用本规定。农副产品从种植养殖环节进入批发、零售市场或者生产加工企业前的安全生产及其监督管理，不适用本规定。

本规定所称食品生产企业，是指以农业、渔业、畜牧业、林业或者化学工业的产品、半成品为原料，通过工业化加工、制作，为人们提供食用或者饮用的物品的企业。

2. 责任主体

食品生产企业是安全生产的责任主体，其主要负责人对本企业的安全生产工作全面负责，分管安全生产工作的负责人和其他负责人对其职责范围内的安全生产工作负责。集团公司对其所属或者控股的食品生产企业的安全生产工作负主管责任。

3. 实施监督管理的部门

国家安全生产监督管理总局（现已并入应急管理部）对全国食品生产企业的安全生产工作实施监督管理。县级以上地方人民政府安全生产监督管理部门和有关部门（以下统称负责食品生产企业安全生产监管的部门）根据本级人民政府规定的职责，按照属地监管、分级负责的原则，对本行政区域内食品生产企业的安全生产工作实施监督管理。

食品生产企业的工程建设安全、消防安全和特种设备安全，依照法律、行政法规的规定由县级以上地方人民政府相关部门负责专项监督管理。

二、食品生产企业安全生产的基本要求

1. 人员配备

从业人员超过 100 人的食品生产企业，应当设置安全生产管理机构或者配备 3 名以上专职安全生产管理人员，鼓励配备注册安全工程师从事安全生产管理工作。除此以外的其他食品生产企业，应当配备专职或者兼职安全生产管理人员，或者委托安全

生产中介机构提供安全生产服务。委托安全生产中介机构提供安全生产技术、管理服务的，保证安全生产的责任仍由本企业负责。

2. 事故隐患排查治理

食品生产企业应当建立健全事故隐患排查治理制度，明确事故隐患治理的措施、责任、资金、时限和预案，采取技术、管理措施，及时发现并消除事故隐患。事故隐患排查治理情况应当如实记录，向从业人员通报，并按规定报告所在地负责食品生产企业安全生产监管的部门。

3. 人员培训

食品生产企业应当对新录用、季节性复工、调整工作岗位和离岗半年以上重新上岗的从业人员，进行相应的安全生产教育培训。未经安全生产教育培训合格的从业人员，不得上岗作业。

三、作业过程的安全管理

食品生产企业的作业场所应当符合相关规定的要求，涉及生产、储存和使用危险化学品的，应当严格执行《危险化学品安全管理条例》等法律、行政法规、国家标准或者行业标准的规定。食品生产企业应当定期组织对作业场所、仓库、设备设施使用、从业人员持证、劳动防护用品配备和使用、危险源管理情况进行检查，对检查发现的问题应当立即整改；不能立即整改的，应当制定相应的防范措施和整改计划，限期整改。检查应当做好记录，并由有关人员签字。应当使用符合安全技术规范要求的特种设备，并按照国家规定向有关部门登记，进行定期检验。

四、监督管理

县级以上地方人民政府负责食品生产企业安全生产监管的部门及其行政执法人员应当在其职责范围内加强对食品生产企业安全生产的监督检查，对违反有关安全生产法律、行政法规、国家标准或者行业标准和本规定的违法行为，依法实施行政处罚。

县级以上地方人民政府负责食品生产企业安全生产监管的部门应当将食品生产企业纳入年度执法工作计划，明确检查的重点企业、关键事项、时间和标准，对检查中发现的重大事故隐患实施挂牌督办。

县级以上地方人民政府负责食品生产企业安全生产监管的部门接到食品生产企业报告的重大事故隐患后，应当根据需要，进行现场核查，督促食品生产企业按照治理方案排除事故隐患，防止事故发生；必要时，可以责令食品生产企业暂时停产停业或者停止使用；重大事故隐患治理后，经县级以上地方人民政府负责食品生产企业安全生产监管的部门审查同意，方可恢复生产经营和使用。

县级以上地方人民政府负责食品生产企业安全生产监管的部门对食品生产企业进行监督检查时，发现其存在工程建设、消防和特种设备等方面的事故隐患或者违法行为的，应当及时移送本级人民政府有关部门处理。

五、违反本规定的行为及应负的法律责任

食品生产企业有下列行为之一的，责令限期改正，可以处5万元以下的罚款；逾期未改正的，责令停产停业整顿，并处5万元以上10万元以下的罚款，对其直接负责的主管人员和其他直接责任人员处1万元以上2万元以下的罚款：

（1）未按照规定设置安全生产管理机构或者配备安全生产管理人员的；

（2）未如实记录安全生产教育和培训情况的；

（3）未将事故隐患排查治理情况如实记录或者未向从业人员通报的。

食品生产企业不具备法律、行政法规和国家标准或者行业标准规定的安全生产条件，经停产整顿后仍不具备安全生产条件的，县级以上地方人民政府负责食品生产企业安全生产监管的部门应当提请本级人民政府依法予以关闭。

任务二十九　《建筑施工企业安全生产许可证管理规定》

一、建筑施工企业安全生产条件

建筑施工企业取得安全生产许可证，应当具备下列安全生产条件：

（1）建立、健全安全生产责任制，制定完备的安全生产规章制度和操作规程；

（2）保证本单位安全生产条件所需资金的投入；

（3）设置安全生产管理机构，按照国家有关规定配备专职安全生产管理人员；

（4）主要负责人、项目负责人、专职安全生产管理人员经建设主管部门或者其他有关部门考核合格；

（5）特种作业人员经有关业务主管部门考核合格，取得特种作业操作资格证书；

（6）管理人员和作业人员每年至少进行一次安全生产教育培训并考核合格；

（7）依法参加工伤保险，依法为施工现场从事危险作业的人员办理意外伤害保险，为从业人员缴纳保险费；

（8）施工现场的办公、生活区及作业场所和安全防护用具、机械设备、施工机具及配件符合有关安全生产法律法规、标准和规程的要求；

（9）有职业危害防治措施，并为作业人员配备符合国家标准或者行业标准的安全防护用具和安全防护服装；

（10）有对危险性较大的分部分项工程及施工现场易发生重大事故的部位、环节的预防、监控措施和应急预案；

（11）有生产安全事故应急救援预案、应急救援组织或者应急救援人员，配备必要的应急救援器材、设备；

（12）法律法规规定的其他条件。

二、安全生产许可证申请与颁发

1. 安全生产许可证申请

建筑施工企业从事建筑施工活动前，应当依照本规定向安全生产许可证颁发管理机关申请领取安全生产许可证。

建筑施工企业申请安全生产许可证时，应当向建设主管部门提供申请表及其他文件、材料。建筑施工企业申请安全生产许可证，应当对申请材料实质内容的真实性负责，不得隐瞒有关情况或者提供虚假材料。

2. 安全生产许可证颁发

建设主管部门应当自受理申请之日起 45 日内审查完毕，经审查符合安全生产条件的，颁发安全生产许可证，不符合安全生产条件的，不予颁发安全生产许可证并书面通知企业理由。企业自接到通知之日起整改，整改合格后方可再次提出申请。

三、监督管理

县级以上人民政府住房城乡建设主管部门应当加强对建筑施工企业安全生产许可证的监督管理。住房城乡建设主管部门在审核发放施工许可证时，应当对已经确定的建筑施工企业是否有安全生产许可证进行审查，对没有取得安全生产许可证的，不得颁发施工许可证。

四、违反本规定的行为及应负的法律责任

取得安全生产许可证的建筑施工企业，发生重大安全事故的，暂扣安全生产许可证并限期整改。建筑施工企业不再具备安全生产条件的，暂扣安全生产许可证并限期整改；情节严重的，吊销安全生产许可证。

有以下违法行为的责令其在建项目停止施工，没收违法所得，并处 10 万元以上 50 万元以下的罚款；造成重大安全事故或者其他严重后果，构成犯罪的，依法追究刑事责任：

（1）建筑施工企业未取得安全生产许可证擅自从事建筑施工活动的；

（2）冒用安全生产许可证或者使用伪造的安全生产许可证的。

建筑施工企业隐瞒有关情况或者提供虚假材料申请安全生产许可证的，不予受理或者不予颁发安全生产许可证，并给予警告，1 年内不得申请安全生产许可证。

建筑施工企业以欺骗、贿赂等不正当手段取得安全生产许可证的，撤销安全生产许可证，3 年内不得再次申请安全生产许可证；构成犯罪的，依法追究刑事责任。

任务三十 《建筑起重机械安全监督管理规定》

一、建筑起重机械的租赁

出租单位在建筑起重机械首次出租前，自购建筑起重机械的使用单位在建筑起重机械首次安装前，应当持建筑起重机械特种设备制造许可证、产品合格证和制造监督检验证明到本单位工商注册所在地县级以上地方人民政府建设主管部门办理备案。

出租单位应当在签订的建筑起重机械租赁合同中，明确租赁双方的安全责任，并出具建筑起重机械特种设备制造许可证、产品合格证、制造监督检验证明、备案证明和自检合格证明，提交安装使用说明书

二、建筑起重机械的安装、拆卸和使用

1. 建筑起重机械的安装、拆卸

安装单位应当履行下列安全职责：

（1）按照安全技术标准及建筑起重机械性能要求，编制建筑起重机械安装、拆卸工程专项施工方案，并由本单位技术负责人签字；

（2）按照安全技术标准及安装使用说明书等检查建筑起重机械及现场施工条件；

（3）组织安全施工技术交底并签字确认；

（4）制定建筑起重机械安装、拆卸工程生产安全事故应急救援预案；

（5）将建筑起重机械安装、拆卸工程专项施工方案，安装、拆卸人员名单，安装、拆卸时间等材料报施工总承包单位和监理单位审核后，告知工程所在地县级以上地方人民政府建设主管部门。

2. 建筑起重机械的使用

使用单位应当履行下列安全职责：

（1）根据不同施工阶段、周围环境以及季节、气候的变化，对建筑起重机械采取相应的安全防护措施；

（2）制定建筑起重机械生产安全事故应急救援预案；

（3）在建筑起重机械活动范围内设置明显的安全警示标志，对集中作业区做好安全防护；

（4）设置相应的设备管理机构或者配备专职的设备管理人员；

（5）指定专职设备管理人员、专职安全生产管理人员进行现场监督检查；

（6）建筑起重机械出现故障或者发生异常情况的，立即停止使用，消除故障和事故隐患后，方可重新投入使用。

三、监督管理

监理单位应当履行下列安全职责：

（1）审核建筑起重机械特种设备制造许可证、产品合格证、制造监督检验证明、备案证明等文件；

（2）审核建筑起重机械安装单位、使用单位的资质证书、安全生产许可证和特种作业人员的特种作业操作资格证书；

（3）审核建筑起重机械安装、拆卸工程专项施工方案；

（4）监督安装单位执行建筑起重机械安装、拆卸工程专项施工方案情况；

（5）监督检查建筑起重机械的使用情况；

（6）发现存在生产安全事故隐患的，应当要求安装单位、使用单位限期整改，对安装单位、使用单位拒不整改的，及时向建设单位报告。

四、违反本规定的行为及应负的法律责任

建设主管部门的工作人员有下列行为之一的，依法给予处分；构成犯罪的，依法追究刑事责任：

（1）发现违反本规定的违法行为不依法查处的；

（2）发现在用的建筑起重机械存在严重生产安全事故隐患不依法处理的；

（3）不依法履行监督管理职责的其他行为。

任务三十一 《建筑施工企业主要负责人、项目负责人和专职安全生产管理人员安全生产管理规定》

一、建筑施工企业“安管人员”考核培训

建筑施工企业主要负责人，项目负责人和专职安全生产管理人员，以下合称“安管人员”。“安管人员”应当通过其受聘企业，向企业工商注册地的省、自治区、直辖市人民政府住房城乡建设主管部门（以下简称考核机关）申请安全生产考核，并取得安全生产考核合格证书。安全生产考核不得收费。申请参加安全生产考核的“安管人员”，应当具备相应文化程度、专业技术职称和一定安全生产工作经历，与企业确立劳动关系，并经企业年度安全生产教育培训合格。

安全生产考核包括安全生产知识考核和管理能力考核。安全生产知识考核内容包括：建筑施工安全的法律法规、规章制度、标准规范，建筑施工安全管理基本理论等。安全生产管理能力考核内容包括：建立和落实安全生产管理制度、辨识和监控危险性较大的分部分项工程、发现和消除安全事故隐患、报告和处置生产安全事故等方面的能力。

二、建筑施工企业“安管人员”安全责任

主要负责人对本企业安全生产工作全面负责，应当建立健全企业安全生产管理体

系，设置安全生产管理机构，配备专职安全生产管理人员，保证安全生产投入，督促检查本企业安全生产工作，及时消除安全事故隐患，落实安全生产责任。主要负责人应当与项目负责人签订安全生产责任书，确定项目安全生产考核目标、奖惩措施，以及企业为项目提供的安全管理和技术保障措施。主要负责人应当按规定检查企业所承担的工程项目，考核项目负责人安全生产管理能力。

项目负责人对本项目安全生产管理全面负责，应当建立项目安全生产管理体系，明确项目管理人员安全职责，落实安全生产管理制度，确保项目安全生产费用有效使用。项目负责人应当按规定实施项目安全生产管理，监控危险性较大分部分项工程，及时排查处理施工现场安全事故隐患，隐患排查处理情况应当记入项目安全管理档案；发生事故时，应当按规定及时报告并开展现场救援。

企业安全生产管理机构专职安全生产管理人员应当检查在建项目安全生产管理情况，重点检查项目负责人、项目专职安全生产管理人员履责情况，处理在建项目违规违章行为，并记入企业安全管理档案。

项目专职安全生产管理人员应当每天在施工现场开展安全检查，现场监督危险性较大的分部分项工程安全专项施工方案实施。

建筑施工企业安全生产管理机构和工程项目应当按规定配备相应数量和相关专业的专职安全生产管理人员。建筑施工企业应当建立安全生产教育培训制度，制定年度培训计划，每年对"安管人员"进行培训和考核，考核不合格的，不得上岗。培训情况应当记入企业安全生产教育培训档案。

三、监督管理

县级以上人民政府住房城乡建设主管部门应当依照有关法律法规和本规定，对"安管人员"持证上岗、教育培训和履行职责等情况进行监督检查。县级以上人民政府住房城乡建设主管部门在实施监督检查时，应当有 2 名以上监督检查人员参加，不得妨碍企业正常的生产经营活动，不得索取或者收受企业的财物，不得谋取其他利益。县级以上人民政府住房城乡建设主管部门依法进行监督检查时，发现"安管人员"有违反本规定行为的，应当依法查处并将违法事实、处理结果或者处理建议告知考核机关。

四、违反本规定的行为及应负的法律责任

"安管人员"隐瞒有关情况或者提供虚假材料申请安全生产考核的，考核机关不予考核，并给予警告，"安管人员"1 年内不得再次申请考核。"安管人员"以欺骗、贿赂等不正当手段取得安全生产考核合格证书的，由原考核机关撤销安全生产考核合格证书，"安管人员"3 年内不得再次申请考核。"安管人员"涂改、倒卖、出租、出借或者以其他形式非法转让安全生产考核合格证书的，由县级以上地方人民政府住房城乡建设主管部门给予警告，并处 1000 元以上 5000 元以下的罚款。"安管人员"未按规定办理证书变更的，由县级以上地方人民政府住房城乡建设主管部门责令限期改正，并处 1000 元以上 5000 元以下的罚款。

任务三十二 《危险性较大的分部分项工程安全管理规定》

一、危险性较大的分部分项工程安全管理的基本规定

1. 适用范围

本规定适用于房屋建筑和市政基础设施工程中危险性较大的分部分项工程安全管理。本规定所称危险性较大的分部分项工程（以下简称“危大工程”），是指房屋建筑和市政基础设施工程在施工过程中，容易导致人员群死群伤或者造成重大经济损失的分部分项工程。危大工程及超过一定规模的危大工程范围由国务院住房城乡建设主管部门制定。省级住房城乡建设主管部门可以结合本地区实际情况，补充本地区危大工程范围。

2. 监督管理部门

国务院住房城乡建设主管部门负责全国危大工程安全管理的指导监督。县级以上地方人民政府住房城乡建设主管部门负责本行政区域内危大工程的安全监督管理。

二、危险性较大的分部分项工程的前期保障

1. 建设单位

（1）建设单位应当依法提供真实、准确、完整的工程地质、水文地质和工程周边环境等资料；

（2）建设单位应当组织勘察、设计等单位在施工招标文件中列出危大工程清单，要求施工单位在投标时补充完善危大工程清单并明确相应的安全管理措施；

（3）建设单位应当按照施工合同约定及时支付危大工程施工技术措施费以及相应的安全防护文明施工措施费，保障危大工程施工安全；

（4）建设单位在申请办理安全监督手续时，应当提交危大工程清单及其安全管理措施等资料。

2. 勘察单位

勘察单位应当根据工程实际及工程周边环境资料，在勘察文件中说明地质条件可能造成的工程风险。

3. 设计单位

设计单位应当在设计文件中注明涉及危大工程的重点部位和环节，提出保障工程周边环境安全和工程施工安全的意见，必要时进行专项设计

三、危险性较大的分部分项工程的专项施工方案

1. 专项施工方案的编制

施工单位应在危大工程施工前组织工程技术人员编制专项施工方案。实行施工总

承包的，专项施工方案应当由施工总承包单位组织编制。危大工程实行分包的，专项施工方案可由相关专业分包单位组织编制。

2. 专项施工方案的实施要求

专项施工方案应当由施工单位技术负责人审核签字、加盖单位公章，并由总监理工程师审查签字、加盖执业印章后方可实施。危大工程实行分包并由分包单位编制专项施工方案的，专项施工方案应当由总承包单位技术负责人及分包单位技术负责人共同审核签字并加盖单位公章。

3. 专家论证会

对于超过一定规模的危大工程，施工单位应当组织召开专家论证会对专项施工方案进行论证。实行施工总承包的，由施工总承包单位组织召开专家论证会。专家论证前专项施工方案应当通过施工单位审核和总监理工程师审查。

专家应当从地方人民政府住房城乡建设主管部门建立的专家库中选取，符合专业要求且人数不得少于5名。与本工程有利害关系的人员不得以专家身份参加专家论证会。

专家论证会后，应当形成论证报告，对专项施工方案提出通过、修改后通过或者不通过的一致意见。专家对论证报告负责并签字确认。专项施工方案经论证需修改后通过的，施工单位应当根据论证报告修改完善后，重新进行施工方案的实施。专项施工方案经论证不通过的，施工单位修改后应当按照本规定的要求重新组织专家论证，

四、危险性较大的分部分项工程的现场安全管理

1. 施工单位对现场的安全管理

（1）施工单位应当在施工现场显著位置公告危大工程名称、施工时间和具体责任人员，并在危险区域设置安全警示标志；

（2）施工现场管理人员应当向作业人员进行安全技术交底，并由双方和项目专职安全生产管理人员共同签字确认；

（3)施工单位应当严格按照专项施工方案组织施工,不得擅自修改专项施工方案；

（4）施工单位应当对危大工程施工作业人员进行登记，项目负责人应当在施工现场履职；

（5）施工单位应当按照规定对危大工程进行施工监测和安全巡视，发现危及人身安全的紧急情况，应当立即组织作业人员撤离危险区域。

2. 监理单位对现场的安全管理

（1）监理单位应当结合危大工程专项施工方案编制监理实施细则，并对危大工程施工实施专项巡视检查；

（2）监理单位发现施工单位未按照专项施工方案施工的，应当要求其进行整改；情节严重的，应当要求其暂停施工，并及时报告建设单位。施工单位拒不整改或者不停止施工的，监理单位应当及时报告建设单位和工程所在地住房城乡建设主管部门；

（3）监测单位应当编制监测方案。监测方案由监测单位技术负责人审核签字并加盖单位公章，报送监理单位后方可实施；

（4）监测单位应当按照监测方案开展监测，及时向建设单位报送监测成果，并对监测成果负责；发现异常时，及时向建设、设计、施工、监理单位报告，建设单位应当立即组织相关单位采取处置措施。

3. 建设单位对现场的安全管理

因规划调整、设计变更等原因确需调整的，修改后的专项施工方案应当按照本规定重新审核和论证。涉及资金或者工期调整的，建设单位应当按照约定予以调整。对于按照规定需要进行第三方监测的危大工程，建设单位应当委托具有相应勘察资质的单位进行监测。

4. 危大工程发生险情或者事故时的相关规定

危大工程发生险情或者事故时，施工单位应当立即采取应急处置措施，并报告工程所在地住房城乡建设主管部门。建设、勘察、设计、监理等单位应当配合施工单位开展应急抢险工作。危大工程应急抢险结束后，建设单位应当组织勘察、设计、施工、监理等单位制定工程恢复方案，并对应急抢险工作进行后评估。

5. 安全管理档案

施工、监理单位应当建立危大工程安全管理档案。施工单位应当将专项施工方案及审核、专家论证、交底、现场检查、验收及整改等相关资料纳入档案管理。监理单位应当将监理实施细则、专项施工方案审查、专项巡视检查、验收及整改等相关资料纳入档案管理

五、危险性较大的分部分项工程的监督管理

设区的市级以上地方人民政府住房城乡建设主管部门应当建立专家库，制定专家库管理制度，建立专家诚信档案，并向社会公布，接受社会监督。县级以上地方人民政府住房城乡建设主管部门或者所属施工安全监督机构，应当根据监督工作计划对危大工程进行抽查。

县级以上地方人民政府住房城乡建设主管部门或者所属施工安全监督机构，可以通过政府购买技术服务方式，聘请具有专业技术能力的单位和人员对危大工程进行检查，所需费用向本级财政申请予以保障。

县级以上地方人民政府住房城乡建设主管部门或者所属施工安全监督机构；在监督抽查中发现危大工程存在安全隐患的，应当责令施工单位整改；重大安全事故隐患排除前或者排除过程中无法保证安全的，责令从危险区域内撤出作业人员或者暂时停止施工；对依法应当给予行政处罚的行为，应当依法作出行政处罚决定。

县级以上地方人民政府住房城乡建设主管部门应当将单位和个人的处罚信息纳入建筑施工安全生产不良信用记录。

六、违反本规定的行为及应负的法律责任

1. 建设单位的违法行为及应负的法律责任

建设单位有下列行为之一的，责令限期改正，并处1万元以上3万元以下的罚款；对直接负责的主管人员和其他直接责任人员处1000元以上5000元以下的罚款：

（1）未按照本规定提供工程周边环境等资料的；

（2）未按照本规定在招标文件中列出危大工程清单的；

（3）未按照施工合同约定及时支付危大工程施工技术措施费或者相应的安全防护文明施工措施费的；

（4）未按照本规定委托具有相应勘察资质的单位进行第三方监测的；

（5）未对第三方监测单位报告的异常情况组织采取处置措施的。

2. 勘察单位的违法行为及应负的法律责任

勘察单位未在勘察文件中说明地质条件可能造成的工程风险的，责令限期改正，依照《建设工程安全生产管理条例》对单位进行处罚；对直接负责的主管人员和其他直接责任人员处1000元以上5000元以下的罚款。

3. 施工单位的违法行为及应负的法律责任

施工单位未按照本规定编制并审核危大工程专项施工方案的，依照《建设工程安全生产管理条例》对单位进行处罚，并暂扣安全生产许可证30日；对直接负责的主管人员和其他直接责任人员处1000元以上5000元以下的罚款。

施工单位有下列行为之一的，依照《中华人民共和国安全生产法》《建设工程安全生产管理条例》对单位和相关责任人员进行处罚：

（1）未向施工现场管理人员和作业人员进行方案交底和安全技术交底的；

（2）未在施工现场显著位置公告危大工程，并在危险区域设置安全警示标志的；

（3）项目专职安全生产管理人员未对专项施工方案实施情况进行现场监督的。

施工单位有下列行为之一的，责令限期改正，处1万元以上3万元以下的罚款，并暂扣安全生产许可证30日；对直接负责的主管人员和其他直接责任人员处1000元以上5000元以下的罚款

（1）未对超过一定规模的危大工程专项施工方案进行专家论证的；

（2）未根据专家论证报告对超过一定规模的危大工程专项施工方案进行修改，或者未按照本规定重新组织专家论证的；

（3）未严格按照专项施工方案组织施工，或者擅自修改专项施工方案的。

施工单位有下列行为之一的，责令限期改正，并处1万元以上3万元以下的罚款；对直接负责的主管人员和其他直接责任人员处1000元以上5000元以下的罚款：

（1）项目负责人未按照本规定现场履职或者组织限期整改的；

（2）施工单位未按照本规定进行施工监测和安全巡视的；

（3）未按照本规定组织危大工程验收的；

（4）发生险情或者事故时，未采取应急处置措施的；

（5）未按照本规定建立危大工程安全管理档案的。

4. 设计单位的违法行为及应负的法律责任

设计单位未在设计文件中注明涉及危大工程的重点部位和环节，未提出保障工程周边环境安全和工程施工安全的意见的，责令限期改正，并处 1 万元以上 3 万元以下的罚款；对直接负责的主管人员和其他直接责任人员处 1000 元以上 5000 元以下的罚款。

5. 监理单位的违法行为及应负的法律责任

监理单位有下列行为之一的，依照《中华人民共和国安全生产法》《建设工程安全生产管理条例》对单位进行处罚；对直接负责的主管人员和其他直接责任人员处 1000 元以上 5000 元以下的罚款：

（1）总监理工程师未按照本规定审查危大工程专项施工方案的；

（2）发现施工单位未按照专项施工方案实施，未要求其整改或者停工的；

（3）施工单位拒不整改或者不停止施工时，未向建设单位和工程所在地住房城乡建设主管部门报告的。

监理单位有下列行为之一的，责令限期改正，并处 1 万元以上 3 万元以下的罚款；对直接负责的主管人员和其他直接责任人员处 1000 元以上 5000 元以下的罚款：

（1）未按照本规定编制监理实施细则的；

（2）未对危大工程施工实施专项巡视检查的；

（3）未按照本规定参与组织危大工程验收的；

（4）未按照本规定建立危大工程安全管理档案的。

6. 监测单位的违法行为及应负的法律责任

监测单位有下列行为之一的，责令限期改正，并处 1 万元以上 3 万元以下的罚款；对直接负责的主管人员和其他直接责任人员处 1000 元以上 5000 元以下的罚款：

（1）未取得相应勘察资质从事第三方监测的；

（2）未按照本规定编制监测方案的；

（3）未按照监测方案开展监测的；

（4）发现异常未及时报告的。

任务三十三 《海洋石油安全生产规定》

一、海洋石油作业者和承包者及监督管理的基本规定

1. 适用范围

在中华人民共和国的内水、领海、毗连区、专属经济区、大陆架以及中华人民共和国管辖的其他海域内的海洋石油开采活动的安全生产，适用本规定。

2. 责任主体

海洋石油作业者和承包者是海洋石油安全生产的责任主体。本规定所称作业者是指负责实施海洋石油开采活动的企业，或者按照石油合同的约定负责实施海洋石油开采活动的实体。本规定所称承包者是指向作业者提供服务的企业或者实体。

3. 监督管理的部门

国家安全生产监督管理总局（以下简称安全监管总局，现已并入应急管理部）对海洋石油安全生产实施综合监督管理。安全监管总局（现已并入应急管理部）设立海洋石油作业安全办公室（以下简称海油安办）作为实施海洋石油安全生产综合监督管理的执行机构。海油安办根据需要设立分部，各分部依照有关规定实施具体的安全监督管理。

二、海洋石油作业者和承包者的安全生产保障

（1）作业者和承包者应当遵守有关安全生产的法律、行政法规、部门规章、国家标准和行业标准，具备安全生产条件；

（2）作业者应当加强对承包者的安全监督和管理，并在承包合同中约定各自的安全生产管理职责；

（3）作业者和承包者的主要负责人对本单位的安全生产工作全面负责；

（4）作业者和承包者应当对从业人员进行安全生产教育和培训，保证从业人员具备必要的安全生产知识，熟悉有关的安全生产规章制度和安全操作规程，掌握本岗位的安全操作技能；

（5）海洋石油建设项目在可行性研究阶段或者总体开发方案编制阶段应当进行安全预评价；

（6）作业者和承包者应当为作业人员提供符合国家标准或者行业标准的劳动防护用品，并监督、教育作业人员按照使用规则佩戴、使用；

（7）作业者和承包者应当加强防火防爆管理，按照有关规定划分和标明安全区与危险区；在危险区作业时，应当对作业程序和安全措施进行审查；

（8）海洋石油作业设施首次投入使用前或者变更作业区块前，应当制订作业计划和安全措施。作业计划和安全措施应当在开始作业前 15 日报海油安办有关分部备案；

（9）作业者或者承包者在编制钻井、采油和井下作业等作业计划时，应当根据地质条件与海域环境确定安全可靠的井控程序和防硫化氢措施。打开油（气）层前，作业者或者承包者应当确认井控和防硫化氢措施的落实情况。

三、应急预案与事故处理

1. 应急预案

作业者应当建立应急救援组织，配备专职或者兼职救援人员，或者与专业救援组

织签订救援协议，并在实施作业前编制应急预案。承包者在实施作业前应编制应急预案。应急预案应当报海油安办有关分部和其他有关政府部门备案。应急预案应当包括以下主要内容：作业者和承包者的基本情况、危险特性、可利用的应急救援设备；应急组织机构、职责划分、通讯联络；应急预案启动、应急响应、信息处理、应急状态中止、后续恢复等处置程序；应急演习与训练。

2. 事故和险情处理

事故和险情包括以下情况：井喷失控、火灾与爆炸、平台遇险、飞机或者直升机失事、船舶海损、油（气）生产设施与管线破损/泄漏、有毒有害物质泄漏、放射性物质遗散、潜水作业事故；人员重伤、死亡、失踪及暴发性传染病、中毒；溢油事故、自然灾害以及其他紧急情况等。

当发生事故或者出现可能引发事故的险情时，作业者和承包者应当按应急预案的规定实施应急措施，防止事态扩大，减少人员伤亡和财产损失。当发生应急预案中未规定的事件时，现场工作人员应当及时向主要负责人报告。主要负责人应当及时采取相应的措施。

四、监督管理

海油安办及其各分部依法对作业者和承包者执行有关安全生产的法律、行政法规和国家标准或者行业标准的情况进行监督检查，行使以下职权：

（1）对作业者和承包者进行安全检查，调阅有关资料，向有关单位和人员了解情况；

（2）对检查中发现的安全生产违法行为，当场予以纠正或者要求限期改正；

（3）对检查中发现的事故隐患，应当责令立即排除；重大事故隐患排除前或者排除过程中无法保证安全的，应当责令从危险区域内撤出作业人员，责令暂时停产停业或者停止使用；重大事故隐患排除后，经审查同意，方可恢复生产和使用；

（4）对有根据认为不符合保障安全生产的国家标准或者行业标准的设施、设备、器材予以查封或者扣押，并应当在 15 日内依法作出处理决定。

五、违反本规定的行为及应负的法律责任

作业者和承包者有下列行为之一的，给予警告，并处 3 万元以下的罚款：

（1）未按规定执行发证检验或者用非法手段获取检验证书的；

（2）未按规定配备守护船，或者使用不满足有关规定要求的船舶做守护船，或者守护船未按规定履行登记手续的；

（3）未按照本规定第三十四条的规定履行备案手续的；

（4）未按有关规定制订井控措施和防硫化氢措施，或者井控措施和防硫化氢措施不落实的。

任务三十四　《海洋石油安全管理细则》

一、海洋石油作业者和承包者及监督管理的基本规定

1. 适用范围

在中华人民共和国的内水、领海、毗连区、专属经济区、大陆架，以及中华人民共和国管辖的其他海域内从事海洋石油（含天然气，下同）开采活动的安全生产及其监督管理，适用本细则。

2. 监督管理的部门

国家安全生产监督管理总局（现已并入应急管理部）海洋石油作业安全办公室（以下简称海油安办）对全国海洋石油安全生产工作实施监督管理；海油安办驻中国海洋石油总公司、中国石油化工集团公司、中国石油天然气集团公司分部（以下统称海油安办有关分部）分别负责中国海洋石油总公司、中国石油化工集团公司、中国石油天然气集团公司的海洋石油安全生产的监督管理。

二、设施的备案管理

1. 生产设施的备案管理

（1）海洋石油生产设施应当进行试生产。作业者或者承包者应当在试生产前 45 日报生产设施所在地的海油安办有关部门备案，并提交生产设施试生产备案申请书、海底长输油（气）管线投用备案申请书和其他资料；

（2）海油安办有关分部对作业者或者承包者提交的生产设施资料，应当进行严格审查。必要时，应当进行现场检查；

（3）需要进行现场检查的，海油安办有关分部应当提前 10 日与作业者或承包者商定现场检查的具体事宜。作业者或承包者应当配合海油安办有关分部进行现场检查，并提供人员安全培训证书登记表及其他资料；

（4）经审查和现场检查符合规定的，海油安办有关分部向作业者或者承包者颁发生产设施试生产备案通知书；备案资料、设施现场安全状况等不符合规定的，及时书面通知作业者或者承包者进行整改；

（5）作业者或者承包者应当严格按照备案文件中所列试生产安全保障措施组织试生产；生产设施试生产期限不得超过 12 个月。试生产正常后，作业者或者承包者应当组织安全竣工验收。经竣工验收合格并办理安全生产许可证后，方可正式投入生产使用。

2. 作业设施的备案管理

海洋石油作业设施从事物探、钻（修）井、铺管、起重和生活支持等活动应当向海油安办有关分部备案。作业者或者承包者应当在作业前 15 日向海油安办有关分部提交作业设施备案申请书和其他资料。

通常情况下，海洋石油作业设施从事物探、钻（修）井、铺管、起重和生活支持等活动期限不超过 1 年。确需延期时，作业者或者承包者应当于期满前 15 日向海油安办有关分部提出延期申请，延期时间不得超过 3 个月。

3. 延长测试设施的备案管理

海上油田（井）进行延长测试前，作业者或者承包者应当提前 15 日向海油安办有关分部提交延长测试设施的书面报告和其他资料。通常情况下，海上油田（井）延长测试作业期限不超过 1 年。确需延期时，作业者或者承包者应当提前 15 日向海油安办有关分部提出延期申请，延期时间不得超过 6 个月。

4. 生产作业的安全管理

生产作业的安全管理分为：守护船管理、租用直升机管理、电气管理、井控管理、硫化氢防护管理、系物管理、危险物品管理、弃井管理。

三、安全培训和应急管理

1. 安全培训

（1）作业者和承包者的主要负责人和安全生产管理人员应当具备相应的安全生产知识和管理能力，经海油安办考核合格；

（2）作业者和承包者应当组织对海上石油作业人员进行安全生产培训。未经培训并取得培训合格证书的作业人员，不得上岗作业；

（3）出海人员必须接受“海上石油作业安全救生”的专门培训，并取得具有资质的培训机构颁发的培训合格证书。

2. 应急预案编制

（1）作业者和承包者应当按照有关法律法规、规章和标准的要求，结合生产实际编制应急预案，并报海油安办有关分部备案。作业者和承包者应当根据海洋石油作业的变化，及时对应急预案进行修改、补充和完善；

（2）应急预案的应急范围包括井喷失控、火灾与爆炸、平台遇险、直升机失事、船舶海损、油（气）生产设施与管线破损和泄漏、有毒有害物品泄漏、放射性物品遗散、潜水作业事故；人员重伤、死亡、失踪及暴发性传染病、中毒；溢油事故、自然灾害以及其他紧急情况；

（3）除作业者和承包者编制的公司一级应急预案外，针对每个生产和作业设施应当结合工作实际，编制应急预案。应急预案包括主件和附件两个部分内容。

3. 应急预案演练

作业者和承包者应当组织生产和作业设施的相关人员定期开展应急预案的演练，演练期限不超过下列时间间隔的要求：

（1）消防演习：每倒班期一次；

（2）弃平台演习：每倒班期一次；

（3）井控演习：每倒班期一次；

（4）人员落水救助演习：每季度一次；

（5）硫化氢演习：钻遇含硫化氢地层前和对含硫化氢油气井进行试油或者修井作业前，必须组织一次防硫化氢演习；对含硫化氢油气井进行正常钻井、试油或者修井作业，每隔7日组织一次演习；含硫化氢油气井正常生产时，每倒班期组织一次演习。不含硫化氢的，每半年组织一次。各类应急演练的记录文件应当至少保存1年。

4. 应急处置

事故发生后，作业现场有关人员应当及时向所属作业者和承包者报告；接到报告后，应当立即启动相应的应急预案，组织开展救援活动，防止事故扩大，减少人员伤亡和财产损失。

针对海洋石油作业过程中发生事故的特点，在实施应急救援过程中，作业者和承包者应当做好下列工作：

（1）立即组织现场疏散，保护作业人员安全；

（2）立即调集作业现场的应急力量进行救援，同时向有关方面发出求助信息，动员有关力量，保证应急队伍、设备、器材、物资及必要的后勤支持；

（3）制订现场救援方案并组织实施；

（4）确定警戒及防控区域，实行区域管制；

（5）采取相应的保护措施，防止事故扩大和引发次生灾害；

（6）迅速组织医疗救援力量，抢救受伤人员；

（7）尽力防止出现石油大面积泄漏和扩散。

四、事故报告和调查处理

1. 生产安全事故调查报告及批复

在海上石油天然气勘探、开发、生产、储运及油田废弃等作业中，发生相关规定的生产安全事故，作业现场有关人员应当立即向所属作业者和承包者报告；作业者和承包者接到报告后，应当立即按规定向海油安办有关部门的地区监督处、当地政府和海事部门报告。海洋石油的生产安全事故调查报告按照下列规定批复：

（1）一般事故的调查报告，在征得海油安办同意后，由海油安办有关分部批复；

（2）较大、重大事故的调查报告由国家安全生产监督管理总局（现已并入应急管理部）批复；

（3）特别重大事故调查报告的批复按照国务院有关规定执行。

2. 生产安全事故调查及规定

海油安办有关分部的地区监督处接到事故报告后，应当立即上报海油安办有关分部。海油安办有关分部接到较大事故及以上的事故报告后，应当在1小时内上报国家安全生产监督管理总局（现已并入应急管理部）。飞机事故、船舶海损、大型溢油除报告海油安办外，还应当按规定报告有关政府主管部门。海洋石油的生产安全事故按照下列规定进行调查：

（1）没有人员伤亡的一般事故，海油安办有关分部可以委托作业者和承包者组织生产、技术、安全等有关人员及工会成员组成事故调查组进行调查；

（2）造成人员伤亡的一般事故，由海油安办有关分部牵头组织有关部门及工会成立事故调查组进行调查，并邀请人民检察院派人参加；

（3）造成较大事故，由海油安办牵头组织有关部门成立事故调查组进行调查，并邀请人民检察院派人参加；

（4）重大事故，由国家安全生产监督管理总局（现已并入应急管理部）牵头组织有关部门成立事故调查组进行调查，并邀请人民检察院派人参加；

（5）特别重大事故，按照国务院有关规定执行。

飞机失事、船舶海损、放射性物品遗散和大型溢油等海洋石油生产安全事故依法由民航、海事、环保等有关部门组织调查处理

五、监督管理

海油安办及其有关分部应当按照法律、行政法规、规章和标准的规定，依法对海洋石油生产经营单位的安全生产实施监督检查。

海油安办有关分部应当建立生产设施、作业设施的备案档案管理制度，并于每年1月31日前将上一年度的备案情况报海油安办。备案档案应当至少保存3年。

海油安办有关分部应当对安全培训机构、作业者和承包者安全教育培训情况进行监督检查。

海油安办及其有关部门应当按照生产安全事故的批复，依照有关法律、行政法规和规章的规定，对事故发生单位和有关人员进行行政处罚；对负有事故责任的国家工作人员，按照干部管理权限交由有关单位和行政监察机关追究。

六、违反本规定的行为及应负的法律责任

作业者和承包者有下列行为之一的，给予警告，可以并处3万元以下的罚款：

（1）生产设施、作业设施未按规定备案的；

（2）未配备守护船，或者未按规定登记的；

（3）海洋石油专业设备未按期进行检验的；

（4）拒绝、阻碍海油安办及有关分部依法监督检查的。

作业者和承包者有下列行为之一的，依法责令停产整顿，给予相应的行政处罚：

（1）未履行新建、改建、扩建项目“三同时”程序的；

（2）对存在的重大事故隐患，不按期进行整改的。

任务三十五　有关行业重大生产安全事故隐患判定标准

一、煤矿重大生产安全事故隐患

1. 煤矿重大生产安全事故隐患

（1）超能力、超强度或者超定员组织生产；

（2）瓦斯超限作业；

（3）煤与瓦斯突出矿井，未依照规定实施防突出措施；

（4）高瓦斯矿井未建立瓦斯抽采系统和监控系统，或者系统不能正常运行；

（5）通风系统不完善、不可靠；

（6）有严重水患，未采取有效措施；

（7）超层越界开采；

（8）有冲击地压危险，未采取有效措施；

（9）自然发火严重，未采取有效措施；

（10）使用明令禁止使用或者淘汰的设备、工艺；

（11）煤矿没有双回路供电系统；

（12）新建煤矿边建设边生产，煤矿改扩建期间，在改扩建的区域生产，或者在其他区域的生产超出安全设施设计规定的范围和规模；

（13）煤矿实行整体承包生产经营后，未重新取得或者及时变更安全生产许可证而从事生产，或者承包方再次转包，以及将井下采掘工作面和井巷维护作业进行劳务承包；

（14）煤矿改制期间，未明确安全生产责任人和安全管理机构，或者在完成改制后，未重新取得或者变更采矿许可证、安全生产许可证和营业执照；

（15）其他重大事故隐患

二、金属非金属重大生产安全事故隐患

1. 金属非金属地下矿山重大生产安全事故隐患

（1）安全出口不符合国家标准、行业标准或设计要求；

（2）使用国家明令禁止使用的设备、材料和工艺；

（3）相邻矿山的井巷相互贯通；

（4）没有及时填绘图，现状图与实际严重不符；

（5）露天转地下开采，地表与井下形成贯通，未按照设计要求采取相应措施；

（6）地表水系穿过矿区，未按照设计要求采取防治水措施；

（7）排水系统与设计要求不符，导致排水能力降低；

（8）井口标高在当地历史最高洪水位 1 米以下，未采取相应防护措施；

（9）水文地质类型为中等及复杂的矿井没有设立专门防治水机构、配备探放水作业队伍或配齐专用探放水设备；

（10）水文地质类型复杂的矿山关键巷道防水门设置与设计要求不符；

（11）有自燃发火危险的矿山，未按照国家标准、行业标准或设计采取防火措施；

（12）在突水威胁区域或可疑区域进行采掘作业，未进行探放水；

（13）受地表水倒灌威胁的矿井在强降雨天气或其来水上游发生洪水期间，不实施停产撤人；

（14）相邻矿山开采错动线重叠，未按照设计要求采取相应措施；

（15）开采错动线以内存在居民村庄，或存在重要设备设施时未按照设计要求采取相应措施；

（16）擅自开采各种保安矿柱或其形式及参数劣于设计值；

（17）未按照设计要求对生产形成的采空区进行处理；

（18）具有严重地压条件，未采取预防地压灾害措施；

（19）巷道或者采场顶板未按照设计要求采取支护措施；

（20）矿井未按照设计要求建立机械通风系统，或风速、风量、风质不符合国家标准或行业标准的要求；

（21）未配齐具有矿用产品安全标志的便携式气体检测报警仪和自救器；

（22）提升系统的防坠器、阻车器等安全保护装置或信号闭锁措施失效；未定期试验或检测检验；

（23）一级负荷没有采用双回路或双电源供电，或单一电源不能满足全部一级负荷需要；

（24）地面向井下供电的变压器或井下使用的普通变压器采用中性接地。

2. 金属非金属露天矿山重大生产安全事故隐患

（1）地下转露天开采，未探明采空区或未对采空区实施专项安全技术措施；

（2）使用国家明令禁止使用的设备、材料和工艺；

（3）未采用自上而下、分台阶或分层的方式进行开采；

（4）工作帮坡角大于设计工作帮坡角，或台阶（分层）高度超过设计高度；

（5）擅自开采或破坏设计规定保留的矿柱、岩柱和挂帮矿体；

（6）未按国家标准或行业标准对采场边坡、排土场稳定性进行评估；

（7）高度 200 米及以上的边坡或排土场未进行在线监测；

（8）边坡存在滑移现象；

（9）上山道路坡度大于设计坡度 10%以上；

（10）封闭圈深度 30 米及以上的凹陷露天矿山，未按照设计要求建设防洪、排洪设施；

（11）雷雨天气实施爆破作业；

（12）危险级排土场。

3. 尾矿库重大生产安全事故隐患

（1）库区和尾矿坝上存在未按批准的设计方案进行开采、挖掘、爆破等活动；

（2）坝体出现贯穿性横向裂缝，且出现较大范围管涌、流土变形，坝体出现深层滑动迹象；

（3）坝外坡坡比陡于设计坡比；

（4）坝体超过设计坝高，或超设计库容储存尾矿；

（5）尾矿堆积坝上升速率大于设计堆积上升速率；

（6）未按法规、国家标准或行业标准对坝体稳定性进行评估；

（7）浸润线埋深小于控制浸润线埋深；

（8）安全超高和干滩长度小于设计规定；

（9）排洪系统构筑物严重堵塞或坍塌，导致排水能力急剧下降；

（10）设计以外的尾矿、废料或者废水进库；

（11）多种矿石性质不同的尾砂混合排放时，未按设计要求进行排放；

（12）冬季未按照设计要求采用冰下放矿作业。

三、化工和危险化学品生产经营单位重大生产安全事故隐患

（1）危险化学品生产、经营单位主要负责人和安全生产管理人员未依法经考核合格；

（2）特种作业人员未持证上岗；

（3）涉及“两重点一重大”的生产装置、储存设施外部安全防护距离不符合国家标准要求；

（4）涉及重点监管危险化工工艺的装置未实现自动化控制，系统未实现紧急停车功能，装备的自动化控制系统、紧急停车系统未投入使用；

（5）构成一级、二级重大危险源的危险化学品罐区未实现紧急切断功能：涉及毒性气体、液化气体、剧毒液体的一级、二级重大危险源的危险化学品罐区未配备独立的安全仪表系统；

（6）全压力式液化烃储罐未按国家标准设置注水措施；

（7）液化烃、液氨、液氯等易燃易爆、有毒有害液化气体的充装未使用万向管道充装系统；

（8）光气、氯气等剧毒气体及硫化氢气体管道穿越除厂区（包括化工园区、工业园区）外的公共区域；

（9）地区架空电力线路穿越生产区且不符合国家标准要求；

（10）在役化工装置未经正规设计且未进行安全设计诊断；

（11）使用淘汰落后安全技术工艺、设备目录列出的工艺、设备；

（12）涉及可燃和有毒有害气体泄漏的场所未按国家标准设置检测报警装置，爆炸危险场所未按国家标准安装使用防爆电气设备；

（13）控制室或机柜间面向具有火灾、爆炸危险性装置一侧不满足国家标准关于防火防爆的要求；

（14）化工生产装置未按国家标准要求设置双重电源供电，自动化控制系统未设置不间断电源；

（15）安全阀、爆破片等安全附件未正常投用；

（16）未建立与岗位相匹配的全员安全生产责任制或者未制定实施生产安全事故隐患排查治理制度；

（17）未制定操作规程和工艺控制指标；

（18）未按照国家标准制定动火、进入受限空间等特殊作业管理制度，或者制度未有效执行；

（19）新开发的危险化学品生产工艺未经小试、中试、工业化试验直接进行工业化生产；国内首次使用的化工工艺未经过省级人民政府有关部门组织的安全可靠性论证；新建装置未制定试生产方案投料开车；精细化工企业未按规范性文件要求开展反应安全风险评估；

（20）未按国家标准分区分类储存危险化学品，超量、超品种储存危险化学品，相互禁配物质混放混存。

四、烟花爆竹生产经营单位重大生产安全事故隐患

（1）主要负责人、安全生产管理人员未依法经考核合格；

（2）特种作业人员未持证上岗，作业人员带药检维修设备设施；

（3）职工自行携带工器具、机器设备进厂进行涉药作业；

（4）工（库）房实际作业人员数量超过核定人数；

（5）工（库）房实际滞留、存储药量超过核定药量；

（6）工（库）房内、外部安全距离不足，防护屏障缺失或者不符合要求；

（7）防静电、防火、防雷设备设施缺失或者失效；

（8）擅自改变工（库）房用途或者违规私搭乱建；

（9）工厂围墙缺失或者分区设置不符合国家标准；

（10）将氧化剂、还原剂同库储存、违规预混或者在同一工房内粉碎、称量；

（11）在用涉药机械设备未经安全性论证或者擅自更改、改变用途；

（12）中转库、药物总库和成品总库的存储能力与设计产能不匹配；

（13）未建立与岗位相匹配的全员安全生产责任制或者未制定实施生产安全事故隐患排查治理制度；

（14）出租、出借、转让、买卖、冒用或者伪造许可证；

（15）生产经营的产品种类、危险等级超许可范围或者生产使用违禁药物；

（16）分包转包生产线、工房、库房组织生产经营；

（17）一证多厂或者多股东各自独立组织生产经营；

（18）许可证过期、整顿改造、恶劣天气等停产停业期间组织生产经营；

（19）烟花爆竹仓库存放其他爆炸物等危险物品或者生产经营违禁超标产品；

（20）零售点与居民居住场所设置在同一建筑物内或者在零售场所使用明火。

五、工贸行业重大生产安全事故隐患

1. 工贸企业重大生产安全事故隐患

（1）未对承包单位、承租单位的安全生产工作统一协调、管理，或者未定期进行安全检查的；

（2）特种作业人员未按照规定经专门的安全作业培训并取得相应资格，上岗作业的；

（3）金属冶炼企业主要负责人、安全生产管理人员未按照规定经考核合格的。

2. 冶金企业重大生产安全事故隐患

（1）会议室、活动室、休息室、操作室、交接班室、更衣室（含澡堂）等6类人员聚集场所，以及钢铁水罐冷（热）修工位设置在铁水、钢水、液渣吊运跨的地坪区域内的；

（2）生产期间冶炼、精炼和铸造生产区域的事故坑、炉下渣坑，以及熔融金属泄漏和喷溅影响范围内的炉前平台、炉基区域、厂房内吊运和地面运输通道等6类区域存在积水的；

（3）炼钢连铸流程未设置事故钢水罐、中间罐漏钢坑（槽）、中间罐溢流坑（槽）、漏钢回转溜槽，或者模铸流程未设置事故钢水罐（坑、槽）的；

（4）转炉、电弧炉、AOD炉、LF炉、RH炉、VOD炉等炼钢炉的水冷元件未设置出水温度、进出水流量差等监测报警装置，或者监测报警装置未与炉体倾动、氧（副）枪自动提升、电极自动断电和升起装置联锁的；

（5）高炉生产期间炉顶工作压力设定值超过设计文件规定的最高工作压力，或者炉顶工作压力监测装置未与炉顶放散阀联锁，或者炉顶放散阀的联锁放散压力设定值超过设备设计压力值的；

（6）煤气生产、回收净化、加压混合、储存、使用设施附近的会议室、活动室、休息室、操作室、交接班室、更衣室等6类人员聚集场所，以及可能发生煤气泄漏、积聚的场所和部位未设置固定式一氧化碳浓度监测报警装置，或者监测数据未接入24小时有人值守场所的；

（7）加热炉、煤气柜、除尘器、加压机、烘烤器等设施，以及进入车间前的煤气管道未安装隔断装置的；

（8）正压煤气输配管线水封式排水器的最高封堵煤气压力小于30kPa，或者同一煤气管道隔断装置的两侧共用一个排水器，或者不同煤气管道排水器上部的排水管连通，或者不同介质的煤气管道共用一个排水器的。

3. 有色企业重大生产安全事故隐患

（1）会议室、活动室、休息室、操作室、交接班室、更衣室（含澡堂）等6类人员聚集场所设置在熔融金属吊运跨的地坪区域内的；

（2）生产期间冶炼、精炼、铸造生产区域的事故坑、炉下渣坑，以及熔融金属泄漏、喷溅影响范围内的炉前平台、炉基区域、厂房内吊运和地面运输通道等6类区域存在非生产性积水的；

（3）熔融金属铸造环节未设置紧急排放和应急储存设施的（倾动式熔炼炉、倾动式保温炉、倾动式熔保一体炉、带保温炉的固定式熔炼炉除外）；

（4）采用水冷冷却的冶炼炉窑、铸造机（铝加工深井铸造工艺的结晶器除外）、加热炉未设置应急水源的；

（5）熔融金属冶炼炉窑的闭路循环水冷元件未设置出水温度、进出水流量差监测报警装置，或者开路水冷元件未设置进水流量、压力监测报警装置，或者未监测开路水冷元件出水温度的；

（6）铝加工深井铸造工艺的结晶器冷却水系统未设置进水压力、进水流量监测报警装置，或者监测报警装置未与快速切断阀、紧急排放阀、流槽断开装置联锁，或者监测报警装置未与倾动式浇铸炉控制系统联锁的；

（7）铝加工深井铸造工艺的浇铸炉铝液出口流槽、流槽与模盘（分配流槽）入口连接处未设置液位监测报警装置，或者固定式浇铸炉的铝液出口未设置机械锁紧装置的；

（8）铝加工深井铸造工艺的固定式浇铸炉的铝液流槽未设置紧急排放阀，或者流槽与模盘（分配流槽）入口连接处未设置快速切断阀（断开装置），或者流槽与模盘（分配流槽）入口连接处的液位监测报警装置未与快速切断阀（断开装置）、紧急排放阀联锁的；

（9）铝加工深井铸造工艺的倾动式浇铸炉流槽与模盘（分配流槽）入口连接处未设置快速切断阀（断开装置），或者流槽与模盘（分配流槽）入口连接处的液位监测报警装置未与浇铸炉倾动控制系统、快速切断阀（断开装置）联锁的；

（10）铝加工深井铸造机钢丝卷扬系统选用非钢芯钢丝绳，或者未落实钢丝绳定期检查、更换制度的；

（11）可能发生一氧化碳、砷化氢、氯气、硫化氢等4种有毒气体泄漏、积聚的场所和部位未设置固定式气体浓度监测报警装置，或者监测数据未接入 24 小时有人值守场所，或者未对可能有砷化氢气体的场所和部位采取同等效果的检测措施的；

（12）使用煤气（天然气）并强制送风的燃烧装置的燃气总管未设置压力监测报警装置，或者监测报警装置未与紧急自动切断装置联锁的；

（13）正压煤气输配管线水封式排水器的最高封堵煤气压力小于30kPa，或者同一煤气管道隔断装置的两侧共用一个排水器，或者不同煤气管道排水器上部的排水管连通，或者不同介质的煤气管道共用一个排水器的。

4. 建材企业重大生产安全事故隐患

（1）煤磨袋式收尘器、煤粉仓未设置温度和固定式一氧化碳浓度监测报警装置，或者未设置气体灭火装置的；

（2）筒型储库人工清库作业未落实清库方案中防止高处坠落、坍塌等安全措施的；

（3）水泥企业电石渣原料筒型储库未设置固定式可燃气体浓度监测报警装置，或者监测报警装置未与事故通风装置联锁的；

（4）进入筒型储库、焙烧窑、预热器旋风筒、分解炉、竖炉、篦冷机、磨机、破碎机前，未对可能意外启动的设备和涌入的物料、高温气体、有毒有害气体等采取隔离措施，或者未落实防止高处坠落、坍塌等安全措施的；

（5）采用预混燃烧方式的燃气窑炉（热发生炉煤气窑炉除外）的燃气总管未设置管道压力监测报警装置，或者监测报警装置未与紧急自动切断装置联锁的；

（6）制氢站、氮氢保护气体配气间、燃气配气间等3类场所未设置固定式可燃气体浓度监测报警装置的；

（7）电熔制品电炉的水冷设备失效的；

（8）玻璃窑炉、玻璃锡槽等设备未设置水冷和风冷保护系统的监测报警装置的。

5. 机械企业重大生产安全事故隐患

（1）会议室、活动室、休息室、更衣室、交接班室等5类人员聚集场所设置在熔融金属吊运跨或者浇注跨的地坪区域内的；

（2）铸造用熔炼炉、精炼炉、保温炉未设置紧急排放和应急储存设施的；

（3）生产期间铸造用熔炼炉、精炼炉、保温炉的炉底、炉坑和事故坑，以及熔融金属泄漏、喷溅影响范围内的炉前平台、炉基区域、造型地坑、浇注作业坑和熔融金属转运通道等8类区域存在积水的；

（4）铸造用熔炼炉、精炼炉、压铸机、氧枪的冷却水系统未设置出水温度、进出水流量差监测报警装置，或者监测报警装置未与熔融金属加热、输送控制系统联锁的；

（5）使用煤气（天然气）的燃烧装置的燃气总管未设置管道压力监测报警装置，或者监测报警装置未与紧急自动切断装置联锁，或者燃烧装置未设置火焰监测和熄火保护系统的；

（6）使用可燃性有机溶剂清洗设备设施、工装器具、地面时，未采取防止可燃气体在周边密闭或者半密闭空间内积聚措施的；

（7）使用非水性漆的调漆间、喷漆室未设置固定式可燃气体浓度监测报警装置或者通风设施的。

6. 轻工企业重大生产安全事故隐患

（1）食品制造企业烘制、油炸设备未设置防过热自动切断装置的；

（2）白酒勾兑、灌装场所和酒库未设置固定式乙醇蒸气浓度监测报警装置，或者监测报警装置未与通风设施联锁的；

（3）纸浆制造、造纸企业使用蒸气、明火直接加热钢瓶汽化液氯的；

（4）日用玻璃、陶瓷制造企业采用预混燃烧方式的燃气窑炉（热发生炉煤气窑炉除外）的燃气总管未设置管道压力监测报警装置，或者监测报警装置未与紧急自动切断装置联锁的；

（5）日用玻璃制造企业玻璃窑炉的冷却保护系统未设置监测报警装置的；

（6）使用非水性漆的调漆间、喷漆室未设置固定式可燃气体浓度监测报警装置或者通风设施的；

（7）锂离子电池储存仓库未对故障电池采取有效物理隔离措施的。

7. 纺织企业重大生产安全事故隐患

（1）纱、线、织物加工的烧毛、开幅、烘干等热定型工艺的汽化室、燃气贮罐、储油罐、热媒炉，未与生产加工等人员聚集场所隔开或者单独设置的；

（2）保险粉、双氧水、次氯酸钠、亚氯酸钠、雕白粉（吊白块）与禁忌物料混合储存，或者保险粉储存场所未采取防水防潮措施的。

8. 轻工企业重大生产安全事故隐患

（1）熏蒸作业场所未配备磷化氢气体浓度监测报警仪器，或者未配备防毒面具，或者熏蒸杀虫作业前未确认无关人员全部撤离熏蒸作业场所的；

（2）使用液态二氧化碳制造膨胀烟丝的生产线和场所未设置固定式二氧化碳浓度监测报警装置，或者监测报警装置未与事故通风设施联锁的。

9. 存在粉尘爆炸危险的工贸企业重大生产安全事故隐患

（1）粉尘爆炸危险场所设置在非框架结构的多层建（构）筑物内，或者粉尘爆炸危险场所内设有员工宿舍、会议室、办公室、休息室等人员聚集场所的；

（2）不同类别的可燃性粉尘、可燃性粉尘与可燃气体等易加剧爆炸危险的介质共用一套除尘系统，或者不同建（构）筑物、不同防火分区共用一套除尘系统、除尘系统互联互通的；

（3）干式除尘系统未采取泄爆、惰化、抑爆等任一种爆炸防控措施的；

（4）铝镁等金属粉尘除尘系统采用正压除尘方式，或者其他可燃性粉尘除尘系统采用正压吹送粉尘时，未采取火花探测消除等防范点燃源措施的；

（5)除尘系统采用重力沉降室除尘,或者采用干式巷道式构筑物作为除尘风道的；

（6）铝镁等金属粉尘、木质粉尘的干式除尘系统未设置锁气卸灰装置的；

（7）除尘器、收尘仓等划分为 20 区的粉尘爆炸危险场所电气设备不符合防爆要求的；

（8）粉碎、研磨、造粒等易产生机械点燃源的工艺设备前，未设置铁、石等杂物去除装置，或者木制品加工企业与砂光机连接的风管未设置火花探测消除装置的；

（9）遇湿自燃金属粉尘收集、堆放、储存场所未采取通风等防止氢气积聚措施，或者干式收集、堆放、储存场所未采取防水、防潮措施的；

（10）未落实粉尘清理制度，造成作业现场积尘严重的。

10. 使用液氨制冷的工贸企业重大生产安全事故隐患

（1）包装、分割、产品整理场所的空调系统采用氨直接蒸发制冷的；

（2）快速冻结装置未设置在单独的作业间内，或者快速冻结装置作业间内作业人员数量超过 9 人的。

11. 存在硫化氢、一氧化碳等中毒风险的有限空间作业的工贸企业重大生产安全事故隐患

（1）未对有限空间进行辨识、建立安全管理台账，并且未设置明显的安全警示标志的；

（2）未落实有限空间作业审批，或者未执行“先通风、再检测、后作业”要求，或者作业现场未设置监护人员的。

12. 其他重大生产安全事故隐患

与《工贸企业重大事故隐患判定标准》所列情形中直接关系生产安全的监控、报警、防护等设施、设备、装置，应当保证正常运行、使用，失效或者无效均判定为重大事故隐患。

案例分析

2013 山东博兴城力供气有限公司“10·8”重大爆炸事故

2013 年 10 月 8 日 17 时 56 分许，山东省博兴县诚力供气有限公司焦化装置的煤气柜在生产运行过程中发生重大爆炸事故，造成 10 人死亡，33 人受伤，直接经济损失 3200 万元。经调查认定，博兴县诚力供气有限公司“10·8”重大爆炸事故是一起生产安全责任事故。

一、事故经过

山东省博兴县诚力供气有限公司焦化装置的煤气柜自 2012 年 9 月 28 日投用后，运行基本正常。2013 年 9 月 25 日后，气柜内活塞密封油液位呈下降趋势；9 月 30 日后，气柜内 10 台气体检测报警仪频繁报警，10 月 1 日后密封油液位普遍降至 200 毫米以下（正常控制标准为 28040 毫米）对以上异常，博兴诚力二分厂化产车间操作人员多次报告，二分厂负责人一直没有采取相应措施。

10 月 2 日，博兴诚力安全部下达隐患整改通知书，要求检查气柜可燃气体报警仪报警原因等。

10 月 5 日 11 时，化产车间检查发现气柜内东南侧 6 ~ 7 个柱角处有漏点，还有 1 处滑板存在漏点；二分厂负责人对此也未采取相应安全措施，而是安排于当日 16 时恢复气柜运行，17 时左右报警显示气柜内 2 ~ 3 个监测点满量程报警。

10 月 6 日后，气柜内一氧化碳气体检测报警仪继续报警，企业仍未采取有效措施。其间，联系了设备制造厂准备对气柜进行检修。

10 月 8 日凌晨开始，气柜低柜位运行。8 时至事故发生前，气柜内 10 台检测报警仪全部超量程报警，10 时 54 分至 13 时密封油液位 2 个监控出现零液位，13 时至 15 时液位略有回升，15 时至 17 时再次降至零液位。

17 时 45 分气柜当班操作人员开始对气柜周围及密封油泵房等区域进行巡检。

17 时 56 分 34 秒左右，气柜突然发生爆炸。爆炸造成气柜本体彻底损毁，周边约 300 米范围内部分建构筑物和装置坍塌或受损，约 2000 米范围内建筑物门窗玻璃不同程度受损同时引燃了气柜北侧粗苯工段的洗苯塔、脱苯塔以及回流槽泄漏的粗苯和电厂北侧地沟内的废润滑油，形成大火。

二、事故原因

（一）直接原因

气柜运行过程中，因密封油黏度降低、活塞倾斜度超出工艺要求，致使密封油大量泄漏、油位下降，密封油的静压小于气柜内煤气压力，活塞密封系统失效，造成煤气由活塞下部空间泄漏到活塞上部相对密闭空间，持续大量泄漏后，与空气混合形成爆炸性混合气体并达到爆炸极限，遇气柜顶部 4 套非防爆型航空障碍灯开启，或者气柜内部视频摄像头和射灯线路带电，或者因活塞倾斜致使气柜导轮运行中可能卡涩，或者与导轨摩擦产生的点火源（能），发生化学爆炸。

（二）间接原因

1. 企业方面

博兴诚力安全生产法制观念和安全意识淡薄，安全生产主体责任不落实，安全管理混乱，项目建设和生产经营中存在着严重的违法违规行为，主要如下：

（1）违章指挥，情节恶劣。在发现气柜密封油质量下降、油位下降、一氧化碳检测报警仪频繁报警等重大隐患以及接到职工多次报告时，企业负责人不重视，也没有采取有效的安全措施，特别是事发当天，在气柜密封油出现零液位、检测报警仪满量程报警、煤气大量泄漏的情况下，企业未采取果断措施、紧急停车、排除隐患，一直安排将气柜带病运转，直至事故发生。

（2）设备日常维护管理问题严重气柜建成投入运行后，企业没有按照《工业企业煤气安全规程》（GB 6222—2005）的规定，对气柜内活塞、密封设施定期进行检查、维护和保养，对导轮轮轴定期加注润滑脂等。在接到密封油改质实验报告、得知密封油质量下降后，也没有采取更换或者加注改质剂改善密封油质量等措施，致使密封油质量进一步恶化，直至煤气泄漏。

（3）违法违规建设和生产。企业的 3#、4#焦炉工程从 2010 年 10 月开工建设、到 2012 年 3 月开始试运行，一直没有申请办理危险化学品建设项目安全条件审查、安全设施设计专篇审查和试生产方案备案手续，长时间违法违规建设和生产，直至 2011 年 11 月被博兴县安监局依法查处后才申请补办相关手续。

气柜从设计、设备采购、施工、验收、试生产等环节都存在违反国家法律法规和标准规定的问题，主要是：爆炸危险区域内的电气设备未按设计文件规定选型，采用了非防爆电气设备：施工前未请设计单位进行工程技术交底；施工过程中没有实施工程监理：施工完成后没有依据相关标准和规范进行验收，甚至未经专业设计在气柜内部及顶部安装了部分电器仪表；试生产阶段供电电源不能满足《安全设施设计专篇》要求的双电源供电保障，试生产过程未严格执行相关规范要求；气柜施工的相关档案资料欠缺等。

（4）对外来施工队伍管理混乱。事故发生前，企业厂区内先后有 5 个外来施工队伍进行施工，边生产、边施工，对施工队伍的安全管理制度不健全，对施工作业安全控制措施缺失，甚至在化产车间办公室北侧 100 米左右搭建临时板房，违规让施工人员生活和住宿在生产区域内，导致事故伤亡扩大。

（5）安全生产管理制度不完善不落实。企业没有按照《工业企业煤气安全规程》（GB 6222—2005）的规定，建立健全煤气柜检查、维护和保养等安全管理制度和操作规程，也没有制定密封油质量指标分析控制制度，安全生产责任制和安全规章制度不落实，企业主要负责人未取得安全资格证书。

（6）安全教育培训流于形式。企业的管理人员、操作人员对气柜出现异常情况的危害后果不了解，对紧急情况不处置或者不正确处置。许多操作人员对操作规程、工艺指标不熟悉，对工艺指标的含义不理解，对本岗位存在的危险、有害因素认识不足，以致操作过程不规范、操作记录不完整。从业人员的安全素质和安全操作技能不高，安全培训效果较差。

2. 政府及市县安监部门原因

地方政府履行安全生产属地管理职责不到位，指导督促安全生产工作不力，“打非治违”工作不彻底。政府及市县安监部门工作不扎实，安全监管不得力，主要如下：

（1）博兴县安监局承担全县安全生产综合监督管理责任，负责全县危险化学品企业安全生产准入和监督管理综合工作，承担博兴诚力二期工程项目的安全设施与主体工程同时设计、同时施工、同时投产使用的监督检查职责。履行安全监管责任不到位，督促企业履行安全生产主体责任不作为，组织本地区安全生产大检查不彻底。2012 年以来，多次对博兴诚力进行安全检查对该公司违法违规建设、生产中存在的隐患督促整改不彻底、不到位，未发现该公司有外来施工人员在生产区食宿对企业安全生产管理混乱问题失察。在今年安全生产大检查中，发现博兴诚力煤气柜存在重大生产安全隐患，6 月 5 日下达了《责令限期整改指令书》，但落实整改措施不力、流于形式。

（2）滨州市安监局履行安全生产监管责任不到位，指导本地区组织开展安全生产检查不彻底。虽然下发了《2013 年全市危险化学品安全监管工作要点》《2013 年度安全监管执法工作计划》和《市安全生产监察支队 2013 年执法监察工作计划》，组织开展了安全生产大检查活动和“打非治违”专项行动，也把博兴诚力列为重点监管监察单位，但是对该公司违法违规建设、生产中存在的隐患督促整改不彻底、不得力、不到位，未发现该公司有外来施工人员在生产区食宿，对博兴诚力安全生产管理混乱问题失察。

三、事故责任追究

（一）司法机关处理的有关责任人

司法机关采取措施人员有 6 人，检察机关立案的人员有 3 人，其中：

（1）张某山，博兴诚力董事长、法定代表人。因涉嫌重大责任事故罪，被博兴县公安局于 10 月 15 日刑事拘留博兴县检察院于 11 月 21 日批准逮捕自刑罚执行完毕之日起，五年内不得担任任何生产经营单位的主要负责人终身不得担任化工企业的主要负责人。

（2）李某爽，中共党员，博兴诚力总经理。因涉嫌重大责任事故罪，被博兴县公安局于 10 月 15 日刑事拘留博兴县检察院于 11 月 21 日批准逮捕自刑罚执行完毕之日起，五年内不得担任任何生产经营单位的主要负责人终身不得担任化工企业的主要负责人。

（二）建议给予政务处分的责任人员

建议给予党纪、政纪处分及组织处理人员有 16 人，其中：

（1）王某坏，中共党员，博兴县纯化镇安监办主任，非参照公务员管理的事业单位工作人员《行政机关任命》履行职责不到位，辖区内安全生产监管工作开展不力，监督检查流于形式对博兴诚力安全生产检查不严格、不彻底。对事故负有直接责任，建议给予撤职、党内严重警告处分。

（2）付某，中共党员，博兴县安监局安全生产监察大队三中队中队长参照公务员管理的事业单位工作人员负责辖区内企业安全生产监督检查工作。对博兴被力安全生产检查不细致不彻底，2012 年以来多次组织检查未发现施工人员在生产区食宿，对企业违法违规建设、生产中存在的隐患督促整改不彻底、不到位。对事故负有直接责任，建议给予严重警告处分。

（三）对相关责任人员和单位给予处理的其他建议

（1）依据《生产安全事故报告和调查处理条例》第三十七条第三项和《生产安全事故报告和调查处理条例罚款处罚暂行规定》第十六条第二项的规定，责成滨州市安监局就重大事故责任对博兴诚力处以 200 万元的罚款。依据《生产安全事故报告和调查处理条例》第三十六条第一项和《生产安全事故报告和调查处理条例罚款处罚暂行规定》第十二条的规定，责成滨州市安监局就谎报事故行为对博兴诚力处以 200 万元的罚款。总计处以 400 万元的罚款。

（2）责成博兴县安监局依法对博兴诚力董事长张某山、总经理李某爽各处以 2012 年度收入上限的罚款。

四、专家点评

该事故造成 10 人死亡，33 人受伤，直接经济损失 3200 万元，事故后果严重，影响深远。本起事故暴露出企业安全生产法制观念和安全意识淡薄，安全生产主体责任不落实，安全管理混乱，项目建设和生产经营中存在着严重的违法违规行为等问题，同时也反映安监部门工作不扎实，安全监管不得力。

针对这起事故暴露出的突出问题，为深刻吸取事故教训，进一步加强化工行业安全生产工作，有效防范类似事故重复发生，提出如下建议：

（一）强化过程控制，全面提升安全风险管控水平

化工企业加强过程控制：一是要强化装备自动化控制系统应用，对重要工艺参数进行实时监控预警，采用在线安全监控、自动检测或人工分析数据等手段，及时判断发生异常工况的可能，评估可能产生的后果，制定安全处置方案，避免因处理不当造成事故。二是加强对重大危险源运行情况的监测监控，完善报警联锁和控制设施，按规定对安全设施进行检测检验、维护保养。严禁违章指挥和强令他人冒险作业，严禁违章作业、脱岗和在岗做与工作无关的事，严禁未经审批进行动火、进入受限空间、高处、吊装、临时用电、动土、检维修、自板抽堵等作业。三是要进一步强化对“三违”现象的管理措施，将“三违”问题作为安全事件或者事故进行管理，实行动态监控和预警预报，坚决杜绝“三违”行为。四是要建立健全对外来施工队伍的安全管理制度，将外来施工队伍纳入本单位安全管理体系，统一标准，统一要求，统一管理，严格考核。五是要加强对施工现场，特别是高危作业现场边生产边施工，局部停工处理或特殊带压作业等的安全控制，严格控制施工现场的人员数量，禁止无关人员进入施工区域，杜绝在同一时间、同一地点进行相互禁忌的作业，控制节假日、夜间作业，严禁施工人员住宿在生产厂区，

（二）加强企业应急管理，提高应急处置能力

化工企业要依据国家相关法律法规和标准要求，进一步完善本企业的应急预案，配备应急救援人员和必要的应急救援器材、设备，定期组织应急救援演练。要始终把人身安全和环境保护作为事故应急响应的首要任务，赋予生产现场的带班人员、班组长、生产调度人员在遇到险情时第一时间下达停产撤人的直接决策权和指挥权，提高突发事件初期处置能力，最大程度地减少和避免人员伤亡。

（三）加强对“两重点一重大”企业的安全监管，加大安全监管力度

各级安全监管部门要全面、准确地掌握本地区涉及“两重点一重大”企业的安全生产状况，突出抓好泄后呈气态的易燃、易爆和有毒危险化学品、大型危险化学品储罐区、毗邻城乡人口密集区的化工企业安全监管。要组织开展煤气生产使用企业的安全大检查，深入排查治理煤气生产装置、煤气柜和输送管道存在的安全隐患，督促企业建立健全安全管理制度，落实国家有关标准规定，加强设备日常维护坚决关停工艺技术来源不明、建设项目手续不齐全、无自动化控制系统和紧急切断装置、安全管理水平低下等不具备安全生产条件的企业和项目。

（深圳市城市公共安全技术研究院，宣教中心事故调查组）

课后练习

一、单项选择题

1. 注册安全工程师级别设置为（　　）级。

A. 2　　B. 3

C. 4　　D. 5

2. 注册安全工程师在（　　）年内，必须参加累计不少于（　　）学时的继续教育。

A. 3，48　　B. 2，24

C. 2，48　　D. 3，24

3. 安全生产监督管理部门应当加强对外包工程的安全生产监督检查，下列选项中不属于重点检查的有（　　）。

A. 发包单位非煤矿山安全生产许可证.

B. 承包单位的施工资质

C. 设计单位的资质

D. 违法发包、转包、分项发包

二、多项选择题

1. 特种作业人员的安全技术（　　）工作实行统一监管、分级实施、教考分离的原则。

A. 培训　　B. 考核　　C. 延期

D. 发证　　E. 复审

2. 依据《安全生产事故隐患排查治理暂行规定》，重大事故隐患报告内容应包括（　　）。

A. 隐患的现状及其产生原因　　B. 隐患排查所需资金

C. 隐患的危害程度分析　　D. 事故隐患的责任主体

E. 隐患的治理方案

参考答案及解析

一、单项选择题

1. B【解析】注册安全工程师级别设置为：高级、中级、初级（助理）。

2. A【解析】注册安全工程师在 3 年内，必须参加累计不少于 48 学时的继续教育。

3. C【解析】安全生产监督管理部门应当加强对外包工程的安全生产监督检查，重点检查下列事项：（1）发包单位非煤矿山安全生产许可证、安全生产管理协议、安全投入等情况；（2）承包单位的施工资质、应当依法取得的非煤矿山安全生产许可证、安全投入落实、承包单位及其项目部的安全生产管理机构、技术力量配备、相关人员的安全资格和持证等情况；（3）违法发包、转包、分项发包等行为。

二、多项选择题

1. ABDE【解析】特种作业人员的安全技术培训、考核、发证、复审工作实行统一监管、分级实施、教考分离的原则。

2. ACE【解析】依据《安全生产事故隐患排查治理暂行规定》，对于重大事故隐患，生产经营单位除依照前款规定报送外，应当及时向安全监管监察部门和有关部门报告。重大事故隐患报告内容应当包括：① 隐患的现状及其产生原因；② 隐患的危害程度和整改难易程度分析；③ 隐患的治理方案。

参考文献

[1] 中国安全生产科学研究院. 安全生产法律法规修订及新增内容汇编[M]. 北京：煤炭工业出版社，2018.

[2] 法律出版社法律中心. 2018 年中华人民共和国安全生产法律法规全书（含全部规章）[M]. 北京：法律出版社，2018.

[3] 陈界平，黄文峰. 烟花爆竹经营安全知识读本[M]. 北京：气象出版社，2011.

[4] 中华人民共和国住房和城乡建设部，中华人民共和国国家市场监督管理总局. 烟花爆竹工程设计安全规范：GB50161—2009[S]. 北京：中国计划出版社，2016.

[5] 中华人民共和国公安部. 爆破作业单位民用爆炸物品储存库安全评价导则：GAT 848—2009[S]. 北京：中国标准出版社，2009.

[6] 中国安全生产协会注册安全工程师工作委员会，中国安全生产科学研究院. 安全生产法及相关法律知识[M]. 北京：中国大百科全书出版社，2011.

[7] 阙珂，杨元元，中华人民共和国安全生产法释义[M]. 北京：中国民主法制出版社，2014.

[8] 国务院法制办公室公交商事法制司，国家安全生产监督管理局政策法规司. 中华人民共和国安全生产法读本[M]. 北京：中国市场出版社，2014.

[9] 赵铁锤. 中国煤矿安全监察实务[M]. 北京：中国劳动社会保障出版社，2003.

[10] 沈宗灵. 法学基础理论[M]. 北京：北京大学出版社，1995.

[11] 卢云. 法学基础理论[M]. 北京：中国政法大学出版社，1999.

[12] 石茂生. 法理学基本问题[M]. 北京：当代世界出版社，2002.

[13] 张廉，杨卫东，刘丹. 政府依法行政教程[M]. 北京：国家行政学院出版社，2013.

[14] 高铭暄，马克昌. 刑法学[M]. 2 版. 北京：北京大学出版社，2005.

[15] 杨春洗，杨敦先，郭自力. 中国刑法论[M]. 3 版. 北京：北京大学出版社，2005.

[16] 周道鸾，张军. 刑法罪名精释[M]. 3 版. 北京：人民法院出版社，2007.

[17] 应松年，刘莘. 行政处罚法理论与实务[M]. 北京：中国社会出版社，1996.

[18] 马怀德. 行政法与行政诉讼法[M]. 北京：中国法制出版社，2005.

[19] 姜明安. 行政法与行政诉讼法学[M]. 北京：北京大学出版社，高等教育出版社，2005.

[20] 张树义. 行政法与行政诉讼法学[M]. 北京：高等教育出版社，2007.

[21] 杨海坤，章志远．行政法学基本论[M]．北京：中国政法大学出版社，2004.
[22] 王连昌．行政法学[M]．北京：中国政法大学出版社，1999.
[23] 何永坚．中华人民共和国职业病防治法解读[M]．北京：中国法制出版社，2012.
[24] 信春鹰．中华人民共和国劳动合同法释义[M]．北京：法律出版社，2007.
[25] 孟燕华．职业安全卫生法律基础与实践[M]．北京：中国劳动社会保障出版社，2007.
[26] 全国人大常委会法制工作委员会行政法室．中华人民共和国社会保险法解读[M]．北京：中国法制出版社，2010.
[27] 全国人大常委会法制工作委员会．突发事件应对法释义[M]．北京：法律出版社，2007.
[28] 阚珂，蒲长城，刘平均．中华人民共和国特种设备安全法释义[M]．北京：中国法制出版社，2013.